Haberland, Eingliederung von Aussiedlern und Zuwanderern

Haberland

Eingliederung von Aussiedlern und Zuwanderern

Sammlung von Texten, die für die Eingliederung von Aussiedlern aus den osteuropäischen Staaten und von Zuwanderern aus der DDR und aus Berlin (Ost) von Bedeutung sind

**Bearbeitet von Jürgen Haberland
Regierungsdirektor im
Bundesministerium des Innern**

Heggen-Verlag Leverkusen

© 1979 Heggen-Verlag, Leverkusen
2. überarbeitete und erweiterte Auflage
ISBN 3 920430 76 X

VORWORT

Die hiermit vorgelegte Sammlung soll die Arbeit bei der Eingliederung der deutschen Aussiedler aus den osteuropäischen Staaten sowie der Zuwanderer aus der DDR und aus Berlin (Ost) erleichtern. Sie wendet sich an die Mitarbeiter in den Behörden sowie bei den Verbänden und schließlich an jeden, der mit der Betreuung der Aussiedler und Zuwanderer befaßt ist.

Die Einleitung ist ebenso gegliedert wie die nachfolgende Textsammlung; sie soll dem Leser einen kurzgefaßten Überblick über die angesprochenen Bereiche geben. Die Textsammlung beginnt mit der Wiedergabe von Dokumenten, die eine Grundlage für die Aussiedlung aus den osteuropäischen Staaten bilden. Abschließend werden die Maßnahmen der Bundesregierung im Rahmen des Programms zur Eingliederung von Aussiedlern und Zuwanderern vom 12. Mai 1976 dargestellt. Des weiteren werden Gesetze, Verordnungen, Richtlinien, Beschlüsse und Merkblätter wiedergegeben, die für die Eingliederung von Bedeutung sind.

Ein Teil dieser Texte war bisher nicht veröffentlicht. Andere Texte waren nur schwer zugänglich, weil sie an einer Vielzahl von Stellen abgedruckt und nicht in einem Sammelwerk zusammengestellt worden waren. Das führte dazu, daß die umfassende Beratung von Aussiedlern und Zuwanderern über die ihnen zustehenden Rechte im Einzelfall immer wieder auf Schwierigkeiten stoßen konnte. Diesem Zustand soll durch diese Sammlung abgeholfen werden, die den vom Bundesminister des Innern herausgegebenen „Wegweiser für Aussiedler", der sich in erster Linie an die Betroffenen wendet, ergänzt. Den einzelnen Abschnitten sind daher Hinweise auf die entsprechenden Abschnitte des „Wegweisers" vorangestellt.

Aus Raumgründen konnten nicht alle einschlägigen Vorschriften abgedruckt werden. Hierbei wurde überwiegend auf die Aufnahme solcher Bestimmungen verzichtet, die ohne Schwierigkeiten zugänglich sind.

Hinweise für Ergänzungen und Verbesserungen werden gern entgegengenommen.

Bonn, im Juni 1978

VORWORT ZUR 2. AUFLAGE

Die überaus gute Aufnahme der Sammlung macht schon nach kurzer Zeit eine Neuauflage erforderlich. Insbesondere sind die Bereiche „Eingliederung von Aussiedlern in Schule und Berufsausbildung" und „Eingliederung in die Landwirtschaft" ergänzt worden. Herrn Karlheinz Sareyko, Referent im Ministerium für Arbeit, Gesundheit und Soziales des Landes Nordrhein-Westfalen, danke ich für eine Vielzahl von Anregungen, die schon bei der 1. Auflage verwertet worden sind.

Bonn, im April 1979   Jürgen Haberland

INHALTSÜBERSICHT

ABKÜRZUNGSVERZEICHNIS

A	Anordnung
aaO	am angegebenen Ort
Abs.	Absatz
a. E.	am Ende
AFG	Arbeitsförderungsgesetz vom 25. Juni 1969 (BGBl. I, S. 582) mehrfach geändert
AgV	Arbeitsgemeinschaft der Verbraucher
Alg	Arbeitslosengeld
Alhi	Arbeitslosenhilfe
ANBA	Amtliches Nachrichtenblatt der Bundesanstalt für Arbeit
AOK	Allgemeine Ortskrankenkasse
Art.	Artikel
BA	Bundesanstalt für Arbeit
BAA	Bundesausgleichsamt
BAföG	Bundesausbildungsförderungsgesetz i.d.F. vom 9. April 1976 (BGBl. I, S. 989)
BBiG	Berufsbildungsgesetz vom 14. August 1969 (BGBl. I, S. 1112), mehrfach geändert
BEG	Bundesentschädigungsgesetz vom 29. Juni 1956 (BGBl. I, S. 559), mehrfach geändert
BFH	Bundesfinanzhof
BGB	**Bürgerliches Gesetzbuch vom 18. August 1896 (RGBl. S. 195), mehrfach geändert**
BGBl.	Bundesgesetzblatt
BHO	Bundeshaushaltsordnung vom 19. August 1969 (BGBl. I, S. 1284)
BMF	Bundesminister der Finanzen
BMI	Bundesminister des Innern
BML	Bundesminister für Ernährung, Landwirtschaft und Forsten
BSHG	Bundessozialhilfegesetz i.d.F. vom 13. Februar 1976 (BGBl. I, S. 289, 1150)
BT-Drucksache	**Bundestagsdrucksache**
BVerfGE	**Entscheidungen des Bundesverfassungsgerichts, Amtliche Sammlung**
BVFG	Bundesvertriebenengesetz i.d.F. vom 3. September 1971 (BGBl. I, S. 1565, 1807)
BVG	Bundesversorgungsgesetz i.d.F. vom 22. Juni 1976 (BGBl. I, S. 1633)
CSSR	Tschechoslowakische Sozialistische Republik
DDR	Deutsche Demokratische Republik
ERP	European Recovery Program
EStG	Einkommensteuergesetz i.d.F. vom 5. Dezember 1977 (BGBl. I, S. 2365)

EStG 1953	Einkommensteuergesetz i.d.F. vom 15. September 1953 (BGBl. I, S. 1355)
FANG	Fremdrenten- und Auslandsrenten-Neuregelungsgesetz vom 25. Februar 1960 (BGBl. I, S. 93)
f., ff.	folgende(r), folgende
FlüHG	Flüchtlingshilfegesetz i.d.F. vom 15. Mai 1971 (BGBl. I, S. 681)
FlüSG	Flüchtlingssiedlungsgesetz vom 10. August 1949 (WiGBl. S. 231), aufgehoben
FRG	Fremdrentengesetz i.d.F. vom 25. Februar 1960 (BGBl. I, S. 93)
G 131	Gesetz zur Regelung der Rechtsverhältnisse der unter Artikel 131 b des Grundgesetzes fallenden Personen i.d.F. vom 13. Oktober 1965 (BGBl. I, S. 1685), mehrfach geändert
GewO	Gewerbeordnung i.d.F. vom 26. Juli 1900 (RGBl. S. 871), mehrfach geändert
GG	Grundgesetz für die Bundesrepublik Deutschland vom 23. Mai 1949 (BGBl. S. 1), mehrfach geändert
GMBl.	Gemeinsames Ministerialblatt
GVBl.	Gesetz- und Verordnungsblatt
HAG	Gesetz über die Rechtsstellung heimatloser Ausländer im Bundesgebiet vom 25. April 1951 (BGBl. I, S. 1273)
HHG	Häftlingshilfegesetz i.d.F. vom 29. September 1969 (BGBl. I, S. 1793)
HkG	Heimkehrergesetz vom 19. Juni 1950 (BGBl. I, S. 221), mehrfach geändert
HR-DB	Durchführungsbestimmungen zur Hausrats- entschädigung
HwO	Handwerksordnung i.d.F. vom 28. Dezember 1965 (BGBl. 1966 I, S. 1)
i.d.F.	in der Fassung
i.V.m.	in Verbindung mit
KgfEG	Kriegsgefangenenentschädigungsgesetz i.d.F. vom 2. September 1971 (BGBl. I, S. 1545), mehrfach geändert
KMK	Ständige Konferenz der Kultusminister der Länder
KSZE	Konferenz für Sicherheit und Zusammenarbeit in Europa
LAB	Lastenausgleichsbank
LAG	Lastenausgleichsgesetz i.d.F. vom 1. Oktober 1969 (BGBl. I, S. 1909), mehrfach geändert

Mtbl. BAA	Mitteilungsblatt des Bundesausgleichsamts
NAG	Notaufnahmegesetz vom 22. August 1950 i.d.F. vom 23. Oktober 1961
NamÄndG	Gesetz über die Änderung von Vor- und Familiennamen vom 5. Januar 1938 (RGBl. I, S. 9)
NJW	Neue Juristische Wochenschrift
Nr., Nrn.	Nummer, Nummern
OVG	Oberverwaltungsgericht
RdErl.	Runderlaß
RGBl.	Reichsgesetzblatt
RRO	Rechnungslegungsordnung für das Reich i.d.F. vom 31. August 1942 (Reichsministerialblatt S. 211)
RuStAG	Reichs- und Staatsangehörigkeitsgesetz vom 22. Juli 1913 (RGBl. S. 583)
RVO	Reichsversicherungsordnung i.d.F. vom 15. Dezember 1924 (BGBl. I, S. 779), mehrfach geändert
SBZ	Sowjetische Besatzungszone
Schnellbr.	Schnellbrief
SchwbG	Schwerbehindertengesetz i.d.F. vom 29. April 1974 (BGBl. I, S. 1005)
SGB	Sozialgesetzbuch vom 11. Dezember 1975 (BGBl. I, S. 3015)/23. Dezember 1976 (BGBl. I, S. 3845)
UdSSR	Union der Sozialistischen Sowjetrepubliken
UhG	Unterhaltsgeld
usw.	und so weiter
vgl.	vergleiche
v.H.	vom Hundert
VO	Verordnung
VorlVV	Vorläufige Verwaltungsvorschriften zur BHO
VR	Volksrepublik
VVO	Verteilungsverordnung vom 28. März 1952 (BGBl. I, S. 236)
WASt	Wehrmachtsauskunftsstelle
WiGBl.	Gesetzblatt der Verwaltung des Vereinigten Wirtschaftsgebiets
II. WobauG	Zweites Wohnungsbaugesetz i.d.F. vom 1. September 1976 (BGBl. I, S. 2673)
WohnGG	Wohngeldgesetz i.d.F. vom 29. August 1977 (BGBl. I, S. 1685)
z.B.	zum Beispiel
Ziff.	Ziffer

EINLEITUNG

1. GRUNDLAGEN DER AUSSIEDLUNG

Im Jahre 1978 kamen 58 123 Aussiedler aus den ost- und südosteuropäischen Staaten in die Bundesrepublik Deutschland. Im Jahre 1977 waren es 54 251, im Jahre 1976 waren es 44 402 Aussiedler gewesen, 1975 nur 19 657. Aussiedler ist nach der Definition des § 1 Abs. 2 Nr. 3 des Bundesvertriebenengesetzes i.d.F. vom 3. September 1971 (BGBl. I, S. 1565) – abgedruckt unter 4.1 –, wer als deutscher Staatsangehöriger oder deutscher Volkszugehöriger nach Abschluß der allgemeinen Vertreibungsmaßnahmen „die zur Zeit unter fremder Verwaltung stehenden deutschen Ostgebiete, Danzig, Estland, Lettland, Litauen, die Sowjetunion, Polen, die Tschechoslowakei, Ungarn, Rumänien, Bulgarien, Jugoslawien, Albanien oder China verlassen hat oder verläßt". Die Aussiedlereigenschaft ist allerdings dann nicht gegeben, wenn der Wohnsitz in diesen Gebieten erst nach dem 8. Mai 1945 begründet wurde, es sei denn, daß der Betroffene aus den genannten Gebieten vertrieben und bis zum 31. März 1952 wieder dorthin zurückgekehrt war.

1.1 Aussiedlung aus der Union der Sozialistischen Sowjetrepubliken

Die Denkschrift zum Abkommen über Allgemeine Fragen des Handels und der Seeschiffahrt und zu dem Konsularvertrag zwischen der Bundesrepublik Deutschland und der Union der Sozialistischen Sowjetrepubliken aus dem Jahre 1958 (BT-Drucksache 545) – auszugsweise abgedruckt unter 1.1.1 – befaßt sich eingehend mit der Frage der Repatriierung deutscher Staatsangehöriger. Die deutsche Seite hatte den Abschluß eines Repatriierungsabkommens angestrebt, nach dem folgenden deutschen Staatsangehörigen unter Wahrung der Freiwilligkeit die Rückkehr aus der Sowjetunion ermöglicht werden sollte

a) Personen, die am 8. Mai 1945 nach deutschem Recht die deutsche Staatsangehörigkeit besessen haben,

b) Personen, die auf Grund nationalsozialistischer Verfolgungsmaßnahmen die deutsche Staatsangehörigkeit verloren haben,

c) Ehegatten, Abkömmlingen, Eltern und Geschwistern der unter a) und b) genannten Personen, falls sie mit diesen ausreisen wollen,

d) Personen, die nicht unter a) bis c) genannt sind, und die sich zu ihren außerhalb der Sowjetunion lebenden deutschen Ehegatten, Abkömmlingen, Eltern und Geschwistern begeben wollen.

Ein solches Abkommen ist jedoch nicht zustande gekommen. Die sowjetische Seite erklärte jedoch, daß folgende Personengruppen uneingeschränkt repatriierungsberechtigt seien

1. die Ostpreußen,

2. die Memelländer, ausgenommen solche, die selbst oder deren Eltern erst nach 1918 in das Memelgebiet gekommen sind und nichtdeutscher Volkszugehörigkeit sind,

3. Vertragsumsiedler, die auch nach sowjetischer Auffassung heute noch die deutsche Staatsangehörigkeit besitzen,

4. alle übrigen deutschen Staatsangehörigen aus dem Gebiet des Deutschen Reiches nach dem Stande vom 31. Dezember 1937, die sich im Gebiet der Sowjetunion aufhalten.

Dabei ist die Repatriierung jeweils abhängig vom Nachweis der deutschen Staatsangehörigkeit am 21. Juni 1941. Eine sowjetische Wohlwollenserklärung besteht zugunsten der Repatriierung der Vertragsumsiedler, die von den sowjetischen Behörden heute als sowjetische Staatsangehörige angesehen werden.

Nach der sowjetischen Repatriierungserklärung vom 8. April 1958 – abgedruckt unter 1.1.2 – haben sich beide Seiten im Verlauf der Verhandlungen zum Prinzip der Zusammenführung von infolge des letzten Krieges getrennten Familien bekannt, wobei sie übereingekommen sind, daß jede der beiden Seiten auf der Grundlage ihrer Gesetzgebung verfahren wird. Das Kommuniqué über den Abschluß der Verhandlungen zwischen den Regierungsdelegationen der Bundesrepublik Deutschland und der Union der Sozialistischen Sowjetrepubliken ist unter 1.1.3 auszugsweise abgedruckt.

Die Aussiedlung entwickelte sich wie folgt:

1950 – 1965	18 900	1972	3 420
1966	1 245	1973	4 493
1967	1 092	1974	6 541
1968	598	1975	5 985
1969	316	1976	9 704
1970	342	1977	9 274
1971	1 145	1978	8 455

Insgesamt kamen von 1950 bis 1978 71 510 Aussiedler aus der Sowjetunion.

1.2 Aussiedlung aus Polen

Im Zusammenhang mit dem Abschluß des Vertrages zwischen der Bundesrepublik Deutschland und der Volksrepublik Polen über die Grundlagen der Normalisierung ihrer gegenseitigen Beziehungen vom 7. Dezember 1970 hat die Regierung der VR Polen gegenüber der Regierung der Bundesrepublik Deutschland eine „Information über Maßnahmen zur Lösung humanitärer Probleme" – abgedruckt unter 1.2.1 – abgegeben. In dieser Information wird darauf verwiesen, daß auf Grund einer Vereinbarung zwischen dem Polnischen Roten Kreuz und dem Deutschen Roten Kreuz, die auf Grund einer Empfehlung der polnischen Regierung aus dem Jahre 1950 geschlossen worden sei, bis 1959 etwa eine Viertelmillion Menschen ausgereist sei. In den Jahren 1960 bis 1969 seien „im normalen Verfahren" zusätzlich etwa 150 000 Menschen aus Polen ausgereist. Die polnische Seite erkannte an, daß in Polen bis heute „aus verschiedenen Gründen (z. B. enge Bindung an den Geburtsort) eine gewisse Zahl von Personen mit unbestreitbar deutscher Volkszugehörigkeit und von Personen aus gemischten Familien zurückgeblieben" sei, „bei denen im Laufe der vergangenen Jahre das Gefühl dieser Zugehörigkeit dominiert" habe. Die polnische Regierung erklärte, daß „Personen, die auf Grund ihrer unbestreitbaren deutschen Volkszugehörigkeit in einen der beiden deutschen Staaten auszureisen wünschen, dies unter Beachtung der in Polen geltenden Gesetze und Rechtsvorschriften tun können".

Im Zusammenhang mit dem Schlußtreffen der Konferenz für Sicherheit und Zusammenarbeit in Europa (KSZE) im Oktober 1975 in Helsinki hat der Minister für auswärtige Angelegenheiten der VR Polen, Stefan Olszowski, erklärt, daß in den Jahren 1971 bis 1975 auf der Grundlage der „Information der Regierung der Volksrepublik Polen" aus dem Jahre 1970 etwa 65 000 Personen die Genehmigung zur Ausreise für den ständigen Aufenthalt in der Bundesrepublik Deutschland und in der DDR erhalten haben.

In dem Ausreiseprotokoll vom 9. Oktober 1975 – abgedruckt unter 1.2.2 – stellte die polnische Seite fest, daß sie auf Grund der Untersuchungen der zuständigen polnischen Behörden in der Lage sei zu erklären, daß etwa 120 000 bis 125 000 Personen im Laufe der nächsten vier Jahre die Genehmigung ihres Antrags zur Ausreise erhalten werden, wobei die Ausreisegenehmigungen in dem vorgesehenen Zeitraum möglichst gleichmäßig erteilt werden. Darüber hinaus wurde in dem Protokoll ausdrücklich festgehalten, daß keine zeitliche Einschränkung für die Antragstellung durch Personen vorgesehen sei, die die in der „Information" genannten Kriterien erfüllen.

In einem Schreiben des Bundesministers des Auswärtigen, Hans-Dietrich Genscher, an den Außenminister der Volksrepublik Polen vom 9. März 1976 – abgedruckt unter 1.2.3 – wird erklärt, die Bundesregierung lege der erneuten Bekräftigung großen Wert bei,

– daß im Laufe von vier Jahren etwa 120 000 bis 125 000 Personen die Genehmigung ihres Antrags zur Ausreise auf der Grundlage der „Information" und in Übereinstimmung mit den in ihr genannten Kriterien erhalten werden

und

– daß darüber hinaus keine zeitliche Einschränkung für die Einreichung und möglichst zügige Bearbeitung der Anträge von Personen vorgesehen wird, die die in der „Information" genannten Kriterien erfüllen, was bedeutet, daß auch in diesen Fällen die Ausreisegenehmigungen nach dem genannten Verfahren erteilt werden.

Das Antwortschreiben des Außenministers der VR Polen vom 15. März 1976 ist unter 1.2.4 abgedruckt.

Die Aussiedlung aus dem Bereich der VR Polen entwickelte sich wie folgt:

1950 – 1965	356 657	1972	13 482
1966	17 315	1973	8 903
1967	10 856	1974	7 825
1968	8 435	1975	7 040
1969	9 536	1976	29 364
1970	5 624	1977	32 857
1971	25 241	1978	36 102

Insgesamt kamen in den Jahren von 1950 bis 1978 aus Polen 569 237 Aussiedler. In dieser Zahl sind auch Aussiedler enthalten, die ohne Ausreisegenehmigung als Besuchsreisende in die Bundesrepublik Deutschland gekommen und dann nicht wieder nach Polen zurückgekehrt sind.

1.3 Aussiedlung aus der CSSR

In einem Briefwechsel aus Anlaß des Abschlusses des Vertrages über die gegenseitigen Beziehungen zwischen der Bundesrepublik Deutschland und der Tschechoslowakischen Sozialistischen Republik vom 11. Dezember 1973 – abgedruckt unter 1.3 – hat die Regierung der CSSR erklärt, daß die zuständigen tschechoslowakischen Stellen Anträge tschechoslowakischer Bürger, die auf Grund ihrer deutschen Nationalität die Aussiedlung in die Bundesrepublik Deutschland wünschen, im Einklang mit den in der CSSR geltenden Gesetzen und Rechtsvorschriften wohlwollend beurteilen werden.

Die Aussiedlung aus der CSSR hat sich wie folgt entwickelt:

1950 – 1965	31 085	1972	894
1966	5 925	1973	525
1967	11 628	1974	378
1968	11 854	1975	516
1969	15 602	1976	849
1970	4 207	1977	612
1971	2 337	1978	904

Insgesamt kamen aus der CSSR in der Zeit von 1950 bis 1978 87 316 Aussiedler.

1.4 Aussiedlung aus Rumänien

In der „Gemeinsamen Erklärung zwischen der Bundesrepublik Deutschland und der Sozialistischen Republik Rumänien" zum Abschluß des offiziellen Besuchs von Bundeskanzler Helmut Schmidt am 6. und 7. Januar 1978 in der Sozialistischen Republik Rumänien heißt es u. a.: „Sie (der Bundeskanzler der Bundesrepublik Deutschland, Helmut Schmidt, und der Präsident der Sozialistischen Republik Rumänien, Nicolae Ceausescu) bekräftigen ihre Absicht, die Kontakte zwischen den Bürgern beider Länder und den Reiseverkehr einschließlich zwischen Verwandten weiter zu erleichtern. Sie stimmen darin überein, daß humanitäre Fragen im Bereich der Familienzusammenführung und der Eheschließungen zwischen Bürgern beider Länder auf der Grundlage der in bilateralen und internationalen Dokumenten bekräftigten Absichten weiterhin wohlwollend behandelt werden." (Bulletin des Presse- und Informationsamts der Bundesregierung, 1978, S. 23)

Die Aussiedlung aus Rumänien entwickelte sich wie folgt:

1950 – 1965	15 410	1972	4 374
1966	609	1973	7 577
1967	440	1974	8 484
1968	614	1976	3 766
1969	2 675	1977	10 989
1970	6 519	1978	12 120
1971	2 848		

Insgesamt kamen aus Rumänien in der Zeit von 1950 bis 1978 81 502 Aussiedler.

1.5 Aussiedlung aus den übrigen Staaten

Im übrigen kamen Aussiedler aus folgenden Staaten

	1950 – 1977	1978
Ungarn	11 333	269
Jugoslawien	85 927	202
sonstige Gebiete	2 697	9

1.6 Zusammenfassung

Insgesamt kamen, einschließlich der „über das freie Ausland aufgenommenen Vertriebenen" in den Jahren 1950 bis 1977 903591 Aussiedler, im Jahre 1978 58123 Aussiedler in die Bundesrepublik Deutschland.

2. MASSNAHMEN DER BUNDESREGIERUNG

Am 12. März 1976 billigte der Bundesrat einstimmig das im Oktober 1975 geschlossene deutsch-polnische Abkommen über Renten- und Unfallversicherung, die Vereinbarung über die pauschale Abgeltung von Rentenansprüchen und das Abkommen über die Gewährung eines Finanzkredits. Damit war der Weg frei für das Wirksamwerden des Ausreiseprotokolls vom 9. Oktober 1975 – abgedruckt unter 1.2.2 –.

Das Bundeskabinett befaßte sich in seiner Sitzung am 17. März 1976 eingehend mit der Frage der Eingliederung der deutschen Aussiedler aus Polen (vgl. Beschlüsse des Bundeskabinetts über Maßnahmen zur Eingliederung deutscher Aussiedler aus Polen vom 17. März 1976, abgedruckt unter 2.1). Die Bundesregierung forderte bei dieser Gelegenheit die zuständigen Bundesminister auf,

– unter Ausnutzung aller Möglichkeiten jede Anstrengung zu unternehmen, um die Eingliederung so unbürokratisch wie möglich zu fördern und, soweit das in ihren Zuständigkeiten liegt, sicherzustellen.

Sie erklärte, sie werde zu diesem Zweck die bestehenden Maßnahmen und Programme ausbauen und darüber hinaus durch weitere Maßnahmen sicherstellen,

– daß das politische Ziel der Verträge gerade und zuerst im menschlichen Bereich verwirklicht wird.

Der Bundesminister des Innern wurde beauftragt, ein Programm zur Eingliederung der Aussiedler zu erarbeiten.

Dieses Programm ist in Abstimmung mit den beteiligten Bundesressorts und den Bundesländern erarbeitet und am 12. Mai 1976 vom Bundeskabinett verabschiedet worden. Es beschränkt sich nicht auf die Aussiedler aus dem polnischen Bereich, sondern erstreckt sich auf alle Aussiedler aus den ost- und südosteuropäischen Staaten sowie auf die Zuwanderer aus der DDR und aus Berlin (Ost). Die Pressemitteilung des Bundesministeriums des Innern zur Verabschiedung dieses Programms vom 12. Mai 1976 ist unter 2.2 abgedruckt.

Die Schwerpunkte der für die Eingliederung der Aussiedler zu treffenden Maßnahmen liegen insbesondere in folgenden Bereichen:

– Schaffung von Wohnraum und Gewährung von Einrichtungsdarlehen;

– Überwindung der Sprachschwierigkeiten durch großzügige Sprachförderungsmaßnahmen auch für solche Aussiedler, die keine Berufstätigkeit anstreben;

– Beschleunigung und Vereinfachung der Anerkennung von Ausbildungsgängen und Befähigungsnachweisen;

– qualifikationsgerechte Vermittlung von Arbeit und Beratung durch Fachkräfte, die mit den Problemen der Aussiedler vertraut sind;

– Hilfen zur Gründung von selbständigen Existenzen;

– besondere Maßnahmen zur gesellschaftlichen Eingliederung jugendlicher Aussiedler;

– verstärkte individuelle Betreuung in den Familien, insbesondere durch Vermittlung von Patenschaften;

– Weckung von Verständnis für die Probleme und die besondere Lage der Aussiedler in der Öffentlichkeit.

Einen Überblick über den Stand der Durchführung des Programms gibt der Bericht, den der Staatssekretär im Bundesministerium des Innern, Dr. Siegfried Fröhlich, aus Anlaß eines Ministertreffens zum 30jährigen Bestehen der Arbeitsgemeinschaft der Landesflüchtlingsverwaltungen am 19. Oktober 1977 im Grenzdurchgangslager Friedland erstattet hat. Dieser Bericht „Fortschritte bei der Eingliederung von Aussiedlern" ist unter 2.3 auszugsweise abgedruckt.

3. AUFNAHME DER AUSSIEDLER UND ZUWANDERER IN DER BUNDESREPUBLIK DEUTSCHLAND

Vgl. Wegweiser für Aussiedler Nr. 1, 2

Die Aussiedler aus den ost- und südosteuropäischen Staaten werden zunächst im Grenzdurchgangslager Friedland, 3403 Friedland (Tel. 05504/1021), oder in der Durchgangsstelle für Aussiedler, Bertha-von-Suttner-Straße 31–33, 8500 Nürnberg (Tel. 0911/614028), aufgenommen. Aussiedler aus der Volksrepublik Polen und aus der Sowjetunion treffen im allgemeinen in Friedland ein, Aussiedler aus den südosteuropäischen Staaten (insbesondere aus Rumänien und aus der CSSR) in Nürnberg. In Friedland sind neben der Lagerleitung folgende Stellen tätig:

– Bundesbeauftragter für die Verteilung der Aussiedler

– Länderbeauftragte für die Verteilung der Aussiedler

– Beratungsstelle der Bundesanstalt für Arbeit

– Suchdienst des Deutschen Roten Kreuzes

– karitative Verbände (Deutsches Rotes Kreuz, Caritas, Evangelisches Hilfswerk, Arbeiterwohlfahrt)

– der katholische und der evangelische Lagerdienst

– der ärztliche Dienst mit Krankenstation.

Der Aufenthalt im Lager beträgt im Normalfall drei Tage. In dieser Zeit durchläuft der Aussiedler das sogenannte Registrierungsverfahren. Der dem Aussiedler ausgehändigte Registrierschein ist eine vorläufige Berechtigungsbescheinigung, die als Grundlage für weitere Maßnahmen, insbesondere für die Bereiche des Melde- und Ausweiswesens (Ausstellung von Personalausweis und Reisepaß, Ausstellung des Vertriebenenausweises) sowie des Namens- und Staatsangehörigkeitsrechts (vgl. hierzu die Richtlinien des Bundesministers des Innern für die Prüfung der Staatsangehörigkeit und Namensführung der Aussiedler im Grenzdurchgangslager Friedland vom 29. Juli 1976, abgedruckt unter 5.2).

Rechtsgrundlage für die Verteilung der Aussiedler auf die Bundesländer ist die Verordnung über die Bereitstellung von Durchgangslagern und über die Verteilung der in das Bundesgebiet aufgenommenen deutschen Vertriebenen auf die Länder des Bundesgebietes (Verteilungsverordnung) vom 28. März 1952 (BGBl. I, S. 36), abgedruckt unter 3.1.

Die Zuweisung an die Bundesländer erfolgt auf Grund einer zwischen den Bundesländern geschlossenen Vereinbarung (Fassung vom 31. Mai 1972) nach folgendem Verteilungsschlüssel:

Land	Sollanteil v.H.
Schleswig-Holstein	1,8
Hamburg	3,1
Niedersachsen	8,2
Bremen	1,2
Nordrhein-Westfalen	31,7
Hessen	8,5
Rheinland-Pfalz	4,9
Baden-Württemberg	16,9
Bayern	13,2
Saarland	2,5
Berlin (West)	8,0

Etwa 95 v. H. der in der Bundesrepublik Deutschland eintreffenden Aussiedler haben feste Vorstellungen über ihren künftigen Wohnsitz. Das ist im allgemeinen der Ort, an dem Verwandte wohnen. Da diese Wünsche der Aussiedler berücksichtigt werden (Artikel 11 des Grundgesetzes: Freizügigkeit), wird der vorstehende Schlüssel in der Praxis nicht eingehalten. So hat beispielsweise das Land Nordrhein-Westfalen im Jahre 1977 rund 40% aller Aussiedler aufgenommen.

Einzelheiten des Verteilungsverfahrens sind in den „Richtlinien für die Verteilung der Zuwanderer aus der sowjetisch besetzten Zone Deutschlands und dem sowjetisch besetzten Sektor von Berlin, der Aussiedler und der Vertriebenen aus dem freien Ausland (Verteilungsrichtlinien)" des früheren Bundesministers für Vertriebene, Flüchtlinge und Kriegsgeschädigte in der Fassung vom 10. März 1961 – abgedruckt unter 3.2 – niedergelegt.

Die „Richtlinien für die Einbeziehung der aus den Aussiedlungsgebieten und aus dem freien Ausland im Bundesgebiet und in Berlin (West) eingetroffenen Vertriebenen in das Verteilungsverfahren nach der Verteilungsverordnung vom 28. März 1952" in der vom früheren Bundesminister für Vertriebene, Flüchtlinge und Kriegsgeschädigte am 17. Oktober 1962 bekanntgegebenen Fassung werden derzeit überarbeitet und in Kürze in einer Neufassung veröffentlicht werden. Sie sind deshalb nicht abgedruckt.

Die im Grenzdurchgangslager eintreffenden Aussiedler erhalten zur Erledigung ihrer ersten Einkäufe eine Begrüßungsgabe der Bundesregierung. Sie beträgt

150,– DM für jede Person über 18 Jahre,
75,– DM für jede Person unter 18 Jahre.

Heimkehrer erhalten ohne Rücksicht auf das Alter 150,– DM. Einzelheiten regeln die „Richtlinien des Bundesministers des Innern für die Zahlung einer einmaligen Unterstützung der Bundesregierung (Begrüßungsgabe)" vom 15. August 1974 in der Fassung vom 10. Mai 1976 (abgedruckt unter 3.3).

Hervorzuheben ist, daß die Begrüßungsgabe in Härtefällen auch an zum Familienverband von Aussiedlern gehörende nichtdeutsche Angehörige gezahlt werden kann, die gemeinsam mit Anspruchsberechtigten im Sinne der Richtlinien (Heimkehrer, Aussiedler, Zuwanderer aus der DDR und aus Berlin (Ost)) auf Dauer in das Bundesgebiet einreisen. Diese Erweiterung des Empfängerkreises ist von besonderer Bedeutung im Rahmen der Sprachförderung. Nach der Verordnung über die Förderung der Teilnahme von Aussiedlern an Deutsch-Lehrgängen vom

27. Juli 1976 (BGBl. I, S. 1949) – abgedruckt unter 8.1 – gehören neben Aussiedlern und anerkannten Asylberechtigten auch Personen, „die eine einmalige Unterstützung der Bundesregierung (Begrüßungsgabe) nach den Richtlinien des Bundesministers des Innern vom 15. August 1974 in der Fassung vom 10. Mai 1976 (VtK I 5–933 731/1) erhalten haben", zu den Leistungsberechtigten.

Die im Bundesgebiet eintreffenden Aussiedler haben einen Anspruch auf Erstattung der Kosten, die ihnen in Verbindung mit der Aussiedlung entstanden sind. Hierzu zählen insbesondere

– Reisekosten

– Paß- und Visagebühren

– Kosten für den letzten Aussiedlungsantrag

– Frachtkosten.

Einzelheiten über die Berücksichtigungsfähigkeit von im Zusammenhang mit der Aussiedlung entstandenen Kosten enthalten die Richtlinien des früheren Bundesministers für Vertriebene, Flüchtlinge und Kriegsgeschädigte über die Verrechnungsfähigkeit der Kosten der Rückführung gemäß § 15 des Ersten Überleitungsgesetzes (abgedruckt unter 17.2) vom 1. Juli 1960 in der Fassung vom 1. Oktober 1977, abgedruckt unter 3.4.

Kosten, die nach den Richtlinien verrechnungsfähig sind, werden vom Bund den Ländern in dem durch die Richtlinien festgelegten Rahmen erstattet.

Die Erstattungsfähigkeit von Reisekosten ist in Ziffer 10, von Güterbeförderungskosten in Ziffer 11, von Kosten der Verpackung, Verladung, Lagerung und Ausfuhr des Umzugsguts in Ziffer 12 und die Erstattung von Gebühren und sonstigen Aufwendungen in Ziffer 13 der Richtlinien geregelt. Ziffer 14 der Richtlinien nennt die nichterstattungsfähigen Aufwendungen (z. B. Aufwendungen zur Tilgung von Schulden, z. B. von Steuerschulden, Geldstrafen, rückständigen Versicherungsbeiträgen, Unterhaltskosten, Studien- und Ausbildungskosten, Strom- und Wasserkosten, Telefon- und Rundfunkgebühren; Aufwendungen, die im Zusammenhang mit abgelehnten Ausreiseanträgen entstanden sind, Übernachtungs- und Verpflegungskosten bei Fahrten zu Behörden des Herkunftslandes, Kosten einer Reiseunfallversicherung oder der Versicherung für einen mitgeführten Personenkraftwagen).

Personen, die aus dem Gebiet der DDR und aus Berlin (Ost) in die Bundesrepublik Deutschland einschließlich des Landes Berlin zuziehen, bedürfen der Aufenthaltserlaubnis nach dem Gesetz über die Notaufnahme von Deutschen in das Bundesgebiet vom 22. August 1950 (BGBl. I, S. 1367, zuletzt geändert durch § 101 des Bundesvertriebenengesetzes in der Fassung vom 23. Oktober 1961, BGBl. I, S. 1883), abgedruckt unter 3.5. Zuständig für die Erteilung der Erlaubnis sind die Leiter des Bundesnotaufnahmeverfahrens in Berlin, Marienfelder Allee 66–80, 1000 Berlin 48, bzw. in Lahn-Gießen, Postfach 59 40, 6300 Lahn 1.

Einzelheiten des Notaufnahmeverfahrens sind in der Verordnung zur Durchführung des Gesetzes über die Notaufnahme von Deutschen in das Bundesgebiet vom 11. Juni 1951 (BGBl. I, S. 381), zuletzt geändert durch die Verordnung vom 14. Juni 1965 (BGBl. I, S. 514) geregelt. Diese Verordnung ist unter 3.6 abgedruckt.

Auch Zuwanderer aus der DDR und aus Berlin (Ost) werden von den Verteilungsrichtlinien (abgedruckt unter 3.2) und den Richtlinien für die Zahlung einer einmaligen Unterstützung der Bundesregierung (Begrüßungsgabe) – abgedruckt unter 3.3 – erfaßt, nicht jedoch von den Richtlinien über die Verrechnungsfähigkeit der Kosten der Rückführung gemäß § 15 des Ersten Überleitungsgesetzes.

Die Übernahme von Aussiedlern und Zuwanderern von einem Bundesland in ein anderes ist in der Übernahmevereinbarung vom 31. Mai 1972 – abgedruckt unter 3.7 – geregelt.

Über die Rechte der Zuwanderer aus der DDR und aus Berlin (Ost) unterrichtet der „Wegweiser für Flüchtlinge und Übersiedler aus der DDR", der beim Bundesminister des Innern, Referat VtK I 6, Graurheindorfer Straße 198, 5300 Bonn 1, bezogen werden kann.

4. RECHTSSTELLUNG DER AUSSIEDLER UND ZUWANDERER

Vgl. Wegweiser für Aussiedler 6, 28

Das Gesetz über die Angelegenheiten der Vertriebenen und Flüchtlinge (Bundesvertriebenengesetz) vom 19. Mai 1953 in der Fassung der Bekanntmachung vom 3. September 1971 (BGBl. I, S. 1565, ber. S. 1807), zuletzt geändert durch Gesetz vom 16. Februar 1979 (BGBl. I, S. 181) – abgedruckt unter 4.1 – regelt

– den Status der vom Gesetz erfaßten Personen (§§ 1 bis 8)
– die Voraussetzungen für die Inanspruchnahme von Rechten und Vergünstigungen (§§ 9 bis 13)
– die Ermächtigung zur Gleichstellung von Personen, die von Vertreibungs- oder vertreibungsähnlichen Maßnahmen betroffen sind (§ 14)
– die Ausstellung und Einziehung von Ausweisen (§§ 15 bis 20)
– die Errichtung von Behörden und Beiräten (§§ 21 bis 26)
– die Eingliederung der Vertriebenen und Flüchtlinge (§ 26 ff.)
durch
– die Umsiedlung innerhalb des Bundesgebiets (§§ 26 bis 34, heute ohne praktische Bedeutung, daher nicht abgedruckt)
– Eingliederung in die Landwirtschaft (§§ 35 bis 68 ff., vgl. hierzu Einleitung Nr. 14)
– Zulassung zu Berufs- und Gewerbeausübung (Zulassung zur Kassenpraxis, Eintragung in die Handwerksrolle, §§ 69 bis 71, zur Eintragung in die Handwerksrolle vgl. Einleitung Nr. 10)
– Förderung selbständiger Erwerbstätiger (§§ 72 bis 76, vgl. hierzu Einleitung Nr. 11)
– Förderung unselbständiger Erwerbstätiger (§§ 77 bis 79)
– Wohnraumversorgung (§ 80)
– Nichtanwendung beschränkender Vorschriften (§ 81)
– Schuldenregelung für Vertriebene und Sowjetzonenflüchtlinge (§§ 82 bis 89)
– Sozialrechtliche Angelegenheiten (§§ 90, 91)
– Anerkennungen von Prüfungen (§ 92, vgl. hierzu Einleitung Nr. 10 und Ersatz von Urkunden, § 93)
– Familienzusammenführung (§ 94)
– Unentgeltliche Beratung (§ 95)
– Pflege des Kulturguts der Vertriebenen und Flüchtlinge und Förderung der wissenschaftlichen Forschung (§ 96)

– Statistik (§ 97)

– Strafbestimmungen (§§ 98 bis 99)

– Übergangs- und Schlußbestimmungen (§§ 100 bis 107).

Der Begriff des Aussiedlers ist in § 1 Abs. 2 Nr. 3 des Bundesvertriebenengesetzes (BVFG) definiert. Vgl. hierzu Einleitung Nr. 1.

Die Richtlinien des früheren Bundesministers für Vertriebene, Flüchtlinge und Kriegsgeschädigte betreffend die Durchführung des § 13 des Bundesvertriebenengesetzes vom 20. Juli 1954 (GMBl. S. 418) regeln die Beendigung der Inanspruchnahme von Rechten und Vergünstigungen für Vertriebene und Flüchtlinge, die in das wirtschaftliche und soziale Leben in einem nach ihren früheren wirtschaftlichen und sozialen Verhältnissen zumutbaren Maße eingegliedert sind (abgedruckt unter 4.2).

Das Flüchtlingshilfegesetz vom 15. Mai 1971 (BGBl. I, S. 681) – abgedruckt unter 4.3 – enthält Regelungen zugunsten von Zuwanderern aus der DDR und aus Berlin (Ost), die nicht „Sowjetzonenflüchtlinge" im Sinne des § 3 BVFG sind.

Das Gesetz über den ehelichen Güterstand von Vertriebenen und Flüchtlingen vom 4. August 1969 (BGBl. I, S. 1067) ist unter 4.4 abgedruckt.

Nach § 1 aaO gilt für Ehegatten, die Vertriebene oder Sowjetzonenflüchtlinge (§§ 1, 3, 4 BVFG) sind, ihren gewöhnlichen Aufenthalt im Geltungsbereich dieses Gesetzes haben und im gesetzlichen Güterstand eines außerhalb des Geltungsbereichs dieses Gesetzes maßgebenden Rechts leben, vom Inkrafttreten dieses Gesetzes an das eheliche Güterrecht des Bürgerlichen Gesetzbuchs (Zugewinngemeinschaft, §§ 1363ff. BGB). Das gleiche gilt für Ehegatten, die aus der DDR oder aus Berlin (Ost) zugezogen sind, sofern sie im Zeitpunkt des Zuzugs deutsche Staatsangehörige waren oder – ohne die deutsche Staatsangehörigkeit zu besitzen – als Deutsche im Sinne des Artikels 116 Abs. 1 GG – abgedruckt unter 5.1 – Aufnahme gefunden haben.

Begründen beide Ehegatten ihren gewöhnlichen Aufenthalt im Geltungsbereich des Gesetzes erst nach Inkrafttreten des Gesetzes (1. Oktober 1969, vgl. aber § 7 aaO), so gilt für sie das Güterrecht des Bürgerlichen Gesetzbuches erst vom Anfang des nach Eintritt dieser Voraussetzung folgenden vierten Monats an.

Bis zu diesem Zeitpunkt kann der Aussiedler gegenüber dem örtlich zuständigen Amtsgericht die Erklärung abgeben, daß für die Ehe der bisherige gesetzliche Güterstand fortgelten solle.

5. STAATSANGEHÖRIGKEIT, NAMENSRECHT

Vgl. Wegweiser für Aussiedler Nr. 5, 7

Artikel 116 des Grundgesetzes – abgedruckt unter 5.1 – regelt den Status des Deutschen.

Deutscher im Sinne des Grundgesetzes für die Bundesrepublik Deutschland ist, wer entweder die deutsche Staatsangehörigkeit besitzt oder wer als Flüchtling oder Vertriebener (hierzu gehören nach der gesetzlichen Definition des § 1 Abs. 2 Nr. 3 BVFG auch die Aussiedler) deutscher Volkszugehörigkeit oder dessen Ehegatte oder Abkömmling in dem Gebiet des Deutschen Reiches nach dem Stande vom 31. Dezember 1937 Aufnahme gefunden hat.

Das Verfahren für die Feststellung des Status als Deutscher ist in den Richtlinien des Bundesministers des Innern für die Prüfung der Staatsangehörigkeit und Namensführung der Aussiedler im Grenzdurchgangslager Friedland vom 29. Juli 1976 – abgedruckt unter 5.2 – geregelt. Die Richtlinien gelten trotz der eng gefaßten Überschrift auch für die Verfahren in anderen Grenzdurchgangslagern. Die Richtlinien enthalten im Ersten Abschnitt Bestimmungen über die Eintragung als deutscher Staatsangehöriger oder als Deutscher (ohne deutsche Staatsangehörigkeit im Sinne des Art. 116 Abs. 1 GG) in den Registrierschein (vgl. dazu Einleitung Nr. 3).

Im Zweiten Abschnitt der Richtlinien sind Fragen der Namensführung behandelt. Grundsätzlich sind Namen deutscher Aussiedler, die von Organen eines fremden Staates verändert (z. B. slawisiert oder romanisiert) worden sind, in ihrer ursprünglichen deutschen Form in den Registrierschein einzutragen, der Grundlage für die spätere Ausstellung der Ausweispapiere (Personalausweis, Reisepaß, Vertriebenenausweis) ist. Für diese Eintragung der Vornamen gilt (Nr. 18 der Richtlinien) im einzelnen:

Ist die Geburt des Aussiedlers in einem nach deutschem Recht geführten Personenstandsbuch oder Personenstandsregister beurkundet worden und weisen die vorgelegten Personalpapiere eine fremdländische Vornamensform aus, so sind die Vornamen in ihrer ursprünglichen deutschen Form einzutragen.

Ist die Geburt des Aussiedlers dagegen nicht in einem nach deutschem Recht geführten Personenstandsbuch oder Personenstandsregister beurkundet worden und weisen die vorgelegten Personalunterlagen eine fremdländische Vornamensform aus, so ist die Namensform einzutragen, die dem Willen des Sorgeberechtigten entsprach.

In den Fällen, in denen es sich nicht mit hinreichender Sicherheit feststellen läßt, daß der Aussiedler die Vornamen in deutscher Form führen kann, sind die Vornamen in der Form einzutragen, wie sie sich aus den vorgelegten Ausweisen ergibt. Eine Änderung der fremdländischen Namensform in eine deutsche Namensform ist nur in einem Verfahren nach § 11 des Gesetzes über die Änderung von Familiennamen und Vornamen vom 5. Januar 1938 (NamÄndG), zuletzt geändert durch Artikel 13 des Zuständigkeitslockerungsgesetzes vom 10. März 1975 (BGBl. I, S. 685) möglich.

Die Änderung des Familiennamens eines deutschen Staatsangehörigen auf Grund ausländischen Rechts oder ausländischer Verwaltungsmaßnahmen sowie die Veränderung der Schreibweise des Familiennamens wird im deutschen Rechtsbereich grundsätzlich nicht anerkannt. In diesen Fällen wird der deutsche Name in den Registrierschein eingetragen (Nr. 19 aaO).

Für Aussiedler, die nicht deutsche Staatsangehörige sind und die die Rechtsstellung als Deutsche (ohne deutsche Staatsangehörigkeit) durch die Aufnahme im Bundesgebiet erlangen, gilt:

Ist der Familienname in den vorgelegten Unterlagen in fremdländischer Form wiedergegeben, so kann in der Regel die deutsche Namensform nur durch eine Änderung in einem Verfahren nach § 3 des Namensänderungsgesetzes erlangt werden. Ist lediglich die Schreibweise des Namens verändert worden, so kann die ursprüngliche Namensform in den Registrierschein übernommen werden.

Die in den Grenzdurchgangslagern eintreffenden Aussiedler erhalten ein Merkblatt über Fragen der Staatsangehörigkeit und der Namensführung, abgedruckt unter 5.3. Dieses Merkblatt erläutert u. a. den Begriff der Staatsangehörigkeit und unterrichtet über die Möglichkeit, den Erwerb der Eigenschaft als Deutscher auszuschließen.

Personen, die nicht Deutsche sind und die es auch durch die Aufnahme im Bundesgebiet nicht werden wollen, können den Erwerb der Eigenschaft als Deutscher ohne deutsche Staatsangehörigkeit durch eine Erklärung verhindern, die sie bei der Registrierung abgeben. Wer erklärt, daß er nicht Aufnahme nach Artikel 116 Abs. 1 des Grundgesetzes finden will, bleibt Ausländer. Diese Erklärung kann nur anläßlich der Registrierung im Grenzdurchgangslager abgegeben werden. Sie ist nicht widerruflich.

6. WOHNGELD, EINRICHTUNGSDARLEHEN

Vgl. Wegweiser für Aussiedler Nr. 8, 9

Der Bezug von Wohngeld richtet sich nach dem Wohngeldgesetz in der Fassung vom 29. August 1977 (BGBl. I, S. 1685).

§ 16 des Wohngeldgesetzes – abgedruckt unter 6.1 – sieht bei der Ermittlung des Jahreseinkommens, das für die Berechtigung zum Bezug von Wohngeld maßgebend ist, einen besonderen Freibetrag für Vertriebene (also auch für Aussiedler) und „Sowjetzonenflüchtlinge" im Sinne der §§ 1 bis 4 des Bundesvertriebenengesetzes – abgedruckt unter 4.1 – und für Deutsche aus der DDR und aus Berlin (Ost) im Sinne des § 1 des Flüchtlingshilfegesetzes – abgedruckt unter 4.3 – vor.

Eine detaillierte Information über das Wohngeldgesetz enthält die Broschüre „Wohngeld '78" des Presse- und Informationsamtes der Bundesregierung, Welckerstraße 11, 5300 Bonn 1.

Nach den Richtlinien des Bundesministers des Innern für die Gewährung von zinsverbilligten Einrichtungsdarlehen an Aussiedler und Zuwanderer vom 20. September 1976 – abgedruckt unter 6.2 –, die am 15. Oktober 1976 in Kraft getreten sind, haben Aussiedler und Zuwanderer aus der DDR und aus Berlin (Ost) die Möglichkeit, aus Anlaß des erstmaligen Bezugs einer ausreichenden Wohnung ein besonders zinsgünstiges Darlehen in Anspruch zu nehmen.

Dieses Einrichtungsdarlehen kann bis zu folgender Höhe gewährt werden:

3 000,– DM   für Alleinstehende
4 000,– DM   als Sockelbetrag für Mehrpersonenhaushalte
1 000,– DM   für die zweite und jede weitere zur Haushaltsgemeinschaft
              gehörende Person.

Der Höchstbetrag ist 10 000,– DM.

Die Darlehenssummen betragen demnach

3 000,– DM   für einen Alleinstehenden
5 000,– DM   für ein Ehepaar ohne Kinder
6 000,– DM   für ein Ehepaar mit einem Kind
7 000,– DM   für ein Ehepaar mit zwei Kindern
usw.
10 000,– DM   für ein Ehepaar mit fünf und mehr Kindern.

Der Bund verbilligt das Darlehen durch eine Zinssubvention in Höhe von ursprünglich 6 v.H., jetzt 4,75 v.H. und durch pauschale Abgeltung der Gebühren für die Lastenausgleichsbank, die den Kreditinstituten die Mittel für die Darlehensgewährung zur Verfügung stellt.

Das Einrichtungsdarlehen kann bei allen Banken, Sparkassen, Raiffeisenkassen in Anspruch genommen werden. Voraussetzung ist die Vorlage eines Berechtigungsscheins, der in Bayern, in Hamburg und im Saarland vom Ausgleichsamt, in den übrigen Ländern vom Flüchtlingsamt (Vertriebenenamt, Amt für Aussiedler und Zuwanderer) ausgestellt wird.

Das Darlehen steht Aussiedlern und Zuwanderern aus der DDR und aus Berlin (Ost) zu, die seit dem 1. Januar 1974 im Bundesgebiet eingetroffen sind und noch notdürftig (z. B. in einem Lager, einem Übergangswohnheim oder bei Verwandten) untergebracht sind. Der Antrag auf Ausstellung eines Berechtigungsscheins ist innerhalb von sechs Monaten nach Bezug einer ausreichenden Wohnung zu stellen.

Das Darlehen ist nach zwei tilgungsfreien Jahren im Verlauf von längstens acht weiteren Jahren zu tilgen.

Der Bundesminister des Innern hat in sieben Rundschreiben Erläuterungen zur Durchführung der Richtlinien für die Gewährung von zinsverbilligten Einrichtungsdarlehen gegeben. Es handelt sich um

– das Rundschreiben vom 24. September 1976, auszugsweise abgedruckt unter 6.3
– das Rundschreiben vom 18. November 1976, abgedruckt unter 6.4
– das Rundschreiben vom 1. Juni 1977, auszugsweise abgedruckt unter 6.5
– das Rundschreiben vom 3. Oktober 1978, abgedruckt unter 6.6
– das Rundschreiben vom 25. Oktober 1978, abgedruckt unter 6.7
– das Rundschreiben vom 25. November 1978, abgedruckt unter 6.8
– das Rundschreiben vom 6. Dezember 1978, abgedruckt unter 6.9.

In dem Rundschreiben vom 1. Juni 1977 ist Teil I, Abschnitt A Ziffer 3 der Durchführungsbestimmungen zur Hausratsentschädigung (HRDB) vom 24. Januar 1955 (MtblBAA S. 29) in der Fassung vom 5. Oktober 1967 (MtblBAA S. 330) zitiert. Nach dieser Vorschrift ist als Hausrat die Gesamtheit aller beweglichen Sachen (Hausratgegenstände), die in einer Wohnung einschließlich der Nebenräume zur persönlichen (privaten) Lebensführung im Gebrauch sind oder zu diesem Gebrauch bestimmt sind.

Durch die Rundschreiben werden insbesondere für folgende Fallgestaltungen Regelungen getroffen:

a) Bei der Berechnung der Frist von sechs Monaten, innerhalb deren der Antrag auf Darlehensgewährung nach dem erstmaligen Bezug einer ausreichenden Wohnung zu stellen ist (Nr. 2.4 der Richtlinien), ist der Zeitraum zwischen dem 12. Mai 1976 (Bekanntmachung des Programms der Bundesregierung zur Eingliederung von Aussiedlern und Zuwanderern, abgedruckt unter 2.2) und dem 15. Oktober 1976 (Inkrafttreten der Richtlinien vom 30. September 1976, abgedruckt unter 6.2) nicht zu berücksichtigen. Auf diese Weise wurde es auch Aussiedlern und Zuwanderern, die bereits Ende November 1975 eine ausreichende Wohnung bezogen hatten, noch ermöglicht, das zinsverbilligte Einrichtungsdarlehen in Anspruch zu nehmen (vgl. Rundschreiben vom 18. November 1976, abgedruckt unter 6.4).

b) Unter erstmaligem Bezug einer Wohnung ist nicht zwingend zu verstehen, daß der Berechtigte nach dem Verlassen der Not- und Durchgangsunterkunft (Aufnahmelager, Übergangswohnheim) erstmals eine Wohnung bezieht. Entscheidend ist vielmehr, daß es sich um den erstmaligen Bezug einer ausreichenden Wohnung handelt. Hiermit ist eine Wohnung gemeint, die im Zeitpunkt der Antragstellung dem Bedarf des Antragstellers und seiner Angehörigen nach dessen eigener Auffassung entspricht. Der Berechtigungsschein darf lediglich dann nicht erteilt werden, wenn aus den Angaben des Antragstellers ersichtlich ist, daß (erneut) eine Notunterkunft (z. B. eine Wohnung in einem Übergangswohnheim) bezogen werden soll (Rundschreiben vom 1. Juni 1977 zu Nr. 1.1, abgedruckt unter 6.5).

c) Der Bezug einer ausreichenden Wohnung ist in der Regel durch die Vorlage eines Mietvertrages nachzuweisen (aaO, Ziffer 1 zu Nr. 2.2).

d) Bezieht der Aussiedler oder Zuwanderer lediglich ein möbliertes Zimmer, ohne damit auch einen eigenen Haushalt zu begründen, so kann er das Darlehen nicht in Anspruch nehmen (aaO).

e) Die Richtlinien sehen keine Einkommensgrenzen oder Altersgrenzen vor. Die Kreditinstitute sind jedoch gehalten, das Einrichtungsdarlehen nicht zu gewähren, wenn die Rückzahlung und die Zinszahlung nicht möglich sind. Dieser Fall dürfte insbesondere dann vorliegen, wenn sich der Antragsteller in hohem Alter befindet und keine Sicherheiten gegeben werden können (z. B. Bürgschaft durch die erwachsenen Kinder des Antragstellers) oder wenn der Antragsteller dauernd erwerbsunfähig ist (aaO, Ziffer 1 zu Nr. 5.6).

f) Ausnahmen von den Fristerfordernissen nach Ziffer 2.6 (Eintreffen im Bundesgebiet seit dem 1. Januar 1974), 2.4 der Richtlinien (Antragstellung innerhalb von sechs Monaten nach Bezug einer ausreichenden Wohnung) können grundsätzlich nicht zugelassen werden, vgl. aber oben unter a). Eine Sonderregelung für Aussiedler und Zuwanderer, die vor dem 1. Januar 1974 im Bundesgebiet eingetroffen sind, ist vom Innenminister des Landes Baden-Württemberg getroffen worden. Zur Fristwahrung nach Ziffer 2.4 der Richtlinien reicht es aus, daß der Antragsteller seine Absicht, das Einrichtungsdarlehen in Anspruch nehmen zu wollen, deutlich zu erkennen gegeben ("manifestiert") hat. Das kann auch bei einer unzuständigen Behörde, bei einer Beratungs- und Betreuungsstelle oder bei einem Kreditinstitut und auch durch Einholen von Informationen geschehen sein (aaO, Ziffer 2). Wer mehr als die Hälfte seines gesamten Hausrats verloren hat, kann außerdem Hausratsentschädigung nach dem Lastenausgleichsgesetz erhalten (vgl. hierzu das Merkblatt des Bundesausgleichsamts (BAA), abgedruckt unter 12.1, und das Rundschreiben des Präsidenten des BAA vom 29. November 1971, abgedruckt unter 12.2).

g) Aussiedler und Zuwanderer, die ohne Inanspruchnahme öffentlich subventionierter Notunterkünfte sofort eine ausreichende Wohnung beziehen, sind von der Inanspruchnahme des Darlehens nicht ausgeschlossen. (Rundschreiben vom 3. Oktober 1978, abgedruckt unter 6.6)

Zur Verlängerung der Gültigkeit des Berechtigungsscheines vgl. Rundschreiben vom 25. Oktober 1978, abgedruckt unter 6.7, zur Berechtigung von Evakuierten vgl. Rundschreiben vom 25. November 1978, abgedruckt unter 6.8.

7. LEISTUNGEN NACH DEM ARBEITSFÖRDERUNGSGESETZ

Vgl. Wegweiser für Aussiedler Nr. 11

Aussiedler haben Anspruch auf Arbeitslosengeld, wenn sie arbeitslos sind, der Arbeitsvermittlung zur Verfügung stehen, die Anwartschaftszeit erfüllt haben, sich beim Arbeitsamt arbeitslos gemeldet und Arbeitslosengeld beantragt haben (vgl. § 100 des Arbeitsförderungsgesetzes – AFG –). Das AFG ist auszugsweise unter 7.1 abgedruckt.

Die Anwartschaftszeit hat erfüllt, wer in der Rahmenfrist 26 Wochen oder sechs Monate in einer die Beitragspflicht begründenden Beschäftigung gestanden hat (§ 104 Abs. 1 Satz 1 AFG). Den Zeiten einer die Beitragspflicht begründenden Beschäftigung stehen gleich
– Zeiten einer Beschäftigung, die ein Deutscher im Sinne des Artikels 116 des Grundgesetzes im Gebiet des Deutschen Reiches nach dem 31. Dezember 1937, aber außerhalb des Geltungsbereichs dieses Gesetzes ausgeübt hat (§ 107 S. 1 Nr. 3 AFG)

– Zeiten einer Beschäftigung, die ein Vertriebener, der nach den §§ 9 bis 12 des Bundesvertriebenengesetzes Rechte und Vergünstigungen in Anspruch nehmen kann, außerhalb des Gebiets des Deutschen Reiches nach dem Stande vom 31. Dezember 1937 ausgeübt hat (§ 107 S. 1 Nr. 4 AFG).

Das Arbeitslosengeld beträgt 68 v.H. des um die gesetzlichen Abzüge, die bei Arbeitnehmern gewöhnlich anfallen, verminderten Arbeitsentgelts (§ 111 Abs. 1 AFG). Einzelheiten regelt die Verordnung über die Leistungssätze des Unterhaltsgeldes, des Kurzarbeitergeldes, des Schlechtwettergeldes, des Arbeitslosengeldes und der Arbeitslosenhilfe für das Jahr 1979 (AFG-Leistungsverordnung 1979, vom 20. Dezember 1978 – BGBl. I, S. 2037), die aus Raumgründen hier nicht abgedruckt ist. Sie kann bei jedem Arbeitsamt eingesehen werden.

Anspruch auf Arbeitslosenhilfe hat, wer arbeitslos ist, der Arbeitsvermittlung zur Verfügung steht, sich beim Arbeitsamt arbeitslos gemeldet, Arbeitslosenhilfe beantragt, keinen Anspruch auf Arbeitslosengeld hat, weil er die Anwartschaftszeit nicht erfüllt, bedürftig ist und die besonderen weiteren Voraussetzungen des § 134 Abs. 1 Satz 1 Nr. 4 AFG erfüllt (§ 134 Abs. 1 AFG).

Eine vorherige entlohnte Beschäftigung im Sinne des § 134 Abs. 1 Nr. 4 Buchstabe b AFG ist bei Personen im Sinne der §§ 1 bis 3 BVFG zur Begründung eines Anspruchs auf Arbeitslosenhilfe nicht erforderlich, vgl. § 4 Nr. 1 der Arbeitslosenhilfe-Verordnung vom 7. August 1974, abgedruckt unter 7.4.

Die Förderung der beruflichen Bildung ist in §§ 33 ff. AFG geregelt. Einzelheiten der beruflichen Ausbildung nach § 40 AFG regelt die Anordnung des Verwaltungsrats der Bundesanstalt für Arbeit über die individuelle Förderung der beruflichen Ausbildung (A Ausbildung) vom 31. Oktober 1969 (ANBA 1970, S. 213), zuletzt geändert durch die 13. Änderungsanordnung zur A Ausbildung vom 14. Juli 1978 (ANBA 1978, S. 1089). Für Aussiedler ist die Anordnung des Verwaltungsrats der Bundesanstalt für Arbeit über die individuelle Förderung der beruflichen Fortbildung und Umschulung (A Fortbildung und Umschulung) vom 23. März 1976 i.d.F. vom 14. Juli 1978 – abgedruckt unter 7.2 – von Bedeutung. Nach § 8 Abs. 2 aaO gilt für Aussiedler nicht die Einschränkung, daß Maßnahmen der Fortbildung und Umschulung nur dann gefördert werden, wenn der Antragsteller in den letzten drei

Jahren vor dem Eintritt in die Maßnahmen mindestens zwei Jahre im Geltungsbereich des Arbeitsförderungsgesetz erlaubt tätig gewesen ist.

Der Umfang des Unterhaltsgeldes – wichtig auch für die Teilnehmer an Deutsch-Lehrgängen nach der Verordnung vom 27. Juli 1976 (abgedruckt unter 8.1) – richtet sich nach § 44 AFG und nach der oben zitierten AFG-Leistungsverordnung. Näheres über den Umfang der Leistungen nach § 45 AFG ist in der Einleitung unter 8 dargestellt.

Nach der Verordnung zur Förderung der beruflichen Fortbildung und Umschulung bei ungünstiger Beschäftigungslage vom 13. Dezember 1978 (BGBl. I, S. 2022 – abgedruckt unter 7.3 –) wird abweichend von § 42 Abs. 2 AFG ein Aussiedler im Sinne des § 1 Abs. 2 Nr. 3 und Abs. 3 des BVFG auch dann gefördert, wenn er Förderung für die Teilnahme an einer Fortbildungs- und Umschulungsmaßnahme beantragt, nachdem er bereits als Teilnehmer an einem Sprachlehrgang nach dem Arbeitsförderungsgesetz gefördert worden ist.

8. SPRACHFÖRDERUNG

Vgl. Wegweiser für Aussiedler Nr. 34

Nach der Verordnung über die Förderung der Teilnahme von Aussiedlern an Deutsch-Lehrgängen vom 27. Juli 1976 (BGBl. I, S. 1949) – abgedruckt unter 8.1 –, die auf Grund des § 3 Abs. 5 des Arbeitsförderungsgesetzes erlassen worden ist, wird der Bundesanstalt für Arbeit die Aufgabe übertragen,

– Aussiedlern im Sinne des § 1 Abs. 2 Nr. 3 und Abs. 3 BVFG (abgedruckt unter 4.1)

– Personen, die eine einmalige Unterstützung der Bundesregierung (Begrüßungsgabe) nach den Richtlinien des Bundesministers des Innern vom 15. August 1974 i.d.F. vom 10. Mai 1976 (VtK I 5 – 933 731/1) – abgedruckt unter 3.3 – erhalten haben

– Ausländern, die als Asylberechtigte nach § 28 des Ausländergesetzes anerkannt sind und ihren gewöhnlichen Aufenthalt im Geltungsbereich des Arbeitsförderungsgesetzes haben

Leistungen nach § 2 der vorgenannten Verordnung zu gewähren,

– wenn sie an einem Lehrgang der deutschen Sprache mit ganztägigem Unterricht teilnehmen

und

– wenn Sie in den letzten zwölf Monaten vor der Ausreise eine Erwerbstätigkeit von mindestens zwölf Monaten Dauer ausgeübt haben und beabsichtigen, anschließend eine nicht der Berufsbildung dienende Erwerbstätigkeit aufzunehmen.

Die Teilnehmer an Deutsch-Lehrgängen erhalten für längstens zwölf Monate Leistungen nach

– §§ 44 Abs. 2 und Abs. 3 bis 7 AFG (Unterhaltsgeld in Höhe von 80 v.H. des um die gesetzlichen Abzüge, die bei Arbeitnehmern gewöhnlich anfallen, verminderten Arbeitsentgelts im Sinne des § 112 AFG)

– § 45 AFG (Kosten, die durch die Teilnahme an dem Sprachlehrgang unmittelbar entstehen, insbesondere Lehrgangskosten, Kosten für Lernmittel, Fahrkosten, Kosten der Kranken- und Unfallversicherung sowie Kosten der Unterkunft und

Berichtigung

Auf Seite 30 muß es richtig heißen:

Nach der Verordnung über die Förderung der Teilnahme von Aussiedlern an Deutsch-Lehrgängen vom 27. Juli 1976
. . . wird der Bundesanstalt für Arbeit die Aufgabe übertragen,
— Aussiedlern . . .
Leistungen nach § 2 der vorgenannten Verordnung zu gewähren,
— wenn sie an einem Lehrgang der deutschen Sprache mit ganztägigem Unterricht teilnehmen
und
— wenn sie in den letzten zwölf Monaten vor der Ausreise eine Erwerbstätigkeit von mindestens **zehn Wochen** Dauer ausgeübt haben und beabsichtigen, anschließend eine nicht der Berufs**aus**bildung dienende Erwerbstätigkeit aufzunehmen.

Mehrkosten der Verpflegung, wenn die Teilnahme an dem Sprachlehrgang auswärtige Unterbringung erfordert)
– §§ 155 bis 161 AFG (Krankenversicherung)
– § 165 AFG (Unfallversicherung).

Nach § 45 AFG in der bis zum 31. Dezember 1977 geltenden Fassung waren bei notwendiger auswärtiger Unterbringung die Kosten der Unterkunft und Kosten der Verpflegung nur für Personen zu tragen, die nicht allein stehen. Diese Einschränkung ist durch Art. 1 Nr. 2 des Vierten Gesetzes zu Änderung des Arbeitsförderungsgesetzes vom 12. Dezember 1977 (BGBl. I, S. 2557) mit Wirkung vom 1. Januar 1978 beseitigt worden. Nach der Neuregelung werden nur noch die Mehrkosten der auswärtigen Verpflegung, nicht aber die gesamten Kosten der auswärtigen Verpflegung erstattet.

Durch die Erste Verordnung zur Änderung der Verordnung über die Förderung der Teilnahme von Aussiedlern an Deutsch-Lehrgängen vom 2. Juni 1978 (BGBl. I, S. 667) sind folgende Neuregelungen getroffen worden:

– Jugendliche, die beabsichtigen, nach Abschluß des Deutsch-Lehrgangs eine weiterführende Schule zu besuchen oder eine Berufsausbildung aufzunehmen, werden nicht mehr nach der Verordnung, sondern im Rahmen des Garantiefonds gefördert,

– die neu eingeführte Härteklausel in § 1 Abs. 2 ermöglicht die Teilnahme an Sprachförderungsmaßnahmen z. B. für nichtdeutsche Ehegatten von Aussiedlern, die selbst die Aussiedlereigenschaft nicht besitzen, weil die Eheschließung erst nach der Ausreise erfolgte. Dies gilt, wenn die Eheschließung zurückgestellt worden war, um die Erteilung der Ausreiseerlaubnis nicht zu gefährden.

Nach der Vereinbarung zwischen der Bundesregierung und der Bundesanstalt für Arbeit über die Förderung von Deutsch-Lehrgängen für Aussiedler vom 22. Juli 1976 – abgedruckt unter 8.2 – übernimmt die Bundesanstalt für Arbeit die Förderung von Deutsch-Lehrgängen für Aussiedler, die weder Ansprüche

– nach der Verordnung über die Förderung der Teilnahme von Aussiedlern an Deutsch-Lehrgängen vom 27. Juli 1976 (BGBl. I, S. 1949) – abgedruckt unter 8.1 –

noch

– nach den Allgemeinen Richtlinien für den Bundesjugendplan vom 3. November 1970 (GMBl. S. 614) in Verbindung mit den Allgemeinen Verwaltungsvorschriften über die Gewährung von Beihilfen zur Eingliederung junger Zuwanderer (sog. Garantiefonds) vom 11. Juli 1974 (GMBl. S. 718) – Garantiefondsrichtlinien, abgedruckt unter 9.2 –

haben.

Erfaßt werden durch diese Regelung, die die bis dahin bestehenden Lücken in der Sprachförderung schließt, erwachsene Personen, die nicht die Absicht haben, eine Erwerbstätigkeit auszuüben, also in erster Linie nicht erwerbstätige Hausfrauen und Rentner.

Die Berechtigten nach der Vereinbarung erhalten kein Unterhaltsgeld, das als Lohnersatz nicht für Personen in Betracht kommt, die nicht im Erwerbsleben stehen. Die Bundesanstalt für Arbeit erstattet jedoch den Trägern von Deutschlehrgängen für Aussiedler die notwendigen Kosten, die durch die Durchführung der Lehrgänge entstehen und im Rahmen der Erstattung von Lehrgangsgebühren nach § 45 des Arbeitsförderungsgesetzes von der Bundesanstalt anerkannt werden und die durch die kostenlose Abgabe von Lernmitteln an die Teilnehmer entstehen.

Einzelheiten der Durchführung von Verordnung und Vereinbarung sind in dem Runderlaß der Bundesanstalt für Arbeit vom 13. August 1976 (Amtliche Nachrichten der Bundesanstalt für Arbeit, S. 113 ff.) – abgedruckt unter 8.3 – geregelt.

Verordnung und Vereinbarung sind seit dem 1. August 1976 in Kraft. Nach Buchstabe C Nr. 1.1 des Runderlasses vom 13. August 1976 ist der Aussiedler nachdrücklich auf die Vorteile der Erlernung der deutschen Sprache oder ihrer Verbesserung in Wort und Schrift hinzuweisen. Über die bestehenden umfassenden Möglichkeiten der Sprachförderung ist er so früh wie möglich zu informieren und zu beraten. Wenn es notwendig erscheint, ist ihm eine Teilnahme an einer Sprachförderung vor einer Vermittlung in Arbeit oder vor der Aufnahme einer selbst gesuchten Tätigkeit nahezulegen.

Die Förderung nach der Verordnung – abgedruckt unter 8.1 – geht einer Förderung nach den sogenannten Garantiefondsrichtlinien – abgedruckt unter 9.2 – vor. Die Förderung nach der Vereinbarung – abgedruckt unter 8.2 – wiederum greift nur dann ein, wenn der Aussiedler weder Maßnahmen nach der Verordnung noch nach den Richtlinien über den Garantiefonds in Anspruch nehmen kann.

9. EINGLIEDERUNG VON AUSSIEDLERN IN SCHULE UND BERUFSAUSBILDUNG

Vgl. Wegweiser für Aussiedler Nr. 29, 30, 31, 32, 33

Die Ständige Konferenz der Kultusminister der Länder hat am 17. November 1977 eine Zweite Neufassung der Empfehlung zur Eingliederung von deutschen Aussiedlern in Schule und Berufsausbildung vom 3. Dezember 1971 (Erste Neufassung vom 31. Januar 1975) beschlossen. Die Neufassung ist unter 9.1 abgedruckt.

Die Empfehlung betrifft insbesondere folgende Schwerpunkte:

– individuelle Beratung über Schul- und Ausbildungsgänge

– Förderungsmaßnahmen zum Erwerb und zur Vertiefung deutscher Sprachkenntnisse

– Bewertung und Anerkennung der bisher erworbenen Bildungsnachweise

– Eröffnung von Möglichkeiten, begonnene Bildungsgänge zum Abschluß zu bringen.

Von den in dem Beschluß enthaltenen Empfehlungen sind besonders hervorzuheben:

Im Sekundarbereich (also ab Klasse 5) kann anstelle einer der verbindlichen Pflichtfremdsprachen die Sprache des Herkunftslandes oder Russisch gewählt oder anerkannt werden. Für Schüler, die unmittelbar in die Sekundarstufe II (also ab Klasse 11) eintreten, können sowohl die Sprache des Herkunftslandes als auch Russisch an die Stelle der verbindlichen Pflichtfremdsprache treten (Nr. 2.1.2 der Empfehlung).

Schüler der Jahrgangsstufe 1 bis 9 in Grundschulen und weiterführenden allgemeinbildenden Schulen werden entweder durch Förderunterricht in der Schule oder durch Unterricht in besonderen Fördereinrichtungen (Förderklassen/Förderschulen) auf die Eingliederung in die ihrem Alter oder ihrer Leistung entsprechenden Klasse der Grundschule oder der weiterführenden Schule vorbereitet. Dabei soll der Aufenthalt in den Fördereinrichtungen, falls nicht organisatorische Gründe entgegenstehen, ein Jahr nicht überschreiten. In besonders gelagerten Fällen kann die Verweildauer auf höchstens zwei Jahre verlängert werden (Nr. 2.2 der Empfehlung).

Geregelt sind der Besuch von berufsbildenden Schulen (Nr. 2.3 der Empfehlung) und von Sonderschulen (Nr. 3 der Empfehlung).

Ferner befaßt sich die Empfehlung eingehend mit

– Bildungsabschlüssen und ihren Berechtigungen (Abschlußzeugnis der Hauptschule, mittlerer Bildungsabschluß, Studienqualifikation) – Nr. 5 der Empfehlung –

– Erwerb von Studienqualifikationen – Nr. 6 der Empfehlung –.

Der Nachweis eines mindestens eineinhalbjährigen Hochschulstudiums oder eines mindestens zweijährigen entsprechenden Abend- oder Fernstudiums vermittelt die Hochschulreife (Nr. 5.3.4 der Empfehlung).

Wer ein Hochschulzugangszeugnis besitzt, das nach den Bewertungsvorschlägen der Zentralstelle für ausländisches Bildungswesen eine fachgebundene Studienbefähigung verleiht, erwirbt die allgemeine Hochschulreife

– durch den selbständigen Besuch eines mindestens einjährigen Sonderlehrgangs

und

– durch das Bestehen einer Abschlußprüfung (Nr. 6.1.1 der Empfehlung).

Wer ein Hochschulzeugnis besitzt, das nach den Bewertungsvorschlägen der Zentralstelle für ausländisches Bildungswesen die Befähigung zum Studium aller Fachrichtungen verleiht, erwirbt die allgemeine Hochschulreife

– durch Besuch eines mindestens einjährigen Sonderlehrgangs

und

– durch das Bestehen der Abschlußprüfung.

In leistungsmäßig begründeten Fällen kann auf den Besuch des einjährigen Sonderlehrgangs ganz oder teilweise verzichtet werden. Hier braucht der Aussiedler lediglich eine Bestätigungsprüfung abzulegen (Nr. 6.1.2 der Empfehlung).

Aussiedler ohne Hochschulzugangszeugnis des Herkunftslandes, die jedoch im Herkunftsland die Berechtigung zum Eintritt in die letzte Jahrgangsklasse einer zur Studienbefähigung führenden Schule erlangt haben, erwerben die allgemeine Hochschulreife

– durch den vollständigen Besuch eines mindestens einjährigen Sonderlehrgangs

und

– durch das Bestehen einer erweiterten Abschlußprüfung (Nr. 6.2 der Empfehlung, die Nr. 6.3 der Empfehlung unberührt läßt).

Für Aussiedler aus der Sowjetunion, die im Herkunftsland den Abschluß der vollen Mittelschule (10./11. Klasse) oder einer zur Studienberechtigung führenden Fachmittelschule erhalten haben und nicht die Voraussetzungen gemäß Nr. 5.3.4

(Nachweis eines mindestens eineinhalbjährigen Hochschulstudiums oder eines mindestens zweijährigen entsprechenden Abend- oder Fernstudiums) erfüllen, gilt in Abweichung von den Nummern 5.3.2 (ein Abschlußzeugnis, das im Herkunftsland zum Studium an einer Hochschule befähigt, eröffnet in der Bundesrepublik Deutschland den Zugang zu Berufen, die das Abitur- oder Reifezeugnis, aber kein Hochschulstudium voraussetzen), 5.3.3 (das Hochschulzugangszeugnis des Herkunftslandes wird als Zeugnis anerkannt, das zum Studium an Fachhochschulen in der Bundesrepublik Deutschland berechtigt), 6.1 (siehe oben) und 6.2 (siehe oben) folgendes:

– der Erwerb der allgemeinen Hochschulreife setzt

— den Besuch eines zweijährigen Sonderlehrgangs

und

— das Bestehen einer erweiterten Abschlußprüfung

voraus (Nr. 6.3.1 der Empfehlung).

In leistungsmäßig begründeten Fällen kann die erweiterte Abschlußprüfung ohne vollständigen Besuch eines zweijährigen Sonderlehrgangs – jedoch frühestens nach einem Jahr (z. B. durch vorzeitiges Aufrücken innerhalb des Sonderlehrgangs) – abgelegt werden (Nr. 6.3.2 der Empfehlung).

Mit der Versetzung bzw. mit dem Vorrücken in das zweite Jahr des Sonderlehrgangs wird die Befähigung zum Studium an einer Fachhochschule festgestellt. Darüber hinaus eröffnet sie den Zugang zu Berufen, die das Abitur- oder Reifezeugnis, jedoch kein Hochschulstudium voraussetzen (Nr. 6.3.3 der Empfehlung, vgl. hierzu Nr. 5.3.2 der Empfehlung).

Nr. 6.5 der Empfehlung stellt einen Katalog der Unterrichtsfächer für den Sonderlehrgang nach Ziffer 6.1 der Empfehlung zusammen und regelt die Abschlußprüfung sowie die Bestätigungsprüfung.

Nr. 6.6 der Empfehlung trifft entsprechende Regelungen für den Sonderlehrgang gemäß Nr. 6.2 der Empfehlung (Katalog der Unterrichtsfächer, Ablegung der erweiterten Abschlußprüfung).

Nr. 6.7 der Empfehlung trifft entsprechende Regelungen für den Sonderlehrgang gemäß Nr. 6.3 (Katalog der Unterrichtsfächer, Ablegung der erweiterten Abschlußprüfung).

Die Allgemeinen Verwaltungsvorschriften des Bundesministers für Jugend, Familie und Gesundheit über die Gewährung von Beihilfen zur Eingliederung junger Zuwanderer (sog. Garantiefonds) vom 11. Juli 1974 – abgedruckt unter 9.2 – regeln die Gewährung von Beihilfen mit dem Ziel, durch eine rechtzeitige und ausreichende Förderung jungen Zuwanderern die alsbaldige Eingliederung, insbesondere die Fortsetzung ihrer Ausbildung in der Bundesrepublik Deutschland einschließlich des Landes Berlin zu gewährleisten (Nr. 1 Abs. 1 aaO). Junge Zuwanderer im Sinne der Richtlinien sind Personen, die das 35. Lebensjahr noch nicht vollendet haben und entweder Zuwanderer aus der DDR oder aus Berlin (Ost), Aussiedler, Asylberechtigte, Asylbewerber, ausländische Flüchtlinge oder heimatlose Ausländer sind.

Zuwanderer aus der DDR und aus Berlin (Ost) weisen ihre Eigenschaft durch Vorlage einer Bescheinigung des Leiters des Bundesnotaufnahmeverfahrens über die Erteilung der Aufenthaltserlaubnis nach dem Bundesnotaufnahmegesetz oder des Flüchtlingsausweises C nach (vgl. hierzu § 1 des Gesetzes über die Notaufnahme von Deutschen in das Bundesgebiet, abgedruckt unter 3.6, sowie § 15 Abs. 2 Nr. 3, §§ 3, 4 BVFG, abgedruckt unter 4.1).

Aussiedler legen den Registrierschein des Grenzdurchgangslagers oder den Vertriebenenausweis A oder B vor, der ein Zuwanderungsdatum nach dem 31. 12. 1952 und keinen Sperrvermerk enthält (§ 15 Abs. 2 Nr. 1, Nr. 2, § 1 Abs. 2 Nr. 3, Abs. 3 BVFG, abgedruckt unter 4.1). Kann keiner dieser Nachweise vorgelegt werden, so genügt eine Bestätigung des Beauftragten der Bundesregierung für die Verteilung im Grenzdurchgangslager Friedland oder der Durchgangsstelle für Aussiedler in Nürnberg, aus der zu ersehen ist, daß der Antragsteller mit hoher Wahrscheinlichkeit als Aussiedler anerkannt werden wird (Nr. 3 Abs. 1 Buchstabe a) und b) der Richtlinien).

Die Beihilfe soll eine rechtzeitige und ausreichende Förderung des Auszubildenden sicherstellen, der für die gewünschte Ausbildung geeignet ist und einer wirtschaftlichen Hilfe bedarf. Letztere Voraussetzung ist gegeben, wenn er gemäß Nrn. 13 und 14 der Richtlinien weder allein noch mit Hilfe der Unterhaltspflichtigen die Kosten seiner Ausbildung, seines Unterhalts und seines Sonderbedarfs aufzubringen vermag. Nrn. 13 und 14 der Richtlinien bestimmen den Umfang des anrechenbaren Einkommens und Vermögens des Auszubildenden und der sonstigen Unterhaltsberechtigten (Nr. 5, Abs. 1, 3 der Richtlinien). Ein Antrag auf erstmalige Gewährung einer Beihilfe muß innerhalb von 60 Monaten nach der Zuwanderung (Aussiedlung) gestellt werden. Bei einer Antragstellung innerhalb dieser Frist entfällt die Förderung nach den Garantiefondsrichtlinien, wenn der Auszubildende seine Ausbildung länger als 24 Monate nach seiner Zuwanderung nicht verfolgt hat, es sei denn, daß dies nach Lage des Einzelfalles gerechtfertigt war (Nr. 5 Abs. 4 der Richtlinien).

Die Beihilfen nach den Garantiefondsrichtlinien werden grundsätzlich nur dann gewährt, wenn der Antragsteller keine Ansprüche auf Grund anderer Gesetze hat (hier kommen das Bundesausbildungsförderungsgesetz, das Bundesversorgungsgesetz, das Häftlingshilfegesetz [vgl. hierzu Einleitung 16], das Heimkehrergesetz [vgl. hierzu Einleitung 16] und das Bundessozialhilfegesetz in Betracht).

Hat der Aussiedler oder Zuwanderer keinen Anspruch nach anderen Vorschriften, so wird ihm eine Beihilfe nach dem Garantiefonds als Zuschuß gewährt. Hat der Antragsteller möglicherweise einen Anspruch nach anderen Vorschriften und ist über seinen hierfür gestellten Antrag noch nicht entschieden, so kann er die Beihilfe nach dem Garantiefonds als Vorschuß erhalten.

Hat der Antragsteller einen Anspruch nach einer anderen Vorschrift, erreicht diese Förderung aber nicht die Höhe der Förderung nach dem Garantiefonds, dann wird der Differenzbetrag als Aufstockung zur bewilligten Leistung nach den Garantiefondsrichtlinien gezahlt.

Nr. 7 der Garantiefondsrichtlinien regelt die Arten der Ausbildung, für die Beihilfen gezahlt werden können. Diese sind im wesentlichen:

– die Teilnahme an einer praktischen oder schulischen Berufsausbildung

– der Besuch von allgemeinbildenden und berufsbildenden Schulen und schulischen Lehrgängen. Hierzu gehören auch Einrichtungen, die zur Verbesserung der Kenntnisse der deutschen Sprache sowie des allgemeinen schulischen Wissens erforderlich sind (Förderschulen, Förderklassen)

– Teilnahme an Kursen überörtlicher Bedeutung zum Erlernen der deutschen Sprache, die für die Aufnahme einer Ausbildung oder Berufstätigkeit notwendig und geeignet sind

– Besuch von Kursen, die der Eingliederung in ein Studium an einer Hochschule, Akademie oder Fachhochschule dienen

– Studium an einer Hochschule, Akademie oder Höheren Fachschule.

Nr. 8 regelt die Dauer der Förderung, die höchstens 60 Monate beträgt, und den Bewilligungszeitraum. Der Hinweis auf die „Empfehlungen zur Eingliederung von deutschen Übersiedlern in Schule und Berufsausbildung" der Kultusministerkonferenz vom 3. Dezember 1971 in Nr. 8 Abs. 1 a. E. ist durch einen Hinweis auf die Zweite Neufassung dieser Empfehlung vom 17. November 1977 – abgedruckt unter 9.1 – zu ersetzen.

Nr. 9 regelt den Umfang der Förderung. Nach Absatz 1 ist die Beihilfe so zu bemessen, daß die

– Ausbildungskosten (im wesentlichen Schulgeld, Kosten für Lernmittel, Kosten für die Arbeitsausrüstung und für das Arbeitsmaterial, notwendige Fahrkosten einschließlich der Familienheimfahrten, Nr. 10)

– Kosten des Lebensunterhalts des Auszubildenden (Miete, Verpflegung, notwendige persönliche Bedürfnisse, Taschengeld, Nr. 11)

– Kosten des Sonderbedarfs (Übersetzung, Beglaubigung und Anerkennung von Vorbildungsnachweisen, für die Beschaffung von Ersatzurkunden, einmalige Bekleidungshilfe, kultureller Bedarf, Kosten für die Krankenversicherung usw., Nr. 12)

gedeckt werden.

Nr. 13 befaßt sich mit der Anrechnung von Einkommen und Vermögen des Auszubildenden und der sonstigen Unterhaltsberechtigten.

Nr. 14 regelt die Anrechnung des Einkommens und Vermögens des Ehegatten und der Eltern. In den ersten 36 Monaten nach dem Eintreffen im Bundesgebiet werden die Unterhaltspflichtigen nicht zu Leistungen herangezogen. (Neuregelung seit 1. Januar 1979) Danach sind für die Unterhaltspflichtigen und für die von ihnen versorgten Unterhaltsberechtigten Freibeträge in Höhe des Zweifachen der jeweils maßgeblichen Regelsätze nach dem Bundessozialhilfegesetz sowie die Kosten der Unterkunft zugrundezulegen (Nr. 14 Abs. 4 Buchstabe a)). Haben beide Elternteile des Auszubildenden Einnahmen aus eigener Erwerbstätigkeit, so wird ihnen zusätzlich ein Freibetrag von 160,– DM gewährt (Nr. 14 Abs. 4 Buchstabe b)).

Diese Freibeträge können bei besonderen Belastungen der Unterhaltspflichtigen angemessen erhöht werden. Das die Freibeträge übersteigende Einkommen der Unterhaltspflichtigen bleibt zu 40 v. H. anrechnungsfrei. Der Vom-Hundert-Satz erhöht sich um 5 v. H. für jedes Kind, für das nach Abs. 4 Buchstabe a) ein Freibetrag angesetzt wird (Nr. 14 Abs. 5 aaO).

Der diese Freibeträge und den anrechnungsfreien Betrag übersteigende Teil des Einkommens ist als zumutbare Eigenleistung der Unterhaltspflichtigen zu gleichen Teilen auf die Kinder aufzuteilen, für die nach Absatz 4 Buchstabe a) ein Freibetrag gewährt wird (Nr. 14 Abs. 7).

Für die Gewährung der Beihilfe sind grundsätzlich die Stadt- und Landkreise zuständig (§ 15 Abs. 1). Für Personen, die sich auf ein Studium vorbereiten oder ein Studium aufnehmen, ist die Otto-Benecke-Stiftung, Bonner Talweg 57, 5300 Bonn 1, Telefon: 02221/1091, zuständig. Sie berät die Berechtigten, nimmt die Anträge auf Gewährung von Beihilfen nach den Garantiefondsrichtlinien sowie auf Gewährung von Ausbildungs- und Erziehungsbeihilfen nach sonstigen Vorschriften (z. B. Lastenausgleichsgesetz, Arbeitsförderungsgesetz, Bundesausbildungsförderungsgesetz, Bundesversorgungsgesetz, Bundessozialhilfegesetz) entgegen und leitet diese Anträge an die für die Entscheidung zuständige Stelle weiter. Sie bewilligt ferner die Beihilfe und zahlt sie aus. Nach den Richtlinien des Bundesministers für Jugend, Familie und Gesundheit zur Förderung der beruflichen Eingliederung über 35jähriger spätausgesiedelter oder aus der DDR und Berlin (Ost) zugewanderter Studienbewerber vom 22. Juni 1978 – abgedruckt unter 9.3 – können Aussiedler und Zuwanderer, die das 35. Lebensjahr bereits vollendet haben (Ende der Förderung nach dem Garantiefonds) Beihilfen für ein Studium insbesondere dann erhalten, wenn der Studienabschluß im Ausreisestaat hier ganz oder teilweise nicht anerkannt wird.

Zur Errechnung der Durchschnittsnote für Zeugnisse über die Hochschulzugangsberechtigung aus der DDR (und aus Berlin-Ost) vgl. Beschluß der Kultusministerkonferenz vom 26. Mai 1978, abgedruckt unter 9.4. Zur Eingliederung von Aussiedlern in das Zulassungsverfahren nach dem Staatsvertrag über die Vergabe von Studienplätzen vgl. Beschluß der Kultusministerkonferenz vom 26. Mai 1978, abgedruckt unter 9.5.

10. ANERKENNUNG VON PRÜFUNGEN UND BEFÄHIGUNGSNACHWEISEN

Vgl. Wegweiser für Aussiedler Nr. 10

Der Bundesminister für Wirtschaft hat am 26. November 1976 Grundsätze zur rechtlichen Handhabung der §§ 92 und 91 des Bundesvertriebenengesetzes sowie des § 7 Abs. 7 der Handwerksordnung im Bereich der gewerblichen Wirtschaft – abgedruckt unter 10.1 – erlassen. Ziel dieser Grundsätze ist die großzügige und möglichst reibungslose berufliche und gesellschaftliche Eingliederung der Aussiedler und „Sowjetzonenflüchtlinge" (vgl. hierzu § 3 BVFG, abgedruckt unter 4.1). Die Grundsätze befassen sich eingehend mit dem Begriff der Gleichwertigkeit, die wichtigste Voraussetzung für die Anerkennung von außerhalb des Bundesgebiets abgelegten Prüfungen und von dort erworbenen Befähigungsnachweisen ist.

§ 92 Abs. 2 des Bundesvertriebenengesetzes bezweckt die Integration durch eine wirtschaftliche und gesellschaftliche Eingliederung bei Wahrung des Besitzstandes unter besonderer Berücksichtigung des Sozialstaatsgedankens. Prüfungen und Befähigungsnachweise müssen von gleichem Wert sein; dagegen können Gleichartigkeit oder gar Gleichheit nicht verlangt werden. Bei der Ermittlung der Gleichwertigkeit der ausländischen Prüfung ist zu berücksichtigen, daß Unterschiede, die sich aus dem jeweiligen Staats-, Wirtschafts- und Bildungssystem ergeben, kein grundsätzliches Hindernis für eine Anerkennung bilden. Der Eingliederungsgedanke fordert eine Großzügigkeit bei der Einzelfallentscheidung unter voller Ausschöpfung aller Beurteilungs- und Ermessensspielräume. Entscheidungen sollten deshalb im Zweifelsfalle immer zugunsten des Antragstellers erfolgen.

Die Ständige Konferenz der Kultusminister der Länder hat am 28. April 1977 eine Neufassung ihres Beschlusses vom 28. März 1968 zur Führung akademischer Grade sowie zur Führung entsprechender Bezeichnungen durch Vertriebene, Flüchtlinge und Zuwanderer im Sinne des Bundesvertriebenengesetzes beschlossen. Die Neufassung ist unter 10.2 abgedruckt. Nach Abschnitt IV Nr. 1 erhalten Inhaber eines akademischen Grades, dessen zugrundeliegender Abschluß dem Abschluß an einer Hochschule im Geltungsbereich des Grundgesetzes materiell gleichwertig ist, auf Antrag die Genehmigung, ihren ausländischen Grad in der Form zu führen, die für einen Hochschulabschluß dieser Art im Geltungsbereich des Grundgesetzes vorgesehen ist. Ist der Abschluß nicht gleichwertig, so kann die Führung des Grades grundsätzlich nur in Originalform mit Angabe der verleihenden ausländischen Hochschule erteilt werden (Abschnitt IV Ziffer 3 i.V.m. Abschnitt I aaO). Die Genehmigung zur Führung eines Grades in der Form, wie sie im Geltungsbereich des Grundgesetzes vorgesehen ist, kann allerdings mit der Auflage verbunden werden, daß der deutsche Grad mit einem auf das Herkunftsland hinweisenden Zusatz geführt wird, wenn dies zur Kennzeichnung zwar gleichen Ausbildungsniveaus, aber „strukturell wesentlicher Unterschiede in der Ausbildung notwendig ist" (Abschnitt IV Ziffer 5 aaO).

Außerdem hat die Ständige Konferenz der Kultusminister der Länder am 28. April 1977 einen „Beschluß zur nachträglichen Graduierung von Berechtigten nach dem Bundesvertriebenengesetz" – abgedruckt unter 10.3 – gefaßt. Nach diesem Beschluß erhalten Berechtigte im Sinne des § 92 BVFG, die vor ihrer Aussiedlung oder Zuwanderung einen berufsqualifizierenden Abschluß erworben haben, der dem Abschluß an einer Ingenieurschule oder Höheren Fachschule materiell gleichwertig ist, auf Antrag das Recht, eine staatliche Graduierungsbezeichnung zu führen, die für einen Abschluß im Geltungsbereich des Grundgesetzes vorgesehen ist (Nr. 1 aaO). Den Bundesländern bleibt es allerdings unbenommen, ihre Entscheidung mit der Auflage zu versehen, daß die staatliche Graduierungsbezeichnung mit einem auf das Herkunftsland hinweisenden Zusatz geführt wird, wenn dies zur Kennzeichnung wesentlicher Unterschiede in der Ausbildung notwendig erscheint (Beispiel: Ing. (grad.)/Pl für das Herkunftsland Polen).

Der Bundesminister für Verkehr hat am 10. Mai 1977 ein Rundschreiben an die für die Straßenverkehrs-Zulassungsordnung/Fahrerlaubniswesen zuständigen Minister und Senatoren der Länder zur Frage der Erteilung der Fahrerlaubnisse an Personen gerichtet, die einen Anspruch nach § 92 BVFG haben. Das Rundschreiben ist unter 10.4 abgedruckt. Hiernach kann von der Gleichwertigkeit insbesondere der in Polen, Rumänien, Ungarn und in der Sowjetunion abgelegten Fahrerlaubnisprüfungen ausgegangen werden. Damit besteht für Aussiedler grundsätzlich ein Rechtsanspruch auf Erteilung eines deutschen Führerscheins. Nur bei offensichtlicher oder gar eindeutig nachgewiesener Ungeeignetheit zum Führen eines Kraftfahrzeuges darf der deutsche Führerschein nicht ausgehändigt werden.

11. HILFEN ZUR GRÜNDUNG VON SELBSTÄNDIGEN EXISTENZEN

Vgl. Wegweiser für Aussiedler Nr. 35

Der vom Bundesminister des Innern herausgegebene Wegweiser für Aussiedler enthält unter Nr. 35 einen vom Bundesminister für Wirtschaft erarbeiteten „Wegweiser für den Aufbau einer selbständigen Existenz in der gewerblichen Wirtschaft", der unter 11.1 wiedergegeben wird.

Abgedruckt sind ferner

– Richtlinien des Bundesministers für Wirtschaft für die Berücksichtigung bevorzugter Bewerber bei der Vergabe öffentlicher Aufträge (Vertriebene, Sowjetzonenflüchtlinge, Verfolgte, Evakuierte, Werkstätten für Behinderte und Blindenwerkstätten) (11.2)

– Übersicht der Lastenausgleichsbank über die wichtigsten Darlehens- und Bürgschaftsprogramme der LAB (11.3)

– Richtlinie des Bundesministers für Wirtschaft für ERP-Darlehen zur Förderung der Existenzgründung (ERP-Existenzgründungsprogramm) (11.4)

– Allgemeine Bedingungen für die Vergabe von ERP-Mitteln (11.5)

– Merkblatt zum ERP-Existenzgründungsprogramm für Spätaussiedler und andere Spätberechtigte (11.6)

– Ergänzungsprogramm I der Lastenausgleichsbank für die Existenzgründung und Existenzsicherung kleinerer und mittlerer gewerblicher Unternehmen (11.7)

– Ergänzungsprogramm II der Lastenausgleichsbank für die Existenzgründung von Spätaussiedlern und anderen Spätberechtigten (11.8)

– Richtlinie des Bundesministers für Wirtschaft für ERP-Darlehen zur Förderung von Unternehmen der Vertriebenen (ERP-Vertriebenenprogramm) (11.9)

12. LASTENAUSGLEICH

Vgl. Wegweiser für Aussiedler Nr. 16, 36

Der Wegweiser für Aussiedler des Bundesministers des Innern enthält unter Nr. 36 ein Merkblatt des Bundesausgleichsamts zum Lastenausgleich für Aussiedler, das unter 12.1 wiedergegeben wird. Eine Erleichterung für die Feststellung, ob im Einzelfall mehr als 50 v.H. des Hausrats verlorengegangen sind, ist durch das Rundschreiben des Präsidenten des Bundesausgleichsamtes vom 29. November 1971 (MtbIBAA S. 376) – abgedruckt unter 12.2 – vorgesehen.

Auf einen Abdruck des Lastenausgleichsgesetzes wird aus Raumgründen verzichtet.

13. STEUERLICHE VERGÜNSTIGUNGEN

Vgl. Wegweiser für Aussiedler Nr. 25

Nach § 7 e des Einkommensteuergesetzes (EStG) in der Fassung vom 5. Dezember 1977 (BGBl. I, S. 2365), zuletzt geändert durch Gesetz vom 30. November 1978 (BGBl. I, S. 1849), können Steuerpflichtige, die auf Grund des Bundesvertriebenengesetzes zur Inanspruchnahme von Rechten und Vergünstigungen berechtigt sind, für Fabrikgebäude, Lagerhäuser und landwirtschaftliche Betriebsgebäude im Wirtschaftsjahr der Herstellung sowie in dem darauffolgenden Jahr zusätzlich 10 v. H. der Herstellungskosten abschreiben.

Nach § 10a EStG kann der vorgenannte Personenkreis, der seine frühere Erwerbsgrundlage verloren hat, unter bestimmten Voraussetzungen auf Antrag bis zu 50 v.H. der Summe der nicht entnommenen Gewinne, höchstens aber 20 000 DM als Sonderausgaben vom Gesamtbetrag der Einkünfte abziehen. Diese Steuervergünstigung kann nur für den Veranlagungszeitraum, in dem der Steuerpflichtige im Geltungsbereich des Gesetzes erstmals Einkünfte aus Land- und Forstwirtschaft erzielt hat, sowie für die folgenden sieben Veranlagungszeiträume in Anspruch genommen werden (Abs. 4 Satz 1 aaO). Nach Ablauf von 20 Veranlagungszeiträumen seit der erstmaligen Begründung eines Wohnsitzes oder gewöhnlichen Aufenthalts im Geltungsbereich des Gesetzes ist die Inanspruchnahme der Steuervergünstigung nicht mehr zulässig (Abs. 4 Satz 2 aaO).

Nach § 52 Abs. 23 EStG gilt § 33a Abs. 1 des Einkommensteuergesetzes 1953 i.d.F. vom 15. September 1953 (BGBl. I, S. 1355) weiterhin. Nach dieser Vorschrift erhalten u. a. Vertriebene (und damit auch Aussiedler), Heimatvertriebene und diesen gleichgestellte Personen (§§ 1 bis 4 des Bundesvertriebenengesetzes, abgedruckt unter 4.1), die höchstens eine Entschädigung von 50 v.H. ihres Kriegsschadens erhalten haben, auf Antrag einen Freibetrag, der vom Einkommen abgezogen wird (sogenannter Flüchtlingsfreibetrag). Der Freibetrag wird in dem Jahr gewährt, in dem die Voraussetzungen für die Gewährung eines Freibetrages erstmals vorliegen, und außerdem in den beiden darauffolgenden Jahren.

Aussiedler und „Sowjetzonenflüchtlinge" haben wahlweise die Möglichkeit, Steuerermäßigung für Aufwendungen zur Wiederbeschaffung von Hausrat und Kleidung nach § 33 EStG zu beantragen.

§§ 7e, 10a, 33, 52 Abs. 23 EStG sind unter 13.1, § 33a Abs. 1 EStG 1953 ist unter 13.2 abgedruckt.

Einzelheiten der Durchführung der § 33a Abs. 1 EStG 1953 sind in Abschnitt 193 der Einkommensteuerrichtlinien 1975 i.d.F. vom 27. Februar 1979 (EStER 1978) – abgedruckt unter 13.3 – geregelt.

14. EINGLIEDERUNG IN DIE LANDWIRTSCHAFT

Vgl. Wegweiser für Aussiedler Nr. 26

Die Eingliederung von Aussiedlern und „Sowjetzonenflüchtlingen", die aus der Landwirtschaft stammen, richtet sich nach §§ 35 ff. des Bundesvertriebenengesetzes, abgedruckt unter 4.1.

Die Gewährung von Darlehen und Beihilfen aus Bundeshaushaltsmitteln für die ländliche Siedlung nach dem Bundesvertriebenengesetz erfolgt nach den Finanzierungsrichtlinien des Bundesministers für Ernährung, Landwirtschaft und Forsten, abgedruckt unter 14.1.

Von Bedeutung für die Rangfolge bei der Bewilligung von Finanzierungshilfen des Bundes ist der Prioritätenkatalog des Bundesministers für Ernährung, Landwirtschaft und Forsten, abgedruckt unter 14.2.

Abgedruckt sind ferner das Rundschreiben des Bundesministers für Ernährung, Landwirtschaft und Forsten zur Auslegung des Begriffs „aus der Landwirtschaft stammend" in § 35 BVFG vom 6. November 1978 (14.3) und der Fragebogen zur Erfassung der aus der Landwirtschaft stammenden Aussiedler (14.4).

Für die Eingliederung von Personen, die aus der Landwirtschaft stammen, sind im übrigen folgende Richtlinien von Bedeutung, die hier aus Platzgründen nicht wiedergegeben werden können:

– Richtlinie des BML für die Nachfinanzierung von Neusiedlerstellen und Kauf- und Pachtstellen von Vertriebenen und Sowjetzonenflüchtlingen vom 21. November 1964,

– Richtlinien für die Gewährung von Beihilfen für die Verbesserung, Durchführung und Sicherung der Eingliederung nach § 46 Abs. 1 und 3, § 67 BVFG.

Die vorgenannten Vorschriften sind in der Broschüre „Wege zur Eingliederung vertriebener und geflüchteter Bauern", Heft 22 der Schriften der Gesellschaft zur Förderung der inneren Kolonisation (GFK) e. V., abgedruckt.

Ferner ist auf die Weisung über Aufbaudarlehen Landwirtschaft des Präsidenten des Bundesausgleichsamts i.d.F. vom 1. September 1960 (MtblBAA S. 274), zuletzt geändert durch Rundschreiben des Präsidenten BAA vom 30. Juni 1977, hinzuweisen.

15. RENTEN- UND UNFALLVERSICHERUNG

Vgl. Wegweiser für Aussiedler Nr. 13, 14

Aussiedler und Zuwanderer werden in der gesetzlichen Rentenversicherung grundsätzlich so behandelt, als ob sie ihr gesamtes Arbeitsleben in der Bundesrepublik Deutschland zurückgelegt hätten. Grundsätzlich werden auch die außerhalb des Bundesgebiets eingetretenen Arbeitsunfälle anerkannt, wenn im Zeitpunkt des Unfalls eine Versicherung bestanden hat.

Im Fremdrentengesetz vom 25. Januar 1960 (BGBl. I, S. 93) – auszugsweise abgedruckt unter 15.1 – sind gesetzliche Unfallversicherung (§§ 5ff.) und gesetzliche Rentenversicherung (§ 14ff.) geregelt.

Auf den Abdruck des Gesetzes zur Neuregelung des Fremdrenten- und Auslandsrentenrechts und zur Anpassung der Berliner Rentenversicherung an die Vorschriften des Arbeiterrentenversicherungs- und Neuregelungsgesetzes und des Angestelltenversicherungs-Neuregelungsgesetzes (Fremdrenten- und Auslandsrenten-Neuregelungsgesetz – FANG) vom 25. Februar 1960 (BGBl. I, S. 93), zuletzt geändert durch Gesetz vom 25. Juni 1969 (BGBl. I, S. 645), wird aus Raumgründen verzichtet.

16. RECHT DER HEIMKEHRER, HÄFTLINGE UND KRIEGSGEFANGENEN

Vgl. Wegweiser für Aussiedler Nr. 21, 22, 23

Die Rechtstellung der Heimkehrer, Häftlinge und Kriegsgefangenen ist geregelt durch

– Gesetz über Hilfsmaßnahmen für Heimkehrer (Heimkehrergesetz – HkG –) vom 19. Juni 1950 (BGBl. I, S. 221), zuletzt geändert durch das Zuständigkeitsanpassungsgesetz vom 18. März 1975 (BGBl. I, S. 705)

– Gesetz über Hilfsmaßnahmen für Personen, die aus politischen Gründen außerhalb der Bundesrepublik Deutschland in Gewahrsam genommen wurden (Häftlingshilfegesetz – HHG –) vom 6. August 1955 in der Fassung der Bekanntmachung vom 29. September 1969 (BGBl. I, S. 1793), zuletzt geändert durch das Einführungsgesetz zur Abgabenordnung vom 14. Dezember 1976 (BGBl. I, S. 3341)

– Verordnung über die Gleichstellung von Personen nach § 3 des Häftlingshilfegesetzes vom 1. August 1962 (BGBl. I, S. 545)

– Gesetz über die Entschädigung ehemaliger deutscher Kriegsgefangener (Kriegsgefangenenentschädigungsgesetz – KgfEG –) vom 30. Januar 1954 in der Fassung der Bekanntmachung vom 2. September 1971 (BGBl. I, S. 1545), zuletzt geändert durch das Einführungsgesetz zur Abgabenordnung vom 14. Dezember 1976 (BGBl. I, S. 3341)

– Gesetz über die Unterhaltsbeihilfe für Angehörige von Kriegsgefangenen vom 13. Juni 1950 in der Fassung der Bekanntmachung vom 18. März 1964 (BGBl. I, S. 218).

Die vorstehenden Bestimmungen, auf deren Wiedergabe aus Raumgründen verzichtet werden muß, sind in der vom Bundesminister des Innern herausgegebenen Broschüre „Wegweiser für Heimkehrer und für ehemalige politische Häftlinge sowie deren Angehörige und Hinterbliebene" abgedruckt. Diese Broschüre kann beim Bundesminister des Innern, Referat VtK I 6, Graurheindorfer Straße 198, 5300 Bonn, bezogen werden.

Leistungen nach dem Heimkehrergesetz erhalten Deutsche,

– die wegen ihrer Zugehörigkeit zu einem militärischen oder militärähnlichen Verband kriegsgefangen

oder

– wegen ihrer Volkszugehörigkeit oder ihrer Staatsangehörigkeit oder in ursächlichem Zusammenhang mit den Kriegsereignissen außerhalb des Geltungsbereiches dieses Gesetzes interniert

oder

– in ein ausländisches Staatsgebiet verschleppt waren

und

innerhalb von zwei Monaten nach der Entlassung ihren ständigen Aufenthalt im Geltungsbereich dieses Gesetzes genommen haben oder nehmen. In die Frist von zwei Monaten werden Zeiten unverschuldeter Verzögerung der Rückkehr nicht eingerechnet.

Das Heimkehrergesetz sieht folgende Hilfen vor:

Entlassungsgeld (200,– DM), § 2 HkG

Übergangsbeihilfe (300,– DM), § 3 HkG

Sicherung des früheren Arbeitsverhältnisses,

Kündigungsschutz, Zulassung zu freien Berufen, §§ 7 ff. HkG,

Arbeitsvermittlung, Einstellung in den öffentlichen Dienst, Berufsfürsorge, §§ 9 ff. HkG,

Arbeitslosenhilfe, §§ 12 ff. HkG,

Sozialversicherung, Krankenhilfe, §§ 21 ff. HkG,

Einmalige Unterstützung der Bundesregierung

Heimkehrer, die nach § 1 HkG anerkannt werden, erhalten seit dem 26. September 1953 bei Eintreffen im Bundesgebiet ohne Rücksicht auf ihr Alter eine einmalige Unterstützung von 150,– DM (vgl. Richtlinien für die Zahlung einer einmaligen Unterstützung der Bundesregierung [Begrüßungsgabe], abgedruckt unter 3.3).

Das Häftlingshilfegesetz sieht folgende Hilfen vor:

Deutsche Staatsangehörige oder deutsche Volkszugehörige werden nach dem Hälftlingshilfegesetz betreut, wenn sie nach der Besetzung ihres Aufenthaltsortes oder nach dem 8. Mai 1945 in der Sowjetzone, im sowjetisch besetzten Sektor von Berlin oder in den Aussiedlungsgebieten (§ 1 Abs. 2 Nr. 3 Bundesvertriebenengesetz) aus politischen und nach freiheitlich-demokratischer Auffassung von ihnen nicht zu vertretenden Gründen in Gewahrsam genommen wurden. Der

Betroffene muß seinen Wohnsitz oder ständigen Aufenthalt am 10. August 1955 im Geltungsbereich des Häftlingshilfegesetzes gehabt oder ihn danach unter bestimmten Voraussetzungen (§ 1 Abs. 2 bis 4 HHG) genommen haben oder nehmen.

Das Häftlingshilfegesetz kennt keine Entschädigung für den erlittenen Freiheitsverlust, da die Bundesrepublik Deutschland nicht für die Unrechtsakte in den Gewahrsamsgebieten haftet. Es sieht aber eine Reihe von Maßnahmen vor, die den Betroffenen die Eingliederung im Bundesgebiet erleichtern sollen.

1. Finanzielle Hilfen

Eingliederungshilfen und Ausgleichsleistungen (§§ 9 a bis 9 c HHG)

Darlehen zum Aufbau oder zur Sicherung der wirtschaftlichen Existenz, zur Beschaffung von Wohnraum sowie Beihilfen zur Beschaffung von Hausrat (§ 9 a Abs. 3 HHG in Verbindung mit Abschnitt II des Kriegsgefangenenentschädigungsgesetzes)

Beschädigtenversorgung (§ 4 HHG)

Hinterbliebenenversorgung (§ 5 HHG)

Unterhaltsbeihilfe (§ 8 HHG)

Entlassungsgeld und Übergangsbeihilfe (§ 9 Abs. 1 HHG in Verbindung mit den §§ 2 und 3 Heimkehrergesetz – HkG)

Ausbildungsbeihilfe (§ 9 Abs. 1 HHG in Verbindung mit § 10 HkG)

Arbeitslosenhilfen (§ 9 Abs. 1 HHG in Verbindung mit den §§ 12 bis 19 HkG)

Krankenhilfe (§ 9 Abs. 1 HHG in Verbindung mit § 23 HkG)

2. Sonstige Hilfen

Sicherung des früheren Arbeitsverhältnisses

Kündigungsschutz, Zulassung zu freien Berufen (§ 9 Abs. 1 HHG in Verbindung mit § 7 bis 8 HkG)

Arbeitsvermittlung, Einstellung in den öffentlichen Dienst (§ 9 Abs. 1 HHG in Verbindung mit den §§ 9, 9 a HkG)

Vollstreckungsschutz (§ 9 Abs. 1 HHG in Verbindung mit § 26 HkG)

Nach dem Kriegsgefangenenentschädigungsgesetz sind folgende Leistungen vorgesehen:

Leistungen nach dem Gesetz über die Entschädigung ehemaliger deutscher Kriegsgefangener erhalten Deutsche, die

sich wegen militärischen oder militärähnlichen Dienstes in Kriegsgefangenschaft befanden oder

im ursächlichen Zusammenhang mit Ereignissen, die unmittelbar mit der Kriegsführung des zweiten Weltkrieges zusammenhingen,

oder

im ursächlichen Zusammenhang mit dem zweiten Weltkrieg im Ausland wegen ihrer Volkszugehörigkeit oder deutschen Staatsangehörigkeit auf eng begrenztem Raum unter dauernder Bewachung festgehalten (interniert) oder in ein ausländisches Staatsgebiet verschleppt worden sind.

1. Entschädigung

Entschädigt werden Gewahrsamszeiten ab 1. Januar 1947 (§ 3 KgfEG). Im Rahmen des § 5 KgfEG kann auch ein enger Kreis der Hinterbliebenen eines Kriegsgefangenen die Entschädigung erhalten. Die Leistungen nach den §§ 3 und 5 KgfEG können nur innerhalb der Fristen des § 9 KgfEG beantragt werden.

2. Darlehen und Beihilfen

Darlehen zum Aufbau und zur Sicherung der wirtschaftlichen Existenz, zur Beschaffung von Wohnraum sowie Beihilfen zur Beschaffung von Hausrat werden nach Maßgabe der §§ 28 bis 43 KgfEG gewährt.

3. Härteausgleich

Zur Vermeidung besonderer Härten können die obersten Landesbehörden im Einvernehmen mit dem Bundesminister des Innern im Einzelfall die in § 54a KgfEG vorgesehenen Leistungen gewähren.

4. Leistungen außerhalb des Kriegsgefangenenentschädigungsgesetzes

In der gesetzlichen Rentenversicherung

Gemäß § 1251 Abs. 1 Nr. 1 RVO werden Zeiten der Kriegsgefangenschaft und einer anschließenden Krankheit oder unverschuldeten Arbeitslosigkeit als Ersatzzeit für die Erfüllung der Wartezeit in der gesetzlichen Rentenversicherung angerechnet. Entsprechende Vorschriften enthalten das Angestelltenversicherungsgesetz und das Reichsknappschaftsgesetz.

Im öffentlichen Dienst

Zeiten einer Kriegsgefangenschaft gelten nach den beamtenrechtlichen Vorschriften des Bundes und der Länder unter bestimmten Voraussetzungen als ruhegehaltsfähige Dienstzeit und werden auch bei der Berechnung des Besoldungsdienstalters berücksichtigt. Entsprechende Regelungen sehen die tariflichen Bestimmungen für Angestellte und Arbeiter im öffentlichen Dienst vor.

Die Gewährung von Darlehen und Unterstützungen für ehemalige Kriegsgefangene richtet sich nach den Richtlinien der Heimkehrerstiftung, abgedruckt unter 16.1.

Einen kurzgefaßten Überblick über die Möglichkeiten einer

– Gewährung von Darlehen aus Mitteln der Heimkehrerstiftung

und

– Gewährung von Unterstützungen aus Mitteln der Heimkehrerstiftung

enthalten die Merkblätter der Heimkehrerstiftung, abgedruckt unter 16.2 und 16.3. Die Anschrift der Heimkehrerstiftung lautet: Postfach 200386, 5300 Bonn 2.

Die Richtlinien für die Gewährung von Unterstützungen aus Mitteln der Stiftung für ehemalige politische Häftlinge sind unter 16.4 abgedruckt. Die Anschrift der Stiftung lautet: Poppelsdorfer Allee 82, 5300 Bonn 1.

17. ANHANG

Artikel 119 bis 120a des Grundgesetzes – abgedruckt unter 17.1 – enthalten Regelungen über die Ermächtigung der Bundesregierung zum Erlaß von Verordnungen und zur Erteilung von Einzelweisungen (weitgehend gegenstandslos), die Tragung der Kriegsfolgelasten und die Durchführung des Lastenausgleichs.

Das Erste Gesetz zur Überleitung von Lasten und Deckungsmitteln auf den Bund (Erstes Überleitungsgesetz) in der Fassung vom 28. April 1955 (BGBl. I, S. 193), zuletzt geändert durch Gesetz vom 8. Juni 1977 (BGBl. I, S. 801) – abgedruckt unter 17.2 –, regelt u. a. die Verteilung der Tragung von Aufwendungen für die Rückführung von Deutschen und für die Grenzdurchgangslager.

Von Bedeutung für Aussiedler ist die Bestimmung des § 41 des Wehrpflichtgesetzes, wonach die Wehrpflicht erst zwei Jahre nach der Begründung des ständigen Aufenthalts im Geltungsbereich des Gesetzes beginnt. § 41 WPflG ist unter 17.3 abgedruckt.

18. ANSCHRIFTEN

Ein Verzeichnis der für die Eingliederung der Aussiedler und Zuwanderer zuständigen obersten Landesbehörden ist unter 18 abgedruckt.

1. GRUNDLAGEN DER AUSSIEDLUNG

1.1 Aussiedlung aus der Union der Sozialistischen Sowjetrepubliken

1.1.1 Denkschrift zum Abkommen über Allgemeine Fragen des Handels und der Seeschiffahrt und zu dem Konsularvertrag zwischen der Bundesrepublik Deutschland und der Union der Sozialistischen Sowjetrepubliken

– Auszug –

I. Allgemeiner Teil

A. Vorbereitung und Ablauf der deutsch-sowjetischen Verhandlungen vom 22. Juli 1957 bis zum 8. April 1958

Das Abkommen über Allgemeine Fragen des Handels und der Seeschiffahrt zwischen der Bundesrepublik Deutschland und der Union der Sozialistischen Sowjetrepubliken und der Konsularvertrag zwischen der Bundesrepublik Deutschland und der Union der Sozialistischen Sowjetrepubliken sind Teile eines Vertragswerkes, dessen Entstehen und Inhalt einer Darstellung im ganzen bedürfen, um die beiden zustimmungspflichtigen Teile zu erläutern.

Dieses Vertragswerk geht auf den Besuch des Bundeskanzlers vom September 1955 zurück . . . Es wurde damals vereinbart, nach Aufnahme der diplomatischen Beziehungen Besprechungen über die Entwicklung des gegenseitigen Handels zu führen. Außerdem sagte die sowjetische Regierung zu, neben der Heimführung der in der Sowjetunion lebenden deutschen Kriegsgefangenen alle sonstigen Personen ausreisen zu lassen, die deutsche Staatsangehörige sind und in der Sowjetunion leben.

Nachdem im Jahre 1956 weder die Frage der handelspolitischen Kontakte noch das Problem der Repatriierung von deutschen Zivilpersonen einer Lösung näher gebracht worden waren, schlug der sowjetische Ministerpräsident Bulganin mit einem an den Bundeskanzler gerichteten Schreiben vom 5. Februar 1957 umfassende deutsch-sowjetische Regierungsverhandlungen vor, die Vereinbarungen über die Erweiterung des Handelsaustauschs, den Abschluß eines Konsularvertrages und Vereinbarungen über kulturelle und technisch-wissenschaftliche Zusammenarbeit zum Ziele haben sollten. Auch die Repatriierungsfrage wurde in diesem Schreiben – wenn auch nur in vager Form – erwähnt . . .

Die Bundesregierung glaubte, den sowjetischen Vorschlag nicht ablehnen zu sollen. Unter den von Ministerpräsident Bulganin angeschnittenen Themen bestand namentlich an der Repatriierung ein dringendes deutsches Interesse. Die Bundesregierung und mit ihr die gesamte deutsche Öffentlichkeit empfanden es als untragbar, daß noch zwölf Jahre nach Beendigung der Kriegshandlungen Tausende deutscher Menschen, die in den letzten Kriegsmonaten oder kurz darauf gegen ihren Willen in die Sowjetunion geraten waren, nicht die Möglichkeit der Ausreise und Heimkehr besaßen. Sie glaubte es, sowohl diesen Menschen als auch den in der Bundesrepublik befindlichen Angehörigen schuldig zu sein, jede sich bietende Gelegenheit, die Heimkehr dieser Deutschen zu ermöglichen, zu benutzen. Die hierzu im September 1955 getroffene Absprache hatte sich als wenig wirkungsvoll erwiesen, da sich in der Frage der Staatsangehörigkeit erhebliche Meinungsverschiedenheiten zwischen der Bundesrepublik und der Sowjetunion gezeigt hatten und die Zahl derjenigen, denen auf die Bemühungen der Botschaft in Moskau und des Deutschen Roten Kreuzes die Ausreise genehmigt worden war, nur sehr bescheiden geblieben war . . .

Die Bundesregierung erklärte sich daher zu Verhandlungen über Handels- und Konsularfragen bereit . . . Mit großem Nachdruck forderte sie die sofortige und umfassende Behandlung der Repatriierungsfrage . . .

B. Zusammenfassung und Würdigung der auf den einzelnen Gebieten getroffenen Vereinbarungen

1. Die Repatriierungsfrage

Die Standpunkte, die von den beiderseitigen Regierungen bei Beginn der Verhandlungen in der Repatriierungsfrage eingenommen wurden, lassen sich wie folgt gegenüberstellen:

In dem Brief- und Notenwechsel, der den Verhandlungen vorausging, sowie bei Eröffnung der Verhandlungen ist von deutscher Seite das folgende Verhandlungsziel bekanntgegeben worden:

Abschluß eines Abkommens mit reziprok geltenden Richtlinien für die Behandlung der einzelnen Repatriierungsfälle.

Materiell sollte **unter Wahrung der Freiwilligkeit** folgenden deutschen Staatsangehörigen **die Rückkehr** aus der Sowjetunion **ermöglicht werden:**

a) den Personen, die am 8. Mai 1945 nach deutschem Recht die deutsche Staatsangehörigkeit besessen haben;

b) den Personen, die auf Grund nationalsozialistischer Verfolgungsmaßnahmen die deutsche Staatsangehörigkeit verloren haben;

c) den Ehegatten, Abkömmlingen, Eltern und Geschwistern der unter a) und b) genannten Personen, falls sie mit diesen ausreisen wollen;

d) den Personen, die nicht unter a) bis c) genannt sind, und die sich zu ihren außerhalb der Sowjetunion lebenden deutschen Ehegatten, Abkömmlingen, Eltern oder Geschwistern begeben wollen.

Hierbei war im wesentlichen an folgende Personengruppen deutscher Staatsangehörigkeit gedacht:

a) Vertragsumsiedler, d. h. Deutsche, die auf Grund von Verträgen in der Zeit von 1939 bis 1941 aus Lettland, Estland, Bessarabien, der nördlichen Bukowina und aus den polnischen Ostgebieten nach Deutschland umgesiedelt und nach Kriegsende wieder in die Sowjetunion gebracht worden waren;

b) Reichsdeutsche aus den von den sowjetischen Truppen besetzten Gebieten des Deutschen Reiches nach dem Stand vom 31. Dezember 1937, unter anderem aus dem Gebiet um Königsberg; ferner aus dem Memelgebiet;

c) die Administrativumsiedler, d. h. die Deutschen, die ihren Wohnsitz in der Sowjetunion hatten, während des letzten Krieges nach Deutschland kamen, hier im Wege der Einzeleinbürgerung die deutsche Staatsangehörigkeit erhalten hatten und nach dem Krieg in die Sowjetunion zurückgebracht worden waren;

d) eine kleine Gruppe von deutschen Technikern und Wissenschaftlern, die in den Jahren 1945/46 zur Arbeitsleistung in die Sowjetunion verpflichtet worden war und die sich seit September 1955 in Suchumi am Schwarzen Meer aufhielt.

In dem angestrebten Abkommen sollte auch das bei Durchführung der Repatriierung anzuwendende Verfahren festgelegt werden.

Die Bundesregierung hat es bei der Ausarbeitung der deutschen Vorschläge für ihre rechtliche und menschliche Pflicht gehalten, sich für alle diese Personen, die nach dem in der Bundesrepublik in Geltung befindlichen Recht deutsche Staatsangehörige sind, bei der sowjetischen Regierung zu verwenden und alles dafür zu tun, diesen Menschen die Ausreise nach der Bundesrepublik zu ermöglichen, wenn diese sie wünschen.

Nach sowjetischer Auffassung sollte, wie sich aus dem Brief- und Notenwechsel, der den Verhandlungen vorausging, ergab, die Repatriierungsfrage wie folgt behandelt werden:

Die praktischen Fragen, die sich bei der Durchführung der Maßnahmen zur Repatriierung einzelner deutscher Bürger aus der Sowjetunion ergeben, und die Fragen, die mit der Rückkehr der verschleppten sowjetischen Staatsangehörigen in der Bundesrepublik Deutschland verbunden sind, sollten Gegenstand einer Erörterung sein. Der Modus der Erörterung dieser Fragen sollte von den Regierungsdelegationen bestimmt werden.

Für die sowjetische Regierung existierte, wie sich herausstellte, eine Repatriierungsfrage nur insoweit, als es sich um solche Personen handelte, die auch nach sowjetischer Auffassung allein die deutsche Staatsangehörigkeit besaßen. Infolge der sowjetischen Einbürgerungspraxis nach dem Kriege handelte es sich dabei nur um wenige Personen, vornehmlich aus Ostpreußen und aus dem Memelgebiet sowie um einige wenige Vertragsumsiedler.

In den abschließenden Vereinbarungen vom 8. April 1958 wird die Repatriierungsfrage wie folgt geregelt:

Als Vereinbarung gelten der die Repatriierung betreffende Abschnitt des Moskauer Schlußkommuniqués vom 8. April 1958 und die von den beiden Delegationsleitern in der Abschlußsitzung zu diesem Schlußkommuniqué abgegebenen, zuvor ausgehandelten mündlichen Erklärungen. Die Repatriierungsvereinbarung besteht somit aus einem allgemeinen schriftlichen und einem besonderen mündlichen Teil; der letztere ergänzt und erläutert den ersteren. Das Schlußkommuniqué und der Wortlaut der mündlichen Erklärungen vom 8. April 1958 sind dieser Begründung beigefügt (Anlage I und II).

Die sowjetische Regierung ist bei den getroffenen Vereinbarungen folgende **Bindungen** eingegangen:

a) **Uneingeschränkt repatriierungsberechtigt** sind:

1. die Ostpreußen;

2. die Memelländer, ausgenommen solche, die selbst oder deren Eltern erst nach 1918 in das Memelgebiet gekommen sind und nichtdeutscher Volkszugehörigkeit sind;

3. Vertragsumsiedler, die **auch nach sowjetischer Auffassung heute noch die deutsche Staatsangehörigkeit** besitzen;

4. alle übrigen deutschen Staatsangehörigen aus dem Gebiet des Deutschen Reiches nach dem Stande vom 31. Dezember 1937, die sich im Gebiet der Sowjetunion aufhalten.

Die Repatriierung ist jeweils abhängig vom Nachweis der deutschen Staatsangehörigkeit am 21. Juni 1941.

b) Eine sowjetische **Wohlwollenserklärung** besteht zugunsten der Repatriierung der **Vertragsumsiedler,** die von den sowjetischen Behörden heute **als sowjetische Staatsangehörige angesehen** werden. Praktisch soll die Behandlung dieser Personen der der unter a) genannten Personen gleichkommen; ausgenommen sind lediglich die Mischehen, d. h. die Ehen mit einem nichtdeutschen Teil, bei denen nach den Umständen des Einzelfalles entschieden werden soll.

c) Für die Gruppe der **Administrativumsiedler** ließ sich **keine Vereinbarung** erreichen. Die Sowjetregierung lehnte es auf das entschiedenste ab, die während des Krieges vollzogene Einbürgerung sowjetischer Staatsangehöriger deutscher Volkszugehörigkeit als rechtswirksam anzuerkennen, und sieht darüber hinaus in der nach ihrer Auffassung eigenmächtigen Übersiedlung dieser Personen nach Deutschland eine strafbare Handlung im Sinne der sowjetischen Gesetzgebung. Die deutsche Seite hat auf die entgegenstehende deutsche Rechtsauffassung und auf den menschlichen Aspekt des Problems eindringlich, jedoch ohne Erfolg hingewiesen. Sie hat sich dann weiter bemüht, zu einer **Teilregelung unter dem Gesichtspunkt der Familienzusammenführung** zu gelangen. Diese ist als Prinzip von beiden Seiten in der Repatriierungsvereinbarung ausdrücklich anerkannt worden, wobei allerdings die sowjetische Seite auf dem Zusatz bestanden hat, daß die Anwendung des Prinzips sich nach den Gesetzen des betreffenden Staates zu richten habe. Die Bundesregierung hofft, daß die sowjetische Regierung bei der Anwendung des Prinzips dem Gesichtspunkt der Menschlichkeit angemessene Berücksichtigung zuteil werden läßt.

d) Vor Abschluß der Verhandlungen hat die sowjetische Regierung ebenfalls den in Suchumi am Schwarzen Meer lebenden deutschen Technikern und Wissenschaftlern die Ausreise in die Bundesrepublik gestattet. Diese Aktion wurde bereits im Februar 1958 abgeschlossen.

e) Die sowjetische Regierung wird ebenfalls solchen Personen die Ausreise gestatten, die auf Grund nationalsozialistischer Verfolgungsmaßnahmen die deutsche Staatsangehörigkeit verloren haben, sich in der Sowjetunion aufhalten und den Wunsch nach Ausreise in die Bundesrepublik äußern.

f) Die Durchführung der Repatriierung der vorgenannten deutschen Staatsangehörigen aus der Sowjetunion liegt bei den sowjetischen Behörden. Die schon bestehende Zusammenarbeit der Rotkreuz-Gesellschaften der beiden Staaten wird im bisherigen Rahmen fortgesetzt werden. Im Falle von Schwierigkeiten bei der Erteilung von Ausreisegenehmigungen wird sich die Botschaft der Bundesrepublik Deutschland in die Behandlung der Einzelfälle einschalten. Die Botschaft steht im übrigen allen noch in der Sowjetunion lebenden Deutschen bei der Behandlung ihrer Ausreiseanträge zur Verfügung.

Das in der Repatriierungsfrage in materieller Hinsicht erzielte Ergebnis stellt ein weitgehendes Eingehen der sowjetischen Regierung auf die deutschen Forderungen dar. Die deutsche Erklärung, die sich auf die Frage der Repatriierung in der Bundesrepublik lebender sowjetischer Staatsangehöriger bezieht, stellt die verbindliche Bestätigung der bisher geübten Praxis dar.

1.1.2 Repatriierungs-Erklärung vom 8. April 1958

Der Text der sowjetischen mündlichen Erklärung zur Repatriierungsfrage und der Text der deutschen Gegenerklärung, abgegeben am 8. April 1958 in Moskau, lauten wie folgt:

1. Text der sowjetischen Erklärung

Im Verlaufe der Verhandlungen zwischen den Regierungsdelegationen der Union der Sozialistischen Sowjetrepubliken und der Bundesrepublik Deutschland über Fragen der Entwicklung der Beziehungen zwischen den beiden Ländern wurden auch die Fragen erörtert, die einerseits mit der Ausreise von zur Zeit in der Bundesrepublik befindlichen sowjetischen Staatsangehörigen und andererseits mit der Ausreise deutscher Staatsangehöriger aus der Sowjetunion in die Bundesrepublik im Einzelfall zusammenhängen. Die hinsichtlich dieser Fragen getroffene Vereinbarung findet ihren Ausdruck in dem von den Delegationen vereinbarten, für die Veröffentlichung bestimmten gemeinsamen Kommuniqué über die Ergebnisse der Verhandlungen.

Außerdem ist die sowjetische Delegation ermächtigt, mündlich zu erläutern, daß die sowjetische Seite die praktischen Fragen prüfen und positiv entscheiden wird, die sich im Zusammenhang mit Anträgen deutscher Staatsangehöriger, die die deutsche Staatsangehörigkeit am 21. Juni 1941 besessen haben, soweit sich solche heute noch auf dem Gebiet der Sowjetunion befinden, auf Ausreise mit ihren Ehegatten und Kindern aus der Sowjetunion in die Bundesrepublik im Einzelfall ergeben. Bei diesen Personen kommt es lediglich auf den Besitz der deutschen Staatsangehörigkeit am 21. Juni 1941 an. Diese Vereinbarung erstreckt sich jedoch nicht auf Personen nichtdeutscher Volkszugehörigkeit, die nach 1918 in das Memelgebiet zugewandert sind.

Das oben Gesagte gilt nicht für auf Grund der Abkommen von 1939 bis 1941 nach Deutschland ausgereiste Personen, die Staatsangehörige der Sowjetunion sind. Die sowjetische Seite wird bei der Prüfung der Anträge dieser Personen wie folgt verfahren:

Die sowjetische Seite ist bereit, Anträge dieser Personen auf Ausreise in die Bundesrepublik im individuellen Verfahren und gemäß der sowjetischen Gesetzgebung wohlwollend zu prüfen. Dies gilt für Personen, die ihre Familie oder nahe Angehörige in der Bundesrepublik haben oder aber für Personen, deren Familien aus Deutschen bestehen. Bei Mischehen wird die Frage der Ausreise solcher Personen von der sowjetischen Seite je nach den konkreten Umständen unter Berücksichtigung der Interessen der Familie wie auch der einzelnen Familienmitglieder entschieden. Die getroffene Vereinbarung erstreckt sich nicht auf Personen, gegen die auf dem Gebiet der Sowjetunion ein Untersuchungsverfahren läuft oder die dort auf Grund eines Gerichtsurteils eine Strafe verbüßen.

Die sowjetische Seite geht davon aus, daß die mit der getroffenen Vereinbarung zusammenhängenden Maßnahmen bis Ende 1959 durchgeführt sein werden.

Die sowjetische Delegation nimmt die im Verlaufe der Verhandlungen von der Delegation der Bundesrepublik Deutschland abgegebene Erklärung zur Kenntnis, daß auch seitens der Bundesrepublik Deutschland der Bereitschaft Ausdruck gegeben wird, die praktischen Fragen, die sich im Zusammenhang mit Anträgen sowjetischer Staatsangehöriger auf Ausreise aus der Bundesrepublik in die Sowjetunion ergeben, zu prüfen und positiv zu entscheiden und daß sich diese Vereinbarung auf alle sowjetischen Staatsangehörigen, die sich infolge des Krieges auf dem Gebiet der Bundesrepublik befinden, ebenso wie auf deren Ehegatten und Kinder erstreckt.

Beide Seiten haben im Verlaufe der Verhandlungen erklärt, daß sie sich zum Prinzip der Zusammenführung von infolge des letzten Krieges getrennter Familien bekennen, wobei sie übereingekommen sind, daß jede der beiden Seiten auf der Grundlage ihrer Gesetzgebung verfahren wird.

Beide Seiten haben sich damit einverstanden erklärt, daß die Zusammenarbeit der Rotkreuz-Gesellschaften der beiden Staaten fortgesetzt wird.

2. Text der deutschen Gegenerklärung

Ich habe Ihre heutige mündliche Erklärung, die folgenden Wortlaut hat, zur Kenntnis genommen (Text der sowjetischen Erklärung siehe vorstehend). Meinerseits habe ich folgende Erklärung abzugeben:

Ich nehme Bezug auf das heutige gemeinsame Kommuniqué. Außerdem bin ich ermächtigt, mündlich zu erläutern, daß auch seitens der Bundesrepublik Deutschland der Bereitschaft besteht, die praktischen Fragen, die sich im Zusammenhang mit Anträgen sowjetischer Staatsangehöriger auf Ausreise aus der Bundesrepublik in die Sowjetunion ergeben, zu prüfen und positiv zu entscheiden, und daß sich diese Vereinbarung auf alle sowjetischen Staatsangehörigen, die sich infolge des Krieges auf dem Gebiet der Bundesrepublik befinden, ebenso wie auf deren Ehegatten und Kinder erstreckt.

Beide Seiten haben im Verlaufe der Verhandlungen erklärt, daß sie sich zum Prinzip der Zusammenführung von infolge des letzten Krieges getrennten Familien bekennen, wobei sie übereingekommen sind, daß jede der beiden Seiten auf der Grundlage ihrer Gesetzgebung verfahren wird.

Beide Seiten haben sich damit einverstanden erklärt, daß die Zusammenarbeit der Rotkreuz-Gesellschaften der beiden Staaten fortgesetzt wird.

1.1.3 Kommuniqué über den Abschluß der Verhandlungen zwischen den Regierungsdelegationen der Bundesrepublik Deutschland und der Union der Sozialistischen Sowjetrepubliken

Die im Jahre 1957 in Moskau zwischen Regierungsdelegationen der Bundesrepublik Deutschland und der Union der Sozialistischen Sowjetrepubliken aufgenommenen Verhandlungen sind im April 1958 abgeschlossen worden.

Diesen Verhandlungen war ein Briefwechsel zwischen dem Bundeskanzler der Bundesrepublik Deutschland und dem Vorsitzenden des Ministerrats der Union der Sozialistischen Sowjetrepubliken vorausgegangen, in dem beide den Wunsch zum Ausdruck gebracht hatten, durch zweiseitige Verhandlungen zur Verbesserung der Beziehungen zwischen der Bundesrepublik Deutschland und der Union der Sozialistischen Sowjetrepubliken zu gelangen. Die bei Aufnahme der Gespräche vereinbarte Tagesordnung sah Verhandlungen über Handels- und Wirtschaftsfragen, mit der Repatriierung zusammenhängende Fragen und die Frage eines Abkommens über die Gewährleistung der Konsularrechte vor . . .

Bei den Verhandlungen über die mit der Ausreise der einzelnen Staatsangehörigen beider Länder zusammenhängenden Fragen wurde vereinbart, daß die sowjetische Seite die praktischen Fragen, die sich im Zusammenhang mit Anträgen deutscher Staatsangehöriger auf Ausreise aus der Union der Sozialistischen Sowjetrepubliken in die Bundesrepublik Deutschland im Einzelfall ergeben, wohlwollend prüfen wird. In der gleichen Weise werden die Behörden der Bundesrepublik Deutschland entsprechende Anträge sowjetischer Staatsangehöriger prüfen, die sich zur Zeit in der Bundesrepublik Deutschland befinden und in die Union der Sozialistischen Sowjetrepubliken auszureisen wünschen.

Beide Seiten haben im Verlauf der Verhandlungen erklärt, daß sie sich zum Prinzip der Zusammenführung von infolge des letzten Krieges getrennten Familien bekennen, wobei sie übereingekommen sind, daß jede der beiden Seiten auf der Grundlage ihrer Gesetzgebung verfahren wird.

Beide Seiten haben sich damit einverstanden erklärt, daß die Zusammenarbeit der Rotkreuz-Gesellschaften der beiden Staaten fortgesetzt wird . . .

1.2 Aussiedlung aus Polen

1.2.1 Information der Regierung der Volksrepublik Polen (Dezember 1970)[1])

Die Regierung der Volksrepublik Polen hat die Bundesregierung mit nachstehender Information über Maßnahmen zur Lösung humanitärer Probleme unterrichtet:

1. Im Jahre 1955 hat die polnische Regierung dem Polnischen Roten Kreuz empfohlen, eine Vereinbarung mit dem Roten Kreuz der BRD[2]) über die Familienzusammenführung abzuschließen, auf Grund derer bis 1959 aus Polen etwa eine Viertelmillion Menschen ausgereist ist. In den Jahren von 1960 bis 1969 sind im normalen Verfahren zusätzlich etwa 150 000 Menschen aus Polen ausgereist. Bei der Aktion der Familienzusammenführung hat sich die polnische Regierung vor allem von humanitären Gründen leiten lassen. Sie war und ist jedoch nicht damit

---

[1]) Bulletin des Presse- und Informationsamtes der Bundesregierung 1976, S. 204
[2]) gemeint ist hier und im folgenden: Bundesrepublik Deutschland.

einverstanden, daß ihre positive Haltung in der Frage der Familienzusammenführung für eine Emigration zu Erwerbszwecken von Personen polnischer Nationalität ausgenutzt wird.

2. In Polen ist bis heute aus verschiedenen Gründen (z. B. enge Bindung an den Geburtsort) eine gewisse Zahl von Personen mit unbestreitbarer deutscher Volkszugehörigkeit und von Personen aus gemischten Familien zurückgeblieben, bei denen im Laufe der vergangenen Jahre das Gefühl dieser Zugehörigkeit dominiert hat. Die polnische Regierung steht weiterhin auf dem Standpunkt, daß Personen, die auf Grund ihrer unbestreitbaren deutschen Volkszugehörigkeit in einen der beiden deutschen Staaten auszureisen wünschen, dies unter Beachtung der in Polen geltenden Gesetze und Rechtsvorschriften tun können.

Ferner werden die Lage von gemischten Familien und getrennten Familien sowie solche Fälle polnischer Staatsangehöriger berücksichtigt werden, die entweder infolge ihrer veränderten Familienverhältnisse oder infolge der Änderung ihrer früher getroffenen Entscheidung den Wunsch äußern werden, sich mit ihren in der BRD oder in der DDR lebenden nahen Verwandten zu vereinigen.

3. Die zuständigen polnischen Behörden verfügen nicht einmal annähernd über solche Zahlen von Anträgen auf Ausreise in die BRD, wie sie in der BRD angegeben werden. Nach den bisherigen Untersuchungen der polnischen Behörden können die Kriterien, die zu einer eventuellen Ausreise aus Polen in die BRD oder die DDR berechtigen, einige Zehntausende Personen betreffen. Die polnische Regierung wird daher entsprechende Anordnungen erlassen, zwecks sorgfältiger Untersuchung, ob die Anträge, die eingereicht worden sind, begründet sind und zwecks Prüfung derselben in möglichst kurzer Zeit.

Die polnische Regierung wird das Polnische Rote Kreuz ermächtigen, vom Roten Kreuz der BRD Listen über die Personen entgegenzunehmen, deren Anträge sich im Besitz des DRK befinden, um diese Listen mit den entsprechenden Zusammenstellungen, die sich bei den zuständigen polnischen Behörden befinden, zu vergleichen und sorgfältig zu prüfen.

4. Die Zusammenarbeit des Polnischen Roten Kreuzes mit dem Roten Kreuz der BRD wird in jeder erforderlichen Weise erleichtert werden. Das Polnische Rote Kreuz wird ermächtigt werden, Erläuterungen des DRK zu den Listen entgegenzunehmen, und das DRK über das Ergebnis der Prüfung übermittelter Anträge durch die polnischen Behörden unterrichten. Das Polnische Rote Kreuz wird darüber hinaus ermächtigt sein, gemeinsam mit dem Roten Kreuz der BRD alle praktischen Fragen zu erwägen, die sich aus dieser Aktion etwa ergeben könnten.

5. Was den Personenverkehr anbelangt, und zwar im Zusammenhang mit Besuchen von Familienangehörigen, so werden die zuständigen polnischen Behörden nach Inkrafttreten des Vertrages über die Grundlagen der Normalisierung der Beziehungen zwischen den beiden Staaten die gleichen Grundsätze anwenden, die gegenüber anderen Staaten Westeuropas üblich sind.

1.2.2 Ausreise-Protokoll (9. Oktober 1975)[1])

Der Bundesminister des Auswärtigen der Bundesrepublik Deutschland, Hans-Dietrich Genscher, und der Minister für Auswärtige Angelegenheiten der Volks-

---

[1]) Bulletin des Presse- und Informationsamtes der Bundesregierung 1975, S. 1199.

republik Polen, Stefan Olszowski, sind am 1. August 1975 in Helsinki zusammengetroffen und haben einen Bericht über die Ergebnisse der Gespräche entgegengenommen, die zwischen dem Staatssekretär des Auswärtigen Amts, Walter Gehlhoff, und dem Botschafter der Volksrepublik Polen, Waclaw Piatkowski, über humanitäre Fragen geführt worden sind. Sie nahmen von diesem Bericht zustimmend Kenntnis.

Minister Olszowski stellte fest, daß in den Jahren 1971 bis 1975 auf der Grundlage der „Information der Regierung der Volksrepublik Polen" von 1970 etwa 65000 Personen die Ausreisegenehmigung für den ständigen Aufenthalt in der Bundesrepublik Deutschland und der Deutschen Demokratischen Republik erhalten haben.

Minister Olszowski erklärte die Bereitschaft der Regierung der Volksrepublik Polen, unter Berücksichtigung aller Aspekte dieser Angelegenheit und im Bestreben nach ihrer umfassenden Lösung sich an den Staatsrat der Volksrepublik Polen zu wenden, um das Einverständnis zur Ausreise einer weiteren Personengruppe auf der Grundlage der „Information" und in Übereinstimmung mit den in ihr genannten Kriterien und Verfahren zu erlangen.

In diesem Zusammenhang stellte die polnische Seite fest, daß sie auf Grund der Untersuchungen der zuständigen polnischen Behörden in der Lage ist zu erklären, daß etwa 120000 bis 125000 Personen im Laufe der nächsten vier Jahre die Genehmigung ihres Antrages zur Ausreise erhalten werden. Dies bezieht sich auch auf die Prüfung und Bearbeitung von bereits eingereichten Ausreiseanträgen von Personen, deren nächste Familienangehörige (Ehegatten sowie Verwandte in gerader Linie) in der Bundesrepublik Deutschland aus unterschiedlichen Gründen nicht zu ihren Familien in Polen zurückgekehrt sind.

Die Ausreisegenehmigungen werden in dem vorgenannten Zeitraum möglichst gleichmäßig erteilt werden.

Es wird keine zeitliche Einschränkung für die Antragstellung durch Personen vorgesehen, die die in der „Information" genannten Kriterien erfüllen.

Minister Genscher erklärte seinerseits, daß nach den geltenden Gesetzen der Bundesrepublik Deutschland grundsätzlich jedermann ausreisen kann, der dies wünscht. Dies gelte auch für jedermann, der auf Grund eines von den polnischen Behörden genehmigten Ausreiseantrages in die Bundesrepublik Deutschland gelangt ist und später wieder in die Volksrepublik Polen zurückzukehren wünscht.

gez.   gez.

Hans-Dietrich Genscher   Stefan Olszowski

1.2.3 Schreiben des Bundesministers des Auswärtigen, Hans-Dietrich Genscher, an den Außenminister der Volksrepublik Polen, Stefan Olszowski, vom 9. März 1976

Sehr geehrter Herr Minister,

für die Unterrichtung über Ihre Erklärung gegenüber der polnischen Presseagentur vom 9. März 1976 zur Diskussion über die am 9. Oktober 1975 in Warschau unterzeichneten Vereinbarungen von Helsinki zwischen der Bundesrepublik Deutschland und der Volksrepublik Polen danke ich Ihnen sehr.

Ihre Erklärung stellt noch einmal das in Helsinki erzielte und bei meinem Besuch anläßlich der Unterzeichnung der Vereinbarungen in Warschau am 9. Oktober 1975 bestätigte Einverständnis darüber klar, daß alle sich aus den am 9. Oktober 1975 unterzeichneten Vereinbarungen ergebenden Verpflichtungen gleichermaßen verbindlich sind.

Die Bundesregierung legt der erneuten Bekräftigung großen Wert bei, daß im Laufe von vier Jahren etwa 120 000 bis 125 000 Personen die Genehmigung ihres Antrages zur Ausreise auf der Grundlage der „Information" und in Übereinstimmung mit den in ihr genannten Kriterien und Verfahren erhalten werden und daß darüber hinaus keine zeitliche Einschränkung für die Einreichung und möglichst zügige Bearbeitung der Anträge von Personen vorgesehen wird, die die in der „Information" genannten Kriterien erfüllen, was bedeutet, daß auch in diesen Fällen die Ausreisegenehmigungen nach den genannten Verfahren erteilt werden.

Mit Befriedigung hat die Bundesregierung davon Kenntnis genommen, daß die Rot-Kreuz-Gesellschaften beider Seiten eine engere Zusammenarbeit auf der Basis der getroffenen Vereinbarungen in Aussicht genommen haben.

Ich bin zuversichtlich, daß die Zusammenarbeit zwischen der Botschaft der Bundesrepublik Deutschland in Warschau und dem polnischen Außenministerium sowie zwischen der Botschaft der Volksrepublik Polen in Bonn und dem Auswärtigen Amt der Bundesrepublik Deutschland bei der Durchführung aller getroffenen Vereinbarungen, darunter auch des Ausreiseprotokolls, sich weiter gut entwickeln wird.

Sie haben im einzelnen zu der politischen Bedeutung der Vereinbarungen Stellung genommen. Die Bundesregierung hat sich während des Ratifizierungsverfahrens im Deutschen Bundestag im gleichen Sinne geäußert. Sie ist der Überzeugung, daß die Verwirklichung der Vereinbarungen einen bedeutenden Beitrag für die Weiterentwicklung der gegenseitigen Beziehungen sowie für die Intensivierung des Prozesses der Entspannung und der Zusammenarbeit in Europa darstellt.

Mit dem Ausdruck
meiner ausgezeichnetsten Hochachtung
gez. Genscher

1.2.4 Schreiben des Außenministers der Volksrepublik Polen an den Bundesminister des Auswärtigen vom 15. März 1976

Warszawa, den 15. März 1976

Seiner Exzellenz
Herrn Hans-Dietrich Genscher
Bundesminister des Auswärtigen
Bonn

Sehr geehrter Herr Bundesminister!

Ich danke Ihnen höflich für Ihren Brief vom 9. März 1976. Ich benutze diese Gelegenheit, meine Zufriedenheit über die Zustimmung des Bundesrats zu dem Abkommen zwischen der Volksrepublik Polen und der Bundesrepublik Deutschland über Renten- und Unfallversicherung auszudrücken, das am 9. Oktober 1975 in Warschau unterzeichnet worden ist.

Ich habe die Ehre, Ihnen ebenfalls mitzuteilen, daß der Staatsrat der Volksrepublik Polen auf der Sitzung vom 15. März 1976 die im Protokoll enthaltenen Feststellungen der polnischen Seite akzeptiert und entsprechend dem Antrag der Regierung der Volksrepublik Polen sein Einverständnis zur Erteilung der Ausreisegenehmigung für etwa 120 000 bis 125 000 Personen im Laufe der nächsten vier Jahre gegeben hat.

Mit Genugtuung stelle ich fest, daß meinem Verständnis nach die in Ihrem Brief enthaltenen Feststellungen dem Inhalt der Erklärung entsprechen, die ich der Polnischen Presseagentur am 9. März 1976 gegeben habe, und in diesem Sinne kann ich die in Ihrem oben erwähnten Brief enthaltenen Ansichten teilen.

Mit dem Ausdruck
meiner ausgezeichnetsten Hochachtung
gez. Olszowski

1.3 Aussiedlung aus der CSSR
Briefwechsel über humanitäre Fragen (11. Dezember 1973)[1])

An den
Minister für Auswärtige Angelegenheiten
der Tschechoslowakischen Sozialistischen Republik
Herrn Dipl.-Ing. Bohuslav Chnoupek

Sehr geehrter Herr Minister,

im Zusammenhang mit der heutigen Unterzeichnung des Vertrages über die gegenseitigen Beziehungen zwischen der Bundesrepublik Deutschland und der Tschechoslowakischen Sozialistischen Republik habe ich die Ehre, Ihnen unter Bezugnahme auf Art. V dieses Vertrages mitzuteilen, daß bei den Vertragsverhandlungen Übereinstimmung in folgenden Fragen erzielt worden ist:

1. Im Rahmen ihrer Bemühungen um die Entwicklung der gegenseitigen Beziehungen werden die Regierung der Bundesrepublik Deutschland und die Regie-

---

[1]) Bulletin des Presse- und Informationsamts der Bundesregierung 1973, S. 1632 f.

rung der Tschechoslowakischen Sozialistischen Republik den humanitären Fragen Aufmerksamkeit zuwenden.

2. Die tschechoslowakische Seite hat erklärt, daß die zuständigen tschechoslowakischen Stellen Anträge tschechoslowakischer Bürger, die auf Grund ihrer deutschen Nationalität die Aussiedlung in die Bundesrepublik Deutschland wünschen, im Einklang mit den in der Tschechoslowakischen Sozialistischen Republik geltenden Gesetzen und Rechtsvorschriften wohlwollend beurteilen werden.

Die deutsche Seite hat erklärt, daß in Übereinstimmung mit den in der Bundesrepublik Deutschland geltenden Gesetzen und Rechtsvorschriften Personen tschechischer oder slowakischer Nationalität, die dies wünschen, in die Tschechoslowakische Sozialistische Republik aussiedeln können.

3. Es gibt keine Einwände seitens der beiden Regierungen, daß das Deutsche Rote Kreuz und das Tschechoslowakische Rote Kreuz die Lösung der oben erwähnten Fragen fördern.

4. Beide Regierungen werden den Reiseverkehr zwischen den beiden Ländern weiterentwickeln, einschließlich der Verwandtenbesuche.

5. Beide Regierungen werden Möglichkeiten technischer Verbesserungen im Reiseverkehr prüfen, einschließlich einer zügigen Abfertigung an den Grenzübergangsstellen sowie der Eröffnung weiterer Grenzübergänge.

6. Der Inhalt dieses Briefwechsels wird sinngemäß entsprechend dem Viermächte-Abkommen vom 3. September 1971 in Übereinstimmung mit den festgelegten Verfahren auch auf Berlin (West) angewandt.

Ich bitte Sie, mir den Inhalt dieses Briefes zu bestätigen.

Genehmigen Sie, Herr Minister, die Versicherung meiner ausgezeichnetsten Hochachtung.

An den
Bundesminister des Auswärtigen
der Bundesrepublik Deutschland
Herrn Walter Scheel

Sehr geehrter Herr Minister,

ich habe die Ehre, im Namen der Regierung der Tschechoslowakischen Sozialistischen Republik den Empfang Ihres Briefes vom heutigen Tage zu bestätigen, der folgenden Wortlaut hat:

„Im Zusammenhang . . . (siehe vorstehenden Brief)

Ich bitte Sie, mir den Inhalt dieses Briefes zu bestätigen."

Die Regierung der Tschechoslowakischen Sozialistischen Republik ist damit einverstanden.

Genehmigen Sie, Herr Minister, die Versicherung meiner ausgezeichnetsten Hochachtung.

2. MASSNAHMEN DER BUNDESREGIERUNG

2.1 Beschlüsse des Bundeskabinetts über Maßnahmen zur Eingliederung deutscher Aussiedler aus Polen vom 17. März 1976[1])

I.

Die Bundesregierung hat sich in der Kabinettsitzung am 17. März 1976 ausführlich mit der Eingliederung der deutschen Aussiedler befaßt, die auf Grund der Abkommen mit der Volksrepublik Polen bereits in der Bundesrepublik Deutschland eingetroffen sind oder noch kommen werden.

Sie begrüßt noch einmal die breite Zustimmung, die die Abkommen nach schwierigen Verhandlungen im Bundesrat gefunden haben. Die inzwischen erkennbar positive Aufnahme der Ratifizierung in Polen bestätigt die Überzeugung der Bundesregierung, daß die Abkommen einen entscheidenden Schritt in der Versöhnung zwischen dem deutschen und dem polnischen Volk bedeuten.

II.

Die Bundesregierung widmet nunmehr ihre volle Aufmerksamkeit den Problemen, die sich für diejenigen Deutschen ergeben, die auf Grund der Abkommen in die Bundesrepublik kommen.

Die zügige Behandlung der Ausreiseanträge durch die polnischen Stellen macht schon jetzt besondere Anstrengungen für die Eingliederung erforderlich.

Die Zahlen für die ersten beiden Monate dieses Jahres nähern sich den monatlichen Durchschnittszahlen auf der Basis der Abkommen.

Die Bundesregierung sieht als besonders vordringlich die Eingliederung in den Arbeitsprozeß, die Bereitstellung von Ausbildungsplätzen und die Übergangshilfen bei Sprachschwierigkeiten, ganz besonders für junge Menschen an.

Sie hat die zuständigen Bundesminister aufgefordert, unter Ausnutzung aller Möglichkeiten jede Anstrengung zu unternehmen, um die Eingliederung so unbürokratisch wie möglich zu fördern und, soweit das in ihren Zuständigkeiten liegt, sicherzustellen. Die betroffenen Minister werden hierzu sobald wie möglich die notwendige Abstimmung mit den für die Eingliederungsprobleme und -maßnahmen zuständigen Länderministern suchen.

Die Bundesregierung ist bereit, trotz ihrer haushaltsrechtlichen und finanziellen Begrenzung angesichts der derzeitigen Wirtschaftslage, gegebenenfalls durch Umstellungen in einzelnen Haushaltstiteln zu helfen, wo Sofort-Hilfe unausweichlich ist. Sie geht davon aus, daß alle beteiligten Stellen in Ländern und Kommunen dazu ebenfalls bereit sind, wie das in den Erklärungen im Bundesrat für die Länder auch angekündigt worden ist.

III.

Zu diesem Zweck wird die Bundesregierung die bestehenden Maßnahmen und Programme ausbauen und darüber hinaus durch weitere Maßnahmen sicherstellen, daß das politische Ziel der Verträge gerade und zuerst im menschlichen Bereich verwirklicht wird. Die Bundesregierung hat eine Reihe von einzelnen Maßnahmen erörtert und dazu Beschlüsse gefaßt:

---

[1]) Bulletin des Presse- und Informationsamts der Bundesregierung 1976, S. 281 f.

– Für die Aufnahme der Umsiedler stehen ab sofort Sonderberatungseinrichtungen der Bundesanstalt für Arbeit und ihrer nachgeordneten Dienststellen bereit.

– Die Arbeitsämter werden Fachkräfte zur Verfügung stellen, die eine großzügige Förderung im Rahmen des Arbeitsförderungsgesetzes gewährleisten. Dabei wird die Hilfe durch Sprachunterricht eine besondere Rolle spielen.

– Die Hilfen zur Eingliederung junger Zuwanderer innerhalb des Bundesjugendplanes werden ausgebaut und verstärkt fortgesetzt werden.

– Hinsichtlich der Wohnraumversorgung wird der Bundesminister für Raumordnung, Bauwesen und Städtebau neben den ohnehin laufenden Maßnahmen insbesondere auch – im Benehmen mit den Ländern – die Möglichkeit schaffen, auch die zur Verfügung stehenden Wohnungen im sozialen Wohnungsbau in die Eingliederungsförderung unter angemessenen Bedingungen mit einzubeziehen.

– Die Bundesregierung bittet die Länder und die Kultusministerkonferenz, ihre Empfehlungen zur Eingliederung von deutschen Aussiedlern in Schule und Berufsausbildung gemäß dem Beschluß der Kultusministerkonferenz vom 31. Januar 1975[1]) den jetzt gegebenen Verhältnissen anzupassen.

– Der Bundesminister des Innern wird mit den für die Aufnahme zuständigen Länderministern die Voraussetzungen für eine weitgehend unbürokratische Gestaltung des Aufnahmeverfahrens erörtern.

IV.

Die Bundesregierung ist überzeugt, daß die Bürger in allen Teilen unseres Landes ihren Landsleuten die Zeit des Einlebens in ihre neue Heimat nach besten Kräften erleichtern werden. Sie erwartet, daß dieses Bemühen von allen staatlichen Stellen, von Behörden, Verbänden und von den Verantwortlichen in der deutschen Wirtschaft unterstützt wird.

Die Bundesregierung fordert alle Beteiligten im Bereich der Sozialbetreuung, insbesondere die freien Wohlfahrtsverbände und Kirchen, auf, die Eingliederung der Deutschen aus Polen zu einem Schwerpunkt ihrer caritativen Tätigkeit zu machen.

2.2 Programm für die Eingliederung von Aussiedlern aus Polen[2])

Verabschiedung durch das Bundeskabinett

Das Bundesministerium des Innern teilt mit:

Das Bundeskabinett hat am 12. Mai 1976 ein von Bundesinnenminister Prof. Dr. Werner Maihofer vorgelegtes Programm für die Eingliederung von Aussiedlern und Zuwanderern beschlossen. Es richtet sich insbesondere an die deutschen Aussiedler, die auf Grund der Abkommen mit der Volksrepublik Polen in die Bundesrepublik Deutschland kommen.

Das Programm enthält eine Vielzahl von Maßnahmen, deren Schwerpunkte in folgenden Bereichen liegen:

1. Versorgung mit Wohnraum sowie Hilfe bei der Anschaffung von Möbeln und Hausrat:

---

[1]) Neufassung vom 17. November 1977, abgedruckt unter 9.1
[2]) Bulletin des Presse- und Informationsamtes der Bundesregierung 1976, S. 517 f.

Hierzu wird der Bund den Ländern zusätzliche Mittel zur Finanzierung des Aussiedlerwohnungsbaus zur Verfügung stellen (s. Anlage 1). Durch die Gewährung von Zinszuschüssen wird der Bund außerdem die Vergabe von zinsgünstigen Darlehen für die Anschaffung von Möbeln und Hausrat ermöglichen (s. Anlage 2).

2. Qualifikationsgerechte Eingliederung in das Berufs- und Arbeitsleben:

Die Bundesanstalt für Arbeit kann Arbeitgebern, die schwer vermittelbare Aussiedler einstellen, zukünftig höhere Lohnkostenzuschüsse nach dem Arbeitsförderungsgesetz gewähren (s. Anlage 3).

Zur Gründung selbständiger wirtschaftlicher Existenzen bestehen verbesserte Möglichkeiten öffentlicher Beratung und finanzieller Unterstützung (s. Anlage 4).

Die vorhandenen Möglichkeiten der Sprachförderung wurden ausgebaut, so daß nunmehr alle Aussiedler in die Sprachförderung einbezogen sind (s. Anlage 5).

3. Verstärkte soziale Betreuung:

Dies geschieht insbesondere durch den Ausbau der Jugendgemeinschaftswerke und eine verstärkte Tätigkeit der Wohlfahrtsverbände, die in besonderem Maße die Fürsorge für nichterwerbstätige Mütter sowie alte und alleinstehende Menschen durchführen (s. Anlage 6).

Die Aufwendungen des Bundes für die jetzt beschlossenen Eingliederungsmaßnahmen und für die wegen der gestiegenen Zahl der Aussiedler notwendigen Mehrleistungen werden in diesem Jahre 182,63 Mill. DM betragen.

Die Bundesregierung ist sich bewußt, daß eine schnelle und vollständige Eingliederung nur dann Erfolg haben kann, wenn die Bevölkerung die Aussiedler mit Verständnis und Hilfsbereitschaft als willkommene Mitbürger aufnimmt. Die Bundesregierung appelliert an alle Bürger in diesem Lande, hierbei mitzuhelfen, wann immer sich dazu eine Möglichkeit ergibt. Sie setzt sich insbesondere dafür ein, daß einheimische Familien Patenschaften für Aussiedler übernehmen, um diesen das Einleben in der neuen Heimat zu erleichtern.

Anlage 1

Versorgung mit Wohnraum

Zur Versorgung der Aussiedler mit Wohnraum stellt der Bund den Ländern zusätzlich zu den Mitteln des sozialen Wohnungsbaus für den Aussiedlerwohnungsbau jährlich rund 170 Mill. DM zur Verfügung. Diese Finanzierungshilfe, deren Berechnung eine jährliche Zahl von 40000 zu berücksichtigenden Personen zugrunde liegt, wird an die jeweilige Zahl der tatsächlich eintreffenden Aussiedler angepaßt.

Anlage 2

Zinsverbilligte Darlehen zur Anschaffung von Möbeln und Hausrat (Einrichtungshilfe)

Aussiedler und Zuwanderer, die im Bundesgebiet seit dem 1. Januar 1974 eingetroffen sind und sich in Lagern, Übergangswohnheimen oder sonstigen notdürftigen vorläufigen Unterkünften aufhalten (hierzu zählt auch die vorübergehende Aufnahme bei Verwandten), können zum erstmaligen Bezug einer angemessenen Wohnung ein Einrichtungsdarlehen bis zu folgender Höhe erhalten:

Alleinstehende	3 000 DM
Sockelbetrag für Mehrpersonenhaushalte	4 000 DM
Für die 2. und jede weitere zur Haushaltsgemeinschaft gehörende Person	1 000 DM
Höchstens jedoch	10 000 DM

Bei einer Laufzeit von 10 Jahren sind die beiden ersten Jahre tilgungsfrei. Der Bund verbilligt die Darlehen durch eine Zinssubvention in Höhe von 6[1]) Prozent. Für den Fall einer erheblichen Änderung der Zinssätze auf dem Kapitalmarkt ist eine Anpassung der Zinssubvention vorgesehen.

Anlage 3
Gewährung von Eingliederungsbeihilfen nach dem Arbeitsförderungsgesetz

Nach den Vorschriften des Arbeitsförderungsgesetzes kann die Bundesanstalt für Arbeit Arbeitgebern zur beruflichen Eingliederung von Arbeitsuchenden, deren Vermittlung mit Schwierigkeiten verbunden ist, Zuschüsse zum Arbeitsentgelt gewähren. Diese Leistungen, deren Laufzeit ursprünglich den Zeitraum von einem Jahr nicht überschreiten durfte, betrugen nach der bislang geltenden Regelung im Höchstfall 60 v.H. des Arbeitsentgeltes. Nach der vorgesehenen Erweiterung der Ausführungsbestimmungen zu § 54 Arbeitsförderungsgesetz können künftig in besonders schwierigen Fällen Zuschüsse bis zur Dauer von 2 Jahren und bis zur Höhe von 80 v.H. der Lohnkosten gewährt werden.

Anlage 4
Hilfen zur Existenzgründung

Aussiedler, die die Gründung einer selbständigen wirtschaftlichen Existenz beabsichtigen, können über alle mit der Gründung und Führung eines Betriebes zusammenhängenden Fragen fachgerechte Beratung erhalten. Diese wird für den Bereich des Handwerks von den Handwerkskammern kostenlos durchgeführt.

Beratung über die Gründung eines industriell arbeitenden Betriebes oder eines Dienstleistungsbetriebes erfolgt durch freiberuflich tätige Berater. Hierfür wurden von den Industrie- und Handelskammern Verbilligungen für die Beratungskosten vermittelt. Nunmehr sollen diese Beratungen weitgehend kostenfrei erfolgen. Entsprechendes gilt für die Betriebsberatung durch den Beratungsdienst des Rationalisierungs-Kuratoriums der Deutschen Wirtschaft.

Zur Gründung von selbständigen Existenzen im gewerblichen Bereich stehen außerdem Darlehen aus dem ERP-Existengründungsprogramm (Errichtung von Betrieben, Übernahme bestehender Betriebe) und aus dem ERP-Regionalprogramm (Betriebsgründungen in strukturschwachen Gebieten), ferner aus dem ERP-Vertriebenenprogramm zur Verfügung. Diese Darlehen dienen der Finanzierung von Investionen.

Für Aussiedler sind folgende Erleichterungen vorgesehen:
- Erhöhung des Finanzierungsanteils auf etwa zwei Drittel der Investitionskosten
- Auszahlung des Darlehens zu 100 Prozent
- Keine Altersgrenzen für die Darlehensgewährung an Aussiedler.

---

[1]) derzeit (Stand 1. 5. 1978): 4,75 v.H.

Darüber hinaus ist bei der Lastenausgleichsbank ein Sonderprogramm in Vorbereitung, nach dem zur Ergänzungsfinanzierung der ERP-Kredite Darlehen mit Laufzeiten bis zu 12 Jahren und einer Verzinsung von 5,5 Prozent gewährt werden können.

Zur Eingliederung der aus der Landwirtschaft stammenden Aussiedler stehen aus dem vom Bund bereitgestellten Zweckvermögen der Deutschen Siedlungs- und Landesrentenbank ausreichende Mittel zur Verfügung.

Anlage 5

Sprachförderung

Nach den bisherigen Möglichkeiten konnten an Sprachförderungsmaßnahmen nur Arbeitnehmer, die die Voraussetzungen einer abgeschlossenen Berufsausbildung oder einer mindestens dreijährigen beruflichen Tätigkeit erfüllten, sowie junge Aussiedler und Zuwanderer von 6 bis 35 Jahren im Rahmen einer schulischen oder beruflichen Ausbildung, Fortbildung oder Umschulung teilnehmen.

Durch eine Verordnung der Bundesregierung nach § 3 Abs. 5 Arbeitsförderungsgesetz sowie durch eine Vereinbarung zwischen der Bundesregierung und der Bundesanstalt für Arbeit besitzen nunmehr alle Aussiedler, insbesondere nichterwerbstätige Hausfrauen und ältere Menschen, die Möglichkeit, eventuell vorhandene Sprachschwierigkeiten zu beseitigen.

Anlage 6

Verstärkte soziale Betreuung

Die soziale Betreuung der Aussiedler und Zuwanderer wird in besonderem Maße von den Jugendgemeinschaftswerken, Wohlfahrtsverbänden und Kirchen wahrgenommen.

Dabei obliegt es den auf das ganze Bundesgebiet verteilten 115 Jugendgemeinschaftswerken, jungen Aussiedlern und Zuwanderern Hilfen zur gesellschaftlichen, beruflichen und schulischen Eingliederung zu geben. Jährlich werden bisher ca. 18000 junge Menschen im Alter von 14 bis 25 Jahren durch individuelle Beratung, Eingliederungskurse, sprachlich schulende Kurse und Freizeiten betreut. In den kommenden vier Jahren werden jährlich voraussichtlich 5000 junge Aussiedler zusätzlich aufgenommen werden. Um diese Personen ausreichend betreuen zu können, wird das Netz der bestehenden Jugendgemeinschaftswerke weiter ausgebaut und soweit erforderlich die personelle und sachliche Ausstattung verbessert.

Der Betreuung der älteren Aussiedler werden sich die Wohlfahrtsverbände in stärkerem Umfang annehmen. Der Bund stellt hierfür die erforderlichen Mittel zur Verfügung.

2.3 Fortschritte bei der Eingliederung von Aussiedlern[1])

Bericht von Staatssekretär Dr. Fröhlich – Auszug –

Der Staatssekretär des Bundesministeriums des Innern, Dr. Siegfried Fröhlich, gab am 19. Oktober 1977 im Grenzdurchgangslager Friedland bei einem Ministertreffen aus Anlaß des 30jährigen Bestehens der Arbeitsgemeinschaft der Landesflüchtlingsverwaltungen einen Bericht über den Stand der Aussiedlung aus Ost- und Südosteuropa sowie über den Stand der Durchführung des Programms der

---

[1]) Bulletin des Presse- und Informationsamtes der Bundesregierung 1977, S. 984 ff.

Bundesregierung zur Eingliederung von Aussiedlern und Zuwanderern vom 12. Mai 1976, aus dem folgende Daten festzuhalten sind:

I. Stand der Aussiedlung

...

II. Stand der Durchführung des Programms der Bundesregierung zur Eingliederung von Aussiedlern und Zuwanderern

Am 12. Mai 1976 hatte das Bundeskabinett das in Abstimmung mit den Ländern erarbeitete und vom Bundesminister des Innern vorgelegte Programm der Bundesregierung für die Eingliederung von Aussiedlern und Zuwanderern gebilligt.

Schwerpunkte dieses Programms liegen insbesondere in folgenden Bereichen:

— Schaffung von Wohnraum und Gewährung von Einrichtungsdarlehen

— Überwindung der Sprachschwierigkeiten

— Beschleunigung der Anerkennung von Ausbildungsgängen

— Qualifikationsgerechte Vermittlung von Arbeit

— Hilfen zur Gründung von selbständigen Existenzen.

Der größte Teil der in diesem Programm der Bundesregierung vorgesehenen Maßnahmen ist inzwischen verwirklicht worden. Im einzelnen:

1. Begrüßungsgabe der Bundesregierung

Nach Richtlinien des Bundesministers des Innern erhalten Aussiedler beim Eintreffen im Grenzdurchgangslager eine einmalige Unterstützung in Höhe von 150,– DM (Personen unter 18 Jahren 75,– DM).

Durch eine Neufassung der Richtlinien vom 10. Mai 1976 wurde der Kreis der Empfangsberechtigten u. a. zugunsten der nichtdeutschen Angehörigen von Aussiedlern erweitert, die gemeinsam mit ihnen auf Dauer in die Bundesrepublik Deutschland einreisen.

2. Überbrückungsgeld

Auf Vorschlag des Bundesministers des Innern haben sich die Länder bereit erklärt, bei der Zahlung des Überbrückungsgeldes (30,– DM für den Haushaltungsvorstand und für allein Eintreffende, 15,– DM für jedes weitere Familienmitglied) entsprechend der Regelung bei der Begrüßungsgabe der Bundesregierung zu verfahren. Lediglich die Entscheidung des Landes Hessen steht noch aus.[1]

3. Staatsangehörigkeitsfragen

Eine erhebliche Vereinfachung bei der Prüfung der Staats- und Volkszugehörigkeit der Aussiedler wurde durch Richtlinien des Bundesministers des Innern vom 29. Juli 1976 erreicht. Durch sie wird es den Aussiedlern ermöglicht, bald nach ihrem Eintreffen im Bundesgebiet einen Personal- und Vertriebenenausweis zu erhalten. Die für die Staatsangehörigkeit erforderlichen Feststellungen werden bereits im Grenzdurchgangslager getroffen. Das Verfahren zur vereinfachten Prüfung der Staatsangehörigkeit ist seit dem 15. Oktober 1976 in Kraft.

---

[1] Das Land Hessen hat sich inzwischen der Regelung der übrigen Bundesländer angeschlossen.

4. Namensführung

Nach den vorgenannten Richtlinien können Familien- und Vornamen von deutschen Aussiedlern, die vom Aussiedlerstaat ohne Rechtsgrundlage verändert (z. B. slawisiert oder romanisiert) worden sind, in der ursprünglichen deutschen Form in die Personenstandsurkunden eingetragen werden.

Der Bundesminister des Innern hat den Ländern empfohlen, in den Fällen, in denen ein Namensänderungsverfahren erforderlich wird, von der Festsetzung einer Gebühr abzusehen.

5. Wohnraumbeschaffung

Der Bund stellt den Ländern zusätzlich zu den Mitteln des allgemeinen sozialen Wohnungsbaus jährlich Finanzhilfen für den Aussiedlerwohnungsbau zur Verfügung. In den Jahren 1974 bis 1977 beliefen sich diese Finanzhilfen auf jährlich 168,88 Mill. DM.

Im Jahre 1976 sind insgesamt 57 762 zu berücksichtigende Aussiedler und Zuwanderer in das Bundesgebiet eingereist. Die Finanzhilfe des Bundes für den Aussiedlerwohnungsbau der Länder wird sich im Jahre 1977 auf 243,87 Mill. DM (Zuschüsse 153,99 Mill. DM, Darlehen 89,88 Mill. DM) belaufen.

Für kinderreiche Aussiedlerfamilien ist eine Förderung von Wohnraum aus den Finanzhilfemitteln des Bundes im Rahmen des Sozialprogramms und in besonders gelagerten Einzelfällen auch eine Förderung aus dem Fonds des Bundesministers für Raumordnung, Bauwesen und Städtebau für Sonder- und Härtefälle möglich.

Die Lastenausgleichsbank hat ein Sonderprogramm zur Förderung des Baus von Eigenheimen für kinderreiche Aussiedler aufgelegt. Die Darlehen sind zinslos und haben eine Laufzeit bis zu 25 Jahren.

6. Einrichtungshilfe

Am 15. Oktober 1976 sind die Richtlinien des Bundesministers des Innern für die Gewährung von zinsverbilligten Einrichtungsdarlehen an Aussiedler und Zuwanderer in Kraft getreten.

Einen Antrag auf Gewährung eines Einrichtungsdarlehens können alle Aussiedler stellen, die seit dem 1. Januar 1974 im Bundesgebiet eingetroffen sind und sich noch in Lagern, Übergangswohnheimen oder sonstigen notdürftigen vorläufigen Unterkünften aufhalten.

Zum erstmaligen Bezug einer angemessenen Wohnung können Einrichtungsdarlehen für Alleinstehende bis zu 3 000,– DM, für kinderlose Ehepaare bis zu 5 000,– DM und für jede weitere zum Haushalt gehörende Person bis zu 1 000,– DM bis zu einem Höchstbetrag von 10 000,– DM gewährt werden. Die Laufzeit dieser Darlehen beträgt zehn Jahre, wobei die beiden ersten Jahre tilgungsfrei sind. Der Bund verbilligt das Darlehen durch eine Zinssubvention von ursprünglich 6 Prozent, derzeit 4,75 Prozent. Das Darlehen kann bei jeder Bank, Sparkasse usw. in Anspruch genommen werden. Zuvor ist beim Flüchtlingsamt (in Bayern, Hamburg und im Saarland beim Ausgleichsamt) ein Berechtigungsschein zu beantragen.

Bis zum 12. Oktober 1977 waren 16 336 Darlehen mit einem Gesamtbetrag von 92 430 500,– DM ausgereicht worden.

7. Sprachförderung

Die Bundesregierung fördert die Teilnahme von Aussiedlern an Deutsch-Lehrgängen. Die Durchführung dieser Förderung ist der Bundesanstalt für Arbeit durch die Verordnung über die Förderung der Teilnahme von Aussiedlern an Deutsch-Lehrgängen vom 27. Juli 1976 (BGBl. I, S. 1949) und durch die Vereinbarung zwischen der Bundesregierung und der Bundesanstalt für Arbeit über die Förderung von Deutsch-Lehrgängen für Aussiedler vom 22. Juli 1976 übertragen worden. Beide Regelungen sind seit dem 1. August 1976 in Kraft.

Nunmehr können alle Aussiedler Sprachförderungsmaßnahmen in Anspruch nehmen. Arbeitnehmer, die zu ihrer beruflichen Eingliederung der Einführung in die deutsche Sprache bedürfen, erhalten Unterhaltsgeld (80 v.H. des erzielbaren Verdienstes) und die Erstattung aller Nebenkosten (Fahrgeld, Lernmittel, Lehrgangsgebühren) nach den Vorschriften des Arbeitsförderungsgesetzes. Nicht erwerbstätige Erwachsene, also vor allem Hausfrauen und Rentner, können kostenlos an Deutsch-Lehrgängen teilnehmen.

8. Arbeitsvermittlung

Die Bundesanstalt für Arbeit hat bei den Arbeitsämtern speziell geschulte Fachkräfte als Ansprechpartner für Aussiedler eingesetzt (Erlaß des Präsidenten der Bundesanstalt für Arbeit vom 25. März 1976).

Diese haben in der Regel polnische Sprachkenntnisse; bei Bedarf werden Dolmetscher herangezogen.

Die von der Bundesanstalt für Arbeit herausgegebene Informationsschrift „Starthilfen des Arbeitsamtes für Aussiedler" in deutscher und in polnischer Sprache ist in einer überarbeiteten Fassung erschienen. Es ist vorgesehen, diese Informationsschrift auch in einer deutsch-russischen Fassung herauszugeben.

9. Anreiz für Arbeitgeber zur Beschäftigung von Aussiedlern

Nach § 54 des Arbeitsförderungsgesetzes (AFG) kann die Bundesanstalt für Arbeit zur beruflichen Eingliederung von Arbeitsuchenden, deren Unterbringung unter den üblichen Bedingungen des Arbeitsmarktes erschwert ist, Zuschüsse gewähren. Der Präsident der Bundesanstalt für Arbeit hat mit Erlaß vom 8. Juni 1976 die Möglichkeit geschaffen, daß diese Lohnkostenzuschüsse bei der Einstellung von Aussiedlern bis zur Dauer von zwei Jahren und bis zur Höhe von 80 Prozent des Arbeitsentgelts gewährt werden. Gleichzeitig wurde die Gewährung von Fahrkostenbeihilfe ebenfalls bis zur Dauer von zwei Jahren ausgedehnt.

10. Anerkennung von Ausbildungsgängen, Zeugnissen, Befähigungsnachweisen, Prüfungen und Diplomen

Der Bundesminister für Wirtschaft hat am 26. November 1976 Grundsätze zur rechtlichen Handhabung der §§ 92 und 71 des Bundesvertriebenengesetzes sowie des § 7 Abs. 7 der Handwerksordnung im Bereich der gewerblichen Wirtschaft bekanntgegeben.

Diese Grundsätze sollen zu einer großzügigen und beschleunigten Anerkennungs- und Eintragungspraxis führen. Sie wenden sich in erster Linie an die für die Anerkennung der Prüfungen zuständigen Verwaltungsbehörden der Länder. Sie erleichtern die Anwendung der in Betracht kommenden Rechtsvorschriften, indem sie auf die in der täglichen Praxis auftretenden rechtlichen Probleme hinweisen, Hilfen zur Auslegung einzelner schwieriger Begriffe geben und konstruktive Möglichkeiten zur Lösung bestimmter Schwierigkeiten aufzeigen.

Die Ständige Konferenz der Kultusminister der Länder hat am 28. April 1977 Grundsätze zur Führung akademischer Grade sowie zur Führung entsprechender Bezeichnungen durch Vertriebene, Flüchtlinge und Zuwanderer im Sinne des Bundesvertriebenengesetzes sowie Grundsätze zur nachträglichen Graduierung von Berechtigten nach dem Bundesvertriebenengesetz beschlossen.

11. Anpassung des Wissensstandes von Auszubildenden an die technische Entwicklung

In Fällen, in denen der Wissensstand von Auszubildenden aus den osteuropäischen Staaten den Stand der neuesten technischen Entwicklung in der Bundesrepublik Deutschland nicht erreicht, sollen für diese Jugendlichen zentrale Anpassungskurse in beruflichen Bildungsstätten und in Internaten veranstaltet werden. Das Deutsche Handwerksinstitut ist in der Lage, hierfür relativ kurzfristig die Lehrpläne zu erstellen.

12. Beratung über die Gründung eines eigenen Betriebes

Aussiedler haben die Möglichkeit, sich intensiv über die persönlichen und finanziellen Voraussetzungen für die Gründung eines Handwerks-, Verkehrs- oder sonstigen Gewerbebetriebes beraten zu lassen.

13. Kreditgewährung zur Gründung selbständiger Existenzen im gewerblichen Bereich

Zur Gründung von selbständigen Existenzen im gewerblichen Bereich stehen Darlehen aus dem ERP-Existenzgründungsprogramm (Errichtung von Betrieben, Übernahme bestehender Betriebe) und aus dem ERP-Regionalprogramm (Betriebsgründungen in strukturschwachen Gebieten) sowie aus dem ERP-Vertriebenenprogramm zur Verfügung. Diese Darlehen (Zinssatz 5,5 v.H., im Zonenrandgebiet 4,5 v.H., Laufzeit bis zu 15 Jahren) dienen der Investitionsfinanzierung.

Für Aussiedler sind im ERP-Existenzgründungsprogramm folgende Erleichterungen vorgesehen:

– Erhöhung des Finanzierungsanteils auf etwa zwei Drittel der Investitionskosten

– keine Altersgrenzen für die Darlehensgewährung

– Sicherstellung, daß für den Kreis der Aussiedler stets Mittel verfügbar sind.

14. Ergänzungsprogramm der Lastenausgleichsbank zum ERP-Existenzgründungsprogramm

Die Lastenausgleichsbank hat ein Ergänzungsprogramm für Spätaussiedler und andere Spätberechtigte zum ERP-Existenzgründungsprogramm aufgelegt, das bei einer Darlehenslaufzeit von bis zu zwölf Jahren einen festen Zinssatz von 5 Prozent bietet (Schreiben der Lastenausgleichsbank an die Spitzenverbände des Kreditgewerbes vom 29. Juli 1976).

15. Eingliederung von Aussiedlern, die aus der Landwirtschaft stammen

Im Rahmen des von der Bundesregierung gemäß § 46 Abs. 1 des Bundesvertriebenengesetzes (BVFG) jährlich aufzustellenden Siedlungsprogramms wird u. a. auch die Eingliederung von aus der Landwirtschaft stammenden Aussiedlern auf landwirtschaftlichen Voll- und Nebenerwerbsstellen gefördert. Im Jahre 1975 sind 203, im Jahre 1976 sind 274 Nebenerwerbsstellen für Aussiedler gefördert worden.

Im Einvernehmen mit dem Bundesminister des Innern hat der Bundesminister für Ernährung, Landwirtschaft und Forsten in einem Rundschreiben vom 10. November 1976 den Begriff „aus der Landwirtschaft stammen" in § 35 BVFG, den Verhältnissen in den Aussiedlungsgebieten Rechnung getragen, näher erläutert. Durch eine großzügige Auslegung wird so der Kreis der Anspruchsberechtigten erweitert.

16. Die Verbesserung der Betreuung von Jugendlichen

Die Betreuung von jugendlichen Aussiedlern und Zuwanderern ist seit Juli 1976 durch Maßnahmen des Bundesministers für Jugend, Familie und Gesundheit erheblich verbessert worden.

Die bestehenden Jugendgemeinschaftswerke sind besser ausgestattet worden, neue Jugendgemeinschaftswerke in Ballungsräumen wurden geschaffen.

17. Betreuung von nichterwerbstätigen Müttern, älteren Menschen und Alleinstehenden

Die Betreuung ist seit Juli 1976 auf die übrigen Familienmitglieder ausgedehnt worden.

Dabei ist davon ausgegangen worden, daß neben den jugendlichen Aussiedlern auch die übrigen Familienmitglieder, insbesondere nichterwerbstätige Mütter und Ältere, aber auch Alleinstehende der Hilfe zur Eingliederung, insbesondere einer gründlichen und qualifizierten Beratung in allen Lebensbereichen bedürfen. Diese Aufgaben sind von den Wohlfahrtsverbänden in enger Zusammenarbeit mit den Jugendgemeinschaftswerken übernommen worden.

18. Aufbauwochen

Wohlfahrtsverbände und Vertriebenenorganisationen führen mit Unterstützung des Bundes Aufbauwochen und sonstige einführende Veranstaltungen für Aussiedler durch, die dazu dienen, den Aussiedlern Kenntnisse über die politischen, sozialen und wirtschaftlichen Verhältnisse in der Bundesrepublik Deutschland zu vermitteln.

19. Familienpatenschaften

Die Aktion Gemeinsinn e. V., 5300 Bonn-Bad Godesberg, führt unter der Schirmherrschaft des Bundesministers des Innern im Jahre 1977 eine Kampagne „Mitbürgerliche Hilfe für Aussiedler" durch, mit der hilfsbereite Bürger zur Starthilfe für Aussiedler angeregt werden sollen. Gleichzeitig wird in der breiten Öffentlichkeit um Verständnis für die Schwierigkeiten der Eingewöhnung geworben.

Die Aktion Gemeinsinn hat eine Broschüre „Starthilfe für Starthelfer" herausgebracht, in der den Starthelfern praktische Ratschläge für ihre Arbeit gegeben werden.

Im Rahmen der Anzeigenkampagne waren bis Ende Juli 1977 Anzeigen im Wert von 1,5 Mill. DM erschienen. Der Anzeigenraum ist von den Verlegern kostenlos zur Verfügung gestellt worden.

20. Verstärkte Information der Aussiedler

Bei ihrem Eintreffen in der Bundesrepublik Deutschland erhalten die Aussiedler eine ansprechende Informationsmappe mit detailliertem Informationsmaterial und den wichtigsten Antragsformularen in gesichteter Form. Die Aussiedler erhalten bei ihrem Eintreffen darüber hinaus eine Broschüre „Wegweiser für Aussiedler" des Bundesministers des Innern, die ihnen eine erste Übersicht darüber gibt, welche Rechte ihnen zustehen und an welche Behörden sie sich wenden müssen.

Bei der Neufassung des „Wegweisers für Aussiedler", die seit Januar 1977 verteilt wird, ist besonderer Wert auf eine verständliche und übersichtliche Gestaltung gelegt worden. Der „Wegweiser" ist auch in einer deutsch-polnischen und in einer deutsch-russischen Fassung erschienen.

Zur besseren Information über verbrauchergerechtes Verhalten hat der Bundesminister für Wirtschaft der Arbeitsgemeinschaft der Verbraucher (AgV) Mittel zur wirtschaftlichen Aufklärung der Aussiedler zugewandt.

Die AgV hat ein Merkblatt zur Erstinformation der Aussiedler in einer deutsch-polnischen Fassung hergestellt.

Neben der Arbeitsgemeinschaft der Verbraucher haben auch die Verbraucherzentralen, die von Bund und Ländern finanziert werden, im Rahmen ihrer Informationsarbeit spezielle Maßnahmen für Aussiedler ergriffen. Hierzu gehören Vortragsveranstaltungen, Beratungsgespräche, Vermittlung von Verbraucherinformation im Sprachunterricht, verbraucherkundlicher Unterricht für jugendliche Aussiedler in Förderklassen und die Einführung von ehrenamtlichen Mitarbeitern der Verbände, die Aussiedler betreuen, in Verbraucherfragen.

21. Öffentlichkeitsarbeit

Die Bundeszentrale für politische Bildung führt im Jahre 1977 einen Schülerwettbewerb zum Thema „Spätaussiedler – Außenseiter der Gesellschaft?" durch, mit dem insbesondere Jugendliche an die Situation der Aussiedler herangeführt werden sollen.

Die Zeitschrift „Das Parlament" hat in ihrer Ausgabe vom 3. September 1977 rund 25 Beiträge zum Thema „Eingliederung der Aussiedler" veröffentlicht.

Die Arbeit des Vereins Friedlandhilfe e. V., der die in den Grenzdurchgangslagern eintreffenden Aussiedler mit ersten Hilfen (Gegenstände des täglichen Bedarfs, Kleidungsstücke) versorgt, wird durch die Herausgabe einer Sondermarke der Deutschen Bundespost im Wert von 0,50 DM gefördert, die Anfang 1978 erscheinen wird.

3. AUFNAHME DER AUSSIEDLER UND ZUWANDERER IN DER BUNDESREPUBLIK DEUTSCHLAND

3.1 Verordnung über die Bereitstellung von Durchgangslagern und über die Verteilung der in das Bundesgebiet aufgenommenen deutschen Vertriebenen auf die Länder des Bundesgebietes (Verteilungsverordnung), vom 28. März 1952 (BGBl. I, S. 236)

Auf Grund des Artikels 119 des Grundgesetzes für die Bundesrepublik Deutschland verordnet die Bundesregierung mit Zustimmung des Bundesrates:

§ 1

Bereitstellung von Durchgangslagern

(1) Die Länder sind verpflichtet, die Vertriebenen, die entweder im Zuge der Aussiedlung von Personen deutscher Staatsangehörigkeit oder deutscher Volkszugehörigkeit oder auf Grund einer ordnungsmäßigen Einreiseerlaubnis und einer Aufenthaltserlaubnis, die nicht nur zum vorübergehenden Aufenthalt berechtigt, im Bundesgebiet eintreffen, vorläufig in Durchgangslagern unterzubringen.

(2) Die Bundesregierung bestimmt die Durchgangslager, in welchen die eintreffenden Personen vorläufig unterzubringen sind.

§ 2

Verteilung

(1) Ein Beauftragter der Bundesregierung verteilt die in den Durchgangslagern vorläufig untergebrachten Personen, wenn sie keine Zusage für die Unterbringung in einem Lande besitzen und für die Begründung eines ersten Wohnsitzes auf öffentliche Hilfe angewiesen sind, auf die Länder.

(2) Der Bundesminister für Vertriebene[1]) beruft und entläßt den Beauftragten der Bundesregierung.

(3) Die Länder bestimmen Vertreter, die vor der Verteilung in den Durchgangslagern zu hören sind.

(4) Die Verteilung erfolgt, soweit sie sich nicht nach § 3 regelt, nach einem vom Bundesrat festgesetzten Schlüssel.[2])

(5) Die Länder sind verpflichtet, die auf Grund der Verteilung zugewiesenen Personen unverzüglich aufzunehmen.

§ 3

Familienzusammenführung

(1) Verwandte auf- und absteigender Linie sowie Ehegatten und unmündige Geschwister sind nach ihrer Wahl entweder dem Land zuzuweisen, in dem ihre Angehörigen wohnen, oder in die Verteilung nach dem Schlüssel einzubeziehen.

(2) Verwandte auf- und absteigender Linie, die eine selbständige Familie begründet hatten und vor der Aussiedlung des ersten Familienteiles einen selbständigen Haushalt geführt haben, können nur dann die Einweisung in das Land, in dem ihre Angehörigen wohnen, wählen, wenn der Ernährer der zuzuweisenden Familie fehlt oder die Gemeindebehörde des betreffenden Landes bestätigt, daß eine Unterbringung im Wohnraum möglich ist.

§ 4

Rücksicht auf Verwandtschaft und Beruf

(1) Bei den übrigen Personen soll bei der Zuweisung auf verwandtschaftliche Beziehungen Rücksicht genommen werden, insbesondere wenn eine Unterbrin-

---

[1]) jetzt: Bundesminister des Innern
[2]) vgl. Einleitung Nr. 3

gung in gemeinsamem Wohnraum oder eine Beschäftigung im Betrieb eines Verwandten möglich ist.

(2) Der Beruf des Aufgenommenen und die Möglichkeit einer entsprechenden Berufsausbildung sollen bei der Zuweisung berücksichtigt werden.

§ 5
Rücksicht auf überbelegte Länder

Die mit Vertriebenen überbelegten Länder werden bei der Festsetzung des Schlüssels gemäß § 2 Abs. 4 ausgenommen.

§ 6
Anwendung der Verordnung im Lande Berlin

Diese Verordnung gilt auch im Lande Berlin, sobald es die Anwendung dieser Verordnung beschlossen hat.

§ 7
Schlußbestimmungen

(1) Diese Verordnung tritt am Tage nach ihrer Verkündung in Kraft.

(2) Gleichzeitig tritt die Verordnung über die Bereitstellung von Lagern und über die Verteilung der in das Bundesgebiet aufgenommenen Deutschen aus den unter fremder Verwaltung stehenden deutschen Gebietsteilen, aus Polen und der Tschechoslowakei auf die Länder des Bundesgebietes vom 8. Feburar 1951 (Bundesanzeiger Nr. 29 vom 10. Februar 1951) außer Kraft.

(3) Wo in gesetzlichen Bestimmungen die im Absatz 2 bezeichnete Verordnung genannt ist, tritt an ihre Stelle diese Verordnung.

3.2 Richtlinien für die Verteilung der Zuwanderer aus der sowjetisch besetzten Zone Deutschlands und dem sowjetisch besetzten Sektor von Berlin, der Aussiedler und der Vertriebenen aus dem freien Ausland (Verteilungsrichtlinien) in der mit Schreiben des Bundesministers für Vertriebene, Flüchtlinge und Kriegsbeschädigte, jetzt Bundesminister des Innern – IV 1 (IV 5) – 7177 (Bd. IV) – 287/61 – vom 10. März 1961 bekanntgegebenen Fassung.

Zuwanderer aus der sowjetisch besetzten Zone Deutschlands und dem sowjetisch besetzten Sektor von Berlin, die eine Aufenthaltserlaubnis nach dem Notaufnahmegesetz erhalten haben (Zuwanderer), sowie Aussiedler, die in das Verteilungsverfahren einbezogen worden sind, und Vertriebene, die über das freie Ausland in das Bundesgebiet einschließlich Berlin (West) gelangt sind (Vertriebene), sind durch die Bundesbeauftragten nach Anhören des für das in Aussicht genommene Aufnahmeland zuständigen Landesbeauftragten auf die Bundesländer einschließlich Berlin (West) unter Beachtung dieser Richtlinien (Verteilungsrichtlinien) zu verteilen.

A. Allgemeine Verteilungsgrundsätze

I. Zuwanderer und Vertriebene, die auf Grund ihrer Bindungen im Bundesgebiet einschließlich Berlin (West) einem bestimmten Land ohne Rücksicht auf den Quotenstand zuzuweisen sind (verpflichtende Bindungsfälle)

1. Zuwanderer und Vertriebene, die

a) verwandtschaftliche Bindungen im Sinne des § 94 Abs. 2 Ziff. 1–8 des BVFG in einem Bundesland einschließlich Berlin (West) haben,

b) zur Haushaltsgemeinschaft eines Zuwanderers oder Vertriebenen gehören, der die Voraussetzungen des vorstehenden Buchstaben a) erfüllt, sofern sie mit diesem zusammen in das Bundesgebiet einschließlich Berlin (West) gekommen sind oder innerhalb **eines** Jahres nachkommen,

c) nachweisen, daß sie und die zusammen mit ihnen gekommenen Angehörigen ihrer Haushaltsgemeinschaft in einem Bundesland einschließlich Berlin (West) sofort endgültig mit Wohnung versorgt werden,

sind ohne Rücksicht auf den jeweiligen Quotenstand dem Lande, in dem sie diese Bindungen haben und falls sie solche in verschiedenen Ländern haben, dem Lande, in das sie eingewiesen zu werden wünschen, zuzuweisen.

2. Zuwanderer und Vertriebene, die nach vorstehender Ziff. 1 zu verteilen sind, jedoch der Zuweisung an das danach zur Aufnahme verpflichtete **Land** begründet widersprechen, sind in die Verteilung nach Abschnitt A II bzw. A III einzubeziehen. Das gleiche gilt, wenn der Länderbeauftragte des nach Ziffer 1 zur Aufnahme verpflichteten Landes aus Gründen, die im Interesse der Eingliederung oder Betreuung des zu Verteilenden liegen, Bedenken gegen die Zuweisung geltend macht.[1]

3. Zuwanderer und Vertriebene

a) auf die die Vorschriften des Heimkehrergesetzes nach § 9 Abs. 1 HHG Anwendung zu finden haben, sind ohne Rücksicht auf den jeweiligen Quotenstand dem Land zuzuweisen, in das sie eingewiesen zu werden wünschen,[2]

b) aus dem sowjetisch besetzten Sektor von Berlin sind ohne Rücksicht auf den jeweiligen Quotenstand dem Land Berlin (West) zuzuweisen, wenn sie dahin eingewiesen zu werden wünschen,

c) ...

Zuwanderer und Vertriebene, die, obwohl die Voraussetzungen einer der vorstehenden Buchst. a)–c) auf sie zutreffen, einen entsprechenden Wunsch nicht äußern, sind in die Verteilung nach Abschnitt A I Ziffern 1 und 2 bzw. Abschnitt A II bzw. A III einzubeziehen. Das gleiche gilt, wenn der Länderbeauftragte des nach Abs. 1 zur Aufnahme verpflichteten Landes aus Gründen, die im Interesse der Eingliederung oder Betreuung des zu Verteilenden liegen, Bedenken gegen die Zuweisung geltend macht.[3]

---

[1] **Anmerkung zu A I 2 Satz 2:**
Vom Länderbeauftragten gegen die Verteilung als A I 1-Fall vorgebrachte Bedenken verpflichten den Bundesbeauftragten für die Verteilung noch nicht zur Einbeziehung in die Verteilung nach A II bzw. A III, sondern lediglich zur Behandlung in der Verteilersitzung.

[2] **Anmerkung zu A I 3 Abs. 1 Buchst. a):**
Die Zugehörigkeit zu dieser Personengruppe gilt schon durch Vorlage einer „vorläufigen HHG-Bescheinigung" als bewiesen.

[3] **Anmerkung zu A I 3 Abs. 2 Satz 2:**
Die Vorschrift gilt mit der Einschränkung in der Anmerkung zu A I 2 Satz 2.

II. **Zuwanderer und Vertriebene, die auf Grund ihrer Bindungen im Bundesgebiet einschließlich Berlin (West) einem bestimmten Land unter Berücksichtigung des Quotenstandes zuzuweisen sind (sonstige Bindungsfälle)**

1. Zuwanderer und Vertriebene, die

a) verwandtschaftliche Bindungen im Sinne des § 94 Abs. 2 Ziff. 9 und 10 BVFG oder sonstige familiäre oder persönliche Bindungen in einem Bundesland einschließlich Berlin (West) haben,

b) nachweisen, daß sie die Möglichkeit haben, in einem Bundesland einschließlich Berlin (West) alsbald eine Arbeit aufzunehmen oder als selbständige Erwerbstätige alsbald eine Existenz zu begründen,

c) zur Haushaltsgemeinschaft eines Zuwanderers oder Vertriebenen gehören, der die Voraussetzungen der vorstehenden Buchstaben a) oder b) erfüllt, sofern sie mit diesem zusammen in das Bundesgebiet einschließlich Berlin (West) gekommen sind,

d) nachweisen, daß sie und die zusammen mit ihnen gekommenen Angehörigen ihrer Haushaltsgemeinschaft in einem Bundesland einschließlich Berlin (West) vorläufig wohnungsmäßig untergebracht werden,

e) in einem Bundesland einschließlich Berlin (West) besondere landsmannschaftliche Bindungen haben,

sind dem Land, in dem sie diese Bindungen haben und falls sie solche in verschiedenen Ländern haben, dem Land, in das sie eingewiesen zu werden wünschen, zuzuweisen, solange der Quotenstand dieses Landes es zuläßt.

2. Zuwanderer und Vertriebene, die nach vorstehender Ziffer 1 zu verteilen sind, jedoch der Zuweisung an das danach zur Aufnahme verpflichtete Land begründet widersprechen oder wegen des Quotenstandes nicht mehr zugewiesen werden können, sind in das Verteilungsverfahren nach Abschnitt A III einzubeziehen.

In den Fällen der Ziffer 1 b) hat jedoch die Zuweisung an ein bestimmtes Land ohne Rücksicht auf den Quotenstand dann zu erfolgen, wenn der Zuwanderer oder Vertriebene einen ihm von einem Arbeitgeber vor Einleitung des Aufnahmeverfahrens zugesicherten Arbeitsplatz oder eine selbständige Existenz nachweist und wichtige in seiner Person liegende Gründe die Zuweisung an dieses Land erfordern.

III. Zuwanderer und Vertriebene ohne Bindungen im Bundesgebiet einschließlich Berlin (West) und Zuwanderer und Vertriebene, die nach Abschnitt A I und A II in das Verteilungsverfahren nach diesem Abschnitt einzubeziehen sind (allgemeine Verteilungsfälle)

1. Zuwanderer und Vertriebene, die keine Bindungen gemäß Abschnitt A I Ziffer 1 oder A II Ziffer 1 haben oder nach Abschnitt A I Ziffer 2 und A II Ziffer 2 in das Verteilungsverfahren nach diesem Abschnitt einzubeziehen sind, sind den Ländern unter Berücksichtigung ihres jeweiligen Quotenstandes zuzuweisen.

2. Bei der Zuweisung der nach vorstehender Ziffer 1 zu verteilenden Zuwanderer und Vertriebenen sind Berufs- und Erwerbsmöglichkeiten in den einzelnen Ländern, persönliche Verhältnisse und im übrigen hinsichtlich eines bestimmten Landes geäußerte Wünsche zu berücksichtigen.

3. Die Zuweisung der gemäß vorstehender Ziffern 1 und 2 zu verteilenden Zuwanderer und Vertriebenen hat im Benehmen mit dem Beauftragten des Landes zu erfolgen, in das die Zuweisung beabsichtigt ist. Widerspricht der Landesbeauftragte oder äußert er sich innerhalb einer angemessenen Frist nicht, **entscheidet der Beauftragte der Bundesregierung** nach pflichtgemäßem Ermessen.

B. Sonderregelungen für bestimmte Personengruppen

I. Alleinstehende jugendliche Zuwanderer und Vertriebene (alleinstehende Jugendliche)

Kinderlose Zuwanderer und Vertriebene,

die zum Zeitpunkt der Verteilung das 24. Lebensjahr noch nicht vollendet haben, ledig, geschieden oder verwitwet sind

und

deren Eltern oder sonstige Angehörige, in deren Haushalt sie bisher lebten, ihren Wohnsitz oder ständigen Aufenthalt in der sowjetisch besetzten Zone Deutschlands oder im sowjetisch besetzten Sektor von Berlin oder in den Vertreibungsgebieten haben oder denen der Aufenthalt ihrer Eltern oder sonstigen Angehörigen unbekannt ist,

sind den Ländern unter Beachtung der Vorschriften des Abschnitts A und auf Verlangen im Verhältnis ihrer Quoten zuzuweisen, wenn nicht eine als notwendig erkannte besondere Betreuung des alleinstehenden Jugendlichen entgegensteht.

II. Zuwanderer und Vertriebene, die besonderer Betreuung bedürfen (Sozialfälle)

Zuwanderer und Vertriebene,

a) deren Erwerbsfähigkeit wegen schwerer Körperschäden wesentlich gemindert ist, nicht jedoch solche Zuwanderer und Vertriebene, die nur wegen ihres Alters für eine Erwerbstätigkeit nicht mehr in Betracht kommen,

b) die voraussichtlich für längere Zeit oder dauernd auf öffentliche Kosten in Heilanstalten untergebracht werden müssen,

c) die als alleinstehende gravide Jugendliche auf öffentliche Kosten in einem Entbindungsheim untergebracht werden müssen,

d) die als alleinstehende Jugendliche in Erziehungsheimen untergebracht werden müssen,

sind den Ländern in den einzelnen Notaufnahme- und Grenzdurchgangslagern ohne Rücksicht auf den jeweiligen Quotenstand im Verhältnis ihres Quotensatzes (vgl. D 2) zuzuweisen. Die Vorschriften der Abschnitte A und B sind sinngemäß anzuwenden.

III. Zuwanderer und Vertriebene, die nach ihrer Ab- oder Rückwanderung in die sowjetisch besetzte Zone Deutschlands oder den sowjetisch besetzten Sektor von Berlin oder in die Vertreibungsgebiete oder in das freie Ausland in das Bundesgebiet einschließlich Berlin (West) zurückkehren (Rückkehrer)

1. Zuwanderer und Vertriebene,

a) die nach Beendigung des Krieges ihren Wohnsitz oder ständigen Aufenthalt aus dem Gebiet der Bundesrepublik einschließlich Berlin (West) in die sowjetisch besetzte Zone Deutschlands oder den sowjetisch besetzten Sektor von Berlin oder in die Vertreibungsgebiete bzw. das freie Ausland verlegt haben und jetzt zurückkehren,

b) die bereits einmal in einem Lande der Bundesrepublik einschließlich Berlin (West) aufgenommen oder diesem zugewiesen worden sind, danach in die sowjetisch besetzte Zone Deutschlands oder den sowjetisch besetzten Sektor von Berlin oder die Vertreibungsgebiete bzw. das freie Ausland zurückgekehrt sind und erneut zuwandern,

sind, **soweit sie in das Verteilungsverfahren einbezogen werden,** in den Fällen des Buchstaben a) dem Land zuzuweisen, in dem sie vor ihrer Wohnsitz- oder Aufenthaltsverlegung ansässig gewesen sind, in den Fällen des Buchstaben b) dem Land zuzuweisen, in dem sie seinerzeit aufgenommen worden sind, soweit nicht die Gründe der Ab- und Rückwanderung dem entgegenstehen.

2. Zuwanderer und Vertriebene, die nach vorstehender Ziffer 1 zu verteilen sind, der Einweisung in das danach zur Aufnahme verpflichtete Land jedoch berechtigt widersprechen oder deren Einweisung in ein anderes als das nach Ziffer 1 zur Aufnahme verpflichtete Land wegen der Ab- und Rückwanderungsgründe geboten erscheint, sind in die Verteilung nach den Vorschriften des Abschnitts A einzubeziehen. Das gilt auch in den Fällen, in denen der Beauftragte des nach vorstehender Ziffer 1 zur Aufnahme verpflichteten Landes der Einweisung in dieses Land berechtigt widerspricht.

IV. Kinder von Zuwanderern und Vertriebenen, die vor Abschluß des Verteilungsverfahrens geboren werden

Kinder, die von Zuwanderern oder Vertriebenen im Bundesgebiet vor Abschluß des Verteilungsverfahrens, aber innerhalb eines Jahres nach Eintreffen der Mutter im Bundesgebiet oder Berlin (West) geboren werden, sind zusammen mit der Mutter oder mit den Eltern in die Verteilung nach den Vorschriften dieser Richtlinien einzubeziehen.

V. Rückkehrende „Evakuierte"

Werden Personen in das Verteilungsverfahren einbezogen, die aus dem Gebiet der Bundesrepublik einschließlich Berlin (West) in das Gebiet der sowjetisch besetzten Zone Deutschlands, des sowjetisch besetzten Sektors von Berlin, in die Vertreibungsgebiete oder das freie Ausland evakuiert waren und jetzt in die Bundesrepublik einschließlich Berlin (West) zurückkehren, so sind sie ohne Rücksicht auf den jeweiligen Quotenstand dem Land zuzuweisen, aus dem sie evakuiert worden sind. Widerspricht der Zuzuweisende, so sind die Vorschriften des Abschnitts A sinngemäß anzuwenden.

C. Änderung der Zuweisung (Umschreibung)

1. Zuwanderer oder Vertriebene, die bereits einem Bundesland einschließlich Berlin (West) zugewiesen waren, sich aber noch in einem Notaufnahmelager oder Grenzdurchgangslager aufhalten, können auf Antrag einem anderen Land zugewiesen werden.

2. Der Antrag ist bei dem für das Notaufnahmelager oder Grenzdurchgangslager, in dem sich der Antragsteller aufhält, zuständigen Beauftragten der Bundesregierung für die Verteilung zu stellen. Dieser entscheidet über den Antrag gem. den Vorschriften der nachstehenden Ziffer 3.

3. Dem Antrag ist zu entsprechen

a) im Benehmen mit den Beauftragten der jeweils beteiligten Länder, wenn der Antragsteller

aa) einen Arbeitsplatz oder eine Existenz als selbständiger Erwerbstätiger

und

eine nicht nur vorübergehende Unterkunft für sich und die zu seiner Haushaltsgemeinschaft gehörenden Angehörigen nachweist,

bb) nachweist, daß er eine oder mehrere der nach Abschnitt A I Ziff. 1 für die Einweisung in das Land, in das die Umschreibung erfolgen soll, geforderten Voraussetzungen erfüllt oder daß er Leistungen nach § 4 b G 131 nur in diesem Lande erhalten kann;

b) im Einverständnis mit den Beauftragten der jeweils beteiligten Länder in allen sonstigen Fällen.

4. Die Entscheidung über den Antrag ist dem Antragsteller und den Beauftragten der jeweils beteiligten Länder in geeigneter Form bekanntzugeben.

Zuwanderer und Vertriebene, über deren Antrag zustimmend entschieden ist, gelten mit der Bekanntgabe als dem Lande zugewiesen, in das die Umschreibung erfolgt ist.

5. Die Beauftragten der Bundesregierung für die Verteilung in den Notaufnahmelagern und in den Grenzdurchgangslagern berichtigen die Zuweisungsbescheide und dem entsprechend die Verteilungsunterlagen einschließlich der Zuweisungszahlen für die einzelnen Länder.

D. Einhaltung der Aufnahmequoten

1. Die Zuweisungen an ein Land sollen während der Laufzeit des jeweils gültigen Verteilungsschlüssels insgesamt grundsätzlich seinem Anteil an diesem Schlüssel entsprechen.

2. Um dies zu gewährleisten, setzt der Bundesminister für Vertriebene, Flüchtlinge und Kriegsgeschädigte[1]) für jedes Notaufnahme- und Grenzdurchgangslager einen Quotensatz für jedes Land von Monat zu Monat fest.

3. Bei der Berechnung des monatlichen Quotensatzes sind die sich aus der Schätzung und den Ist-Zuweisungen ergebenden Abweichungen (Plussalden = Quotenüberschreitungen, Minussalden = Quotenunterschreitungen) zu berücksichtigen.

4. Die Bundesbeauftragten haben die Verteilung der Zuwanderer und Vertriebenen unter Beachtung der Vorschriften der Abschnitte A – C nach dem jeweils gültigen Quotensatz vorzunehmen.

---

[1]) jetzt Bundesminister des Innern

3.3 Richtlinien des Bundesministers des Innern für die Zahlung einer einmaligen Unterstützung der Bundesregierung (Begrüßungsgabe) vom 15. August 1974 i.d.F. vom 10. Mai 1976

I. Personenkreis:

1. Empfangsberechtigt sind:

a) *Heimkehrer,*
die nach § 1 des Heimkehrergesetzes oder nach § 9 des Häftlingshilfegesetzes anerkannt worden sind oder voraussichtlich anerkannt werden.

b) *Aussiedler,*
im Sinne des § 1 Abs. 2 Ziffer 3 des Bundesvertriebenengesetzes, die voraussichtlich gem. § 10 Abs. 2 Nr. 2 des BVFG zur Inanspruchnahme von Rechten und Vergünstigungen nach diesem Gesetz berechtigt sind.

c) *Deutsche aus der DDR und Berlin (Ost),*
denen die Aufenthaltserlaubnis nach dem Notaufnahmegesetz erteilt ist.

2. Empfangsberechtigten, die mehreren der unter I 1 aufgeführten Personengruppen angehören, steht die einmalige Unterstützung nur einmal zu.

3. Die einmalige Unterstützung ist auch für Kinder von Anspruchsberechtigten zu gewähren, die erst während des Aufenthalts der Mutter in einem Grenzdurchgangslager oder Notaufnahmelager geboren wurden. Das gilt auch in den Fällen des Abschnitts IV.

4. Stirbt ein Empfangsberechtigter nach I 1 vor der Verteilung oder Weiterleitung in ein Bundesland, bestimmt der jeweils zuständige Beauftragte der Bundesregierung für die Verteilung den Empfangsberechtigten. Die Entscheidung ist zu begründen.
Die Vorlage von Erbscheinen ist nicht zu fordern.

5. Die einmalige Unterstützung wird nur gezahlt, wenn sie innerhalb von 6 Monaten nach Eintreffen im Bundesgebiet einschließlich des Landes Berlin beantragt worden ist.

II. Zweckbestimmung

1. Die einmalige Unterstützung der Bundesregierung ist eine freiwillige Leistung der Bundesregierung an die empfangsberechtigten Personen zur Befriedigung der ersten dringenden persönlichen Bedürfnisse. Sie stellt keine Erstattung von Fahrkosten, Gebühren oder ähnlichen Aufwendungen dar.

2. Die einmalige Unterstützung soll den Empfangsberechtigten mit dem ausdrücklichen Hinweis übergeben werden, daß es sich um eine über die bundesgesetzlichen Hilfsmaßnahmen hinaus gewährte Begrüßungsgabe der Bundesregierung handelt.

3. Da die Höhe der einmaligen Unterstützung sich im Rahmen der in § 1 der Verordnung zur Durchführung von § 88 Abs. 2 Nr. 8 des Bundessozialhilfegesetzes vom 9. 11. 1970 genannten Beträge hält, darf sie auf Leistungen der Sozialhilfe nicht angerechnet werden.

III. Höhe der einmaligen Unterstützung

Die einmalige Unterstützung beträgt für

a) Heimkehrer (Ziffer I, 1 a) – ohne Rücksicht auf das Alter –	150,– DM
b) Aussiedler und Deutsche aus der DDR (Ziffer I, 1 b/c) nach Vollendung des 18. Lebensjahres	150,– DM
c) Aussiedler und Deutsche aus der DDR (Ziffer I, 1 b/c) unter 18 Jahren	75,– DM

IV. Härtefälle

Die einmalige Unterstützung kann auch an folgende Personen gezahlt werden, wenn die Nichtzahlung eine unbillige Härte bedeuten würde:

1. a) Aussiedler ohne Berechtigung nach § 10 Abs. 2 Nr. 2 BVFG (Vertriebene aus dem freien Ausland),

b) Nichtvertriebene der Gruppe A und B (s. Abschnitt I A 2 der Einbeziehungsrichtlinien zur VVO vom 28. 3. 1952),

c) zum Familienverband von Aussiedlern gehörende nichtdeutsche Angehörige, die **gemeinsam** mit Anspruchsberechtigten im Sinne der Richtlinien auf Dauer einreisen,

sofern sie in das Verteilungsverfahren einbezogen worden sind.

2. Minderjährige, die die Voraussetzungen für die Erteilung der Aufenthaltserlaubnis nach dem Notaufnahmegesetz nicht erfüllen, zur Wahrung der Familieneinheit aber in die Verteilung einbezogen werden.

3. Ehemalige politische Häftlinge, die in einer **geschlossenen Gruppe** im Notaufnahmelager eintreffen, einer Aufenthaltserlaubnis nach dem Notaufnahmegesetz aber nicht bedürfen (sog. KB-Fälle).

4. Nichtdeutsche ehemalige politische Häftlinge, wenn sie mit Berechtigten im Sinne des § 9 Abs. 1 HHG in **geschlossenen Gruppen** im Bundesgebiet eintreffen.

5. Zurückkehrende Evakuierte im Sinne des Bundesevakuiertengesetzes (Nichtvertriebene der Gruppe C).

Die Entscheidung über die einmalige Unterstützung im Wege des Härteausgleichs obliegt:

zu 1. dem Beauftragten der Bundesregierung im Grenzdurchgangslager Friedland;

zu 2. bis 4. den Leitern der Bundesnotaufnahmedienststellen.

Die Entscheidung ist zu begründen.

Bei zurückkehrenden Evakuierten wird die unbillige Härte unterstellt.

V. Auszahlung

1. Die Auszahlung der einmaligen Unterstützung erfolgt in der Regel:

a) für die in den Grenzdurchgangslagern eintreffenden Empfangsberechtigten durch die Leiter der Grenzdurchgangslager;

b) für alle Empfangsberechtigten im Notaufnahmeverfahren durch die Leiter der Bundesnotaufnahmedienststellen.

2. Die Zahlung der einmaligen Unterstützung im schriftlichen Verfahren ist

a) an Deutsche aus der DDR von den Leitern der Bundesnotaufnahmedienststellen,

b) an sonstige Empfangsberechtigte vom Leiter des Grenzdurchgangslagers Friedland

durchzuführen.

3. Wird die Anerkennung als Heimkehrer im Aufnahmeland vorgenommen, zahlt die anerkennende Behörde die einmalige Unterstützung für Heimkehrer, gegebenenfalls unter Anrechnung des im Grenzdurchgangslager bereits gezahlten Betrages.

Zur Vermeidung von Überzahlungen dürfen Zahlungen in den Ländern nur nach vorheriger Rückfrage im Grenzdurchgangslager Friedland erfolgen.

4. Besteht Anlaß zu der Annahme, daß die einmalige Unterstützung schon einmal im Rahmen des Notaufnahmeverfahrens oder des Verteilungsverfahrens für Aussiedler gewährt wurde, ist der Sachverhalt zwischen den beteiligten Dienststellen zu klären.

5. In Zweifelsfällen entscheiden

a) für den Personenkreis der Aussiedler und für die ihnen gleichgestellten Personen der Beauftragte der Bundesregierung für die Verteilung im Grenzdurchgangslager Friedland,

b) für den Personenkreis der Deutschen aus der DDR die Leiter der Bundesnotaufnahmedienststellen.

VI. Nachweis der Auszahlung – Abrechnung

1. Die auszahlenden Stellen führen zum Nachweis über die Auszahlung der einmaligen Unterstützung namentliche Listen, die lfd. Nummer, Name und Vorname, Geburtstag, Herkunftsland, Datum der Einreise in das Bundesgebiet oder nach Berlin (West), Wohnanschrift oder Weiterleitungsanschrift im Bundesgebiet oder in Berlin (West), ausgezahlten Betrag, Datum der Auszahlung und Quittung bzw. Zahlungsnachweis enthalten müssen.

Die Listen sind für Heimkehrer, Aussiedler (einschließlich der ihnen gleichgestellten Personen) und Deutsche aus der DDR sowie für Barzahlungs- und Überweisungsfälle getrennt in dreifacher Ausfertigung zu erstellen.

2. Die Auszahlung ist auf den Registrierbescheinigungen und den Bescheiden der Notaufnahmedienststellen zu vermerken.

3. Die Abrechnung erfolgt unter Übersendung der in Ziffer VI 1 genannten quittierten Namenslisten und einer Zweitschrift dieser Listen an den Leiter des Bundesnotaufnahmeverfahrens in Gießen. Eine dritte Ausfertigung der Namensliste verbleibt bei der auszahlenden Stelle.

VII. Inkrafttreten

Diese Richtlinien treten (ausgenommen Ziffer VI, 3) mit Wirkung vom 1. Januar 1972 in Kraft.

Abschnitt VI Ziffer 3 tritt mit Wirkung vom 1. Juli 1974 in Kraft. Soweit nach dem 1. Januar 1972 im Einzelfall noch nach den bisherigen Richtlinien verfahren worden ist, bleibt es bei der getroffenen Entscheidung.

3.4 Richtlinien des Bundesministers des Innern über die Verrechnungsfähigkeit der Kosten der Rückführung gemäß § 15 des Ersten Überleitungsgesetzes vom 1. Juli 1960 i.d.F. vom 1. Oktober 1973

Bei der Verrechnung der Kosten der kriegsfolgebedingten Rückführung von Deutschen gemäß § 15 in Verbindung mit § 21a Abs. 1 Satz 2 des Ersten Überleitungsgesetzes[1]) in der Fassung vom 28. April 1955 (BGBl. I, S. 193) ist nach folgenden Grundsätzen zu verfahren:

1. Allgemeine Voraussetzungen

1.1 Die Kosten der Rückführung oder Einreise – im folgenden nur als „Rückführung" bezeichnet – sind verrechnungsfähig für Deutsche im Sinne des Artikels 116 des Grundgesetzes (GG), die ihren Wohnsitz oder ständigen Aufenthalt seit dem 8. Mai 1945 ununterbrochen im Ausland oder in einem der in § 1 Abs. 2 Nr. 3 des Bundesvertriebenengesetzes (BVFG) in der Fassung vom 3. September 1971 (BGBl. I, S. 1565) genannten Gebiete gehabt haben und nach dem 31. März 1950 im Bundesgebiet einschließlich Berlin (West) – im folgenden „Bundesgebiet" genannt – eingetroffen sind, sofern die Rückführung in das Bundesgebiet mit den Ereignissen des zweiten Weltkrieges in ursächlichem Zusammenhang steht.

1.2 Die Kosten der Rückführung sind auch verrechnungsfähig für nach dem 8. Mai 1945 geborene Deutsche im Sinne des Artikels 116 GG, wenn sie in den in § 1 Abs. 2 Nr. 3 BVFG genannten Gebieten seit Geburt ununterbrochen ihren Wohnsitz oder ständigen Aufenthalt hatten. Das gleiche gilt für minderjährige Kinder der in Satz 1 genannten Personen, soweit sie im Haushalt der Eltern leben und zusammen mit diesen ausreisen.

1.3 Bei Rückkehr eines Vertriebenen in die in § 1 Abs. 2 Nr. 3 BVFG genannten Gebiete bis zum 31. März 1952 gilt der Aufenthalt in diesen Gebieten als nicht unterbrochen.

1.4 Der ursächliche Zusammenhang der Rückführung mit den Ereignissen des zweiten Weltkrieges (Ziff. 1.1 letzter Halbsatz) kann in der Regel bei der Rückführung

1.4.1 von Deutschen aus den in § 1 Abs. 2 Nr. 3 BVFG genannten Gebieten,

1.4.2 von Deutschen aus Österreich, welche die Eigenschaft eines Vertriebenen im Sinne des § 1 BVFG besitzen,

unterstellt werden.

1.5 Sofern die Rückführung nicht unmittelbar in das Bundesgebiet, sondern über einen anderen Staat, über die DDR oder Ost-Berlin erfolgt, sind die Kosten der Rückführung nur dann verrechnungsfähig, wenn glaubhaft gemacht wird, daß eine unmittelbare Ausreise in das Bundesgebiet nicht möglich war und wenn der Zwischenaufenthalt in dem anderen Staat, in der DDR oder in Ost-Berlin sechs Monate nicht überschritten hat. Rückführungskosten sind auch verrechnungsfähig, wenn die Frist von sechs Monaten zwar überschritten ist, im Ausweisverfahren gemäß § 10 (2) BVFG jedoch festgestellt wird, daß der Rückgeführte oder Eingereiste – im folgenden nur als „Rückgeführter" bezeichnet – die Überschreitung nicht zu vertreten hat.

2. Kosten der Rückführung Verstorbener

Die Kosten der Rückführung eines während oder nach der Rückführung Verstorbenen sind verrechnungsfähig, wenn sie

---

[1]) abgedruckt unter 17.2

2.1 dem überlebenden Gatten, der im Zeitpunkt des Todes mit den Verstorbenen in Familiengemeinschaft gelebt hat,

2.2 seinen Kindern, die im Zeitpunkt des Todes überwiegend von ihm unterhalten worden sind, oder

2.3 anderen Personen, welche die Kosten für den Verstorbenen nachweislich getragen haben,

erstattet worden sind.

3. Kosten der Rückführung ausgewanderter Personen

Ist der Rückgeführte ausgewandert, so können die Rückführungskosten nur verrechnet werden, wenn der Rückgeführte nach seiner Rückführung mindestens ein Jahr im Bundesgebiet seinen ständigen Aufenthalt gehabt und den Antrag vor der Auswanderung gestellt hat.

4. Antragsfrist

Die Kosten sind nur verrechnungsfähig, wenn der Antrag innerhalb von zwei Jahren nach Eintreffen des Rückgeführten im Bundesgebiet gestellt wird.

5. Härtefälle

Sind die in den Ziffern 1−4 genannten Voraussetzungen nicht oder nur zum Teil erfüllt, so können die Kosten der Rückführung nur dann verrechnet werden, wenn die Nichterstattung für den Rückgeführten eine unbillige Härte bedeuten würde. Diese Fälle sind im Einvernehmen mit dem Bundesminister des Innern zu entscheiden; das Vorliegen einer materiellen Härte im Zeitpunkt der Antragstellung ist zu begründen.

6. Zumutbarkeit der Kostentragung

6.1 Die Kosten der Rückführung sind nur verrechnungsfähig, soweit dem Rückgeführten im Zeitpunkt der Antragstellung nicht zugemutet werden kann, die Kosten zu tragen.

6.2 Bei Rückgeführten aus den in § 1 Abs. 2 Nr. 3 BVFG genannten Gebieten kann die Nichtzumutbarkeit der Tragung der Rückführungskosten unterstellt werden, wenn die Voraussetzungen der Ziffern 1−4 erfüllt sind.

7. Ausschluß von Leistungen

Nicht verrechnungsfähig sind die Kosten der Rückführung von Personen, die aus den in § 11 BVFG genannten Gründen von der Inanspruchnahme von Rechten und Vergünstigungen ausgeschlossen sind.

8. Vorschüsse und Darlehen

Vorschüsse auf die Rückführungskosten und Rückführungsdarlehen, die von amtlichen Vertretungen der Bundesrepublik Deutschland im Ausland gezahlt wurden, sind bei der Verrechnung abzusetzen. Das gleiche gilt für die vom Deutschen Roten Kreuz, Suchdienst Hamburg, zur Deckung von Reisekosten, Sichtvermerks- und Paßgebühren gezahlten Beträge.

9. Umfang der Verrechnungsfähigkeit

Als Kosten der Rückführung sind die Beförderungskosten (Reise- und Güterbeförderungskosten) und die weiteren Aufwendungen nach den Ziffern 12 und 13 dieser Richtlinien verrechnungsfähig, soweit sie tatsächlich entstanden sind und im Zusammenhang mit der endgültigen Ausreise unumgänglich waren. Als Beförderungskosten sind nur die Aufwendungen verrechnungsfähig, die bei wirtschaftlichster Beförderungsart entstehen, soweit nicht nachstehend etwas anderes bestimmt ist.

10. Reisekosten

10.1 Reisekosten sind

10.1.1 Personenbeförderungskosten für die einfache Fahrt mit der *Eisenbahn* in der niedrigsten Wagenklasse und auf der kürzesten Strecke vom bisherigen Wohn- oder Aufenthaltsort bis zum nächsten Grenzdurchgangslager im Bundesgebiet oder, wenn ein Grenzdurchgangslager bei der Einreise nicht berührt wurde, bis zum Ort des Grenzübertritts im Bundesgebiet.

Erfolgt die Einreise nicht auf der kürzesten Strecke, dann sind diese Reisekosten nur verrechnungsfähig, wenn durch ungünstige Anschlüsse auf der kürzeren Strecke mit mehrmaligem Umsteigen die Reisedauer unzumutbar verlängert würde.

10.1.2 Eil- und Schnellzugzuschläge

10.1.3 Platzkartengebühren.

10.2 Die Kosten eines *Schlaf-* oder *Liegewagen*platzes oder einer *höheren Wagenklasse* sind verrechnungsfähig, wenn

10.2.1 die Reisestrecke mindestens 1500 Eisenbahnkilometer betrug und dem Rückgeführten und seinen Familienangehörigen nicht zuzumuten war, die Reise ohne Inanspruchnahme des Schlaf- oder Liegewagens oder der höheren Wagenklasse durchzuführen oder

10.2.2 durch amtsärztliches Zeugnis nachgewiesen wird, daß der Rückgeführte oder ein Familienmitglied aus gesundheitlichen Gründen den Schlaf- oder Liegewagen oder die höhere Wagenklasse benutzen mußte oder

10.2.3 die niedrigste Wagenklasse nicht zur Verfügung stand oder auf die Wahl der Wagenklasse aufgrund von Beförderungsbestimmungen des Herkunftslandes kein Einfluß ausgeübt werden konnte.

10.2.4 Die Verrechnung der Reisekosten in einer höheren Wagenklasse schließt die Verrechnung einer Schlaf- oder Liegewagengebühr in der Regel aus, es sei denn, daß die nach amtsärztlichem Zeugnis notwendige Benutzung eines Schlaf- oder Liegewagens nur mit der Fahrkarte für die höhere Wagenklasse möglich war.

10.3 Die Kosten der *Flugreise* sind verrechnungsfähig, wenn

10.3.1 die Reisestrecke mindestens 2000 Flugkilometer betrug und dem Rückgeführten und seinen Familienangehörigen die Anstrengungen der Eisenbahnfahrt nicht zuzumuten waren oder

10.3.2 kein anderes Beförderungsmittel zur Verfügung stand oder auf dessen Wahl kein Einfluß ausgeübt werden konnte oder

10.3.3 durch amtsärztliches Zeugnis nachgewiesen wird, daß der Rückgeführte oder ein Familienmitglied aus gesundheitlichen Gründen ein Flugzeug benutzen mußte.

10.4 Die Kosten für die Benutzung eines *Kraftfahrzeuges* sind verrechnungsfähig, wenn

10.4.1 kein anderes Beförderungsmittel zur Verfügung stand oder auf dessen Wahl kein Einfluß ausgeübt werden konnte oder

10.4.2 durch amtsärztliches Zeugnis nachgewiesen wird, daß der Rückgeführte oder ein Familienmitglied aus gesundheitlichen Gründen ein Kraftfahrzeug benutzen mußte.

10.5 Reisekosten für eine *Umwegstrecke* sind nur verrechnungsfähig, wenn der Rückgeführte nachweist oder glaubhaft macht, daß

10.5.1 er sich um die unmittelbare Ausreise vergeblich bemüht hat oder

10.5.2 mit der Genehmigung seiner Ausreise wegen seines Alters, seiner Ausbildung oder seines Berufes sonst nicht zu rechnen war.

10.5.3 Als Reisekosten für die Umwegstrecke sind verrechnungsfähig

10.5.3.1 die Eisenbahn-, Schiffs- oder Flugkosten für die einfache Strecke vom bisherigen Wohnsitz oder Aufenthaltsort bis zum ersten im freien Ausland gelegenen Ort, in dem die Reise abgebrochen worden ist oder hätte abgebrochen werden können oder bis zum Zielort der gebuchten Reise, wenn vorher eine Reiseunterbrechung im freien Ausland nicht möglich war,

10.5.3.2 die weiteren Beförderungskosten auf der kürzesten Strecke und bei wirtschaftlichster Beförderungsart bis zum nächsten Grenzdurchgangslager im Bundesgebiet oder wenn ein Grenzdurchgangslager bei der Einreise nicht berührt wurde, bis zum Ort des Grenzübertritts im Bundesgebiet,

10.5.3.3 bei Benutzung eines eigenen Kraftfahrzeuges die Benzinkosten, jedoch nur bis zur Höhe der Kosten der Eisenbahnfahrt für die Umwegstrecke.

10.5.4 Für die Ermittlung der Reisekosten gilt Ziffer 10.6.

10.6 Die Reisekosten sind in der Währung des Herkunftslandes oder, soweit das nicht möglich ist, nach den internationalen Tarifen zu ermitteln. Kann der Rückgeführte die *Höhe der Reisekosten* nicht nachweisen, oder liegen die beantragten Kosten wesentlich über den von anderen Rückgeführten in vergleichbaren Fällen geltend gemachten Aufwendungen, so sind die Reisekosten durch Vergleich mit gleichgelagerten Fällen oder bei den Abfertigungsstellen der Deutschen Bundesbahn festzustellen. Sind die Kosten auf diese Art nicht zu ermitteln, ist wie folgt zu verfahren:

10.6.1 Für Eisenbahnstrecken, für die Fahrkarten im Herkunftsland bis zu einem Bahnhof im Bundesgebiet gelöst wurden und die in den internationalen Tarifen aufgeführt sind, erteilt die Deutsche Bundesbahn, Zentrale Verkaufsleitung, Güterstraße 9, 6000 Frankfurt/Main, Auskunft. Dabei sind der Abfahrtsbahnhof im Herkunftsland und der Grenzübergangsbahnhof im Bundesgebiet anzugeben.

10.6.2 Fahrtkosten für Strecken innerhalb des Herkunftslandes des Rückgeführten sind auf Grund der in vergleichbaren Fällen gemachten Erfahrungen, ggf. ergänzt durch die glaubhaft zu machenden Angaben des Antragstellers von Amts wegen festzustellen.

10.6.3 Flugkosten sind bei den internationalen Fluggesellschaften zu ermitteln.

10.6.4 Bei Benutzung eines eigenen Kraftfahrzeuges sind die Benzinkosten bis zur Höhe der für die Reisestrecke zu zahlenden Eisenbahngebühren verrechnungsfähig.

10.6.5 Wird ein Kraftfahrzeug als Zubringer zum nächstgelegenen Bahnhof oder Flugplatz benutzt, sind die nachgewiesenen oder gemäß Ziffer 16.1 glaubhaft gemachten Kosten, jedoch nur bis zur Höhe der Tarife des Taxigewerbes am Ort der die Rückführungskosten feststellenden Behörde verrechnungsfähig.

10.7 Reisekosten, die auf *Strecken innerhalb des Bundesgebietes* entfallen, sind nicht verrechnungsfähig; die Ausnahmeregelung für Strecken bis zum nächsten Grenzdurchgangslager – siehe Ziffer 10.1.1 und 10.5.3.2 – bleibt unberührt.

10.8 Als Reisekosten sind ferner verrechnungsfähig

10.8.1 die Kosten für die *Unterkunft* während der Reise bis zu 10,– DM je Tag und Person, wenn die Inanspruchnahme einer Unterkunft notwendig war,

10.8.2 ein *Verpflegungsgeld* bis zu 7,– DM je Tag und Person für die Dauer der Reise, wobei der Tag der Abreise und der Tag der Ankunft im Bundesgebiet als ein Tag gelten,

10.8.3 die Kosten einer notwendigen *ärztlichen Betreuung* und Versorgung mit Arzneien während der Reise – kann der Rückgeführte die Höhe dieser Kosten nicht nachweisen, dann sind der Verrechnung die nach den Bestimmungen des Bundessozialhilfegesetzes für eine vergleichbare Leistung zu zahlenden Sätze zugrunde zu legen –,

10.8.4 die Kosten der Hin- und Rückreise für eine *Begleitperson*

10.8.4.1 bei der Rückführung von alten und gebrechlichen Personen, Schwerbeschädigten und Kranken, wenn die Notwendigkeit der Begleitung durch Vorlage eines amtsärztlichen Zeugnisses nachgewiesen wird,

10.8.4.2 bei alleinreisenden Kindern unter 14 Jahren.

10.8.5 Soweit in den Fällen der Ziffern 10.8.1 und 10.8.2 Aufwendungen für Unterkunft und Verpflegung *für mehrere* Tage geltend gemacht werden, ist die Notwendigkeit der längeren Reisedauer glaubhaft zu machen.

10.9 Ein nach diesen Vorschriften gefordertes amtsärztliches Zeugnis kann auch nachträglich im Bundesgebiet ausgestellt sein.

11. Umzugsgut – Güterbeförderungskosten

11.1 Zum Umzugsgut gehören

11.1.1 Hausrat in einem dem Familienstand und der Lebensstellung des Rückgeführten entsprechenden Umfange, Haustiere sowie ein angemessener Vorrat an Lebensmitteln; als angemessen gilt ein Vorrat, der den Bedarf für einen Monat nicht übersteigt.

11.1.2 das vom Rückgeführten zur Ausübung seines Berufes benötigte lebende und tote Inventar.

Das Umzugsgut soll in der Regel den Laderaum eines Güterwagens nicht überschreiten.

11.2 Als *Güterbeförderungskosten* sind verrechnungsfähig

11.2.1 die notwendigen Ausgaben für die sachgemäße Beförderung des Umzugsgutes vom bisherigen Unterbringungsort des Umzugsgutes bis zum nächsten Grenzdurchgangslager im Bundesgebiet oder, wenn ein Grenzdurchgangslager bei der Einreise nicht berührt wurde, bis zum Ort des Grenzübertritts im Bundesgebiet,

11.2.2 die Kosten des Versands von Paketen einschließlich der Abfertigungs- und Zollgebühren,

11.2.3 die für die Nachsendung von Unterlagen erhobenen Konsulargebühren bis zu einem Betrage von insgesamt 100,– DM je Haushaltsgemeinschaft.

11.3 Kann der Rückgeführte die Höhe der Güterbeförderungskosten nicht nachweisen oder liegen die beantragten Kosten wesentlich über den in vergleichbaren Fällen geltend gemachten Aufwendungen, dann sind die Frachtkosten durch Vergleich mit gleichgelagerten Fällen zu ermitteln. Liegen Vergleichswerte nicht vor, sind der Verrechnung die für die Güterbeförderung von der Deutschen Bundesbahn für die gleiche Strecke in umgekehrter Richtung berechneten Frachtkosten zugrunde zu legen; diese sind bei den Güterabfertigungsstellen der Deutschen Bundesbahn oder bei der Deutschen Bundesbahn – Zentrale Verkaufsleitung – in Güterstraße 9, 6000 Frankfurt/Main, zu erfragen. Über Güterbeförderungskosten aus der CSSR erteilt die Bundesbahndirektion in Prielmayerstraße 1, 8000 München 2, Auskunft.

11.4 Fehlt der Nachweis der Kosten für die Beförderung des Umzugsgutes mit Lastkraftwagen oder Fuhrwerk vom bisherigen Unterbringungsort bis zur nächsten Eisenbahnstation, sind der Verrechnung die gemäß Ziffer 16.1 glaubhaft gemachten oder die in gleichgelagerten Fällen hierfür geltend gemachten Aufwendungen, jedoch nur bis zur Höhe der Tarife der Speditionsfirmen, am Ort der die Rückführungskosten feststellenden Behörde verrechnungsfähig.

11.5 Kann das Umzugsgut aus Gründen, die von dem Rückgeführten nicht zu vertreten sind (z. B. infolge Beschlagnahme), nicht gleichzeitig mitgeführt werden, so sind die Güterbeförderungskosten bei Vorliegen der übrigen Voraussetzungen verrechnungsfähig, wenn das Umzugsgut

aus europäischen Gebieten innerhalb eines Jahres,

aus außereuropäischen Gebieten innerhalb zweier Jahre

nach der Rückführung der Person oder nach dem Wegfall des die gleichzeitige Beförderung des Umzugsgutes hemmenden Ereignisses nachgezogen wird. In diesen Fällen sind die Kosten der Beförderung des Umzugsgutes bis zum neuen Wohnort verrechnungsfähig.

12. Kosten der Verpackung, Verladung, Lagerung und Ausfuhr des Umzugsgutes

12.1 Die Kosten der Beschaffung *einfachen Packmaterials* (z. B. Lattenverschläge) sind verrechnungsfähig, soweit die Verpackung für die sachgemäße Beförderung des Umzugsgutes notwendig war und die Höhe der Kosten angemessen ist. Die Kosten der Herstellung stabiler, mit Scharnieren und Vorhängeschloß versehener Kisten sowie der Beschaffung der in einzelnen Herkunftsländern vorgeschriebenen genormten Behälter sind zu 50 v.H. verrechnungsfähig, wenn nachgewiesen oder glaubhaft gemacht ist, daß der Rückgeführte auf die Wahl des Verpackungsmaterials keinen Einfluß hatte. Nicht verrechnungsfähig sind die Kosten der Anschaffung von Koffern, Reisekörben und anderen weiter verwertbaren Behältnissen.

12.2 Die Kosten für die *Verpackung durch Hilfskräfte* sind verrechnungsfähig, wenn

12.2.1 die Verpackung durch eine Fachkraft wegen der Art des Umzugsgutes unbedingt notwendig war,

12.2.2 dem Rückgeführten und seinen Familienangehörigen wegen hohen Alters oder schlechten Gesundheitszustandes nicht zugemutet werden konnte, das Umzugsgut selbst zu verpacken,

12.2.3 die Zeitspanne zwischen der Erteilung der Ausreisegenehmigung und dem Ablauf der Frist zum Verlassen des Landes nachweislich so kurz war, daß der Rückgeführte und seine Familienangehörigen die Verpackung nicht ohne eine Hilfskraft vornehmen konnten,

12.2.4 der Rückgeführte und seine Familienangehörigen wegen des Umfanges des Umzugsgutes die Verpackung nicht ohne eine Hilfskraft vornehmen konnten.

12.3 Die Kosten für die *Verladung* des Umzugsgutes sind in angemessener Höhe verrechnungsfähig.

12.4 Die Kosten für den *Lagerraum* sind in angemessener Höhe verrechnungsfähig, wenn die Benutzung eines Lagerraumes nachweislich notwendig war.

12.5 Kann der Rückgeführte die Höhe der Kosten nach den Ziffern 12.1 bis 12.4 nicht nachweisen oder liegen die geltend gemachten Kosten wesentlich über den von anderen Rückgeführten in vergleichbaren Fällen geltend gemachten Aufwendungen, so sind der Verrechnung die in gleichgelagerten Fällen erstatteten Beträge zugrunde zu legen.

12.6 Als Kosten der *Ausfuhr des Umzugsgutes* sind verrechnungsfähig

12.6.1 die bei der Ausfuhr des Umzugsgutes im Herkunftsland zu entrichtenden Abgaben (Zölle),

12.6.2 die Kosten der Beglaubigung von Inventarverzeichnissen,

12.6.3 sonstige Gebühren, die dem Rückgeführten bei der Abmeldung und Ausfuhr des Umzugsgutes von den Behörden des Herkunftslandes auferlegt wurden.

13. Gebühren und sonstige Aufwendungen

Bei der Rückführung aus den in § 1 Abs. 2 Nr. 3 BVFG genannten Gebieten sind als Kosten der Rückführung außerdem folgende Aufwendungen verrechnungsfähig:

13.1 Gebühren und sonstige Auslagen, die nach den Vorschriften des Herkunftslandes im Zusammenhang mit dem *Antrag auf Genehmigung der endgültigen Ausreise* unvermeidbar sind,

13.2 Gebühren für die *Genehmigung der endgültigen Ausreise* und für die *Ausstellung des Passes,*

13.3 Gebühren für die Erteilung der *Ausreisegenehmigung* und für die Ausstellung eines zur endgültigen Ausreise verwendeten *Besucherpasses,* soweit diese die entsprechenden Gebühren bei endgültiger Ausreise nicht überschreiten,

13.4 Gebühren für die *Entlassung aus dem Staatsverband* des Herkunftslandes, wenn diese Voraussetzung für die Erteilung der Ausreisegenehmigung war.

13.5 Gebühren, die dem Rückgeführten von Auslandsvertretungen fremder Staaten für die Erteilung eines einmaligen *Durchreisesichtvermerks* auferlegt wurden, ferner ggf. Gebühren für die Erteilung eines einmaligen *Einreisesichtvermerks* zwecks Übernahme in das Bundesgebiet sowie Gebühren für die im Zusammenhang mit der endgültigen Einreise mit Besucherpaß erforderlichen Einreise- und Durchreisesichtvermerke.

13.6 Gebühren und sonstige Auslagen bei der Antragstellung und für die nach den Bestimmungen des Herkunftslandes im Zusammenhang mit der Ausreise erforderlichen *Unterlagen,*

13.7 Gebühren für die *Veräußerung* oder eine andere Art der Übereignung des Haus- und Grundvermögens des Rückgeführten bis zu einem Betrage von insgesamt 100,– DM je rückgeführter Familiengemeinschaft,

13.8 Kosten für die Hin- und Rückreise *zu Behörden im Herkunftsland,* soweit diese Reisen zur Erledigung der notwendigen Formalitäten und zur Beschaffung der erforderlichen Unterlagen im Zusammenhang mit der endgültigen Ausreise unvermeidbar waren. Die Höhe der verrechnungsfähigen Kosten richtet sich nach den Grundsätzen der Ziffern 10.1 bis 10.4 mit der Einschränkung, daß für Fahrten im Herkunftsland in jedem Falle nur die Kosten für die kürzeste Strecke verrechnungsfähig sind.

13.9 Kosten der Inanspruchnahme eines *Rechtsanwalts* vor der Rückführung im Herkunftsland einschließlich der Kosten der Reisen zu dem Anwalt, wenn glaubhaft gemacht wird, daß die Einschaltung eines Rechtsanwaltes zur Erlangung der für die Ausreise erforderlichen Unterlagen notwendig war und die Rückführung sonst gescheitert wäre. Die Kosten sind nur bis zu 100,– DM für den Familienvorstand und 50,– DM für jedes weitere Familienmitglied verrechnungsfähig.

13.10 Kosten für die Ausstellung der in diesen Richtlinien geforderten *amtsärztlichen Zeugnisse,*

13.11 die im Bundesgebiet entstandenen *Übersetzungsgebühren,* soweit eine Übersetzung von Rechnungsunterlagen oder anderen Schriftstücken zur Prüfung der entstandenen Aufwendungen notwendig ist.

13.12 Die Gebühr für die *nachträgliche Entlassung aus dem Staatsverband* des Herkunftslandes ist ausnahmsweise für Personen verrechnungsfähig, die von einer Besuchsreise nicht in ihr Herkunftsland zurückgekehrt sind, sofern mit der Entlassung aus dem Staatsverband die Zusammenführung mit zurückgelassenen Familienangehörigen engen Verwandtschaftsgrades (Kinder, Eltern, Geschwister) ermöglicht oder eine durch die Ausreise des Rückgeführten getrennte Haushaltsgemeinschaft mit weiteren Verwandten wiederhergestellt werden soll. Diese Gebühr ist nur für denjenigen der in Satz 1 genannten Rückgeführten, seine Ehefrau und die in seinem Haushalt lebenden Kinder verrechnungsfähig, welcher nach seiner Einreise die notwendigen Schritte für die Zusammenführung mit den zurückgelassenen Angehörigen tatsächlich in die Wege geleitet hat und der nachweist, daß die Übernahme durch das Bundesverwaltungsamt genehmigt worden ist. Die Gebühr für die nachträgliche Entlassung aus dem Staatsverband für weitere im Bundesgebiet lebende Angehörige des gleichen Ausreisebewerbers ist nicht verrechnungsfähig.

14. Nicht verrechnungsfähige Aufwendungen

Nicht verrechnungsfähig sind insbesondere

14.1 Gebühren für einen Rechtsanwalt im Bundesgebiet, der zur Erlangung der Übernahmegenehmigung (Einreiseerlaubnis) in das Bundesgebiet eingeschaltet worden ist,

14.2 besondere Zuwendungen (Bestechungsgelder, sogenannte Pflichtspenden und ähnliche Zahlungen),

14.3 Aufwendungen zur Tilgung von Schulden, zum Beispiel von Steuerschulden, Geldstrafen, rückständigen Versicherungsbeiträgen, Unterhaltskosten, Studien- und Ausbildungskosten, Strom- und Wasserkosten, Telefon- und Rundfunkgebühren,

14.4 Mietrückstände und Mietvorauszahlungen sowie Kosten der Renovierung der zurückgelassenen Wohnung,

14.5 Aufwendungen, die im Zusammenhang mit abgelehnten Ausreiseanträgen entstanden sind,

14.6 Übernachtungs- und Verpflegungskosten bei Fahrten zu Behörden des Herkunftslandes,

14.7 Bargeldbeträge sowie der Gegenwert von Wertgegenständen, die dem Rückgeführten beim Grenzübergang durch ausländische Grenzbeamte abgenommen worden sind,

14.8 Kosten einer Reiseunfallversicherung oder der Versicherung für einen mitgeführten Personenkraftwagen,

14.9 Ausfuhrabgaben (Zölle) für Kunstgegenstände, für Hausrat und andere Gegenstände, die zum Zwecke der Transferierung von Vermögenswerten angeschafft wurden,

14.10 Kosten, die durch Verlust oder Beschädigung des Umzugsgutes entstanden sind, sowie Aufwendungen für die Transportversicherung und für das Güterwagenstandgeld.

15. Umrechnungskurse

15.1 Bei der Rückführung aus Staaten, deren Währungen an internationalen Börsen gehandelt werden, ist der Umrechnung der in fremder Währung entstandenen Kosten der Kurswert am Tage des Grenzübertritts zugrunde zu legen.

15.2 Der Verrechnung von Kosten, die in der DDR oder in Ost-Berlin entstanden sind, ist das Umrechnungsverhältnis DM West : DM Ost am Tage des Grenzübertritts zugrunde zu legen.

15.3 Bei der Rückführung aus den in § 1 Abs. 2 Nr. 3 BVFG genannten Gebieten sind der Umrechnung die vom Bundesministerium des Innern jeweils bekannt gegebenen Touristenkurse zugrunde zu legen; maßgebend ist der Kurswert am Tage des Grenzübertritts. Bis zur Bekanntgabe neuer Umrechnungskurse ist der zuletzt mitgeteilte Kurs anzuwenden.

15.4 Soweit in den Fällen der Ziff. 15.3 die zum Nachweis der Rückführungskosten vorgelegten Belege in Währungen ausgestellt sind, die an internationalen Börsen gehandelt werden, ist bei der Umrechnung nach Ziff. 15.1 zu verfahren.

15.5 Bei Rückgeführten aus der Volksrepublik Polen ist festzustellen, ob und ggf. auf welchem Wege die Paßgebühren durch Angehörige im Bundesgebiet vorfinanziert wurden. Soweit dies durch Einschaltung der ALIMEX-Handels-GmbH in München erfolgte, ist der Umrechnung der im sogenannten Skup-Verfahren erzielte Gegenwert zugrunde zu legen, der vom Bundesministerium des Innern jeweils bekanntgegeben wird. Bis zur Bekanntgabe eines neuen Wertes ist der zuletzt mitgeteilte Wert anzuwenden.

16. Schlußbestimmungen

16.1 Kann ein Antragsteller die Höhe und Zusammensetzung der Kosten der Rückführung nicht nachweisen und läßt sich die Höhe der Kosten nicht aufgrund der in diesen Richtlinien angeführten Maßstäbe oder durch einen Vergleich mit anderen Fällen feststellen, so kann folgende Erklärung über die Höhe und Zusammensetzung der Kosten als Unterlage im Sinne des § 60 RRO anerkannt werden:

Erklärung:

Nachdem ich auf die Strafbarkeit einer unwahren oder unvollständigen Erklärung hingewiesen worden bin, versichere ich hiermit nach bestem Wissen und Gewissen, daß mir die beantragten Kosten in der angegebenen Höhe tatsächlich entstanden sind.

16.2 Zur Vermeidung einer Doppelverrechnung hat jeder Antragsteller eine Versicherung darüber abzugeben, ob und gegebenenfalls in welcher Höhe er von einer amtlichen Vertretung der Bundesrepublik Deutschland oder vom Deutschen Roten Kreuz, Suchdienst Hamburg, Vorschüsse oder Darlehen zur Finanzierung der Kosten seiner Rückführung erhalten hat.

16.3 Die feststellende und auszahlende Verwaltungsbehörde hat in allen Fällen zu bescheinigen, daß nach ihren Erfahrungen die in Ansatz gebrachten Kosten nach Art und Umfang gerechtfertigt und angemessen sind.

16.4 Auf die für Rechnung des Bundes geleisteten Ausgaben und die mit ihnen zusammenhängenden Einnahmen sind die Vorschriften über das Haushaltsrecht des Bundes anzuwenden (§ 4 Abs. 2 des Ersten Überleitungsgesetzes in der Fassung vom 28. April 1955). Im übrigen gelten die Vorl. VV und die allgemeinen Bewirtschaftungsgrundsätze zu § 44 BHO sinngemäß.

3.5 Gesetz über die Notaufnahme von Deutschen in das Bundesgebiet vom 22. August 1950 (BGBl. S. 367), zuletzt geändert durch § 101 des Bundesvertriebenengesetzes in der Fassung vom 23. Oktober 1961 (BGBl. I, S. 1883)

Der Bundestag hat mit Zustimmung des Bundesrates das folgende Gesetz beschlossen:

§ 1

(1) Deutsche Staatsangehörige und deutsche Volkszugehörige, die Wohnsitz oder ständigen Aufenthalt in der sowjetischen Besatzungszone oder dem sowjetischen Sektor von Berlin haben oder gehabt haben, bedürfen, wenn sie sich ohne Genehmigung im Geltungsbereich dieses Gesetzes aufhalten, für den ständigen Aufenthalt einer besonderen Erlaubnis. Die Freizügigkeit wird nach Artikel 11 Absatz 2 des Grundgesetzes für die Bundesrepublik Deutschland insoweit eingeschränkt.

(2) Diese besondere Erlaubnis darf Personen nicht verweigert werden, die aus den in Absatz 1 genannten Gebieten geflüchtet sind, um sich einer von ihnen nicht zu vertretenden und durch die politischen Verhältnisse bedingten besonderen Zwangslage zu entziehen, es sei denn, daß sie

1. dem in der sowjetischen Besatzungszone und im sowjetisch besetzten Sektor von Berlin herrschenden System erheblich Vorschub geleistet haben oder

2. während der Herrschaft des Nationalsozialismus oder in der sowjetischen Besatzungszone oder im sowjetisch besetzten Sektor von Berlin durch ihr Verhalten gegen die Grundsätze der Menschlichkeit oder Rechtsstaatlichkeit verstoßen haben oder

3. die freiheitliche demokratische Grundordnung der Bundesrepublik Deutschland einschließlich des Landes Berlin bekämpft haben.

Eine besondere Zwangslage ist vor allem dann gegeben, wenn eine unmittelbare Gefahr für Leib und Leben oder die persönliche Freiheit vorgelegen hat. Eine besondere Zwangslage ist auch bei einem schweren Gewissenskonflikt gegeben. Wirtschaftliche Gründe sind als besondere Zwangslage anzuerkennen, wenn die Existenzgrundlage zerstört oder entscheidend beeinträchtigt worden ist oder wenn die Zerstörung oder entscheidende Beeinträchtigung nahe bevorstand.

§ 2

Die in § 1 bezeichneten Personen haben sich in einem der dafür bestimmten Lager zu melden. Über die Aufenthaltserlaubnis entscheidet ein Aufnahmeausschuß. Er entscheidet auch darüber, was als besondere Zwangslage im Sinne des § 1 Abs. 2 anzusehen ist.

§ 3

Gegen die ablehnende Entscheidung des Aufnahmeausschusses ist die Beschwerde an einen Beschwerdeausschuß gegeben, der abschließend entscheidet.

§ 4

Die Bundesregierung wird ermächtigt, durch Rechtsverordnung Bestimmungen über die Errichtung der Lager, die Zusammensetzung der Ausschüsse, das Aufnahmeverfahren und die Verteilung der Personen, denen die Aufenthaltserlaubnis gegeben ist, zu treffen.

§ 5

Die Bundesregierung oder die von ihr beauftragte Stelle bestimmt das Land, in dem der nach § 2 Aufgenommene seinen ersten Wohnsitz zu nehmen hat. Auf die wirtschaftlichen Verhältnisse des Aufnahmelandes ist Rücksicht zu nehmen. Das Land ist verpflichtet, ihn aufzunehmen. Der Aufenthaltsort für den Aufgenommenen soll unter Wahrung der Familien-, Haushalts- und Lebensgemeinschaft des Aufgenommenen bestimmt werden.

§ 6

Die Bundesregierung hat bei der Zuteilung der Aufgenommenen für eine gleichmäßige Belastung der Länder durch Flüchtlinge und Vertriebene Sorge zu tragen.

§ 7

Die bis zur Übernahme des Aufgenommenen durch das Aufnahmeland entstehenden Kosten trägt bis zu einer Regelung nach Artikel 120 des Grundgesetzes der Bund.

§ 7 a[1])

Dieses Gesetz gilt in Berlin, wenn das Land Berlin die Anwendung durch Gesetz gemäß Artikel 87 Absatz 2 seiner Verfassung beschließt.

§ 8

Dieses Gesetz tritt am Tage nach seiner Verkündung in Kraft.

---

[1]) Das Notaufnahmegesetz ist am 1. Februar 1952 in Berlin in Kraft getreten (GV. Bl. Berlin Nr. 1 vom 4. Januar 1952).

3.6 Verordnung zur Durchführung des Gesetzes über die Notaufnahme von Deutschen in das Bundesgebiet vom 11. Juni 1951, zuletzt geändert durch Verordnung vom 14. Juni 1965 (BGBl. I, S. 514)

Auf Grund des § 4 des Gesetzes über die Notaufnahme von Deutschen in das Bundesgebiet vom 22. August 1950 (BGBl. S. 367) wird mit Zustimmung des Bundesrates verordnet:

I.

Bestimmung der Lager

§ 1

(1) Als Durchgangslager für die Notaufnahme von Deutschen (Notaufnahmelager) werden bestimmt:

1. das Lager Berlin-Marienfelde,

2. das Lager Gießen.

(2) Bei Bedarf kann die Bundesregierung weitere Lager als Notaufnahmelager bestimmen.

§ 2

(aufgehoben)

II.

Das Aufnahmeverfahren

§ 3

Im Aufnahmeverfahren wirken mit:

1. der Leiter des Aufnahmeverfahrens,

2. der Aufnahmeausschuß,

3. der Beschwerdeausschuß.

§ 4

(1) Der Leiter des Aufnahmeverfahrens ist für die ordnungsgemäße Durchführung des Verfahrens verantwortlich.

(2) Der Bundesminister für Vertriebene, Flüchtlinge und Kriegsgeschädigte[1]) beruft und entläßt den Leiter des Aufnahmeverfahrens sowie das für das Aufnahmeverfahren erforderliche Personal.

§ 5

(1) Der Aufnahmeausschuß besteht aus drei Mitgliedern, die den Vorsitz abwechselnd führen.

(2) Bei Bedarf sind mehrere Ausschüsse zu bilden.

(3) Die Mitglieder der Ausschüsse werden vom Bundesminister für Vertriebene, Flüchtlinge und Kriegsgeschädigte[1]) berufen. Die Hälfte der Mitglieder wird vom Bundesrat benannt. Bei ungerader Zahl schlägt der Bundesrat die Mehrzahl der zu berufenen Mitglieder vor.

---

[1]) jetzt: Bundesminister des Innern

§ 6

Die Mitglieder der Aufnahmeausschüsse haben ohne Ansehen der Person nach bestem Wissen und Gewissen zu entscheiden. Sie sind hierauf besonders zu verpflichten.

§ 7

(1) Der Beschwerdeausschuß besteht aus dem Vorsitzenden und zwei Beisitzern. Der Vorsitzende des Beschwerdeausschusses muß die Befähigung zum Richteramt oder zum höheren Verwaltungsdienst haben.

(2) (aufgehoben)

(3) § 5 Abs. 2 und Abs. 3 sowie § 6 sind entsprechend anzuwenden.

§ 8

(1) Der Antrag auf Erteilung der Aufenthaltserlaubnis ist bei dem Leiter des Aufnahmeverfahrens zu stellen. Bei der Antragstellung ist die Anwesenheit des Antragstellers erforderlich, sofern er nicht vom persönlichen Erscheinen freigestellt wird.

(2) Eheleute können sich gegenseitig und ihre minderjährigen Kinder vertreten.

(3) Für Minderjährige, die keine Erziehungsberechtigten im Bundesgebiet haben, können die Jugendämter den Antrag stellen.

§ 9

Zur Klärung des Sachverhaltes findet durch den Leiter des Aufnahmeverfahrens eine Vorprüfung statt. Das Ergebnis der Vorprüfung ist dem Aufnahmeausschuß zuzuleiten.

§ 10

(1) Der Aufnahmeausschuß verhandelt mündlich und bei persönlicher Anwesenheit des Antragstellers in nicht öffentlicher Sitzung. § 8 Abs. 1 Satz 3 ist entsprechend anzuwenden. Personen, die sich als Vertreter des Bundes oder der Länder ausweisen, ist die Teilnahme an den Sitzungen gestattet. Weitere Ausnahmen kann der Leiter des Aufnahmeverfahrens zulassen.

(2) Bei Minderjährigen kann im schriftlichen Verfahren entschieden werden.

§ 11

Der Aufnahmeausschuß hat für umfassende Klärung des Sachverhaltes Sorge zu tragen und zu diesem Zweck die erforderlichen Beweise zu erheben. Er kann Behörden, politische Parteien und andere Organisationen gutachtlich hören.

§ 12

Der Aufnahmeausschuß entscheidet über den Antrag mit Stimmenmehrheit. Die Entscheidung ergeht in schriftlicher Form und ist dem Antragsteller mitzuteilen; der Bundesminister für Vertriebene, Flüchtlinge und Kriegsgeschädigte[1] erläßt hierzu nähere Weisungen.

§ 13

(aufgehoben)

---

[1] jetzt: Bundesminister des Innern

§ 14

Die Entscheidung des Beschwerdeausschusses ergeht in schriftlicher Form mit Stimmenmehrheit und ist dem Beschwerdeführer zuzustellen. §§ 10 und 11 sind entsprechend anzuwenden.

§ 15

(aufgehoben)

§ 16

(aufgehoben)

III.

Verteilung

§ 17

(1) Ein Beauftragter der Bundesregierung bestimmt nach Anhören der Ländervertreter und auf Grund eines vom Bundesrat festzustellenden Schlüssels das Land, in welchem der Aufgenommene seinen ersten Wohnsitz zu nehmen hat.

(2) Der Bundesminister für Vertriebene, Flüchtlinge und Kriegsgeschädigte[1]) beruft und entläßt den Beauftragten der Bundesregierung.

§ 18

Der Aufgenommene ist vor seiner Einweisung zu hören.

IV.

Schlußbestimmungen

§ 19

Der Bundesminister für Vertriebene, Flüchtlinge und Kriegsgeschädigte[1]) übt in allen das Aufnahmeverfahren und die Verteilung betreffenden Angelegenheiten die Aufsicht aus.

§ 20

Diese Verordnung tritt am Tage nach ihrer Verkündung in Kraft.

3.7 Übernahme von Personen, die von einem Land aufgrund des Notaufnahmegesetzes vom 22. 8. 1950 oder der Verteilungsverordnung vom 28. 3. 1952 aufgenommen worden waren, durch ein anderes Land (Übernahmevereinbarung) vom 31. Mai 1972

Zwischen den Flüchtlingsverwaltungen der Länder wird im Einvernehmen mit dem Bundesminister des Innern – Abteilung Angelegenheiten der Vertriebenen, Flüchtlinge und Kriegsgeschädigten – anstelle der Übernahmevereinbarung vom 28. 2. 1961 folgende Übernahmevereinbarung getroffen:

Abschnitt I
Personenkreis

Aussiedler und diesen gleichgestellte Personen (§ 1 Abs. 2 Nr. 3 und Abs. 3 BVFG in der jeweils geltenden Fassung) oder Zuwanderer deutscher Staatsangehörigkeit oder deutscher Volkszugehörigkeit, die in einem Grenzdurchgangslager registriert oder im Wege des Notaufnahmeverfahrens aufgenommen und in das Verteilungsverfahren einbezogen worden sind, können zum Zwecke ihrer wohnungsmäßigen Versorgung aus dem Land, dem sie gemäß § 2 der Verteilungsverordnung vom 28. 3. 1952 (BGBl. I, S. 236) oder gemäß § 5 NAG vom 22. 8. 1950 (BGBl. I, S. 367) zugewiesen und von dem sie aufgenommen worden waren, durch ein anderes Land übernommen werden.

Abschnitt II
Voraussetzung der Übernahme

Ein Anspruch auf Übernahme besteht, wenn der Antragsteller

a) verwandtschaftliche Bindungen im Sinne des § 94 Abs. 2 BVFG in dem Land hat, in das er übernommen werden möchte, oder

b) nachweist, daß er in dem Land, in das er übernommen werden möchte, über eigenen Wohnraum für sich und seine in gemeinsamen Haushalt lebenden Angehörigen verfügt und bisher nicht endgültig mit Wohnraum versorgt war, oder

c) zur Haushaltsgemeinschaft eines Aussiedlers oder Zuwanderers gehörte, sofern er mit diesem in das Bundesgebiet einschließlich Berlin-West gekommen oder innerhalb eines Jahres nachgekommen ist, oder

d) nachweist, daß er Leistungen nach § 4 b G 131 nur in dem Lande erhalten kann, in das er übernommen werden möchte.

2. Ein Antragsteller kann übernommen werden, wenn er einen Arbeitsplatz oder eine Existenz als selbständiger Erwerbstätiger in dem Land, in das er übernommen werden möchte, nachweist und bisher nicht endgültig mit Wohnraum versorgt war.

3. Eine Übernahme kann innerhalb von zwei Jahren nach Abschluß des Verteilungsverfahrens beantragt werden.

Abschnitt III
Verfahren der Übernahme

1. Der Antrag auf Übernahme von einem Land in ein anderes ist von der in Abschnitt I genannten Person zu stellen. Das Übernahmeverfahren kann nur einmal durchgeführt werden.

2. Der Antrag ist bei der obersten Landesbehörde oder der von dieser bestimmten Stelle des Landes, in dem der Antragsteller Aufnahme gefunden hat, zu stellen (Antragstelle).

3. Liegen die Voraussetzungen nach Abschnitt II vor, so leitet die Antragstelle den Antrag der obersten Landesbehörde oder der von dieser bestimmten Stelle des Landes zu, in das der Antragsteller übernommen werden möchte (Übernahmestelle). Diese entscheidet über den Antrag und benachrichtigt die Antragstelle; gleichzeitig wird das Grenzdurchgangslager oder das Bundesnotaufnahmeverfahren von der Übernahmestelle zur Quotenverrechnung unterrichtet.

Abschnitt IV
Härtebestimmung

Zur Vermeidung einer unbilligen Härte kann, wenn die sonstigen Voraussetzungen für eine Übernahme nicht vorliegen, die oberste Landesbehörde des neuen Aufnahmelandes im Einvernehmen mit der des Abgabelandes die Übernahme zulassen.

4. RECHTSSTELLUNG DER AUSSIEDLER UND ZUWANDERER

4.1 Gesetz über die Angelegenheiten der Vertriebenen und Flüchtlinge (Bundesvertriebenengesetz – BVFG –) vom 19. Mai 1953 in der Fassung der Bekanntmachung vom 3. September 1971 (BGBl. I, S. 1565, ber. S. 1807), zuletzt geändert durch Gesetz vom 16. Februar 1979 (BGBl. I, S. 181)

Erster Abschnitt

Allgemeine Bestimmungen

Erster Titel

Begriffsbestimmungen

§ 1

Vertriebener

(1) Vertriebener ist, wer als deutscher Staatsangehöriger oder deutscher Volkszugehöriger seinen Wohnsitz in den zur Zeit unter fremder Verwaltung stehenden deutschen Ostgebieten oder in den Gebieten außerhalb der Grenzen des Deutschen Reiches nach dem Gebietsstande vom 31. Dezember 1937 hatte und diesen im Zusammenhang mit den Ereignissen des zweiten Weltkrieges infolge Vertreibung, insbesondere durch Ausweisung oder Flucht, verloren hat. Bei mehrfachem Wohnsitz muß derjenige Wohnsitz verlorengegangen sein, der für die persönlichen Lebensverhältnisse des Betroffenen bestimmend war. Als bestimmender Wohnsitz im Sinne des Satzes 2 ist insbesondere der Wohnsitz anzusehen, an welchem die Familienangehörigen gewohnt haben.

(2) Vertriebener ist auch, wer als deutscher Staatsangehöriger oder deutscher Volkszugehöriger

1. nach dem 30. Januar 1933 die in Absatz 1 genannten Gebiete verlassen und seinen Wohnsitz außerhalb des Deutschen Reiches genommen hat, weil aus Gründen politischer Gegnerschaft gegen den Nationalsozialismus oder aus Gründen der Rasse, des Glaubens oder der Weltanschauung nationalsozialistische Gewaltmaßnahmen gegen ihn verübt worden sind oder ihm drohten,

2. auf Grund der während des zweiten Weltkrieges geschlossenen zwischenstaatlichen Verträge aus außerdeutschen Gebieten oder während des gleichen Zeitraumes auf Grund von Maßnahmen deutscher Dienststellen aus den von der deutschen Wehrmacht besetzten Gebieten umgesiedelt worden ist (Umsiedler),

3. nach Abschluß der allgemeinen Vertreibungsmaßnahmen die zur Zeit unter fremder Verwaltung stehenden deutschen Ostgebiete, Danzig, Estland, Lettland, Litauen, die Sowjetunion, Polen, die Tschechoslowakei, Ungarn, Rumänien, Bulgarien, Jugoslawien, Albanien oder China verlassen hat oder verläßt, es sei denn, daß er, ohne aus diesen Gebieten vertrieben und bis zum 31. März 1952 dorthin zurückgekehrt zu sein, nach dem 8. Mai 1945 einen Wohnsitz in diesen Gebieten begründet hat (Aussiedler),

4. ohne einen Wohnsitz gehabt zu haben, sein Gewerbe oder seinen Beruf ständig in den in Absatz 1 genannten Gebieten ausgeübt hat und diese Tätigkeit infolge Vertreibung aufgeben mußte,

---

¹) jetzt: Bundesminister des Innern

5. seinen Wohnsitz in den in Absatz 1 genannten Gebieten gemäß § 10 des Bürgerlichen Gesetzbuchs durch Eheschließung verloren, aber seinen ständigen Aufenthalt dort beibehalten hatte und diesen infolge Vertreibung aufgeben mußte,

6. in den in Absatz 1 genannten Gebieten als Kind einer unter Nummer 5 fallenden Ehefrau gemäß § 11 des Bürgerlichen Gesetzbuchs keinen Wohnsitz, aber einen ständigen Aufenthalt hatte und diesen infolge Vertreibung aufgeben mußte.

(3) Als Vertriebener gilt auch, wer, ohne selbst deutscher Staatsangehöriger oder deutscher Volkszugehöriger zu sein, als Ehegatte eines Vertriebenen seinen Wohnsitz oder in den Fällen des Absatzes 2 Nr. 5 als Ehegatte eines deutschen Staatsangehörigen oder deutschen Volkszugehörigen den ständigen Aufenthalt in den in Absatz 1 genannten Gebieten verloren hat.

(4) Wer infolge von Kriegseinwirkungen Aufenthalt in den in Absatz 1 genannten Gebieten genommen hat, ist jedoch nur dann Vertriebener, wenn es aus den Umständen hervorgeht, daß er sich auch nach dem Kriege in diesen Gebieten ständig niederlassen wollte.

§ 2
Heimatvertriebener

(1) Heimatvertriebener ist ein Vertriebener, der am 31. Dezember 1937 oder bereits einmal vorher seinen Wohnsitz in dem Gebiet desjenigen Staates hatte, aus dem er vertrieben worden ist (Vertreibungsgebiet); die Gesamtheit der in § 1 Abs. 1 genannten Gebiete, die am 1. Januar 1914 zum Deutschen Reich oder zur Österreichisch-Ungarischen Monarchie oder zu einem späteren Zeitpunkt zu Polen, zu Estland, zu Lettland oder zu Litauen gehört haben, gilt als einheitliches Vertreibungsgebiet.

(2) Als Heimatvertriebener gilt auch ein vertriebener Ehegatte oder Abkömmling, wenn der andere Ehegatte oder bei Abkömmlingen ein Elternteil am 31. Dezember 1937 oder bereits einmal vorher seinen Wohnsitz im Vertreibungsgebiet (Absatz 1) gehabt hat.

§ 3
Sowjetzonenflüchtling

(1) Sowjetzonenflüchtling ist ein deutscher Staatsangehöriger oder deutscher Volkszugehöriger, der seinen Wohnsitz in der sowjetischen Besatzungszone oder im sowjetisch besetzten Sektor von Berlin hat oder gehabt hat und von dort geflüchtet ist, um sich einer von ihm nicht zu vertretenden und durch die politischen Verhältnisse bedingten besonderen Zwangslage zu entziehen. Eine besondere Zwangslage ist vor allem dann gegeben, wenn eine unmittelbare Gefahr für Leib und Leben oder die persönliche Freiheit vorgelegen hat. Eine besondere Zwangslage ist auch bei einem schweren Gewissenskonflikt gegeben. Wirtschaftliche Gründe sind als besondere Zwangslage anzuerkennen, wenn die Existenzgrundlage zerstört oder entscheidend beeinträchtigt worden ist oder wenn die Zerstörung oder entscheidende Beeinträchtigung nahe bevorstand.

(2) Von der Anerkennung als Sowjetzonenflüchtling ist ausgeschlossen,

1. wer dem in der sowjetischen Besatzungszone und im sowjetisch besetzten Sektor von Berlin herrschenden System erheblich Vorschub geleistet hat,

2. wer während der Herrschaft des Nationalsozialismus oder in der sowjetischen Besatzungszone oder im sowjetisch besetzten Sektor von Berlin durch sein Ver-

halten gegen die Grundsätze der Menschlichkeit oder Rechtsstaatlichkeit verstoßen hat,

3. wer die freiheitliche demokratische Grundordnung der Bundesrepublik Deutschland einschließlich des Landes Berlin bekämpft hat.

(3) § 1 Abs. 1 Satz 2 und 3, Abs. 2 Nr. 4 bis 6, Abs. 3 und 4 ist sinngemäß anzuwenden.

§ 4
Sowjetzonenflüchtlingen gleichgestellte Personen

(1) Einem Sowjetzonenflüchtling wird gleichgestellt ein deutscher Staatsangehöriger oder deutscher Volkszugehöriger, der im Zeitpunkt der Besetzung seinen Wohnsitz in der sowjetischen Besatzungszone oder im sowjetisch besetzten Sektor von Berlin gehabt und sich außerhalb dieser Gebiete aufgehalten hat, dorthin jedoch nicht zurückkehren konnte, ohne sich offensichtlich einer von ihm nicht zu vertretenden und unmittelbaren Gefahr für Leib und Leben oder die persönliche Freiheit auszusetzen.

(2) § 1 Abs. 1 Satz 2 und 3, Abs. 2 Nr. 1, 4 bis 6, Abs. 3 und 4 sowie § 3 Abs. 2 Nr. 2 und 3 sind sinngemäß anzuwenden.

§ 5
Verwendung des Wortes „Vertreibung"

Soweit in diesem Gesetz das Wort „Vertreibung" verwendet wird, sind hierunter auch die Tatbestände der §§ 3 und 4 zu verstehen.

§ 6
Volkszugehörigkeit

Deutscher Volkszugehöriger im Sinne dieses Gesetzes ist, wer sich in seiner Heimat zum deutschen Volkstum bekannt hat, sofern dieses Bekenntnis durch bestimmte Merkmale wie Abstammung, Sprache, Erziehung, Kultur bestätigt wird.

§ 7
Nach der Vertreibung geborene oder legitimierte Kinder

Kinder, die nach der Vertreibung geboren sind, erwerben die Eigenschaft als Vertriebener oder Sowjetzonenflüchtling des Elternteiles, dem im Zeitpunkt der Geburt oder der Legitimation das Recht der Personensorge zustand oder zusteht. Steht beiden Elternteilen das Recht der Personensorge zu, so erwirbt das Kind die Eigenschaft als Vertriebener oder Sowjetzonenflüchtling desjenigen Elternteiles, dem im Zeitpunkt der Geburt oder der Legitimation das Recht der gesetzlichen Vertretung zustand oder zusteht.

§ 8
Heirat und Annahme an Kindes Statt

Durch Heirat oder Annahme an Kindes Statt nach der Vertreibung wird die Eigenschaft als Vertriebener oder Sowjetzonenflüchtling weder erworben noch verloren.

Zweiter Titel

Voraussetzungen für die Inanspruchnahme von Rechten und Vergünstigungen

§ 9

Ständiger Aufenthalt

(1) Rechte und Vergünstigungen als Vertriebener oder Sowjetzonenflüchtling kann vorbehaltlich der §§ 10 bis 13 nur in Anspruch nehmen, wer im Geltungsbereich des Gesetzes seinen ständigen Aufenthalt hat.

(2) Die Beschränkung des Absatzes 1 gilt nicht für einen Vertriebenen oder Sowjetzonenflüchtling, der als Angehöriger des öffentlichen Dienstes seinen ständigen Aufenthalt im Ausland genommen hat.

§ 10

Stichtag für Vertriebene

(1) Rechte und Vergünstigungen als Vertriebener kann nur in Anspruch nehmen, wer bis zum 31. Dezember 1952 im Geltungsbereich des Gesetzes seinen ständigen Aufenthalt genommen hat.

(2) Ohne Rücksicht auf den in Absatz 1 genannten Stichtag kann ein Vertriebener Rechte und Vergünstigungen in Anspruch nehmen, wenn er im Geltungsbereich des Gesetzes seinen ständigen Aufenthalt genommen hat

1. als nach dem 31. Dezember 1952 geborenes Kind eines zur Inanspruchnahme von Rechten und Vergünstigungen berechtigten Vertriebenen,

2. spätestens sechs Monate nach dem Zeitpunkt, in dem er die zur Zeit unter fremder Verwaltung stehenden deutschen Ostgebiete oder das Gebiet desjenigen Staates, aus dem er vertrieben oder ausgesiedelt worden ist, verlassen hat,

3. als Heimkehrer nach den Vorschriften des Heimkehrergesetzes vom 19. Juni 1950 (Bundesgesetzblatt S. 221) in seiner jeweils geltenden Fassung,

4. im Wege der Familienzusammenführung gemäß § 94 Abs. 2, vorausgesetzt, daß er mit einem Angehörigen zusammengeführt wird, der schon am 31. Dezember 1952 im Geltungsbereich des Gesetzes seinen ständigen Aufenthalt hatte oder der selbst Rechte und Vergünstigungen als Vertriebener oder Sowjetzonenflüchtling in Anspruch nehmen kann,

5. als Sowjetzonenflüchtling gemäß § 3,

6. nach Zuzug aus dem Ausland bis zum 31. Dezember 1964, wenn die hierfür im Geltungsbereich des Gesetzes bestehenden Vorschriften beachtet worden sind, der

7. nach Zuzug aus der sowjetischen Besatzungszone Deutschlands oder aus dem sowjetisch besetzten Sektor von Berlin bis zum 31. Dezember 1964.

Bei der Frist nach Nummer 2 werden solche Zeiten nicht mitgerechnet, in denen ein Vertriebener nach Verlassen eines der in § 1 Abs. 2 Nr. 3 bezeichneten Gebiete, aus dem er vertrieben oder ausgesiedelt worden ist, in einem anderen der dort bezeichneten Gebiete sich aufgehalten hat, ferner nicht solche Zeiten, in denen er oder ein mit ihm vertriebener oder ausgesiedelter Familienangehöriger aus Gründen, die er nicht zu vertreten hat, an der Weiterreise in den Geltungsbereich des Gesetzes gehindert worden ist.

§ 11

Ausschluß von der Inanspruchnahme von Rechten und Vergünstigungen

Rechte und Vergünstigungen als Vertriebener oder Sowjetzonenflüchtling kann nicht in Anspruch nehmen, wer

1. nach dem 31. Dezember 1937 erstmalig Wohnsitz in einem in das Deutsche Reich eingegliederten, von der deutschen Wehrmacht besetzten oder in den deutschen Einflußbereich einbezogenen Gebiet genommen und dort die durch die nationalsozialistische Gewaltherrschaft geschaffene Lage ausgenutzt hat,

2. während der Herrschaft des Nationalsozialismus oder im Vertreibungsgebiet oder in der sowjetischen Besatzungszone Deutschlands oder im sowjetisch besetzten Sektor von Berlin durch sein Verhalten gegen die Grundsätze der Menschlichkeit oder Rechtsstaatlichkeit verstoßen hat,

3. dem in der sowjetischen Besatzungszone Deutschlands und im sowjetisch besetzten Sektor von Berlin und in den in § 1 Abs. 2 Nr. 3 genannten Gebieten herrschenden System erheblich Vorschub geleistet hat oder leistet,

4. die freiheitliche demokratische Grundordnung der Bundesrepublik Deutschland einschließlich des Landes Berlin bekämpft hat oder bekämpft oder

5. offensichtlich ohne wichtige Gründe aus dem Geltungsbereich des Gesetzes in die in § 1 Abs. 2 Nr. 3 genannten Gebiete oder in die sowjetische Besatzungszone Deutschlands oder in den sowjetisch besetzten Sektor von Berlin verzogen und von dort zurückgekehrt ist.

Bei der Anwendung der Nummer 5 bleibt § 1 Abs. 2 Nr. 3 unberührt.

§ 12
Ausschluß bei Erwerb einer fremden Staatsangehörigkeit

(1) Rechte und Vergünstigungen als Vertriebener oder Sowjetzonenflüchtling kann nicht in Anspruch nehmen, wer nach der Vertreibung eine fremde Staatsangehörigkeit erworben hat oder erwirbt und seine Rechtsstellung als Deutscher im Sinne des Artikels 116 des Grundgesetzes verliert. Dies gilt nicht im Falle des § 1 Abs. 2 Nr. 1, es sei denn, daß die fremde Staatsangehörigkeit nach Inkrafttreten dieses Gesetzes erworben wird.

(2) Erwirbt ein Vertriebener oder Sowjetzonenflüchtling, der nach der Vertreibung eine fremde Staatsangehörigkeit erworben hat, die deutsche Staatsangehörigkeit, so kann er von diesem Zeitpunkt ab Rechte und Vergünstigungen als Vertriebener oder Sowjetzonenflüchtling in Anspruch nehmen, sofern die sonstigen Voraussetzungen dieses Titels gegeben sind.

§ 13
Beendigung der Inanspruchnahme von Rechten und Vergünstigungen

(1) Rechte und Vergünstigungen als Vertriebener oder Sowjetzonenflüchtling nach diesem Gesetz kann nicht mehr in Anspruch nehmen, wer in das wirtschaftliche und soziale Leben in einem nach seinen früheren wirtschaftlichen und sozialen Verhältnissen zumutbaren Maße eingegliedert ist. Unberührt bleiben die Vorschriften des Ersten Abschnittes sowie des § 70 Abs. 1 bis 4 und der §§ 71, 81 bis 90 und 92 bis 97 dieses Gesetzes. Unberührt bleiben ferner die Vergünstigungen nach § 91, soweit es sich um die Rückzahlung von Leistungen der Sozialhilfe handelt, die vor der Erteilung des Ausschließungsvermerks empfangen wurden. Unberührt bleiben auch steuerrechtliche Vergünstigungen, die sich auf die Zeit vor der Erteilung des Ausschließungsvermerks beziehen, soweit nicht in anderen Vorschriften eine günstigere Regelung getroffen ist.

(2) Dasselbe gilt, wenn ein Vertriebener oder Sowjetzonenflüchtling in die in § 1 Abs. 1 und § 3 genannten Gebiete nicht zurückkehrt, obwohl ihm die Rückkehr dorthin möglich und zumutbar ist.

(3) Über die Beendigung der Inanspruchnahme von Rechten und Vergünstigungen gemäß den Absätzen 1 und 2 entscheiden die zentralen Dienststellen der Länder (§ 21) oder die von ihnen bestimmten Behörden. Der Vertriebene oder Sowjetzonenflüchtling ist verpflichtet, diesen Dienststellen auf Verlangen die erforderlichen Auskünfte zu erteilen und Unterlagen vorzulegen. Gelangt die zentrale Dienststelle oder die von ihr bestimmte Behörde zu der Auffassung, daß die Beendigung der Gewährung von Rechten und Vergünstigungen nach diesem Gesetz geboten sei, so hat sie auf Antrag des Betroffenen vor der Entscheidung einen Ausschuß zu hören, der aus dem Behördenleiter oder einem Stellvertreter als Vorsitzendem und zwei Beisitzern besteht; einer der Beisitzer ist auf Vorschlag der von der zentralen Dienststelle des Landes anerkannten Verbände der Vertriebenen oder Sowjetzonenflüchtlinge zu berufen; hinsichtlich der Berufung und Amtsdauer der Beisitzer gilt § 25 sinngemäß. Die für die Gewährung von Rechten und Vergünstigungen zuständigen Stellen sind berechtigt, deren Beendigung zu beantragen.

Dritter Titel

Erweiterung des Personenkreises

§ 14

Ermächtigung

Die Bundesregierung wird ermächtigt, durch Rechtsverordnung mit Zustimmung des Bundesrates weitere Personengruppen, die von Vertreibungs- oder vertreibungsähnlichen Maßnahmen betroffen sind oder werden, den Vertriebenen oder Sowjetzonenflüchtlingen gleichzustellen sowie Voraussetzungen und Umfang der ihnen zu gewährenden Rechte und Vergünstigungen zu bestimmen.

Vierter Titel

Ausweise

§ 15

Zweck und Arten der Ausweise

(1) Vertriebene und Sowjetzonenflüchtlinge erhalten zum Nachweis ihrer Vertriebenen- oder Flüchtlingseigenschaft (§§ 1 bis 4) Ausweise, deren Muster der Bundesminister des Innern bestimmt.

(2) Es erhalten

1. Heimatvertriebene den Ausweis A,

2. Vertriebene, die nicht Heimatvertriebene sind, den Ausweis B,

3. Sowjetzonenflüchtlinge (§§ 3 und 4), die nicht gleichzeitig Vertriebene sind, den Ausweis C.

(3) Liegen bei einem Vertriebenen die Voraussetzungen des § 3 vor, so ist auf Antrag der Ausweis A oder B durch einen entsprechenden Vermerk zu kennzeichnen.

(4) Die Ausweise derjenigen Vertriebenen und Sowjetzonenflüchtlinge, die nach den §§ 9 bis 12 zur Inanspruchnahme von Rechten und Vergünstigungen nicht berechtigt sind, werden besonders gekennzeichnet.

(5) Die Entscheidung über die Ausstellung des Ausweises ist für alle Behörden und Stellen verbindlich, die für die Gewährung von Rechten oder Vergünstigungen als Vertriebener oder Sowjetzonenflüchtling nach diesem oder einem anderen

Gesetz zuständig sind. Hält eine Behörde oder Stelle die Entscheidung der zuständigen Behörde über die Ausstellung des Ausweises nicht für gerechtfertigt, so kann sie nur ihre Änderung oder Aufhebung durch die Ausstellungsbehörde beantragen. Wenn diese dem Antrag nicht entsprechen will, so entscheidet darüber die gemäß § 21 errichtete zentrale Dienststelle oder die von dieser bestimmte Behörde des Landes, in welchem der Ausweis ausgestellt worden ist.

§ 16
Zuständigkeit und Verfahren

(1) Den Ausweis stellen auf Antrag die von den zentralen Dienststellen der Länder (§ 21) bestimmten Behörden aus. In den Fällen, in welchen ein Vertriebener oder Sowjetzonenflüchtling seinen Wohnsitz oder ständigen Aufenthalt im Ausland hat, bestimmt die Regierung des Landes, in welchem die Bundesregierung ihren Sitz hat, die zuständige Behörde. Solange sich ein Vertriebener oder Sowjetzonenflüchtling in einem Gast- oder Durchgangslager befindet, bestimmt die Regierung des Landes, in welchem das Lager gelegen ist, die zuständige Behörde.

(2) Der Antrag ist auf einem Vordruck zu stellen, dessen Fassung der Bundesminister des Innern im Benehmen mit den zentralen Dienststellen der Länder (§ 21) bestimmt.

(3) Die zuständige Behörde erhebt von Amts wegen die erforderlichen Beweise. Wenn sie mit Rücksicht auf die Bedeutung einer Aussage eine eidliche Vernehmung für geboten erachtet, so ist das Amtsgericht um die eidliche Vernehmung zu ersuchen. Hierbei sind die Tatsachen und Vorgänge anzugeben, über welche die Vernehmung erfolgen soll. Die Vorschriften des Gerichtsverfassungsgesetzes und der Zivilprozeßordnung sind sinngemäß anzuwenden. Das Amtsgericht entscheidet über die Rechtmäßigkeit der Verweigerung des Zeugnisses, des Gutachtens oder der Eidesleistung; die Entscheidung kann nicht angefochten werden.

§ 17
Ablehnender Bescheid

Wird die Ausstellung des Ausweises oder die Eintragung eines Vermerks gemäß § 15 Abs. 3 abgelehnt oder der Ausweis gemäß § 15 Abs. 4 besonders gekennzeichnet, so ist dem Antragsteller ein schriftlicher, mit Gründen versehener Bescheid zu erteilen.

§ 18
Einziehung und Ungültigkeitserklärung

Der Ausweis ist einzuziehen oder für ungültig zu erklären, wenn die Voraussetzungen für seine Ausstellung nicht vorgelegen haben.

§ 19
Vermerk über die Beendigung der Inanspruchnahme von Rechten und Vergünstigungen

Die Beendigung der Inanspruchnahme von Rechten und Vergünstigungen ist im Ausweis zu vermerken. Der Ausweis bleibt im Besitz des Inhabers.

§ 20
Rechtsmittel

(1) Wird die Ausstellung des Ausweises oder die Eintragung eines Vermerks gemäß § 15 Abs. 3 abgelehnt, der Ausweis eingezogen oder für ungültig erklärt oder

ein Vermerk gemäß § 15 Abs. 4 oder § 19 eingetragen, so sind dagegen die Rechtsbehelfe und Rechtsmittel nach den in den Ländern geltenden Vorschriften zulässig.

(2) Im Widerspruchsverfahren (§§ 68 ff. der Verwaltungsgerichtsordnung) entscheidet über Anträge auf Ausstellung eines Ausweises nach § 15 Abs. 2 Nr. 3 oder auf Kennzeichnung eines Ausweises nach § 15 Abs. 3 die zuständige Behörde nach Anhören eines Ausschusses. Der Ausschuß besteht aus dem Leiter der Behörde oder seinem Beauftragten als Vorsitzendem und zwei ehrenamtlichen Beisitzern. Einer der Beisitzer muß Sowjetzonenflüchtling sein. Die näheren Bestimmungen erlassen die Landesregierungen. Die Anhörung des Ausschusses kann unterbleiben, wenn die zuständige Behörde dem Widerspruch in vollem Umfange entsprechen will.

Zweiter Abschnitt

Behörden und Beiräte

Erster Titel

Behörden

§ 21

Landesflüchtlingsverwaltungen

Die Länder sind verpflichtet, zur Durchführung dieses Gesetzes zentrale Dienststellen zu unterhalten. Diese sind, soweit sie nicht selbst zuständig sind, bei den Maßnahmen zur Durchführung dieses Gesetzes zu beteiligen.

Zweiter Titel

Beiräte

§ 22

Bildung und Aufgaben

(1) Bei dem Bundesminister des Innern und bei den zentralen Dienststellen der Länder sind Beiräte für Vertriebenen- und Flüchtlingsfragen zu bilden.

(2) Die Beiräte haben die Aufgabe, die Bundesregierung und die Landesregierungen sachverständig in Vertriebenen- und Flüchtlingsfragen zu beraten. Sie sollen zu allgemeinen Regelungen und Maßnahmen gehört werden.

§ 23

Zusammensetzung des Beirates bei dem Bundesminister des Innern

(1) Der Beirat für Vertriebenen- und Flüchtlingsfragen bei dem Bundesminister des Innern setzt sich zusammen aus

je einem Vertreter der bei den zentralen Dienststellen der Länder gebildeten Beiräte für Vertriebenen- und Flüchtlingsfragen (§ 22),

sechzehn Vertretern der auf Bundesebene tätigen Organisationen der Vertriebenen und Flüchtlinge, je einem Vertreter der Evangelischen und der Katholischen Kirche,

je einem Vertreter der kommunalen Spitzenverbände,

je einem Vertreter der anerkannten Spitzenverbände der freien Wohlfahrtspflege sowie des Deutschen Vereins für öffentliche und private Fürsorge, zwei Vertretern der Spitzenorganisationen der Arbeitgeber und zwei Vertretern der Spitzenorganisationen der Arbeitnehmer.

(2) Für jedes Mitglied des Beirates kann ein Stellvertreter berufen werden.

(3) Den Vorsitz im Beirat führt der Bundesminister des Innern.

§ 24

Berufung und Amtsdauer

Die Mitglieder des Beirates für Vertriebenen- und Flüchtlingsfragen bei dem Bundesminister des Innern und ihre Stellvertreter beruft dieser auf Vorschlag der in § 23 genannten Organisationen auf die Dauer von vier Jahren. Scheidet ein Mitglied des Beirates vor Ablauf der Amtsdauer aus oder verliert ein Mitglied seine Eigenschaft als Vertreter einer der in § 23 genannten Organisationen, so beruft der Bundesminister des Innern auf Vorschlag dieser Organisation einen Ersatzmann für den Rest der Amtsdauer.

§ 25

Zusammensetzung der Beiräte bei den zentralen Dienststellen der Länder

Die Zusammensetzung der Beiräte für Vertriebenen- und Flüchtlingsfragen bei den zentralen Dienststellen der Länder und die Berufung und Amtsdauer ihrer Mitglieder regeln die Länder.

Dritter Abschnitt

Eingliederung der Vertriebenen und Flüchtlinge

Erster Titel

Umsiedlung

(§§ 26 bis 34 sind nicht abgedruckt)

Zweiter Titel

Landwirtschaft

§ 35

Grundsatz

Vertriebene und Sowjetzonenflüchtlinge, die aus der Landwirtschaft stammen oder nach der Vertreibung überwiegend in der Landwirtschaft tätig waren, sollen nach Maßgabe dieses Titels dadurch in die Landwirtschaft eingegliedert werden, daß sie entweder als Siedler im Sinne der Siedlungs- und Bodenreformgesetzgebung oder sonst als Eigentümer oder Pächter land- oder forstwirtschaftlicher Grundstücke oder in einem anderen zweckdienlichen Nutzungsverhältnis angesetzt werden.

§ 36

Voraussetzungen für die Eingliederung

Für die Eingliederung nach § 35 müssen die folgenden Voraussetzungen vorliegen:

1. Der Erwerber oder Pächter muß die zur ordnungsmäßigen Bewirtschaftung der Stelle erforderlichen Eignung besitzen.

2. Die Umstände müssen erwarten lassen, daß durch die Veräußerung oder Verpachtung für den Erwerber oder Pächter eine neue gesicherte Lebensgrundlage

geschaffen oder eine bereits geschaffene, aber noch gefährdete Lebensgrundlage gesichert wird. Diese Voraussetzungen können auch erfüllt sein, wenn die Veräußerung oder Verpachtung zur Begründung einer landwirtschaftlichen Nebenerwerbsstelle dient.

3. Der Erwerber oder Pächter darf nicht mit dem Veräußerer oder Verpächter in gerader Linie verwandt sein. Das gilt nicht, wenn der Veräußerer oder Verpächter nach dem Flüchtlingssiedlungsgesetz vom 10. August 1949 (Gesetzblatt der Verwaltung des Vereinigten Wirtschaftsgebietes S. 231) oder nach den Vorschriften dieses Titels in die Landwirtschaft eingegliedert ist.

4. Der Pächter darf nicht der Ehegatte des Verpächters sein.

§ 37
Mitwirkung der Siedlungsbehörde

(1) Voraussetzung für die Gewährung von Darlehen und Beihilfen nach den §§ 41 bis 45 und für die Gewährung von Vergünstigungen auf dem Gebiete des Steuer- und Abgabenrechts nach den §§ 47 bis 56 ist die Mitwirkung der Siedlungsbehörde bei der Eingliederung (§ 35). Sie kann auch dadurch mitwirken, daß sie einem bereits abgeschlossenen Vertrage zustimmt. Im Falle des § 44 erfolgt die Mitwirkung der Siedlungsbehörde durch Erteilung einer Bescheinigung darüber, daß die Voraussetzungen des § 44 vorliegen.

(2) Die Siedlungsbehörde hat mitzuwirken, wenn die Voraussetzungen für die Gewährung von Darlehen und Beihilfen oder von Vergünstigungen auf dem Gebiete des Steuer- und Abgabenrechts (§§ 35 und 36) vorliegen. Sie hat ihre Mitwirkung zu versagen, wenn diese Voraussetzungen nicht erfüllt sind.

(3) Sie kann die Mitwirkung versagen, wenn der Erwerber oder Pächter mit dem Veräußerer oder Verpächter bis zum dritten Grade der Seitenlinie verwandt oder als Verwandter der Seitenlinie gesetzlicher Erbe oder bis zum zweiten Grade verschwägert ist und die Veräußerung oder Verpachtung auch ohne die Vergünstigungen auf dem Gebiete des Steuer- und Abgabenrechts erfolgen würde oder der Erwerber oder Pächter durch die Veräußerung oder Verpachtung auch ohne diese Vergünstigungen eine gesicherte Lebensgrundlage im Land- und Forstwirtschaft bereits hat oder erhält. Hierdurch wird die Gewährung von Darlehen und Beihilfen und die hierfür erforderliche Mitwirkung der Siedlungsbehörde nicht ausgeschlossen.

(4) Die zuständigen Behörden haben ohne weitere Nachprüfung die Vergünstigungen auf dem Gebiete des Steuer- und Abgabenrechts nach den §§ 47 bis 56 zu gewähren, wenn die Siedlungsbehörde bescheinigt, daß die Voraussetzungen für die Gewährung dieser Vergünstigungen vorliegen. Diese Bescheinigung ist für die zuständigen Behörden bindend.

(5) Die Darlehen und Beihilfen (Absatz 1) können mit Zustimmung der Siedlungsbehörde auch in den Fällen gewährt werden, in denen Vertriebene oder Sowjetzonenflüchtlinge bereits vor Inkrafttreten dieses Gesetzes in einer dem § 42 entsprechenden Weise ohne Mitwirkung der Siedlungsbehörde zur Ansetzung gelangt sind.

§ 38
Beteiligung an der Neusiedlung

Bei der Vergabe von Neusiedlerstellen ist das neu anfallende Siedlungsland im Bundesgebiet ländermäßig nach Fläche und Güte mindestens zur Hälfte dem in

§ 35 genannten Personenkreis zuzuteilen. Bei der weiteren Vergabe sind gleichrangig die einheimischen Siedlungsbewerber entsprechend der Zahl der vorliegenden Anträge zu berücksichtigen.

§ 39
Auslaufende und wüste Höfe

(1) Für die Ansetzung nach § 35 kommen vor allem auch auslaufende Höfe, deren unwirtschaftliche Zerschlagung verhindert werden soll, sowie wüste Höfe, die sich für eine Wiederinbetriebnahme eignen, in Betracht.

(2) Auslaufende Höfe sind landwirtschaftliche Betriebe, deren Eigentümer diese nicht mehr selbst bewirtschaften oder bewirtschaften können und keine Erben haben, die den Betrieb selbst bewirtschaften können oder wollen. Wüste Höfe sind früher selbständige landwirtschaftliche Betriebe, deren Betriebsgebäude ganz oder teilweise noch vorhanden sind, deren Land aber veräußert oder verpachtet oder anderweitig zur Nutzung abgegeben worden ist.

§ 40
Moor-, Ödland und Rodungsflächen

(1) Für die Ansetzung nach § 35 kommen ferner Moor-, Ödland und Rodungsflächen in Betracht.

(2) Für die Anwendung des § 3 des Reichssiedlungsgesetzes vom 11. August 1919 (Reichsgesetzblatt I, S. 1429) stehen dem Moor- und Ödland gleich

1. landwirtschaftlich nutzbare Ländereien, die nicht planmäßig bewirtschaftet werden,

2. nicht sachgemäß bewirtschaftete Holzbodenflächen (Rodungsflächen), soweit sie zur Besiedlung geeignet sind. Die Enteignung von Rodungsflächen ist nur nach Anhören der obersten Landesforstbehörde zulässig.

§ 41
Darlehen und Beihilfen bei Neusiedlung

Können für die Ansetzung von Vertriebenen oder Sowjetzonenflüchtlingen als Neusiedler Mittel nicht rechtzeitig oder nur in unzureichendem Maße eingesetzt werden, so können zugunsten des einzelnen Vertriebenen oder Sowjetzonenflüchtlings zusätzlich zu den von den Ländern bereitzustellenden Finanzierungshilfen zinslose Darlehen und Beihilfen, insbesondere zur Land- und Inventarbeschaffung und für notwendige bauliche Aufwendungen, gewährt werden.

§ 42
Darlehen und Beihilfen bei Übernahme bestehender landwirtschaftlicher Betriebe

Wird ein land- oder forstwirtschaftlicher Betrieb (Betrieb) oder ein Teil eines solchen Betriebes (Betriebsteil) oder ein Grundstück im Sinne des Bewertungsgesetzes, dessen Veräußerung oder Verpachtung der Bildung eines land- oder forstwirtschaftlichen Betriebes des Erwerbers oder Pächters dient oder das zur Grundlage einer landwirtschaftlichen Nebenerwerbsstelle wird (Grundstück), unter Mitwirkung der Siedlungsbehörde (§ 37) an einen zu dem in § 35 genannten Personenkreis gehörigen Vertriebenen oder Sowjetzonenflüchtling veräußert oder auf mindestens zwölf Jahre verpachtet, so können zur Finanzierung der hierfür erforderlichen Aufwendungen, insbesondere zur Zahlung des Erwerbspreises, zur Anschaffung des Inventars, für notwendige bauliche Aufwendungen und für die Beschaffung von Ersatzwohnungen, zinslose Darlehen gewährt werden. Es können in besonderen Fällen an Stelle oder neben Darlehen auch Beihilfen gewährt werden.

§ 43

Beihilfen bei Ansetzung auf Moor-, Ödland oder Rodungsflächen

Sofern die Ansetzung von Vertriebenen oder Sowjetzonenflüchtlingen auf kultivierbarem Moor- oder Ödland oder auf Rodungsflächen (§ 40) gewährleistet ist, können außer den in den §§ 41 und 42 genannten Darlehen und Beihilfen dem Siedlungsbewerber oder dem Siedlungsunternehmen auf Antrag des Landes Beihilfen bis zu 2500 Deutsche Mark je Hektar der zu kultivierenden oder zu rodenden Fläche gewährt werden.

§ 44

Einheirat und Erwerb von Todes wegen

(1) Der Veräußerung eines Betriebes, Betriebsteils oder Grundstücks an einen Vertriebenen oder Sowjetzonenflüchtling (§ 42) steht unter der Voraussetzung, daß dadurch für diesen Vertriebenen oder Sowjetzonenflüchtling eine selbständige Existenz in der Land- oder Forstwirtschaft geschaffen wird, gleich

1. die Entstehung des Gesamthandeigentums an einem Betrieb, Betriebsteil oder Grundstück durch die Vereinbarung der Gütergemeinschaft (§§ 1415ff. des Bürgerlichen Gesetzbuchs) zugunsten eines Ehegatten, der Vertriebener oder Sowjetzonenflüchtling ist,

2. die Übertragung des Miteigentums an einem Betrieb, Betriebsteil oder Grundstück an einen Vertriebenen oder Sowjetzonenflüchtling,

3. der Erwerb eines Betriebes, Betriebsteils oder Grundstücks von Todes wegen durch einen Vertriebenen oder Sowjetzonenflüchtling, der mit dem Erblasser nicht in gerader Linie oder bis zum dritten Grade der Seitenlinie verwandt oder bis zum zweiten Grade verschwägert ist.

(2) In den Fällen des Absatzes 1 ist die Gewährung von Darlehen oder Beihilfen nur zulässig, wenn dies zur Sicherung einer selbständigen Existenz notwendig ist.

§ 45

Pachtverlängerung und Begründung eines sonstigen Nutzungsverhältnisses

Der Verpachtung eines Betriebes, Betriebsteils oder Grundstücks auf mindestens zwölf Jahre (§ 42) steht gleich

1. die Verlängerung eines mit einem Vertriebenen oder Sowjetzonenflüchtling auf weniger als zwölf Jahre abgeschlossenen Pachtvertrages um mindestens sechs Jahre auf insgesamt mindestens zwölf Jahre,

2. die Begründung eines anderen zweckdienlichen Nutzungsverhältnisses auf mindestens zwölf Jahre.

§ 46

Bereitstellung der Mittel

(1) Die für die Zwecke dieses Titels erforderlichen Mittel einschließlich von Mitteln für die Vorbereitung, Durchführung und Sicherung der Eingliederung stellt der Bund zur Verfügung. Er stellt insbesondere zur Durchführung eines von der Bundesregierung jährlich aufzustellenden Siedlungsprogramms zusätzlich zu den von den Ländern aufzubringenden finanziellen Leistungen, soweit die haushaltsmäßige Deckung beschafft werden kann, Mittel bereit

1. für die Neusiedlung,
2. zur Förderung der in den §§ 42, 44 und 45 festgelegten Zwecke,
3. für die Ansetzung auf Moor- und Ödland und Rodungsflächen für die Beihilfen nach § 43.

Mittel für Zwecke dieses Titels werden nach dem 31. Dezember 1976 nur bereitgestellt zur Bewilligung von Anträgen, die bis zu diesem Tage gestellt, aber noch nicht bewilligt sind, und für Anträge, die innerhalb von zehn Jahren nach dem erstmaligen Eintreffen des Berechtigten im Geltungsbereich dieses Gesetzes gestellt werden. In Härtefällen können abweichend von Satz 3 für die Sicherung der Eingliederung (Nachfinanzierung) noch Mittel bis zum 31. Dezember 1980 bereitgestellt werden.

(2) Die Mittel, die auf Grund des Absatzes 1 bereitgestellt worden sind oder werden, fließen dem Zweckvermögen bei der Deutschen Siedlungs- und Landesrentenbank zu.

(3) Daneben werden zur vestärkten Förderung der in diesem Titel festgelegten Zwecke aus dem Ausgleichsfonds (§ 5 des Lastenausgleichsgesetzes vom 14. August 1952 – Bundesgesetzbl. I, S. 446) für die Jahre 1953 bis 1957, unbeschadet der nach dem Lastenausgleichsgesetz zu gewährenden Eingliederungsdarlehen, den Ländern jährlich 100 Millionen Deutsche Mark aus den im Wege der Vorfinanzierung bereitgestellten Mitteln darlehnsweise zur Verfügung gestellt. Die Länder haben als erste Darlehnsnehmer dem Ausgleichsfonds gegenüber die Darlehen derart zu tilgen, daß die Tilgung bis zum 31. März 1979 abgeschlossen ist.

(4) Die Richtlinien über die Verteilung und Verwendung der hiernach bereitgestellten Mittel sowie über die Kontrolle ihrer Verwendung erläßt der Bundesminister für Ernährung, Landwirtschaft und Forsten im Einvernehmen mit den Bundesministern der Finanzen und des Innern und, soweit es sich um Lastenausgleichsmittel handelt, im Benehmen mit dem Präsidenten des Bundesausgleichsamtes. Dabei kann die Verteilung mit der Bedingung verbunden werden, daß die Länder, soweit es zur Erfüllung der in § 35 festgelegten Zwecke erforderlich ist, Landesmittel zur Verfügung stellen.

(5) Eingliederungsdarlehen nach dem Lastenausgleichsgesetz, die für Vertriebenen oder Sowjetzonenflüchtlinge zur Schaffung oder Sicherung von Existenzen in der Landwirtschaft gewährt werden, dürfen nur im Einvernehmen mit der Siedlungsbehörde bewilligt werden.

(6) Bei Gewährung von Wohnraumhilfe nach den §§ 289 ff. des Lastenausgleichsgesetzes ist der Wohnteil von nach diesem Titel geförderten Vorhaben angemessen zu berücksichtigen.

(7) Beansprucht der bisherige Eigentümer eine ortsübliche und angemessene Versorgung mit Wohnung und Unterhalt (z. B. Altenteil) und übernimmt das Land die Bürgschaft hierfür, so stellt der Bund das Land insoweit frei, als es aus der Bürgschaft in Anspruch genommen wird. Entsprechende Verpflichtungen können bis zur Höhe von insgesamt 5 Millionen Deutsche Mark übernommen werden.

§ 47
Vergünstigungen für den Landabgeber auf dem Gebiete des Steuer- und Abgabenrechts

(1) In den Fällen der §§ 42 bis 45 und bei Anwendung des Absatzes 2 werden auf dem Gebiete des Steuer- und Abgabenrechts Vergünstigungen nach den §§ 48

bis 56 insoweit gewährt, als der Einheitswert des veräußerten oder verpachteten Betriebes, Betriebsteils oder Grundstücks (§ 42) oder bei Zukauf oder Zupachtung der Einheitswert des von dem Erwerber oder Pächter unter Einschluß der zugekauften oder zugepachteten Fläche insgesamt bewirtschafteten Betriebes 80 000 Deutsche Mark nicht übersteigt. Diese Wertgrenze gilt nicht für die Veräußerung von Betrieben, Betriebsteilen oder Grundstücken im Rahmen eines ordentlichen Siedlungsverfahrens und für den Fall des Absatzes 3.

(2) Bei dem Erwerb des Gesamthandeigentums nach § 44 Abs. 1 Nr. 1 werden die Vergünstigungen auf dem Gebiete des Steuer- und Abgabenrechts für den ganzen zu dem Gesamthandeigentum gehörenden Betrieb, Betriebsteil oder für das ganze zum Gesamthandeigentum gehörige Grundstück gewährt. Bei Erwerb des Miteigentums nach § 44 Abs. 1 Nr. 2 werden die Vergünstigungen auf dem Gebiete des Steuer- und Abgabenrechts gewährt

1. für den ganzen Betrieb, an dem das Miteigentum zugunsten des Vertriebenen oder Sowjetzonenflüchtlings begründet wird, wenn das Miteigentum mindestens zur Hälfte dem Vertriebenen oder Sowjetzonenflüchtling übertragen wird,

2. nur für den übertragenen Miteigentumsanteil, wenn das Miteigentum mit weniger als zur Hälfte an den Vertriebenen oder Sowjetzonenflüchtling übertragen wird.

(3) Der Veräußerung an einen Vertriebenen oder Sowjetzonenflüchtling steht die zum Zwecke der Ansetzung von Vertriebenen oder Sowjetzonenflüchtlingen vorgenommene Veräußerung an ein gemeinnütziges Siedlungsunternehmen im Sinne der Siedlungs- und Bodenreformgesetzgebung gleich, wenn die Siedlungsbehörde bescheinigt, daß der erworbene Betrieb, Betriebsteil oder das Grundstück mindestens zur Hälfte seiner Fläche der Ansiedlung von Vertriebenen oder Sowjetzonenflüchtlingen dient.

(4) Die Vergünstigungen nach Maßgabe der §§ 48 bis 56 werden nicht gewährt für die Veräußerung von Betrieben, Betriebsteilen oder Grundstücken, die als vollständige oder teilweise Erfüllung des Landabgabesolls im Rahmen der Bodenreformgesetzgebung behandelt wird.

§ 48
Vergünstigungen bei der Einkommensteuer

Wird ein Betrieb, Betriebsteil oder Grundstück nach Maßgabe des § 42 veräußert oder verpachtet, so rechnen die während der Bewirtschaftung durch den Erwerber oder Pächter, seine Familienangehörigen oder Erben fälligen Einkünfte aus der Verpachtung oder aus einer bei der Veräußerung vorbehaltenen Versorgung mit Wohnung und Unterhalt (z. B. Altenteil) nicht zum einkommensteuerpflichtigen Einkommen, soweit diese Einkünfte jährlich 2000 Deutsche Mark nicht übersteigen.

§ 49
Vergünstigungen bei der Erbschaftsteuer

Das Erbschaftsteuergesetz in der Fassung der Bekanntmachung vom 30. Juni 1951 (Bundesgesetzbl. I, S. 764) wird wie folgt geändert:

1. § 18 Abs. 1 Nr. 11a erhält folgende Fassung:

„11a. ein Erwerb

a) von Vermögen, das aus Erlösen stammt, die der Erblasser (Schenker) für eine nach dem 21. Juni 1948 durchgeführte Veräußerung eines auslaufenden Hofes oder eines wüsten Hofes an einen Vertriebenen oder Sowjetzonenflüchtling erworben hat,

b) eines auslaufenden Hofes oder eines wüsten Hofes, wenn er von dem Erben (Beschenkten) innerhalb von zwölf Monaten nach erlangter Kenntnis von dem Anfall oder während der Dauer eines Pachtverhältnisses gemäß Buchstabe c) an einen Vertriebenen oder Sowjetzonenflüchtling veräußert wird,

c) eines auslaufenden Hofes oder eines wüsten Hofes, der von dem Erblasser (Schenker) auf die Dauer von mindestens zwölf Jahren an einen Vertriebenen oder Sowjetzonenflüchtling verpachtet worden ist, zur Hälfte des auf dieses Vermögen entfallenden Steuerbetrages; der restliche Steuerbetrag wird bis zur Beendigung des Pachtverhältnisses gestundet. Das gleiche gilt, wenn die Verpachtung durch den Erben (Beschenkten) innerhalb von zwölf Monaten nach erlangter Kenntnis von dem Anfall erfolgt. Diese Steuervergünstigungen entfallen rückwirkend, wenn das Pachtverhältnis vor Ablauf von zwölf Jahren nach der Übergabe erlischt."

2. § 18 Abs. 2 erhält folgende Fassung:

„(2) Steuerbegünstigt gemäß Nummer 11a ist nur eine Veräußerung oder Verpachtung eines auslaufenden Hofes oder eines wüsten Hofes an einen Vertriebenen oder Sowjetzonenflüchtling gemäß den §§ 42, 44 und 45 in Verbindung mit § 39 Abs. 2 des Gesetzes über die Angelegenheiten der Vertriebenen und Flüchtlinge (Bundesvertriebenengesetz) vom 19. Mai 1953 (Bundesgesetzbl. I, S. 201). Der Veräußerung an einen Vertriebenen oder Sowjetzonenflüchtling steht gleich die Veräußerung an ein gemeinnütziges Siedlungsunternehmen im Sinne der Siedlungs- und Bodenreformgesetzgebung gemäß § 47 Abs. 3 des Bundesvertriebenengesetzes."

§ 50
Befreiung von der Vermögensabgabe bei der Veräußerung

(1) Wird ein Betrieb, Betriebsteil oder Grundstück nach Maßgabe des § 42 veräußert, so gelten die nach dem Zeitpunkt der Übergabe zur Bewirtschaftung an einen Vertriebenen oder Sowjetzonenflüchtling fällig werdenden Vierteljahresbeträge der nach dem Lastenausgleichsgesetz zu erhebenden Vermögensabgabe des Veräußerers in der sich aus den Absätzen 2 bis 4 ergebenden Höhe vorbehaltlich der §§ 51 und 52 als durch die Veräußerung abgegolten. Satz 1 gilt in den Fällen des § 44 Abs. 1 mit der Maßgabe, daß an die Stelle des Zeitpunktes der Übergabe zur Bewirtschaftung der Zeitpunkt tritt, an dem die genannten Rechtsverhältnisse oder Tatbestände zugunsten des Vertriebenen oder Sowjetzonenflüchtlings begründet werden oder entstehen.

(2) Als abgegolten gilt von dem gesamten von dem Veräußerer zu leistenden Vierteljahresbetrag ein Betrag von 0,55 vom Hundert des für den 21. Juni 1948 geltenden Einheitswertes (Einheitswertanteiles) des veräußerten Betriebes, Betriebsteils oder Grundstücks. Vom Einheitswert (Einheitswertanteil) sind die mit dem veräußerten Betrieb, Betriebsteil oder Grundstück nach dem Stande vom 21. Juni 1948 in wirtschaftlichem Zusammenhang stehenden Verbindlichkeiten in ihrer Höhe vom 21. Juni 1948 abzusetzen. Bei Grundstücken im Sinne des Bewertungsgesetzes, die nach dem Stande vom 21. Juni 1948 als unbebaute Grundstücke bewertet worden sind, gilt statt des Satzes 0,55 vom Hundert der Satz von 0,85 vom Hundert.

(3) Handelt es sich bei dem veräußerten Betriebsteil um die in § 40 aufgeführten Flächen, so erhöht sich der Betrag nach Absatz 2 um 7,50 Deutsche Mark je Hektar der veräußerten Fläche.

(4) Übersteigt der nach den Absätzen 2 und 3 errechnete Betrag den vom Veräußerer insgesamt zu leistenden Vierteljahresbetrag an Vermögensabgabe, so tritt dieser an die Stelle des errechneten Betrages.

§ 51

Fortfall der Befreiung von der Vermögensabgabe bei Rückerwerb durch den Veräußerer

(1) Fällt ein Betrieb, Betriebsteil oder Grundstück, dessen Veräußerung nach § 50 zur Abgeltung der darauf entfallenden Vierteljahresbeträge an Vermögensabgabe geführt hat, innerhalb von zwölf Jahren seit der Veräußerung an den Veräußerer, seine Erben oder an einen seiner Erben zurück, so gilt die Abgeltung als nicht erfolgt. Die vom Zeitpunkt der Veräußerung bis zum Zeitpunkt des Rückfalls fällig gewordenen Vierteljahresbeträge sind innerhalb eines Zeitraumes von zwölf Monaten nachzuentrichten. Beruht der Rückfall auf dem Tode des Erwerbers, so werden die nachzuentrichtenden Vierteljahresbeträge erlassen. Satz 3 gilt im Fall des § 44 Abs. 1 Nr. 1 entsprechend, wenn die Ehe geschieden, aufgehoben oder für nichtig erklärt worden ist; im Falle der Auflösung der Ehe durch Tod gilt Satz 3 mit der Maßgabe, daß die Vierteljahresbeträge erlassen werden, die innerhalb von zwölf Jahren nach der Entstehung des in § 44 Abs. 1 Nr. 1 genannten Rechtsverhältnisses fällig werden.

(2) Absatz 1 Satz 1 und 2 gilt entsprechend im Falle der Rückveräußerung oder der Verpachtung an den Veräußerer oder dessen Erben.

§ 52

Fortfall der Befreiung von der Vermögensabgabe bei Veräußerung durch den Erwerber

(1) Wird ein Betrieb, Betriebsteil oder Grundstück, dessen Veräußerung nach § 50 zur Abgeltung der darauf entfallenden Vierteljahresbeträge an Vermögensabgabe geführt hat, innerhalb von sechs Jahren seit der Veräußerung durch den Erwerber oder seine Erben (Ersterwerber) an andere als die in § 51 genannten Personen veräußert, so gilt die Abgeltung als nicht erfolgt. In diesem Falle gilt die Verpflichtung zur Entrichtung dieser Vierteljahresbeträge als auf den Ersterwerber übergegangen. Die während der Dauer des Eigentums des Ersterwerbers fällig gewordenen Vierteljahresbeträge werden erlassen.

(2) Absatz 1 ist für den Fall der Verpachtung durch den Ersterwerber entsprechend anzuwenden.

(3) Die Absätze 1 und 2 gelten nicht, wenn der Betrieb, Betriebsteil oder das Grundstück nach Maßgabe des § 42 veräußert oder verpachtet wird.

§ 53

Befreiung von der Vermögensabgabe bei der Verpachtung

(1) Wird ein Betrieb, Betriebsteil oder Grundstück nach Maßgabe des § 42 verpachtet, so werden die nach dem Zeitpunkt der Übergabe zur Bewirtschaftung an den Pächter während der Bewirtschaftung durch diesen, seine Familienangehörigen oder Erben fälligen, auf den verpachteten Betrieb, Betriebsteil oder das verpachtete Grundstück entfallenden Vierteljahresbeträge an Vermögensabgabe erlassen. § 50 Abs. 2 ist entsprechend anzuwenden.

(2) Absatz 1 gilt im Falle des § 45 Nr. 1 mit der Maßgabe, daß an die Stelle des Zeitpunktes der Übergabe zur Bewirtschaftung der Zeitpunkt des Abschlusses des Verlängerungsvertrages tritt.

(3) Ist ein Betrieb, Betriebsteil oder Grundstück vor Inkrafttreten dieses Gesetzes an einen Vertriebenen verpachtet worden und sind auf Grund des § 66 der (Ersten) Durchführungsverordnung zum Ersten Teil des Soforthilfegesetzes vom 8. August 1949 (Gesetzblatt der Verwaltung des Vereinigten Wirtschaftsgebietes S. 214) oder des § 6 der Zweiten Durchführungsverordnung zum Ersten Teil des Soforthilfegesetzes vom 29. Dezember 1950 (Bundesgesetzbl. 1951 I, S. 51) die auf den Betrieb, Betriebsteil oder das Grundstück entfallenden Leistungen an Soforthilfeabgaben unerhoben geblieben, so gelten die unerhoben gebliebenen Beträge für die Berechnung der Vermögensabgabe als entrichtet, jedoch höchstens bis zur Höhe der Abgabeschuld (§ 31 des Lastenausgleichsgesetzes). Die ab 1. April 1952 während der Dauer der Bewirtschaftung durch den Vertriebenen, seine Familienangehörigen oder seine Erben fällig werdenden Vierteljahresbeträge an Vermögensabgabe werden nach Maßgabe des § 50 Abs. 2 erlassen.

§ 54
Befreiung von der Hypothekengewinnabgabe bei der Veräußerung

Ruht auf einem nach Maßgabe des § 42 veräußerten Betrieb, Betriebsteil oder Grundstück eine Hypothekengewinnabgabe als öffentliche Last, so werden auf Antrag des Erwerbers oder seiner Erben die nach dem Zeitpunkt der Übergabe zur Bewirtschaftung an den Erwerber während der Bewirtschaftung durch diesen, seine Familienangehörigen oder seine Erben fällig werdenden Leistungen an Hypothekengewinnabgabe bis zur Höhe von jährlich 2,2 vom Hundert der Abgabeschuld an Hypothekengewinnabgabe nach dem Stande vom 21. Juni 1948 erlassen. Bei unbebauten Grundstücken im Sinne des Bewertungsgesetzes gilt statt des Satzes 2,2 vom Hundert der Satz 3,4 vom Hundert. Satz 1 und Satz 2 gelten in den Fällen des § 44 Abs. 1 mit der Maßgabe, daß an die Stelle des Zeitpunktes der Übergabe zur Bewirtschaftung der Zeitpunkt tritt, an dem die genannten Rechtsverhältnisse oder Tatbestände zugunsten des Vertriebenen oder Sowjetzonenflüchtlings begründet werden oder entstehen; § 51 Abs. 1 Satz 4 ist entsprechend anzuwenden. Wird ein Betrieb, Betriebsteil oder Grundstück, dessen Veräußerung zum Erlaß der Hypothekengewinnabgabe nach Satz 1 geführt hat, nach Maßgabe des § 42 weiterveräußert oder verpachtet, so gelten die Sätze 1 und 2.

§ 55
Befreiung von der Vermögens- und Hypothekengewinnabgabe bei Veräußerung vor dem Inkrafttreten dieses Gesetzes

(1) Ist ein Betrieb, Betriebsteil oder Grundstück vor dem Inkrafttreten dieses Gesetzes an einen Vertriebenen veräußert worden und sind auf Grund des § 66 der (Ersten) Durchführungsverordnung zum Ersten Teil des Soforthilfegesetzes oder des § 6 der Zweiten Durchführungsverordnung zum Ersten Teil des Soforthilfegesetzes die auf den Betrieb, Betriebsteil oder das Grundstück entfallenden Leistungen an Soforthilfeabgabe unerhoben geblieben, so gelten die unerhoben gebliebenen Beträge für die Berechnung der Vermögensabgabe als entrichtet, jedoch höchstens bis zur Höhe der Abgabeschuld (§ 31 des Lastenausgleichsgesetzes). Die ab 1. April 1952 fällig werdenden Vierteljahresbeträge an Ver-

mögensabgabe gelten nach Maßgabe des § 50 Abs. 2 als abgegolten. Die Vorschriften der §§ 51 und 52 sind vom Inkrafttreten dieses Gesetzes ab entsprechend anzuwenden.

(2) Ruht auf einem unter Absatz 1 fallenden Betrieb, Betriebsteil oder Grundstück eine Hypothekengewinnabgabe als öffentliche Last, so werden auf Antrag des Erwerbers oder seiner Erben die nach Inkrafttreten dieses Gesetzes während der Dauer der Bewirtschaftung durch den Erwerber, seine Familienangehörigen oder seine Erben fällig werdenden Leistungen an Hypothekengewinnabgabe bis zur Höhe von jährlich 2,2 vom Hundert der Abgabeschuld an Hypothekengewinnabgabe nach dem Stande vom 21. Juni 1948 erlassen. Bei unbebauten Grundstücken im Sinne des Bewertungsgesetzes gilt statt des Satzes 2,2 vom Hundert der Satz 3,4 vom Hundert; § 54 Satz 4 gilt entsprechend.

(3) Die Absätze 1 und 2 gelten in den in § 44 genannten Fällen des Erwerbs des Miteigentums, des Gesamthandeigentums und des Erwerbs von Todes wegen entsprechend.

§ 56
Befreiung von der Vermögens- und Hypothekengewinnabgabe bei der Veräußerung von Grundstücken in Berlin (West)

(1) Für einen Betrieb, Betriebsteil oder ein Grundstück in Berlin (West) treten in § 50 Abs. 2 an die Stelle von 0,55 vom Hundert des Einheitswertes oder Einheitswertanteils 0,5 vom Hundert und an die Stelle von 0,85 vom Hundert des Einheitswerts oder Einheitswertanteils 0,75 vom Hundert dieser Werte, jedoch für die Zeit bis zum 31. März 1957 nur ein Drittel dieser Vomhundertsätze. An die Stelle des 21. Juni 1948 tritt jeweils der 1. April 1949, soweit es sich nicht um Wirtschaftsgüter eines gewerblichen Betriebes handelt, dessen DM-Eröffnungsbilanz auf den 21. Juni 1948 erstellt ist.

(2) In den §§ 54 und 55 Abs. 2 treten bei Betrieben, Betriebsteilen oder Grundstücken in Berlin (West) an die Stelle von 2,2 vom Hundert der Abgabeschuld 2 vom Hundert und an die Stelle von 3,4 vom Hundert 3 vom Hundert der Abgabeschuld. In diesen Fällen ist der Stand der Abgabeschuld vom 25. Juni 1948 maßgebend.

§ 57
Aufhebung von Mietverhältnissen

(1) Wird ein Betrieb, Betriebsteil oder ein Grundstück mit Gebäuden nach Maßgabe des § 42 veräußert oder verpachtet und sind in diesen Gebäuden Räume zu Wohnzwecken vermietet, so kann der Vermieter die Aufhebung des Mietverhältnisses verlangen, wenn und soweit die Räume für Zwecke des Betriebes benötigt werden.

(2) In den Fällen des Absatzes 1 gelten die Vorschriften des § 4 Abs. 2 bis 6 des Mieterschutzgesetzes entsprechend.

§ 58
Aufhebung eines Pacht- oder sonstigen Nutzungsverhältnisses bei freiwilliger Landabgabe

(1) Ein Pacht- oder sonstiges Nutzungsverhältnis über Grundstücke, die der Eigentümer einem Vertriebenen oder Sowjetzonenflüchtling zu Eigentum überträgt oder zur Ausstattung eines wüsten Hofes pachtweise zur Verfügung stellt,

kann die Siedlungsbehörde durch schriftliche Verfügung an den Nutzungsberechtigten unter Einhaltung einer angemessenen Frist ganz oder teilweise aufheben.

(2) Die Aufhebung des Nutzungsverhältnisses ist nur zulässig, wenn dadurch die Wirtschaftlichkeit des Betriebes, dem die Grundstücke bisher dienten, nicht nachhaltig beeinträchtigt wird oder die Aufhebung aus einem anderen Grunde nicht eine unbillige Härte bedeutet.

§ 59
Rechtsbehelfe und Rechtsmittel

Gegen die nach § 58 erlassene Verfügung der Siedlungsbehörde können die Beteiligten zwei Wochen nach Zustellung an den bisherigen Nutzungsberechtigten gerichtliche Entscheidung beantragen. In der gerichtlichen Entscheidung kann die Verfügung der Siedlungsbehörde bestätigt, geändert oder aufgehoben werden. Zuständig für die Entscheidung sind bis zum Erlaß einer bundesgesetzlichen Regelung des gerichtlichen Verfahrens in Landwirtschaftssachen die in den Ländern für Pachtschutzsachen zuständigen Gerichte nach den für sie geltenden Verfahrensvorschriften.

§ 60
Besitzeinweisung

Die Verfügung oder die gerichtliche Entscheidung schließt die Besitzeinweisung ein. Die Besitzeinweisung gilt als erfolgt zwei Wochen nach Eintritt der Rechtskraft der Verfügung oder der gerichtlichen Entscheidung oder, wenn in der Verfügung oder der gerichtlichen Entscheidung ein späterer Zeitpunkt festgesetzt ist, mit diesem Zeitpunkt, frühestens jedoch mit der rechtskräftigen Aufhebung des Nutzungsverhältnisses.

§ 61
Entschädigung des bisherigen Nutzungsberechtigten

(1) Wer infolge einer nach den §§ 58 und 59 ergangenen Verfügung oder gerichtlichen Entscheidung die Nutzung verliert, kann Geldentschädigung für Verwendungen in sinngemäßer Anwendung der Vorschriften der §§ 994 bis 996, 998 und 999 des Bürgerlichen Gesetzbuchs verlangen.

(2) Für andere Vermögensnachteile, die durch eine nach den §§ 58 und 59 ergangene Verfügung oder gerichtliche Entscheidung entstehen, kann der Betroffene eine Entschädigung verlangen, soweit eine solche unter gerechter Abwägung der Interessen der Allgemeinheit und des Betroffenen geboten erscheint.

(3) Zur Leistung der Entschädigung ist ausschließlich das Land verpflichtet. Der Bund erstattet dem Land die geleistete Entschädigung, wenn entweder unter Mitwirkung der Siedlungsbehörde eine Einigung über die Entschädigung erzielt oder eine Entschädigung rechtskräftig festgesetzt ist.

§ 62
Inanspruchnahme von Gebäuden und Land

(1) Für den in § 35 bezeichneten Zweck können für den Betrieb der Land- oder Forstwirtschaft eingerichtete Gebäude, die ganz oder überwiegend anderweitig genutzt oder nicht genutzt werden, nach Maßgabe des § 63 bis zu achtzehn Jahren zur Nutzung in Anspruch genommen werden, falls entsprechendes Land bis zur Größe einer selbständigen Ackernahrung zur Verfügung gestellt werden kann.

(2) Land, das sich im Eigentum des Bundes oder der Länder befindet, soll nach Maßgabe des § 63 bis zur gleichen Dauer zu dem in § 35 bezeichneten Zweck für die Ausstattung eines wüsten Hofes, einer sonstigen Hofstelle oder eines landwirtschaftlichen Kleinbetriebes bis zur Größe einer selbständigen Ackernahrung zur Nutzung in Anspruch genommen werden, anderes Land, sofern es anhaltend so schlecht bewirtschaftet wird, daß die gesetzlich vorgeschriebenen Maßnahmen zur Sicherung der Landbewirtschaftung angeordnet werden können.

(3) Die Inanspruchnahme ist nur zulässig, wenn die Wirtschaftlichkeit des Betriebes, dem die Gebäude oder das Land dienen, nicht nachhaltig beeinträchtigt wird oder wenn die Inanspruchnahme aus einem anderen Grund für den Eigentümer oder sonstigen Nutzungsberechtigten nicht eine unbillige Härte bedeutet.

§ 63
Verfahren

(1) Die Siedlungsbehörde kann nach Anhörung der Beteiligten verlangen, daß der Verfügungsberechtigte mit einer der in § 35 bezeichneten Personen nach Maßgabe des § 42 ein Rechtsverhältnis vereinbart, das diese zur Nutzung einer der nach § 62 der Inanspruchnahme unterliegenden Sache berechtigt. Die Siedlungsbehörde hat dem Verfügungsberechtigten eine angemessene Frist für eine Vereinbarung des Nutzungsverhältnisses zu setzen. Die Frist beginnt mit der Zustellung an den Verfügungsberechtigten.

(2) Kommt die Vereinbarung innerhalb der Frist nicht zustande, so kann die Siedlungsbehörde die Person, mit der das Nutzungsverhältnis zu begründen ist, mit deren Einverständnis bestimmen und die im Rahmen des Ortsüblichen angemessenen Vertragsbedingungen festsetzen. Die festgesetzten Bedingungen gelten als zwischen den Beteiligten vereinbart; § 60 ist anzuwenden.

(3) Gegen eine nach Absatz 1 oder Absatz 2 erlassene Verfügung der Siedlungsbehörde können die Beteiligten binnen zwei Wochen nach Zustellung gerichtliche Entscheidung beantragen. § 59 Satz 2 und 3, die §§ 60 und 61 sind anzuwenden.

(4) Besteht über dieselbe Sache bereits ein Miet- oder Nutzungsverhältnis, so gelten die §§ 57 bis 61 entsprechend, § 57 jedoch mit der Maßgabe, daß an die Stelle des Vermieters die Siedlungsbehörde tritt.

§ 64
Entsprechende Anwendung von Vorschriften des Reichssiedlungsgesetzes

Für Geschäfte und Verhandlungen, die der Durchführung der Vorschriften dieses Titels dienen, gilt § 29 des Reichssiedlungsgesetzes entsprechend.

§ 65
Ausschluß des Vorkaufsrechts der Siedlungsunternehmen

In den Fällen des § 42 ist die Ausübung des Vorkaufrechts nach § 4 des Reichssiedlungsgesetzes ausgeschlossen.

§ 66
Änderung des Reichssiedlungsgesetzes

(1) § 3 Abs. 1 Satz 2 des Reichssiedlungsgesetzes wird aufgehoben.

(2) Bei einer Enteignung nach § 3 Abs. 1 des Reichssiedlungsgesetzes ist das Siedlungsunternehmen verpflichtet, das enteignete Land innerhalb einer von der Siedlungsbehörde zu bestimmenden Frist zu kultivieren. Wird das enteignete

Land nicht innerhalb dieser Frist kultiviert, so hat der Enteignete oder sein Rechtsnachfolger nach Ablauf eines Jahres nach Beendigung der Frist (Satz 1) binnen eines weiteren Jahres einen Anspruch auf Rückübereignung gegen Erstattung der Entschädigung.

(3) Betriebe, die Land zur Kultivierung abgeben, erhalten auf Antrag nach Durchführung der Kultivierung im Wege der Anliegersiedlung (§ 1 des Reichssiedlungsgesetzes) Land in der ihrer Abgabe entsprechenden Größe, höchstens jedoch eine Fläche, die zur Hebung des Betriebes bis zur Größe einer selbständigen Ackernahrung erforderlich ist.

§ 67
Finanzierungsrichtlinien

Die Richtlinien für die Gewährung von Darlehen und Beihilfen, für die Verwendung des Zweckvermögens (§ 46 Abs. 2), für die Freistellung der Länder (§ 46 Abs. 7) und für die Regelung der Entschädigung (§ 61 Abs. 3) erläßt der Bundesminister für Ernährung, Landwirtschaft und Forsten im Einvernehmen mit dem Bundesminister für Wirtschaft und Finanzen und dem Bundesminister des Innern.

§ 68
Verwaltungsanordnungen der Länder

(1) Bei der Durchführung dieses Titels beteiligen die zuständigen Landesbehörden nach Maßgabe der nach Absatz 2 zu treffenden Bestimmungen die berufsständische Vertretung der Landwirtschaft, die Organisation der Vertriebenen und Flüchtlinge und die Selbsthilfeeinrichtungen.

(2) Die Landesregierungen bestimmen, welche Stellen die Aufgaben der Siedlungsbehörde wahrzunehmen haben und in welchem Umfange die Siedlungsbehörde unter Beteiligung der Flüchtlingsbehörde in den Verfahren nach den Vorschriften dieses Titels mitzuwirken hat; sie bestimmen ferner, in welcher Weise die berufsständische Vertretung der Landwirtschaft, die Organisationen der Vertriebenen und Flüchtlinge und die Selbsthilfeeinrichtungen zu beteiligen sind.

Dritter Titel
Zulassung zur Berufs- und Gewerbeausübung

§ 69
Allgemeine Vorschriften

(1) Ist für die Ausübung eines Berufes oder Gewerbes eine Zulassung oder Erlaubnis erforderlich, deren Erteilung von der Feststellung eines Bedürfnisses oder ähnlicher Voraussetzungen abhängt, so sind Vertriebene und Sowjetzonenflüchtlinge, die vor der Vertreibung in einem solchen oder ähnlichen Beruf oder Gewerbe tätig waren, bevorzugt zu berücksichtigen, sofern die persönlichen Voraussetzungen für die Zulassung oder die Erteilung der Erlaubnis gegeben sind.

(2) Die bevorzugte Berücksichtigung gilt bei der Zulassung oder Erlaubnis für mehrere Berufe oder Gewerbzweige für jede früher ausgeübte Tätigkeit, bei mehreren gleichartigen Zulassungen oder Genehmigungen für einen angemessenen Teil derselben.

(3) Die Absätze 1 und 2 finden auch Anwendung auf Personen, bei denen eine Vereidigung in Verbindung mit einer Bedürfnisprüfung die Voraussetzung für die Berufsausübung bildet.

(4) Vorschriften, in denen für die Zulassung zu einem Gewerbezweig Höchstzahlen festgesetzt werden, die unter der Zahl der bisherigen Zulassungen liegen, finden auf Vertriebene und Sowjetzonenflüchtlinge, die vor der Vertreibung in diesem Gewerbezweig tätig waren, keine Anwendung, sofern die persönlichen Voraussetzungen für die Zulassung gegeben sind.

(5) Diese Bestimmungen finden keine Anwendung, wenn und solange der Anteil der Vertriebenen und Sowjetzonenflüchtlinge in dem Beruf oder Gewerbe dem Verhältnis entspricht, in dem die Zahl der Vertriebenen und Sowjetzonenflüchtlinge zur Gesamtzahl der Bevölkerung des Landes steht.

§ 70
Zulassung zur Kassenpraxis

(1) Vertriebene und Sowjetzonenflüchtlinge, die vor dem 4. September 1939 als Ärzte, Zahnärzte oder Dentisten zur Kassenpraxis zugelassen waren oder denen in der Zeit vom 4. September 1939 bis zum 8. Mai 1945 die Teilnahme an der Kassenpraxis als Arzt, Zahnarzt oder Dentist gestattet war und die bis zum 31. Dezember 1952 ihren ständigen Aufenthalt im Geltungsbereich des Gesetzes genommen haben, gelten weiterhin als zur Kassenpraxis zugelassen. Sie haben sich innerhalb einer Frist von drei Monaten nach dem Inkrafttreten dieses Gesetzes bei dem für den Ort ihres ständigen Aufenthalts zuständigen Zulassungsausschuß zwecks Wiederaufnahme der Kassenpraxis zu melden.

(2) Der Zulassungsausschuß hat Ärzten, Zahnärzten und Dentisten, die sich gemäß Absatz 1 gemeldet haben, unverzüglich einen Tätigkeitsbereich ohne Rücksicht auf die Zahl der im Zulassungsbezirk bereits Zugelassenen und ohne Anrechnung auf die Verhältniszahl zuzuweisen.

(3) Absatz 1 Satz 2 und Absatz 2 finden auch Anwendung auf Vertriebene und Sowjetzonenflüchtlinge, die vor der Vertreibung oder Flucht zur Ausübung eines Berufes als Arzt, Zahnarzt oder Dentist befugt waren und nach bundes- oder landesrechtlichen Vorschriften umgesiedelt wurden oder werden, wenn sie am bisherigen Aufenthaltsort zur Kassenpraxis zugelassen waren oder wenn ihnen die Teilnahme an der Kassenpraxis als Arzt, Zahnarzt oder Dentist gestattet war, mit der Maßgabe, daß die Meldefrist für nach Inkrafttreten dieses Gesetzes Umgesiedelte mit der Aufenthaltsnahme im neuen Zulassungsbezirk beginnt.

(4) Gegen die Entscheidung des Zulassungsausschusses gemäß den Absätzen 1 bis 3 kann der Antragsteller von den für das Zulassungsverfahren vorgesehenen Rechtsmitteln Gebrauch machen.

(5) Im übrigen sind Vertriebene und Sowjetzonenflüchtlinge, die vor der Vertreibung zur Ausübung eines Berufes als Arzt, Zahnarzt oder Dentist befugt waren, bei sonst gleichen Bedingungen bevorzugt zuzulassen. Das gilt nicht, wenn und solange der Anteil der Vertriebenen und Sowjetzonenflüchtlinge in diesen Berufen dem Verhältnis entspricht, in dem die Zahl der Vertriebenen und Sowjetzonenflüchtlinge zur Gesamtzahl der Bevölkerung des Landes steht.

§ 71
Eintragung in die Handwerksrolle

Vertriebene und Sowjetzonenflüchtlinge, die glaubhaft machen, daß sie vor der Vertreibung ein Handwerk als stehendes Gewerbe selbständig betrieben oder die Befugnis zur Anleitung von Lehrlingen besessen haben, sind auf Antrag bei der für den Ort ihres ständigen Aufenthaltes zuständigen Handwerkskammer in die Handwerksrolle einzutragen. Für die Glaubhaftmachung ist § 93 entsprechend anzuwenden.

Vierter Titel
Förderung selbständiger Erwerbstätiger

§ 72
Kredite, Zinsverbilligungen, Bürgschaften und Teilhaberschaften

(1) Die Begründung und Festigung selbständiger Erwerbstätigkeit der Vertriebenen und Sowjetzonenflüchtlinge in der Landwirtschaft, im Gewerbe und in freien Berufen ist durch Gewährung von Krediten aus öffentlichen Mitteln zu günstigen Zins-, Tilgungs- und Sicherungsbedingungen, durch Zinsverbilligungen und Bürgschaftsübernahmen zu fördern.

(2) Zur Festigung selbständiger Erwerbstätigkeit soll auch die Umwandlung hochverzinslicher und kurzfristiger Kredite in langfristige zu günstigen Zins- und Tilgungsbedingungen ermöglicht werden.

(3) Die Absätze 1 und 2 gelten entsprechend für Unternehmen, an denen Vertriebene oder Sowjetzonenflüchtlinge mit mindestens der Hälfte des Kapitals beteiligt sind, sofern diese Beteiligung und eine Mitwirkung an der Geschäftsführung für mindestens sechs Jahre sichergestellt sind. Beteiligungen der öffentlichen Hand, die der Konsolidierung solcher Betriebe dienen, bleiben bei der Ermittlung der Beteiligung der Vertriebenen oder Sowjetzonenflüchtlinge außer Ansatz, wenn diesen das Recht eingeräumt ist, die Beteiligungen der öffentlichen Hand abzulösen.

(4) Die Vergünstigungen des Absatzes 1 können auch Unternehmen gewährt werden, die Vertriebenen und Sowjetzonenflüchtlingen den Aufbau einer selbständigen Existenz dadurch ermöglichen, daß sie ihnen eine Beteiligung von mindestens 35 vom Hundert an ihrem Kapital und Gewinn auf die Dauer von mindestens sechs Jahren sowie eine Beteiligung an der Geschäftsführung einräumen (Teilhaberschaft).

§ 73
Steuerliche Vergünstigungen und Beihilfen

(1) Zum Zwecke der Begründung und Festigung selbständiger Erwerbstätigkeit der Vertriebenen und Sowjetzonenflüchtlinge werden steuerliche Vergünstigungen nach Maßgabe des Einkommensteuergesetzes in seiner jeweils geltenden Fassung gewährt.

(2) Im Hinblick auf die Nichtgewährung der steuerlichen Vergünstigungen gemäß Absatz 1 im Veranlagungszeitraum 1951 werden aus Mitteln des Bundeshaushalts 1952 7 Millionen Deutsche Mark an Vertriebene und Sowjetzonenflüchtlinge als Beihilfen nach Richtlinien gewährt, die der Bundesminister für Vertriebene

im Einvernehmen mit dem Bundesminister der Finanzen und dem Bundesminister für Wirtschaft erläßt.

§ 74
Vergabe von Aufträgen durch die öffentliche Hand

(1) Bei der Vergabe von Aufträgen durch die öffentliche Hand sind Vertriebene und Sowjetzonenflüchtlinge unbeschadet von Regelungen für notleidende Gebiete bevorzugt zu berücksichtigen. Entsprechendes gilt für Unternehmen, an denen Vertriebene oder Sowjetzonenflüchtlinge mit mindestens der Hälfte des Kapitals beteiligt sind, sofern diese Beteiligung und eine Mitwirkung an der Geschäftsführung für mindestens sechs Jahre sichergestellt sind. Der Bundesminister für Wirtschaft erläßt im Einvernehmen mit dem Bundesminister des Innern hierzu allgemeine Richtlinien.

(2) Finanzierungshilfen der öffentlichen Hand sollen unter der Auflage gegeben werden, daß die Empfänger dieser Hilfen sich verpflichten, bei der Vergabe von Aufträgen entsprechend Absatz 1 zu verfahren.

(3) Bei der Vergabe von Aufträgen an Optiker, Orthopäden und Bandagisten durch die Träger der sozialen Krankenversicherung sind Vertriebene und Sowjetzonenflüchtlinge bei sonst gleichen Bedingungen in angemessenem Umfange zu berücksichtigen.

§ 75
Kontingente

(1) Bei Maßnahmen, die die Erzeugung oder die Zu- und Verteilung von Gütern, Leistungen und Zahlungsmitteln für gewerbliche Zwecke kontingentieren oder in anderer Weise beschränken, haben die zuständigen Behörden und Organisationen der Wirtschaft die Betriebe der Vertriebenen und Sowjetzonenflüchtlinge unter Berücksichtigung ihrer besonderen Lage angemessen zu beteiligen. Entsprechendes gilt für Unternehmen, an denen Vertriebene oder Sowjetzonenflüchtlinge mit mindestens der Hälfte des Kapitals beteiligt sind, sofern diese Beteiligung und eine Mitwirkung an der Geschäftsführung für mindestens sechs Jahre sichergestellt sind.

(2) Sofern bei der Festsetzung von Kontingenten ein in der Vergangenheit liegender Zeitraum oder Zeitpunkt zugrunde gelegt wird, ist bei den in Absatz 1 genannten Betrieben auf Antrag in der Regel ein anderer entsprechender Zeitraum oder Zeitpunkt zugrunde zu legen, welcher der Anordnung der Kontingentierungsmaßnahme vorausgeht und den besonderen Verhältnissen dieser Betriebe Rechnung trägt. Von diesem Recht können Antragsteller längstens bis zum 31. Dezember 1960 Gebrauch machen.

(3) Die Absätze 1 und 2 gelten entsprechend, wenn Vertriebene oder Sowjetzonenflüchtlinge, ohne Inhaber eines Betriebes zu sein, Werk- oder ähnliche Verträge mit bestehenden Betrieben abschließen, sofern sie vor der Vertreibung einen gleichartigen Betrieb als Eigentümer oder Pächter oder in einem sonstigen Nutzungsrechtsverhältnis geführt haben. Zur berufsgleichen Eingliederung sind solche Verträge zuzulassen und zu fördern.

§ 76
Vermietung, Verpachtung und Übereignung durch die öffentliche Hand

Soweit die öffentliche Hand Grund und Boden, Räumlichkeiten oder Betriebe zum Zwecke einer bestimmten gewerblichen Nutzung verpachtet, vermietet oder übereignet, sollen Vertriebene und Sowjetzonenflüchtlinge, die vor der Vertreibung ein gleichartiges Gewerbe ausgeübt haben, bevorzugt berücksichtigt werden, bis das Verhältnis erreicht ist, in dem die Zahl der Vertriebenen und Sowjetzonenflüchtlinge zur Gesamtzahl der Bevölkerung im Bereich der vergebenden Körperschaft oder Stelle steht.

Fünfter Titel
Förderung unselbständiger Erwerbstätiger

§ 77
Arbeiter und Angestellte

(1) Die Bundesanstalt für Arbeit hat dahin zu wirken, daß der Anteil der beschäftigten Arbeitnehmer, die Vertriebene oder Sowjetzonenflüchtlinge sind, an der Gesamtzahl der beschäftigten Arbeitnehmer innerhalb der Landesarbeitsamtsbezirke dem Verhältnis entspricht, in dem die Zahl der Arbeitnehmer, die Vertriebene oder Sowjetzonenflüchtlinge sind, zur Gesamtzahl der Arbeitnehmer – getrennt nach Arbeitern und Angestellten – in diesen Bezirken steht. Außerdem hat die Bundesanstalt dahin zu wirken, daß dieser Personenkreis aus berufsfremder Beschäftigung in die erlernten oder überwiegend ausgeübten Berufe vermittelt wird.

(2) Solange das Verhältnis gemäß Absatz 1 nicht erreicht ist, sind arbeitslose Vertriebene und Sowjetzonenflüchtlinge, die nach dem 1. Januar 1949 weniger als zwei Jahre in Beschäftigung gestanden haben, von der Bundesanstalt für Arbeit vor anderen Bewerbern mit gleicher persönlicher und fachlicher Eignung und gleichen sozialen Verhältnissen unter Berücksichtigung der Wirtschaftslage bevorzugt in Arbeit zu vermitteln. Diese Bestimmung findet jedoch auf die Vermittlung der Wiedereinstellung von Arbeitskräften keine Anwendung, die wegen vorübergehender Betriebseinschränkung oder -stillegung entlassen worden sind, sofern die Entlassung nicht länger als sechs Monate zurückliegt. Der Verwaltungsrat der Bundesanstalt erläßt über die bevorzugte Vermittlung von arbeitslosen Vertriebenen und Sowjetzonenflüchtlingen Richtlinien. Diese bedürfen der Zustimmung des Bundesministers für Arbeit und Sozialordnung.

(3) In die Beschäftigungszeiten nach Absatz 2 werden Zeiten der Notstandsarbeit, geringfügiger Beschäftigung, einer Beschäftigung, die diesen Personen nach ihrer beruflichen Vorbildung, ihrem Alter oder Gesundheitszustand als Dauerbeschäftigung nicht zugemutet werden kann, sowie Beschäftigungszeiten vor einer Umsiedlung nach bundes- oder landesrechtlichen Vorschriften nicht eingerechnet.

(4) Die Verpflichtung zur Beschäftigung und bevorzugten Arbeitsvermittlung anderer Personengruppen nach Maßgabe bestehender Gesetze wird hierdurch nicht berührt.

§ 78

Lehrstellen und Ausbildungsstellen sonstiger Art

(1) Die Bundesanstalt für Arbeit hat unter Beteiligung der zuständigen Organisationen der Wirtschaft dahin zu wirken, daß bei der Besetzung von Lehrstellen und Ausbildungsstellen sonstiger Art Vertriebene und Sowjetzonenflüchtlinge unter Berücksichtigung der Berufsnachwuchslage in den Landesarbeitsamtsbezirken sowie der Eignung der Lehrstellenbewerber angemessen beteiligt werden.

(2) Sofern für die Schaffung zusätzlicher Lehrstellen und Ausbildungsstellen sonstiger Art einschließlich der Einrichtung von Lehrwerkstätten und Lehrlingswohnheimen öffentliche Mittel zur Verfügung gestellt werden, sind diese bevorzugt für die Unterbringung von Vertriebenen und Sowjetzonenflüchtlingen zu verwenden, bis bei der Besetzung von Lehrstellen und Ausbildungsstellen sonstiger Art das Verhältnis erreicht ist, in dem die Zahl der Vertriebenen und Sowjetzonenflüchtlinge zur Gesamtzahl der Bevölkerung im Bereich der Körperschaft steht, welche die Mittel zur Verfügung stellt.

§ 79

Dauerarbeitsplätze

(1) Zur Schaffung von zusätzlichen Dauerarbeitsplätzen für Vertriebene und Sowjetzonenflüchtlinge sollen aus öffentlichen Mitteln Kredite zu günstigen Zins-, Tilgungs- und Sicherungsbedingungen sowie Zinsverbilligungen gewährt und Bürgschaften übernommen werden. Diese Vergünstigungen sollen Betrieben bevorzugt gewährt werden,

1. deren Inhaber Vertriebene oder Sowjetzonenflüchtlinge sind oder

2. an denen Vertriebene oder Sowjetzonenflüchtlinge mit mindestens der Hälfte des Kapitals beteiligt sind, sofern diese Beteiligung und eine Mitwirkung an der Geschäftsführung für mindestens sechs Jahre sichergestellt sind, oder

3. die sich verpflichten, in dem geförderten Betrieb mindestens 70 vom Hundert Vertriebene oder Sowjetzonenflüchtlinge für die Laufzeit der Vergünstigung zu beschäftigen.

(2) In besonderen Fällen können die Vergünstigungen des Absatzes 1 auch gewährt werden

1. für die Restfinanzierung – jedoch nicht für die nachstellige Finanzierung – von Wohnungsbauten, sofern diese die Schaffung zusätzlicher Dauerarbeitsplätze ermöglicht, oder

2. zur Erhaltung gefährdeter Dauerarbeitsplätze.

Sechster Titel

Sonstige Vorschriften

§ 80

Wohnraumversorgung

(1) Die Versorgung der Vertriebenen und Sowjetzonenflüchtlinge mit Wohnraum ist eine vordringliche Aufgabe der Wohnraumbewirtschaftung und des öffentlich geförderten Wohnungsbaues.

(2) Vertriebenen und Sowjetzonenflüchtlingen ist ein angemessener Teil des vorhandenen und des neu zu schaffenden Wohnraumes zuzuteilen. Dabei sind

die noch in Lagern und anderen Notunterkünften Untergebrachten besonders zu berücksichtigen.

(3) Im Rahmen der Wohnungsbauprogramme für den öffentlich geförderten sozialen Wohnungsbau (§§ 29 ff. des Zweiten Wohnungsbaugesetzes vom 27. Juni 1956 – Bundesgesetzbl. I, S. 523) ist in möglichst weitem Umfange zugunsten der Vertriebenen und Sowjetzonenflüchtlinge auch die Begründung von Eigentum an Wohnungen (Eigenheimen, Kleinsiedlungen, Wohnungseigentum oder Dauerwohnrecht) zu fördern.

(4) Die Bundesregierung wird ermächtigt, durch Rechtsverordnung mit Zustimmung des Bundesrates Vorschriften über die angemessene Berücksichtigung der Vertriebenen und Sowjetzonenflüchtlinge bei der Zuteilung des Wohnraumes zu erlassen, der im Rahmen des mit öffentlichen Mitteln geförderten sozialen Wohnungsbaues neu geschaffen wird.

§ 81

Nichtanwendung beschränkender Vorschriften

(1) Vorschriften, nach denen die Ausübung eines Rechts oder die Erlangung einer Berufsstellung von einer besonderen Beziehung zu einem Lande oder einer Gemeinde (z. B. Geburt, Wohnsitzdauer, Ausbildung) abhängig gemacht ist, finden auf Vertriebene und Sowjetzonenflüchtlinge keine Anwendung, wenn sie dort im Zeitpunkt des Inkrafttretens dieses Gesetzes ihren ständigen Aufenthalt haben oder nach diesem Zeitpunkt dorthin behördlich zugewiesen oder umgesiedelt werden.

(2) Durch Absatz 1 werden die besonderen Rechte auf Grund einer Mitgliedschaft bei bestehenden Realgemeinden oder ähnlichen Nutzungsgemeinschaften nicht berührt.

Vierter Abschnitt

Einzelne Rechtsverhältnisse

Erster Titel

Schuldenregelung für Vertriebene und Sowjetzonenflüchtlinge

§ 82

Grundsatz

Vertriebene können wegen der Verbindlichkeiten, die vor der Vertreibung begründet worden sind, nicht in Anspruch genommen werden, soweit sich aus den folgenden Vorschriften nichts Abweichendes ergibt. Dies gilt auch für Vertriebene, die nach der Bestimmung des § 10 Rechte und Vergünstigungen nicht in Anspruch nehmen können.

§ 83

Vertragshilfeverfahren auf Antrag des Gläubigers

(1) Auf Antrag des Gläubigers kann das Gericht zur Vermeidung unbilliger Härten die unter die Regelung des § 82 fallenden Verbindlichkeiten im Wege der richterlichen Vertragshilfe nach den Vorschriften des Vertragshilfegesetzes vom 26. März 1952 (Bundesgesetzbl. I, S. 198) abweichend regeln.

(2) Bei Abwägung der Interessen und der Lage beider Teile gemäß § 1 Abs. 1 des Vertragshilfegesetzes sind die Vermögens- und Erwerbsverhältnisse des Schuldners am 21. Juni 1948 oder, wenn er erst zu einem späteren Zeitpunkt seinen ständigen Aufenthalt im Geltungsbereich des Gesetzes genommen hat, die Vermögens- und Erwerbsverhältnisse zu diesem Zeitpunkt zugrunde zu legen.

(3) Das Gericht kann jedoch auch nach dem in Absatz 2 genannten Zeitpunkt erlangtes Vermögen des Schuldners berücksichtigen, wenn und soweit dies aus besonderen Gründen zur Vermeidung einer unbilligen Härte gegenüber dem Gläubiger erforderlich erscheint. Haben sich die Vermögens- und Erwerbsverhältnisse des Schuldners nach dem in Absatz 2 genannten Zeitpunkt verschlechtert, so ist dies zu berücksichtigen, wenn und soweit dies aus besonderen Gründen zur Vermeidung einer unbilligen Härte gegenüber dem Schuldner erforderlich erscheint.

(4) Wird über einen Anspruch im Sinne des § 82 ein Rechtsstreit anhängig, so kann das Prozeßgericht Vertragshilfe nach den Vorschriften der Absätze 1 bis 3 auch gewähren, wenn nur der Gläubiger es beantragt.

§ 84
Antragsfrist

(1) Der Antrag des Gläubigers nach § 83 Abs. 1 oder 4 kann nur bis zum 31. Dezember 1953 gestellt werden; hat der Schuldner jedoch erst nach dem 31. Dezember 1952 seinen ständigen Aufenthalt im Geltungsbereich des Gesetzes genommen, so kann der Antrag innerhalb eines Jahres, seitdem der Schuldner seinen ständigen Aufenthalt im Geltungsbereich des Gesetzes genommen hat, gestellt werden. Das Gericht kann einen Antrag des Gläubigers nach diesem Zeitpunkt durch besonderen Beschluß zulassen, wenn der Gläubiger glaubhaft macht, daß er ohne sein Verschulden den Antrag nicht rechtzeitig gestellt hat und ihn nach Wegfall des Hindernisses unverzüglich nachgeholt hat. Gegen die Entscheidung des Gerichts über die Zulassung findet die sofortige Beschwerde statt. Das Beschwerdegericht entscheidet endgültig.

(2) Hat der Gläubiger den Anspruch gegen den Schuldner mit der Begründung gerichtlich geltend gemacht, daß die Voraussetzungen des § 82 nicht gegeben seien, so gilt ein binnen sechs Monaten nach Rechtskraft der gerichtlichen Entscheidung oder nach Klagerücknahme gestellter Antrag gemäß § 83 Abs. 1 oder 4 als rechtzeitig gestellt.

§ 85
Juristische Personen und Handelsgesellschaften

Die Vorschriften der §§ 82 bis 84 gelten entsprechend für Verbindlichkeiten von juristischen Personen und Handelsgesellschaften, die ihren Sitz vor dem 8. Mai 1945 in den in § 1 Abs. 1 bezeichneten Gebieten hatten, sofern sich der Sitz, der Ort der Niederlassung oder die Geschäftsleitung im Geltungsbereich dieses Gesetzes befindet.

§ 86
Frühere gerichtliche Entscheidungen und Vergleiche

(1) Die Vorschriften der §§ 82 bis 85 gelten auch, wenn vor der Vertreibung der Anspruch ganz oder teilweise durch rechtskräftiges Urteil festgestellt oder über ihn ein Vergleich abgeschlossen worden ist. Die Unzulässigkeit der Zwangsvoll-

streckung kann der Schuldner im Wege der Erinnerung nach § 766 der Zivilprozeßordnung geltend machen.

(2) Ist der Anspruch nach der Vertreibung ganz oder teilweise durch rechtskräftiges Urteil festgestellt oder über ihn ein Vergleich abgeschlossen worden, so sind in einem nach allgemeinen Vorschriften eingeleiteten Vertragshilfeverfahren die Vorschriften des § 83 Abs. 2 und 3 entsprechend anzuwenden, sofern der Schuldner den Antrag auf Gewährung von Vertragshilfe bis zu dem in § 84 Abs. 1 Satz 1 bezeichneten Zeitpunkt stellt. § 84 Abs. 1 Satz 2 bis 4 gilt sinngemäß. Das Vertragshilfeverfahren ist auch zulässig, wenn der Anspruch nach dem 20. Juni 1948, jedoch vor der Vertreibung begründet und nach der Vertreibung durch rechtskräftiges Urteil eines außerhalb des Geltungsbereiches des Gesetzes gelegenen Gerichts festgestellt worden ist.

(3) Vor Inkrafttreten dieses Gesetzes ergangene rechtskräftige Entscheidungen, durch die Vertragshilfe gewährt worden ist, bleiben vorbehaltlich der Bestimmung des § 17 des Vertragshilfegesetzes unberührt.

§ 87
Ausnahmen

(1) Die Vorschriften der §§ 82 bis 86 gelten nicht für

1. Verbindlichkeiten, die mit Vermögenswerten des Vertriebenen im Geltungsbereich des Gesetzes in wirtschaftlichem Zusammenhang stehen,

2. gesetzliche Unterhaltsverpflichtungen,

3. Löhne und Gehälter,

4. die in § 6 Abs. 1 Nr. 2 des Vertragshilfegesetzes bezeichneten Verbindlichkeiten,

5. Verbindlichkeiten von Kreditinstituten, die ihren Sitz vor dem 8. Mai 1945 in den in § 1 Abs. 1 bezeichneten Gebieten hatten und der Aufsicht des Reichsaufsichtsamtes für das Kreditwesen unmittelbar oder mittelbar unterstanden, gegenüber

a) Gläubigern, in deren Person bei Geltendmachung des Anspruchs die Wohnsitzvoraussetzungen der §§ 1, 5 und 6 des Umstellungsergänzungsgesetzes vom 21. September 1953 (Bundesgesetzbl. I, S. 1439), zuletzt geändert durch das Vierte Umstellungsergänzungsgesetz vom 23. Dezember 1964 (Bundesgesetzbl. I, S. 1083), gegeben ist,

b) dem Ausgleichsfonds (§ 5 des Lastenausgleichsgesetzes).

(2) Die Vorschrift des § 6 Abs. 2 des Vertragshilfegesetzes gilt entsprechend.

§ 88
Regelung für Sowjetzonenflüchtlinge

(1) Sowjetzonenflüchtlinge, die vor der Flucht oder in den Fällen des § 4 im Zeitpunkt der Besetzung den überwiegenden Teil ihres Vermögens in der sowjetisch besetzten Zone oder im sowjetisch besetzten Sektor von Berlin hatten und diesen Teil ihres Vermögens durch Enteignungsmaßnahmen oder diesen wirtschaftlich gleichstehende Maßnahmen verloren haben oder darüber nicht verfügen können, können wegen der Verbindlichkeiten, die vor der Flucht oder in den Fällen des § 4 vor der Besetzung begründet worden sind, nicht in Anspruch genommen werden, soweit sich aus Absatz 2 nichts Abweichendes ergibt.

(2) § 83 Abs. 1 und 4, die §§ 84, 86 Abs. 1, Abs. 2 Satz 3, Abs. 3 und § 87 sind entsprechend anzuwenden.

§ 89

Erledigung anhängiger Verfahren

(1) Erledigt sich ein anhängiger Rechtsstreit durch die Anwendung der §§ 82 bis 88, so trägt jede Partei ihre außergerichtlichen Kosten und die Hälfte der gerichtlichen Auslagen; das Gericht kann jedoch die außergerichtlichen Kosten und die gerichtlichen Auslagen anders verteilen, wenn dies aus besonderen Gründen der Billigkeit entspricht. Die Gerichtsgebühren werden nicht erhoben.

(2) Erledigt sich ein anhängiges Vertragshilfeverfahren durch die Anwendung der §§ 82 bis 88, so werden die gerichtlichen Gebühren und Auslagen nicht erhoben.

Zweiter Titel

Sozialrechtliche Angelegenheiten

§ 90

Sozialversicherung

(1) Vertriebene und Sowjetzonenflüchtlinge werden in der Sozialversicherung und Arbeitslosenversicherung den Berechtigten im Geltungsbereich des Gesetzes gleichgestellt.

(2) Vertriebene und Sowjetzonenflüchtlinge können Ansprüche und Anwartschaften, die sie bei nicht mehr vorhandenen oder nicht erreichbaren Trägern der deutschen Sozialversicherung oder bei nichtdeutschen Trägern der Sozialversicherung erworben haben, unter Zugrundelegung der bundesrechtlichen Vorschriften über Sozialversicherung bei Trägern der Sozialversicherung im Geltungsbereich des Gesetzes geltend machen.

(3) Das Nähere regelt ein Bundesgesetz.

§ 91

Ersatz von Kosten der Sozialhilfe

(1) Vertriebene und Sowjetzonenflüchtlinge sind nicht verpflichtet, die Kosten der Sozialhilfe nach § 92 b des Bundessozialhilfegesetzes zu ersetzen.

(2) Für Erben von Vertriebenen und Sowjetzonenflüchtlingen, die bis zu ihrem Tode Rechte und Vergünstigungen nach diesem Gesetz in Anspruch nehmen konnten, gilt § 92 c Abs. 3 Nr. 1 des Bundessozialhilfegesetzes mit der Maßgabe, daß an die Stelle des Zweifachen das Vierfache des Grundbetrages nach § 81 Abs. 1 des Bundessozialhilfegesetzes tritt.

(3) Ein nach bürgerlichem Recht unterhaltspflichtiger Vertriebener oder Sowjetzonenflüchtling ist, soweit es sich um eine Person handelt, auf die sich die Vorschrift des § 1603 Abs. 1 des Bürgerlichen Gesetzbuchs bezieht, nach den §§ 90 und 91 des Bundessozialhilfegesetzes in der Regel nicht in Anspruch zu nehmen. Dasselbe gilt für die Inanspruchnahme nach § 82 des Gesetzes für Jugendwohlfahrt.

Dritter Titel

Prüfungen und Urkunden

§ 92

Anerkennung von Prüfungen

(1) Prüfungen oder Befähigungsnachweise, die Vertriebene und Sowjetzonen-

flüchtlinge bis zum 8. Mai 1945 im Gebiet des Deutschen Reiches nach dem Gebietsstande vom 31. Dezember 1937 abgelegt oder erworben haben, sind im Geltungsbereich des Gesetzes anzuerkennen.

(2) Prüfungen oder Befähigungsnachweise, die Vertriebene und Sowjetzonenflüchtlinge bis zum 8. Mai 1945 in Gebieten außerhalb des Deutschen Reiches nach dem Gebietsstande vom 31. Dezember 1937 abgelegt oder erworben haben, sind anzuerkennen, wenn sie den entsprechenden Prüfungen oder Befähigungsnachweisen im Geltungsbereich des Gesetzes gleichwertig sind.

(3) Auf Prüfungen oder Befähigungsnachweise, die Vertriebene und Sowjetzonenflüchtlinge nach dem 8. Mai 1945 in Gebieten außerhalb des Geltungsbereichs des Gesetzes abgelegt oder erworben haben, ist Absatz 2 entsprechend anzuwenden. Die Vorschriften über die Anerkennung von Prüfungen oder Befähigungsnachweisen im öffentlichen Dienst bleiben unberührt.

§ 93
Ersatz von Urkunden

(1) Haben Vertriebene oder Sowjetzonenflüchtlinge die zur Ausübung ihres Berufes notwendigen oder für den Nachweis ihrer Befähigung zweckdienlichen Urkunden (Prüfungs- oder Befähigungsnachweise) und die zur Ausstellung von Ersatzurkunden erforderlichen Unterlagen verloren, so ist ihnen auf Antrag durch die für die Ausstellung entsprechender Urkunden zuständigen Behörden und Stellen eine Bescheinigung auszustellen, wonach der Antragsteller die Ablegung der Prüfung oder den Erwerb des Befähigungsnachweises glaubhaft nachgewiesen hat.

(2) Voraussetzung für die Ausstellung der Bescheinigung gemäß Absatz 1 ist die glaubhafte Bestätigung

1. durch schriftliche, an Eides Statt abzugebende Erklärung einer Person, die auf Grund ihrer früheren dienstlichen Stellung im Bezirk des Antragstellers von der Ablegung der Prüfung oder dem Erwerb des Befähigungsnachweises Kenntnis hat, oder

2. durch schriftliche, an Eides Statt abzugebende Erklärungen von zwei Personen, die von der Ablegung der Prüfung oder dem Erwerb des Befähigungsnachweises eigene Kenntnis haben.

(3) Die Bescheinigung gemäß Absatz 1 hat im Rechtsverkehr dieselbe Wirkung wie die Urkunde über die abgelegte Prüfung oder den erworbenen Befähigungsnachweis.

(4) Die Absätze 1 bis 3 sind für den Nachweis rechtserheblicher Tatsachen im Sinne des Gesetzes zur Regelung der Rechtsverhältnisse der unter Artikel 131 des Grundgesetzes fallenden Personen vom 11. Mai 1951 (Bundesgesetzbl. I, S. 307) entsprechend anzuwenden.

(5) Zuständig für die Entgegennahme von Erklärungen an Eides Statt gemäß Absatz 2 sind die für die Ausstellung der Bescheinigungen gemäß Absatz 1 zuständigen und die von den Ländern hierzu bestimmten Behörden und Stellen.

Vierter Titel

Sonstige Vorschriften

§ 94

Familienzusammenführung

(1) Sofern nach Vorschriften des Bundes, der Länder oder einer Besatzungsmacht der Zuzug oder der Aufenthalt im Geltungsbereich des Gesetzes von einer Erlaubnis abhängt, darf diese nicht verweigert werden, wenn sie ein Vertriebener oder Sowjetzonenflüchtling, der im Geltungsbereich des Gesetzes seinen ständigen Aufenthalt hat, für seine in Absatz 2 genannten Angehörigen zum Zweck der Familienzusammenführung beantragt.

(2) Als Familienzusammenführung im Sinne des Absatzes 1 gilt die Zusammenführung

1. von Ehegatten,

2. von minderjährigen Kindern zu den Eltern,

3. von hilfsbedürftigen Eltern zu Kindern; dabei sind im Verhältnis zwischen Eltern und Kindern auch Schwiegerkinder zu berücksichtigen, wenn das einzige oder letzte Kind verstorben oder verschollen ist,

4. von hilfsbedürftigen Großeltern zu Enkelkindern,

5. von volljährigen hilfsbedürftigen Kindern zu den Eltern oder volljährigen Kindern zu hilfsbedürftigen Eltern,

6. von minderjährigen Kindern zu den Großeltern, falls die Eltern nicht mehr leben oder sich der Kinder nicht annehmen können,

7. von minderjährigen Kindern zu Verwandten der Seitenlinie, wenn Verwandte aufsteigender Linie nicht mehr leben oder sich der Kinder nicht annehmen können,

8. von volljährigen, in Ausbildung stehenden Kindern zu den Eltern,

9. von Eltern zu Kindern oder, wenn Enkel vorhanden sind, zu Schwiegerkindern,

10. von Geschwistern zueinander, wenn ein Teil hilfsbedürftig ist,

11. von hilfsbedürftigen Personen zu Verwandten der Seitenlinie bis zum dritten Grade, wenn nähere Verwandte nicht mehr leben oder sich der Personen nicht annehmen können,

12. von Schwiegerkindern zu hilfsbedürftigen Schwiegereltern.

(3) Personen, die im Wege der Familienzusammenführung ihren ständigen Aufenthalt im Geltungsbereich des Gesetzes genommen haben, können ihrerseits ein Recht auf Nachzug von Familienangehörigen aus dieser Vorschrift nur dann herleiten, wenn sie selbst Rechte und Vergünstigungen als Vertriebene oder Sowjetzonenflüchtlinge in Anspruch nehmen können.

§ 95

Unentgeltliche Beratung

(1) Organisationen der Vertriebenen und Flüchtlinge, deren Zweck nicht auf einen wirtschaftlichen Geschäftsbetrieb gerichtet ist, dürfen Vertriebene und Sowjetzonenflüchtlinge im Rahmen ihres Aufgabengebietes in Rechts-, Steuer- und Wirtschaftsfragen unentgeltlich beraten. Sie bedürfen hierzu keiner besonderen Erlaubnis.

(2) Diese Tätigkeit kann ihnen im Falle mißbräuchlicher Ausübung untersagt werden. Das Nähere bestimmt die Bundesregierung durch Rechtsverordnung mit Zustimmung des Bundesrates.

Fünfter Abschnitt

Kultur, Forschung und Statistik

§ 96

Pflege des Kulturgutes der Vertriebenen und Flüchtlinge und Förderung der wissenschaftlichen Forschung

Bund und Länder haben entsprechend ihrer durch das Grundgesetz gegebenen Zuständigkeit das Kulturgut der Vertreibungsgebiete in dem Bewußtsein der Vertriebenen und Flüchtlinge, des gesamten deutschen Volkes und des Auslandes zu erhalten, Archive, Museen und Bibliotheken zu sichern, zu ergänzen und auszuwerten, sowie Einrichtungen des Kunstschaffens und der Ausbildung sicherzustellen und zu fördern. Sie haben Wissenschaft und Forschung bei der Erfüllung der Aufgaben, die sich aus der Vertreibung und der Eingliederung der Vertriebenen und Flüchtlinge ergeben, sowie die Weiterentwicklung der Kulturleistungen der Vertriebenen und Flüchtlinge zu fördern. Die Bundesregierung berichtet jährlich dem Bundestag über das von ihr Veranlaßte.

§ 97

Statistik

(1) Bund und Länder haben die auf dem Gebiete des Vertriebenen- und Flüchtlingswesen erforderlichen statistischen Arbeiten durchzuführen. Insbesondere haben sie die Statistik so auszugestalten, daß die statistischen Unterlagen für die Durchführung der zum Zwecke der Eingliederung der Vertriebenen und Sowjetzonenflüchtlinge erlassenen Vorschriften zur Verfügung gestellt werden können.

(2) Der Stand der wirtschaftlichen und sozialen Eingliederung der Vertriebenen und Sowjetzonenflüchtlinge im Vergleich zu deren Lage vor der Vertreibung ist durch eine Statistik festzustellen, die im Zusammenhang mit der Beantragung von Ausweisen durchzuführen ist. Die Antragsteller haben die Antragsvordrucke (§ 16) in doppelter Ausfertigung auszufüllen. Die für die statistische Auswertung bestimmten Doppelstücke werden durch die Statistischen Ämter nach den für die Statistik geltenden Vorschriften weiter bearbeitet. Die Kosten hierfür tragen Bund und Länder nach den bei ihnen anfallenden Arbeiten.

Sechster Abschnitt

Strafbestimmungen

§ 98

Erschleichung von Vergünstigungen

Mit Freiheitsstrafe bis zu fünf Jahren oder mit Geldstrafe wird bestraft, wer unrichtige oder unvollständige Angaben tatsächlicher Art macht oder benutzt, um für sich oder einen anderen Rechte oder Vergünstigungen, die Vertriebenen oder Sowjetzonenflüchtlingen vorbehalten sind, zu erschleichen.

§ 99

Pflichtverletzung von Verwaltungsangehörigen

Mit Freiheitsstrafe bis zu fünf Jahren oder mit Geldstrafe wird bestraft, wer als Verwaltungsangehöriger bei der Durchführung dieses Gesetzes Ausweise oder Bescheinigungen für Personen ausstellt, von denen er weiß, daß sie kein Recht auf Erteilung des Ausweises oder der Bescheinigung haben.

Siebenter Abschnitt

Übergangs- und Schlußbestimmungen

(§§ 100 bis 105 sind nicht abgedruckt.)

§ 106

Verwaltungsvorschriften

Die zur Durchführung dieses Gesetzes erforderlichen allgemeinen Verwaltungsvorschriften erläßt die Bundesregierung mit Zustimmung des Bundesrates.

§ 107

Berlin-Klausel

Dieses Gesetz gilt nach Maßgabe des § 12 Abs. 1 und des § 13 Abs. 1 des Dritten Überleitungsgesetzes vom 4. Januar 1952 (Bundesgesetzbl. I, S. 1) auch im Land Berlin. Rechtsverordnungen, die auf Grund der in diesem Gesetz enthaltenen Ermächtigungen erlassen werden, gelten im Land Berlin nach § 14 des Dritten Überleitungsgesetzes.

4.2 Richtlinien betreffend Durchführung des § 13 des Gesetzes über die Angelegenheiten der Vertriebenen und Flüchtlinge (Bundesvertriebenengesetz – BVFG –) vom 19. Mai 1953 – Bundesgesetzbl. I, S. 201 – vom 20. Juli 1954 (GMBI . S. 418)

I.

Zweck der Richtlinien

Das BVFG geht von dem Grundsatz aus, daß der einmal erworbene Status als Vertriebener oder Flüchtling nicht verlorengeht, solange der Betroffene in das Vertreibungsgebiet bzw. in die SBZ nicht zurückgekehrt ist. Gemäß § 7 BVFG wird der Status sogar an Kinder und Kindeskinder weitergegeben. Bei Vorliegen bestimmter weiterer Voraussetzungen (vgl. §§ 9 und 10 BVFG) gewährt das Gesetz eine Reihe von Rechten und Vergünstigungen, die den Vertriebenen und Flüchtlingen den Neuaufbau einer Existenz erleichtern sollen. Bei dieser weitgehenden Statusregelung war es erforderlich, eine Möglichkeit im Gesetz vorzusehen, das Recht zur Inanspruchnahme von Rechten und Vergünstigungen (Betreuungsberechtigung) zur Beendigung zu bringen. Da es sich um für einen bestimmten Personenkreis vorgesehene *besondere* Rechte und Vergünstigungen handelt, ist deren Gewährung nur so lange gerechtfertigt, wie sich die Vertreibung bzw. Flucht auf die wirtschaftliche und soziale Lage dieses Personenkreises auswirkt. § 13 bestimmt daher im Abs. 1, daß Rechte und Vergünstigungen als Vertriebener oder Sowjetzonenflüchtling nach diesem Gesetz nicht mehr in Anspruch nehmen kann, *wer in das wirtschaftliche und soziale Leben in einem nach seinen*

früheren wirtschaftlichen Verhältnissen zumutbaren Maße eingegliedert ist.
Gemäß Abs. 2 gilt das gleiche, wenn ein Vertriebener oder Sowjetzonenflüchtling in das Vertreibungsgebiet bzw. in die sowjetische Besatzungszone nicht zurückkehrt, obwohl ihm die Rückkehr dorthin möglich und zumutbar ist.

In der nächsten Zeit dürfte vorerst nur die Möglichkeit der Beendigung der Betreuungsberechtigung gemäß Abs. 1 für die Verwaltung praktisch von Bedeutung
werden. Obwohl noch bei weitem nicht der gesamte in Frage kommende Personenkreis mit den nach dem BVFG vorgesehenen Ausweisen ausgestattet ist,
drängen in einzelnen Fällen Behörden und Stellen, die für die Gewährung von
Rechten und Vergünstigungen an Vertriebene und Flüchtlinge zuständig sind, auf
Entscheidung über die Beendigung der Betreuungsberechtigung. § 13 enthält
im Abs. 1 eine Grundsatzbestimmung, die der Konkretisierung bedarf, um für die
zuständigen Verwaltungsbehörden praktikabel zu sein. In den nachstehenden
Ausführungen werden daher Hinweise für die Anwendung des § 13 BVFG gegeben, nach denen bis zum evtl. Erlaß von Verwaltungsvorschriften verfahren werden kann. Sie verfolgen insbesondere auch den Zweck, eine möglichst gleichmäßige Anwendung beim Vollzug des § 13 in allen Ländern sicherzustellen.

Es darf noch vorausgeschickt werden, daß der Wegfall der Betreuungsberechtigung nicht unmittelbar kraft Gesetzes eintritt. Gemäß Abs. 3 des § 13 bedarf es
vielmehr über die Beendigung der Betreuungsberechtigung einer besonderen
Entscheidung der zuständigen Behörde. Hieraus ergibt sich, daß diese Entscheidung konstitutive Bedeutung hat. Solange eine solche Entscheidung nicht ergan-
gen ist, können andere Behörden – insbesondere die für die Inanspruchnahme von
Rechten und Vergünstigungen zuständigen Stellen – nicht etwa inzidenter die
Beendigung der Betreuungsberechtigung feststellen und zur Grundlage ihrer
Entscheidung machen.

II.

Wirkungen der Betreuungsbeendigung

Die Beendigung der Betreuung gemäß § 13 BVFG hat zunächst zur Folge, daß
Rechte und Vergünstigungen nach dem BVFG nicht mehr in Anspruch genommen werden können. Wie sich aus dem Wortlaut des Gesetzes ergibt („kann n i c h t
m e h r in Anspruch nehmen"), wirkt diese Entscheidung nicht auf einen früheren
Zeitpunkt zurück, sondern nur für die Zukunft.

Die Formulierung des Gesetzes, daß Rechte und Vergünstigungen „nach diesem
Gesetz" nicht mehr in Anspruch genommen werden können, schließt jedoch
nicht aus, daß sich die verfügte Betreuungsbeendigung auch auf die künftige
Gewährung von Vergünstigungen nach anderen Gesetzen auswirkt. Hierfür ist
Voraussetzung, daß in diesen Vorschriften die Gewährung von Vergünstigungen
nicht lediglich an die Vertriebenen- oder Flüchtlingseigenschaft (Status), sondern
auch an die Betreuungsvoraussetzungen nach dem BVFG geknüpft ist. So wird in
den §§ 7 a, 7 e und 10 a des Einkommensteuergesetzes in der Fassung des Ein-
kommensteueränderungs- und Ergänzungsgesetzes vom 19. 5. 1953 (Bundesgesetzbl. I, S. 222) als tatbestandsmäßige Voraussetzung für die Inanspruchnahme der dort genannten Steuervergünstigungen jeweils formuliert, daß die
betreffenden Steuerpflichtigen auf Grund des BVFG zur Inanspruchnahme von
Rechten und Vergünstigungen berechtigt sein müssen. Dies hat zur Folge, daß
die genannten Steuervergünstigungen nicht mehr in Anspruch genommen werden können, wenn die Beendigung der Betreuungsberechtigung gemäß § 13

BVFG verfügt ist. Dagegen hat die Betreuungsbeendigung auf die Gewährung des Freibetrages gemäß § 33a des Einkommensteuergesetzes keinen Einfluß, da dieser Freibetrag Vertriebenen pp. ohne Rücksicht auf das Vorliegen der Betreuungsvoraussetzungen nach dem BVFG gewährt wird.

Wirkt die Betreuungsbeendigung gemäß § 13 BVFG einerseits über das BVFG hinaus, so kann sie sich andererseits trotz der allgemeinen Fassung nicht auf alle im BVFG selbst vorgesehenen Vergünstigungen erstrecken. Als Beispiel seien hier die Bestimmungen der §§ 70 Abs. 1–4, 92, 93 und 94 angeführt. Die Vorschriften des § 70 Abs. 1 und Abs. 3 fingieren zu Gunsten bestimmter Vertriebener und Flüchtlinge bei Vorliegen der Betreuungsberechtigung zu einem bestimmten Zeitpunkt (Inkrafttreten des BVFG bzw. Aufenthaltnahme des Umgesiedelten im neuen Zulassungsbezirk) eine Rechtslage (subjektiv öffentliches Recht), die durch § 13 BVFG nicht mehr berührt werden kann. Der Altkassenarzt, der gemäß § 70 Abs. 1 weiterhin als zur Kassenpraxis zugelassen gilt, kann dieses Recht nur auf Grund der geltenden Zulassungsordnungen verlieren. § 92 BVFG statuiert die Anerkennung gewisser Prüfungen im Geltungsbereich des Gesetzes. Diese Bestimmung enthält eine fortdauernde Anweisung an die zuständigen Behörden. Ob Prüfungen anzuerkennen sind oder nicht, kann nicht von dem wirtschaftlichen und sozialen Status dessen abhängig gemacht werden, der die Prüfung bestanden hat. § 13 kann daher gegenüber der Bestimmung des § 92 nicht zum Zuge kommen. § 93 ist Ausfluß eines allgemeinen rechtsstaatlichen Grundsatzes über den Ersatz von verlorenen Urkunden. Dessen Geltung kann ebenfalls nicht vom Stand der wirtschaftlichen und sozialen Eingliederung des Betroffenen abhängig sein.

Schließlich dürfte die Betreuungsbeendigung gem. § 13 auch auf die Anwendung des § 94 BVFG (Familienzusammenführung) keinen Einfluß haben, da einmal die Vorschrift über die Begünstigung der Familienzusammenführung nicht der wirtschaftlichen und sozialen Eingliederung dessen dient, zu dem die Familienzusammenführung stattfindet, und andererseits diese Bestimmung sich in erster Linie zu Gunsten des zuziehenden Teils auswirkt. Dem steht nicht im Wege, daß nach der Formulierung des § 94 Abs. 1 von einem Antrag des im Geltungsbereich des Grundgesetzes oder in Berlin (West) aufhältlichen Vertriebenen oder Sowjetzonenflüchtlings gesprochen wird.

Aus dem konstitutiven Charakter der Entscheidung und ihrer auf die Zukunft beschränkten Wirksamkeit ergibt sich, daß die Beendigung der Betreuung auf Rechte und Vergünstigungen, die bereits in Anspruch genommen wurden, ohne Einfluß ist. Die vor der Vertreibung begründeten Verbindlichkeiten eines Vertriebenen, z. B. die dadurch zu Naturalobligationen geworden sind, daß eine Anrufung des Vertragshilferichters durch den Gläubiger gem. §§ 83, 84 BVFG nicht stattgefunden hat, ändern ihre rechtliche Natur auch dann nicht, wenn der Schuldner aus der Betreuung ausscheidet.

Es wird davon auszugehen sein, daß eine Verschlechterung der wirtschaftlichen und sozialen Lage nach unanfechtbar gewordener Betreuungsbeendigung als nicht mehr mit der Vertreibung in Kausalzusammenhang stehend anzusehen ist. Ein Wiederaufleben der Betreuungsberechtigung dürfte daher in diesem Falle nicht in Betracht kommen. Auch besonders aus diesem Grunde wird im Einzelfall sorgfältig zu prüfen sein, ob die Voraussetzungen für die Betreuungsbeendigung gegeben sind.

III.
Voraussetzungen der Betreuungsbeendigung gemäß § 13 Abs. 1

Gemäß § 13 Abs. 1 ist Voraussetzung für die Beendigung der Betreuungsberechtigung, daß der Vertriebene oder Flüchtling in das wirtschaftliche und soziale Leben *eingegliedert* ist und daß diese Eingliederung im Hinblick auf die *früheren wirtschaftlichen und sozialen Verhältnisse als zumutbar* anzusehen ist.

Hiernach ist von der *gegenwärtigen* wirtschaftlichen und sozialen Lage des Vertriebenen oder Flüchtlings auszugehen und diese in *zweifacher* Hinsicht zu werten: einmal dahingehend, ob der Vertriebene oder Flüchtling über eine nach den heutigen allgemeinen wirtschaftlichen und sozialen Verhältnissen *gesicherte Existenz* verfügt (Eingliederung in das wirtschaftliche und soziale Leben), zum anderen dahingehend, ob diese Existenz im Vergleich zu seinen *früheren wirtschaftlichen und sozialen Verhältnissen zumutbar* ist.

1. *Gegenwärtige Existenz* (Eingliederung in das wirtschaftliche und soziale Leben)

Die gegenwärtige wirtschaftliche und soziale Lage ergibt sich im wesentlichen aus der Stellung des Vertriebenen oder Flüchtlings im Berufs- bzw. Erwerbsleben und seinem Einkommen hieraus sowie aus seiner Vermögenslage. Die Nutzungen, die der Vertriebene oder Flüchtling aus vorhandenem bzw. erworbenem Vermögen, und die Einkünfte, die er aus seiner beruflichen Tätigkeit bezieht, sind die materielle Grundlage seines sozialen Status. Sie ermöglichen ihm eine mehr oder minder angemessene Lebens- und Haushaltsführung. Die wirtschaftlichen Verhältnisse des Vertriebenen oder Flüchtlings stehen daher zu seinem sozialen Status in einer Funktionsbeziehung. Sie sind seine Existenzgrundlage.

Für die Feststellung seiner gegenwärtigen wirtschaftlichen und sozialen Lage kommt es nicht darauf an, ob der Vertriebene oder Flüchtling wieder seinen früheren Beruf ausübt oder diesen gewechselt hat. Insbesondere kann auch ein früherer Angestellter, Beamter oder Arbeiter jetzt eine selbständige Tätigkeit ausüben. Im allgemeinen wird aber davon ausgegangen werden können, daß die frühere Art der Erwerbstätigkeit wieder angestrebt wird. Ob aus objektiven Gründen eine Eingliederung im früheren Beruf nur beschränkt oder überhaupt nicht möglich ist (z. B. Unvermehrbarkeit des Bodens bei der Eingliederung der Landwirte), ist für die Anwendung des § 13 Abs. 1 ohne Bedeutung. Solange z. B. ein vertriebener Landwirt nicht wieder als Landwirt angesetzt werden kann, obwohl er dies anstrebt und in einem anderen Beruf eine zumutbare Eingliederung nicht erreicht wurde, kann er nicht von der Betreuung ausgeschlossen werden. Falls er endgültig einen anderen Beruf ergriffen hat, kommt es darauf an, ob der in dem neuen Beruf erreichte Eingliederungsstand zumutbar ist.

Mit welchen Mitteln der Vertriebene oder Flüchtling seine jetzige Existenz aufgebaut hat, ist ebenfalls unerheblich. Durch die Aussteuerung nach § 13 soll zwar die private Initiative der Vertriebenen und Flüchtlinge nicht bestraft werden. Andererseits erscheint es aber nicht angängig, etwa nur gewährte staatliche Hilfen zum Existenzaufbau zu berücksichtigen. Der Vertriebene muß private Mittel, woher sie ihm auch zuwachsen (z. B. Erbschaft, Lotteriegewinn) grundsätzlich für die Schaffung einer Existenz einsetzen.

Wer es in unverantwortbarer Weise unterlassen hat, ausreichend vorhandene eigene Mittel zu Schaffung einer ausreichenden Existenz einzusetzen, wird sich als „in zumutbarem Maße eingegliedert" behandeln lassen müssen. Das gleiche dürfte für einen Vertriebenen oder Flüchtling gelten, der, aus welchem Grunde auch immer, über finanzielle Mittel in einem Maße verfügt, die über seinen Eingliederungsbedarf im Sinne des § 13 Abs. 1 hinausgehen. Wer bereits einmal eine gesicherte und „zumutbare" Existenz erreicht hatte, deren Verlust er durch sein Verhalten zu vertreten hat (etwa offensichtliche Mißwirtschaft oder strafbare Handlungen), wird sich gegenüber einer Anwendung des § 13 Abs. 1 nicht auf seine derzeitige unzulängliche wirtschaftliche und soziale Lage berufen können. In einem solchen Falle wäre der Kausalzusammenhang zwischen Vertreibung und Existenzverlust unterbrochen.

Es dürfte auch nicht etwa Voraussetzung für die Anwendung des § 13 Abs. 1 sein, daß im Einzelfalle die nach dem LAG zustehenden Entschädigungen ausgezahlt worden sind, wie auch umgekehrt die Zahlung der Lastenausgleichsentschädigung allein die Anwendung des § 13 Abs. 1 nicht rechtfertigen kann, wenn diese Mittel trotz wirtschaftlich sinnvoller Verwendung zu einer angemessenen Existenz (zumutbares Maß der Eingliederung) nicht geführt haben.

Um von einer Eingliederung in das wirtschaftliche und soziale Leben sprechen zu können, muß die von dem Vertriebenen oder Flüchtling errichtete Existenz gewissen Anforderungen genügen. Es wird daher vor Anwendung des § 13 Abs. 1 im Einzelfalle sorgfältig zu prüfen sein, ob der derzeitige Stand der Eingliederung nicht mehr oder weniger nur ein Provisorium darstellt (Einschiebung!).

In beruflicher Hinsicht muß der Vertriebene oder Flüchtling seinen Betrieb, seine Stellung oder seinen Arbeitsplatz längere Zeit innegehabt haben.

Bei selbständig Erwerbstätigen wird darauf zu achten sein, daß das Verhältnis zwischen Eigen- und Fremdkapital normalisiert ist. Es kann auch von Bedeutung sein, ob er wieder über eigenen Grundbesitz oder eigenen Betriebsraum verfügt. Auch die Empfindlichkeit gegenüber künftigen Konjunkturrückschlägen ist zu berücksichtigen, wenn sie darauf beruht, daß das Unternehmen die erforderliche Krisenfestigkeit noch nicht erreichen konnte.

Bei Arbeitnehmern (Angestellten und Arbeitern) wird von einer Eingliederung nur dann gesprochen werden können, wenn die Fortdauer des Arbeitsverhältnisses – auch nach der Lage des Betriebes – gesichert erscheint. Sogenanntes Aushilfspersonal kann nicht als eingegliedert angesehen werden, jedenfalls nicht, soweit es sich um Arbeitnehmer handelt, die vor der Vertreibung in einem Dauerarbeitsverhältnis gestanden haben.

Die vorstehenden Gesichtspunkte müssen insbesondere bei älteren Angestellten beachtet werden, da diese beim Verlust des Arbeitsplatzes nur schwer wieder unterzubringen sind. Die Folge einer verfrühten Aussteuerung wäre in solchen Fällen der Verlust der Möglichkeit einer bevorzugten Vermittlung (§ 77 BVFG).

Zu geordneten sozialen Verhältnissen gehört grundsätzlich auch das Vorhandensein einer angemessenen mit Mobiliar und sonstigem Hausrat ausgestatteten Familienwohnung, die sich in zumutbarer Entfernung vom Arbeitsplatz befinden muß.

Solange durch den mit der Aussteuerung verbundenen Fortfall von Vergünstigungen (z. B. Kredite, Steuervergünstigungen, bevorzugte Berücksichtigung bei öffentlichen Aufträgen, Freistellung von der Erstattung von Fürsorgekosten u. a.) die bereits erreichte Eingliederung wieder gefährdet werden würde, ist von der Aussteuerung abzusehen.

Als in das wirtschaftliche und soziale Leben eingegliedert wird – vorbehaltlich der Frage der Zumutbarkeit des Eingliederungsstandes – ein Vertriebener oder Flüchtling daher nur anzusehen sein, wenn folgende Fragen bejaht werden können:

a) Verfügt der Vertriebene oder Flüchtling bereits über eine auskömmliche Existenz, d. h. erzielt er durch Verwendung seiner Arbeitskraft oder seines Vermögens Einkünfte in einer Höhe, daß ein ausreichender Unterhalt für sich und seine Familienangehörigen gewährleistet ist?

b) Verfügt er gegebenenfalls über ausreichende Mittel zur Führung seiner beruflichen Existenz (z. B. erforderliche Werkzeuge, Instrumentarium, Betriebsmittel, insbesondere auch Mittel für die notwendigen laufenden Ergänzungsbeschaffungen)?

c) Halten sich die gegebenenfalls vorhandene Verschuldung und die damit verbundenen Absicherungs- und Tilgungsverpflichtungen, soweit sie mit der wirtschaftlichen Existenz zusammenhängen, in dem für eine derartige Existenz üblichen Rahmen?

d) Kann die erreichte Existenz nach allgemeiner wirtschaftlicher Betrachtungsweise als gesichert angesehen werden? (Zur Sicherheit der Existenz gehört auch eine ausreichende Wettbewerbsfähigkeit.)

e) Verfügt der Vertriebene oder Flüchtling über eine angemessene Wohnung mit Mobiliar und sonstigem Hausrat in zumutbarer Entfernung vom Arbeitsplatz, die auch die Unterbringung der Familie ermöglicht?

Liegt eine der vorstehend aufgeführten Voraussetzungen nicht vor, so kann nicht gesagt werden, daß der Vertriebene oder Flüchtling bereits über eine nach den heutigen allgemeinen wirtschaftlichen und sozialen Verhältnissen gesicherte Existenz verfügt. Er ist noch nicht eingegliedert. Die weitere Frage, ob er im Hinblick auf seine früheren wirtschaftlichen und sozialen Verhältnisse in *zumutbarem Maße* eingegliedert ist, kann und braucht dann nicht geprüft zu werden.

2. Zumutbarkeit des Eingliederungsstandes im Hinblick auf die früheren wirtschaftlichen und sozialen Verhältnisse

Die Anwendung des § 13 Abs. 1 verlangt einen Vergleich der jetzigen mit den früheren wirtschaftlichen und sozialen Verhältnissen des Vertriebenen oder Flüchtlings, da hiervon die Beantwortung der Frage der Zumutbarkeit des derzeitigen Eingliederungsstandes abhängt.

Unter „früheren" wirtschaftlichen und sozialen Verhältnissen sind *grundsätzlich* die Verhältnisse *vor der Vertreibung* zu verstehen. Bei *Vertriebenen* kommt die Situation vor Beginn der allgemeinen Vertreibungsvorgänge in Frage, in deren Verlauf der Einzelne seinen Wohnsitz im Vertreibungsgebiet verloren hat. *Umsiedler* (§ 1 Abs. 2 Nr. 2) werden nach ihren Verhältnissen vor der Umsiedlung zu beurteilen sein. Bei *Aussiedlern* (§ 1 Abs. 2 Nr. 3) wird nicht die wirtschaftliche und soziale Lage im Zeitpunkt der Aussiedlung, sondern in dem Zeitpunkt zugrunde zu legen sein, in dem die Masse ihrer Landsleute vertrieben wurde.

Bei *Saarverdrängten* werden die Verhältnisse unmittelbar vor der Ausweisung aus dem Saargebiet zum Vergleich heranzuziehen sein. Für Personen, die in das Saargebiet nicht zurückkehren konnten, kann von den Verhältnissen vor dem 8. Mai 1945 ausgegangen werden.

Mit Rücksicht darauf, daß bei den *Sowjetzonenflüchtlingen* und den ihnen *gleichgestellten Personen* (§ 4 BVFG) die Fluchtgründe vielfach mit ihrer wirtschaftlichen und sozialen Stellung vor der Besetzung zusammenhängen (z. B. Großgrundbesitzer),ʹ wird man auch bei diesem Personenkreis in der Regel von der wirtschaftlichen und sozialen Lage am 8. Mai 1945 ausgehen können. Wenn jedoch zwischen den Fluchtgründen und der wirtschaftlichen und sozialen Stellung vor dem Zusammenbruch keinerlei Zusammenhang erkennbar ist (z. B. Flucht wegen Gewissenszwang), dürfte die Lage unmittelbar vor der Flucht maßgebend sein. Verbesserungen der wirtschaftlichen und sozialen Verhältnisse gegenüber der Lage am 8. 5. 1945 werden bei Sowjetzonenflüchtlingen dann zu berücksichtigen sein, wenn sie nicht auf einer Nutznießung der politischen Verhältnisse in der sowjetischen Besatzungszone beruhen.

Bei der Prüfung der Frage, ob der bisher erreichte Eingliederungsstand im Hinblick auf die früheren wirtschaftlichen und sozialen Verhältnisse zumutbar ist, dürfte davon auszugehen sein, daß die jetzige wirtschaftliche und soziale Lage nicht in vollem Umfange den früheren Verhältnissen entsprechen muß. Insbesondere dürften die früheren wirtschaftlichen Verhältnisse nur in Betracht gezogen werden können, soweit sie die materielle Grundlage für den Lebenszuschnitt abgaben. Von besonderer Bedeutung ist die Feststellung des früheren Existenztyps (Arzt, Landwirt, Facharbeiter, Einzelhändler pp.) und die ungefähre Höhe des nachhaltig erzielten Einkommens. Im einzelnen dürfte folgendes zu beachten sein:

a) Das *frühere Einkommen* muß nicht wieder in voller Höhe erreicht sein. Es muß aber der Teil des früheren Einkommens erreicht werden, der nachhaltig zur Bestreitung des Lebensunterhalts verbraucht wurde, d. h. es muß der frühere Lebensstandard in etwa wieder erreicht sein. Es wird hierbei aber nur der Lebenszuschnitt zu berücksichtigen sein, der im allgemeinen dem betreffenden Existenz-Typus entspricht. Ungewöhnliche Verhältnisse, insbesondere dem allgemeinen Durchschnitt gegenüber wesentlich überhöhte Lebenshaltungsaufwendungen werden nicht zu berücksichtigen sein.

Das *frühere Vermögen* ist zu berücksichtigen, wenn und soweit es die wirtschaftliche und soziale Stellung des Vertriebenen oder Flüchtlings bestimmt hat.

c) Von Bedeutung ist ferner, ob der Vertriebene oder Flüchtling eine seiner früheren entsprechende bzw. annähernd entsprechende *soziale Stellung* wieder erreicht hat. Früher selbständig tätig gewesene Vertriebene oder Flüchtlinge werden im allgemeinen ihre frühere soziale Stellung nicht erreicht haben, wenn sie sich in abhängiger Stellung befinden. Dieser Gesichtspunkt kann jedoch keine Rolle in den Fällen spielen, in denen die Wiederherstellung einer selbständigen Existenz im Hinblick auf die erreichte abhängige Stellung offensichtlich nicht mehr angestrebt wird.

d) Der *frühere Beruf* – insbesondere wenn für seine Ausübung eine besondere Ausbildung erforderlich war – wird insofern für die Frage der Zumutbarkeit von Bedeutung sein können, als im allgemeinen Vertriebene und Flüchtlinge eine Verwendung im gleichen Beruf anstreben werden. Für die Beendigung der Betreuung ist jedoch nicht erforderlich, daß die Eingliederung in den gleichen Beruf erfolgt ist. Dies insbesondere dann nicht, wenn ein freiwilliger Berufswechsel vorliegt, der auch aus einer ursprünglich provisorischen Betätigung in einem anderen Beruf seinen früheren Lebensstandard voll erreicht hat, wird im allgemeinen aus der Betreuung ausgeschlossen werden können. Wer sich darauf beruft, daß er gegen seinen Willen und nach seiner Ansicht nur vorübergehend einen anderen Beruf ergriffen hat, wird nur dann nicht aus der Betreuung auszuschließen sein, wenn das Bundesvertriebenengesetz zweckentsprechende Hilfen (Rechte und Vergünstigungen) für die Rückkehr in den alten Beruf vorsieht (vgl. §§ 35, 72 BVFG; Gegensatz: frühere Beamte).

e) Voraussetzung für die Annahme eines zumutbaren Eingliederungsstandes dürfte weiterhin sein, daß der Vertriebene oder Flüchtling auf Grund seiner jetzigen wirtschaftlichen und sozialen Verhältnisse in der Lage ist, in angemessenem Umfange *Vorsorge für das Alter* zu treffen.

f) Ebenso wird zu prüfen sein, ob eine den früheren Verhältnissen entsprechende *Ausbildung der Kinder* nach der gegenwärtigen wirtschaftlichen Lage gewährleistet ist. Falls diese Frage zu bejahen ist, wird zugleich mit der Beendigung der Betreuung des Unterhalt gewährenden Elternteils auch die der Kinder zu verfügen sein, obwohl sie noch keine eigene wirtschaftliche Existenz aufzuweisen haben.

g) Schließlich wird zu berücksichtigen sein, daß viele Vertriebene und Flüchtlinge zur Zeit der Vertreibung oder Flucht sich hinsichtlich ihrer wirtschaftlichen und insbesondere sozialen Stellung erst in der *Entwicklung* befunden haben. Eine entsprechende *Entwicklungschance* muß den betreffenden Personen auch im Hinblick auf die Betreuungsbeendigung gemäß § 13 Abs. 1 BVFG gewahrt bleiben.

So haben insbesondere im Zeitpunkt der Vertreibung oder Flucht *jugendliche Personen* noch über keine selbständige Stellung im wirtschaftlichen und sozialen Leben verfügt. Sie werden von der Betreuung erst ausgeschlossen werden können, wenn sie eine bestimmte Berufsausbildung, zu der sie sich entschlossen haben, durchlaufen und eine entsprechende *wirtschaftliche Existenz* erworben haben. Hier wird allerdings zu beachten sein, daß die beruflichen Wünsche dieser Personen sich mit der persönlichen Begabung und den früheren wirtschaftlichen und sozialen Verhältnissen ihrer Familie in Übereinstimmung befinden.

Auch in anderen Fällen wird zu beachten sein, daß sich die Beurteilung der früheren wirtschaftlichen und sozialen Verhältnisse nicht mit dem Status, der vor der Flucht erreicht war, erschöpfen darf. So wird beispielsweise bei Handwerkern von Bedeutung sein, daß diese sich nach angemessener Zeit als Arbeitnehmer vielfach selbständig zu machen pflegten. Auch hatten Landarbeiter und zweite Bauernsöhne weitgehend die Chance, in der Heimat als landwirtschaftliche Siedler angesetzt zu werden. Bei der Beurteilung des derzeit erreichten Eingliederungsstandes hinsichtlich der Anwendbarkeit des § 13 Abs. 1 wird derartigen Möglichkeiten Rechnung zu tragen sein.

Zur Beurteilung des Einzelfalles sind sämtliche unter a) bis g) aufgeführten Gesichtspunkte heranzuziehen.

IV.

Voraussetzungen der Betreuungsbeendigung gemäß Abs. 2

Gemäß der Vorschrift des Abs. 2 ist die Beendigung der Betreuung auch auszusprechen, wenn ein Vertriebener oder Sowjetzonenflüchtling in das Gebiet, aus dem er vertrieben wurde, bzw. in die SBZ, aus der er geflüchtet ist, nicht zurückkehrt, obwohl die Rückkehr *möglich* und *zumutbar* ist.

Dieser Regelung liegt der Gedanke zugrunde, daß von Eingliederungsmaßnahmen (Gewährung von Rechten und Vergünstigungen) später abgesehen werden soll, wenn die Gründe, die zur Vertreibung oder Flucht geführt haben, wegfallen. Dies dürfte eine wesentliche Änderung der politischen Beziehungen der Bundesrepublik zu den übrigen Staaten bzw. der politischen Verhältnisse in der SBZ voraussetzen.

Vertriebene oder Flüchtlinge, die im Falle der Eröffnung der Rückkehrmöglichkeit in ihre Heimat bzw. in ihr früheres Wohnsitzgebiet zurückkehren, scheiden ohnehin infolge Verlust des Vertriebenenstatus aus der Betreuung nach dem Bundesvertriebenengesetz aus. Entscheidungen nach § 13 Abs. 2 kommen insoweit nicht in Frage. Auch soweit die Betreuungsbeendigung gemäß Abs. 1 ausgesprochen wurde, ist für eine Entscheidung gemäß Abs. 2 kein Raum mehr.

In die Ausweisungsländer des Potsdamer Abkommens ist eine Rückkehr für die Vertriebenen z. Z. nicht möglich. Das gleiche dürfte für die Deutschen aus Südosteuropa dann zu gelten haben, wenn ihnen die Staatsangehörigkeit ihres früheren Heimatstaates aberkannt ist. Dagegen besteht für West- und Überseevertriebene, sofern es sich um deutsche Staatsangehörige handelt, in zunehmendem Maß die Möglichkeit, wieder in ihre früheren Gastländer zurückzukehren. Auch Sowjetzonenflüchtlinge können zum Zwecke der Rückkehr unbehindert in die sowjetische Besatzungszone einreisen.

§ 13 Abs. 2 setzt aber nicht nur 'die *Möglichkeit,* sondern auch die *Zumutbarkeit* der Rückkehr voraus. Bis auf weiteres wird man grundsätzlich eine Rückkehr in die Länder des Ostblocks nicht für zumutbar ansehen können, selbst wenn dort die Diskriminierung deutscher Volkszugehöriger in politischer und kultureller Beziehung ein Ende gefunden haben sollte. Auch eine Rückkehr in die sowjetische Besatzungszone wird einem Sowjetzonenflüchtling so lange nicht zugemutet werden können, bis rechtliche und politische Garantien für einen ungehinderten Wiederaufbau der dort verlorenen Existenz vorhanden sind und ihm hierfür entsprechende Hilfen gewährt werden. Eine Rückkehr an den früheren Wohnsitz im westlichen Ausland bzw. in Übersee wird man nur dann für zumutbar erklären können, wenn – z. B. durch Rückgabe des enteigneten Vermögens – für den zurückkehrenden Auslandsdeutschen auch eine Existenzmöglichkeit gegeben ist.

Es wird jedoch nicht nur auf die Verhältnisse im Vertreibungsgebiet, sondern auch auf die persönlichen Umstände im Einzelfall ankommen, um zu entscheiden, ob eine Rückkehr als zumutbar angesehen werden kann. Fortgeschrittenes Alter, Krankheit oder Gebrechlichkeit müssen bei der Beurteilung der Zumutbarkeit gleichfalls in Rechnung gestellt werden. Auch wird eine Rückkehr nicht zumutbar sein, wenn der Vertriebene oder Flüchtling im Bundesgebiet nachhaltig mit dem Aufbau einer Existenz – unter Umständen mit Unterstützung der öffentlichen Hand – begonnen hat.

4.3 Flüchtlingshilfegesetz (FlüHG) in der Fassung vom 15. Mai 1971 (BGBl. I, S. 681), zuletzt geändert durch Gesetz vom 24. August 1972 (BGBl. I, S. 1521)

Abschnitt I. Allgemeine Bestimmungen

§ 1 Personenkreis

(1) Leistungen nach Maßgabe der folgenden Vorschriften erhalten auf Antrag deutsche Staatsangehörige und deutsche Volkszugehörige, die ihren Wohnsitz

oder ständigen Aufenthalt in der sowjetischen Besatzungszone Deutschlands oder im sowjetisch besetzten Sektor von Berlin (Schadensgebiet) gehabt haben, wenn sie im Zuge der Besetzung oder nach der Besetzung des Schadensgebiets in den Geltungsbereich des Gesetzes zugezogen sind und sich ständig im Geltungsbereich des Gesetzes aufhalten. Weitere Voraussetzung ist, daß sie entsprechende Leistungen nicht nach anderen Vorschriften erhalten können. Bei Antragstellern, die nach dem 26. August 1950 zugezogen sind, ist ferner erforderlich, daß sie im Wege der Notaufnahme oder eines vergleichbaren Verfahrens aufgenommen wurden.

(2) § 1 Abs. 1 Satz 2 und 3 und Abs. 3 sowie § 6 des Bundesvertriebenengesetzes und § 230 a des Lastenausgleichgesetzes sind entsprechend anzuwenden.

§ 2 Ausschließungsgründe

Liegen Voraussetzungen im Sinne des § 301 Abs. 2 Satz 2 oder des § 359 Abs. 1 oder 3 des Lastenausgleichsgesetzes vor, werden Leistungen nach diesem Gesetz nicht gewährt; auf Schäden und Verluste an Wirtschaftsgütern, die nach der Besetzung des Schadensgebiets unter Ausnutzung der dort bestehenden Verhältnisse erworben worden sind, ist § 359 Abs. 3 Nr. 3 des Lastenausgleichsgesetzes entsprechend anzuwenden.

Abschnitt II. Einrichtungshilfe

§ 3 Voraussetzungen

Berechtigte nach Abschnitt I erhalten Beihilfe zur Beschaffung von Möbeln und sonstigem Hausrat (Einrichtungshilfe), wenn

1. sie im Schadensgebiet einen eigenen Haushalt mit eigenem Hausrat geführt haben und den Hausrat zurücklassen mußten oder ihn durch Schäden im Sinne des § 3 des Beweissicherungs- und Feststellungsgesetzes verloren haben und

2. ihre Einkünfte die in § 7 genannte Höhe nicht übersteigen.

§ 8 Abs. 2 und § 16 Abs. 4 des Feststellungsgesetzes gelten entsprechend. Die Auszahlung der Beihilfe erfolgt nach Maßgabe der jährlich verfügbaren Mittel.

§ 4 Antragsberechtigung

Für Personen, die zu einer Haushaltsgemeinschaft gehören, kann nur ein Antrag gestellt werden; antragsberechtigt ist der Haushaltsvorstand oder sein Ehegatte.

§ 5 Leistung an Kinder

Einrichtungshilfe kann nach dem Tod eines Antragsberechtigten (§ 4), sofern ein antragsberechtigter Ehegatte nicht vorhanden ist, auch Kindern (§ 6 Abs. 2 Nr. 1) gewährt werden, die mit dem Verstorbenen im Schadensgebiet in gemeinsamem Haushalt gelebt und den zurückgelassenen Hausrat mitbenutzt haben; die Aufteilung der Einrichtungshilfe bestimmt sich hierbei nach den Erbanteilen.

§ 6 Familienangehörige

(1) Zur Haushaltsgemeinschaft im Sinne dieses Abschnitts gehören der nicht dauernd getrennt lebende Ehegatte und diejenigen Familienangehörigen des Antragstellers und seines Ehegatten, die in Wohn- und Wirtschaftsgemeinschaft mit dem Antragsteller leben.

(2) Familienangehörige im Sinne dieses Abschnitts sind

1. eheliche und nichteheliche Kinder, Stiefkinder, an Kindes Statt angenommene Personen oder sonstige Personen, denen die rechtliche Stellung ehelicher Kinder zukommt, und Pflegekinder,

2. Abkömmlinge der unter Nummer 1 genannten Personen,

3. Eltern, Großeltern, weitere Voreltern und Stiefeltern und

4. voll- und halbbürtige Geschwister sowie deren Kinder.

Pflegekinder im Sinne der Nummer 1 sind Kinder, die in den Haushalt von Personen aufgenommen sind, mit denen sie ein familienähnliches, auf längere Dauer berechnetes Band verknüpft, wenn diese zu dem Unterhalt der Kinder nicht unerheblich beitragen.

(3) Die Ehegatten von Familienangehörigen sind wie Familienangehörige zu berücksichtigen, wenn sie zur Haushaltsgemeinschaft gehören.

§ 7 Einkommensgrenze

Einrichtungshilfe wird nur gewährt, wenn die Einkünfte des Berechtigten und seiner Familienangehörigen (§ 6) im Durchschnitt der letzten 24 Monate vor der Antragstellung, jedoch längstens im Monatsdurchschnitt seit Eintreffen des Antragstellers im Geltungsbereich des Gesetzes, 750 Deutsche Mark zuzüglich 180 Deutsche Mark für den Ehegatten und je 90 Deutsche Mark für seine sonstigen Familienangehörigen nicht übersteigen. Der 1. Januar 1971 gilt als Tag der Antragstellung, wenn über Anträge, die vor diesem Zeitpunkt gestellt worden sind, noch nicht entschieden ist. Von der Einkommensgrenze kann zur Vermeidung besonderer Härten, insbesondere bei außergewöhnlichen Belastungen oder nachhaltigem Rückgang der Einkünfte, in angemessenen Grenzen abgewichen werden. Einkünfte im Sinne des Satzes 1 sind diejenigen Einkünfte, die entsprechend bei der Gewährung von Beihilfen zur Beschaffung von Hausrat nach § 301 des Lastenausgleichsgesetzes und der hierzu erlassenen Rechtsverordnung angesetzt werden.

§ 8 Höhe der Einrichtungshilfe

(1) Die Einrichtungshilfe beträgt 1200 Deutsche Mark. Hierzu werden nach dem Familienstand des Berechtigten am 1. April 1952, bei späterer Aufenthaltnahme im Geltungsbereich des Gesetzes nach dem Familienstand in diesem Zeitpunkt, die folgenden Zuschläge gewährt:

1. für den von dem Berechtigten nicht dauernd getrennt lebenden Ehegatten, vorausgesetzt, daß dieser sich ständig im Geltungsbereich des Gesetzes aufhält, 200 DM;

2. für jeden weiteren zum Haushalt gehörenden und vom Berechtigten wirtschaftlich abhängigen Familienangehörigen, sofern dieser nicht selbst antragsberechtigt ist, 150 DM;

3. für das dritte und jedes weitere nach Nummer 2 berechtigte Kind bis zur Vollendung des 18. Lebensjahres weiter je 150 DM.

Die Zuschläge werden auch für Familienangehörige gewährt, die nach dem nach Satz 1 angegebenen Stichtag unter den Voraussetzungen des § 1 im Geltungsbereich des Gesetzes Aufenthalt nehmen und in den Haushalt des Berechtigten aufgenommen werden.

(2) Zuschläge nach Absatz 1 werden nicht für Familienangehörige gewährt, bei denen Ausschließungsgründe nach § 2 vorliegen.

(3) Haben sich Ehegatten in dem Zeitraum zwischen ihrer Aufenthaltnahme im Geltungsbereich des Gesetzes und der Entscheidung dauernd getrennt oder wurden sie in diesem Zeitraum geschieden, so kann jeder Ehegatte die Hälfte der Einrichtungshilfe (Absatz 1 Satz 1) beanspruchen, es sei denn, daß einer der Ehegatten nachweist, daß er allein Eigentümer des zurückgelassenen Hausrats war.

(4) Hat zunächst nur einer der Ehegatten seinen ständigen Aufenthalt im Geltungsbereich des Gesetzes genommen, so erhält er die Hälfte der Einrichtungshilfe.

§ 9 Erstattung und Anrechnung früherer Zahlungen

(1) Auf die Einrichtungshilfe nach diesem Gesetz werden entsprechende Leistungen nach diesen oder anderen Vorschriften angerechnet, sofern es sich nicht um Darlehen handelt.

(2) Wer Einrichtungshilfe erhält, ist verpflichtet, diese der zuständigen Behörde zu erstatten, wenn und soweit ihm zu einem späteren Zeitpunkt entsprechende Leistungen nach anderen Vorschriften gewährt werden und es sich nicht um Darlehen handelt.

(3) Für die Gewährung und die Anrechnung von Zuschlägen gelten die Absätze 1 und 2 entsprechend.

Abschnitt III. Laufende Beihilfe (Beihilfe zum Lebensunterhalt, besondere laufende Beihilfe)

§ 10 Allgemeine Bestimmungen

(1) Berechtigte nach Abschnitt I, die in vorgeschrittenem Lebensalter stehen oder infolge von Krankheit oder Gebrechen dauernd erwerbsunfähig sind, erhalten unter folgenden Voraussetzungen laufende Beihilfe:

1. Der Berechtigte und sein entsprechend § 266 Abs. 2 des Lastenausgleichsgesetzes zu berücksichtigender Ehegatte müssen im Schadensgebiet ihre Existenzgrundlage durch Schäden im Sinne des § 3 des Beweissicherungs- und Feststellungsgesetzes oder durch Verlassen des Schadensgebiets verloren haben;

2. die Existenzgrundlage muß im Zeitpunkt des Schadenseintritts überwiegend beruht haben

a) auf der Ausübung einer selbständigen Erwerbstätigkeit oder

b) auf Ansprüchen und anderen Gegenwerten aus der Übertragung, sonstigen Verwertung oder Verpachtung des einer solchen Tätigkeit dienenden Vermögens oder

c) auf einer Altersversorgung, die aus den Erträgen einer solchen Tätigkeit begründet worden war;

3. dem Berechtigten und seinem entsprechend § 266 Abs. 2 des Lastenausgleichsgesetzes zu berücksichtigenden Ehegatten muß im Schadensgebiet ein Vermögensschaden entstanden sein; Hausratschaden gilt nicht als Vermögensschaden im Sinne dieser Vorschrift. Einem solchen Vermögensschaden steht es gleich, wenn ein Schaden durch Verlust der beruflichen oder sonstigen Existenzgrundlage mit Durchschnittsjahreseinkünften aus selbständiger Erwerbstätigkeit von mindestens 2000 Reichsmark entstanden ist; diese Voraussetzung gilt auch dann als erfüllt, wenn neben der selbständigen Erwerbstätigkeit eine andere bezahlte

Tätigkeit nicht oder nur in geringem Umfang ausgeübt und der Lebensunterhalt nicht oder nur unwesentlich aus anderen Einkünften mitbestritten wurde;

4. dem Berechtigten muß nach seinen Einkommens- und Vermögensverhältnissen die Bestreitung des Lebensunterhalts nicht möglich oder nicht zumutbar sein; dabei sind auch fällige Ansprüche auf Leistungen in Geld oder Geldeswert zu berücksichtigen, wenn und soweit ihre Verwirklichung möglich ist.

(2) Berechtigte, die ihre berufliche oder sonstige Existenzgrundlage und in Verbindung damit aufschiebend bedingte privatrechtliche Versorgungsansprüche verloren haben, erhalten laufende Beihilfe unter den Voraussetzungen des Absatzes 1, auch wenn die in den Nummern 2 und 3 genannten Erfordernisse nicht erfüllt sind, sofern

1. die Bedingung für den Versorgungsanspruch im Erreichen einer Altersgrenze oder im Eintritt der Erwerbsunfähigkeit bestand und

2. ein Anspruch auf Versorgung nach dem Gesetz zur Regelung der Rechtsverhältnisse der unter Artikel 131 des Grundgesetzes fallenden Personen nicht besteht.

(3) Berechtigte, die im Schadensgebiet mit einem Familienangehörigen in Haushaltsgemeinschaft gelebt haben und von ihm wirtschaftlich abhängig waren, erhalten Beihilfe zum Lebensunterhalt unter den Voraussetzungen des Absatzes 1, auch wenn die in den Nummern 2 und 3 genannten Erfordernisse nicht erfüllt sind, sofern der Angehörige einen Existenz- und Vermögensverlust im Sinne des Absatzes 1 erlitten hat und außerstande ist, für den Berechtigten zu sorgen.

(4) Inwieweit Vermögensschäden ihrer Art und Höhe nach zu berücksichtigen und wie die Schäden zu berechnen sind, von welchen Einkünften auszugehen ist, wie die Einkünfte zu berechnen und welche Einkommensrichtsätze für die einzelnen Berufsgruppen anzunehmen sind, bestimmen die Rechtsverordnungen zu § 301 Abs. 4 des Lastenausgleichsgesetzes.

(5) Für den Fall des Zusammentreffens von Leistungsvoraussetzungen nach diesem Gesetz, dem Lastenausgleichsgesetz und dem Reparationsschädengesetz findet § 261 Abs. 4 des Lastenausgleichsgesetzes Anwendung.

§ 11 Lebensalter und Erwerbsunfähigkeit; Antragsfrist

(1) Wegen vorgeschrittenen Lebensalters wird laufende Beihilfe nur gewährt, wenn der Berechtigte bei Antragstellung das 65. (eine Frau das 60.) Lebensjahr vollendet hat. Weitere Voraussetzung ist, daß der Berechtigte vor dem 1. Januar 1907 (eine Frau vor dem 1. Januar 1912) geboren ist.

(2) Wegen dauernder Erwerbsunfähigkeit wird laufende Beihilfe nur gewährt, wenn die in § 265 Abs. 1, 2, 3 und 5 des Lastenausgleichsgesetzes genannten Voraussetzungen erfüllt sind. Die Erwerbsunfähigkeit muß spätestens am 31. Dezember 1971 vorgelegen haben.

(3) Ist der Geschädigte nach dem 31. Dezember 1906 (eine Frau nach dem 31. Dezember 1911) geboren oder nach dem 31. Dezember 1971 erwerbsunfähig im Sinne des § 265 Abs. 1 des Lastenausgleichsgesetzes geworden, wird Beihilfe zum Lebensunterhalt nach § 10 Abs. 1 und 3 gewährt, wenn eine Existenzgrundlage im Sinne dieser Vorschriften nach Vollendung des 16. Lebensjahres bis zum Verlust dieser Existenzgrundlage insgesamt mindestens 10 Jahre bestand. Beim Verlust einer Existenzgrundlage im Sinne des § 10 Abs. 1 Nr. 1 und 2 werden auch Zeiten des Bestehens einer Existenzgrundlage im Sinne des § 10 Abs. 3 und

beim Verlust einer Existenzgrundlage im Sinne des § 10 Abs. 3 auch Zeiten des Bestehens einer Existenzgrundlage im Sinne des § 10 Abs. 1 Nr. 1 und 2 berücksichtigt. Besondere laufende Beihilfe wird unter den Voraussetzungen des Satzes 1 nur neben laufender oder ruhender Beihilfe zum Lebensunterhalt gewährt.

(4) Für die Frist, in der der Antrag auf laufende Beihilfe gestellt werden kann, gelten § 264 Abs. 2 und § 265 Abs. 4 des Lastenausgleichsgesetzes entsprechend mit der Maßgabe, daß die Antragsfrist nicht vor dem 31. Dezember 1972 endet.

§ 12 Einkommenshöchstbetrag und Höhe der laufenden Beihilfe

Für den Einkommenshöchstbetrag und die Höhe der Beihilfe zum Lebensunterhalt sind die §§ 267 bis 270 a, 275 und 277 a des Lastenausgleichsgesetzes, für die besondere laufende Beihilfe ist § 301 a Abs. 3 des Lastenausgleichsgesetzes entsprechend anzuwenden. Bei der Anwendung des § 269 a Abs. 2 des Lastenausgleichsgesetzes ist an Stelle des Endgrundbetrags der Hauptentschädigung von dem Grundbetrag auszugehen, der aus dem Vermögensschaden im Sinne des § 10 Abs. 1 Nr. 3 Satz 1 in entsprechender Anwendung der Rechtsverordnung nach § 301 a Abs. 3 des Lastenausgleichsgesetzes errechnet wird.

§ 13 Gewährung von laufender Beihilfe

(1) Berechtigten, die auf Grund dieses Gesetzes laufende Beihilfe beantragen können, wird bei Antragstellung innerhalb eines Jahres nach dem Inkrafttreten des Gesetzes laufende Beihilfe mit Wirkung vom Ersten des Monats ab gewährt, der auf das Inkrafttreten folgt, frühestens jedoch von dem Ersten des Monats ab, in dem die Voraussetzungen für die Gewährung der Beihilfe eingetreten sind. In den übrigen Fällen gilt § 287 Abs. 1 Satz 2, 3 und 4 des Lastenausgleichsgesetzes entsprechend.

(2) Die laufende Beihilfe ruht, solange die Voraussetzungen für ihre Gewährung in der Person des Berechtigten nicht vorliegen. Sie ruht auch, solange sich der Berechtigte nicht ständig im Geltungsbereich des Gesetzes aufhält. § 287 Abs. 3 des Lastenausgleichsgesetzes gilt entsprechend.

§ 14 Laufende Beihilfe nach Tod des Berechtigten

Nach dem Tode des nach § 10 Berechtigten wird laufende Beihilfe entsprechend den Grundsätzen des § 261 Abs. 2 des Lastenausgleichsgesetzes gewährt. Beihilfe zum Lebensunterhalt wird entsprechend § 272 Abs. 2 und 3, besondere laufende Beihilfe entsprechend § 285 Abs. 2 und 3 des Lastenausgleichsgesetzes weitergewährt.

§ 15 Zusätzliche Leistungen zur Beihilfe zum Lebensunterhalt

Zur Beihilfe zum Lebensunterhalt werden Leistungen in entsprechender Anwendung der §§ 276, 276 a und 277 des Lastenausgleichsgesetzes gewährt.

§ 16 Wirkung von Veränderungen, Meldepflicht, Erstattungspflicht, Verhältnis zu Aufbaudarlehen und zur Sozialhilfe

Die §§ 288 bis 292 des Lastenausgleichsgesetzes gelten entsprechend.

Abschnitt IV. Eingliederungsdarlehen

§ 17 Allgemeine Vorschriften

(1) Nach Maßgabe der verfügbaren Mittel können Berechtigten nach Abschnitt I Darlehen zur Eingliederung gewährt werden.

(2) Die Gewährung der Darlehen ist an Bedingungen und Auflagen zu knüpfen, welche die Verwendung für Zwecke der Eingliederung sicherstellen.

(3) Die Höhe der Darlehen bestimmt sich nach dem Umfang der zur Durchführung des beantragten Vorhabens erforderlichen Mittel. Das Vorhaben soll dem Umfang der erlittenen Schädigung angemessen sein.

(4) Für den Höchstbetrag gilt § 255 Abs. 2 des Lastenausgleichsgesetzes entsprechend.

§ 18 Aufbaudarlehen für die gewerbliche Wirtschaft, die freien Berufe und die Landwirtschaft

(1) Aufbaudarlehen zur Begründung oder Festigung einer selbständigen Existenz in der gewerblichen Wirtschaft, in freien Berufen und in der Landwirtschaft können Berechtigte erhalten, wenn sie ein Vorhaben nachweisen, durch das sie in den Stand gesetzt werden, an Stelle der im Schadensgebiet unter den Voraussetzungen des § 10 Abs. 1 Nr. 1 verlorenen Lebensgrundlage eine neue gesicherte Lebensgrundlage zu schaffen oder eine bereits wieder geschaffene, aber noch gefährdete Lebensgrundlage zu sichern, sofern sie die erforderlichen persönlichen und fachlichen Voraussetzungen erfüllen.

(2) Das Aufbaudarlehen ist mit 3 vom Hundert jährlich zu verzinsen. Es ist nach drei Freijahren in zehn gleichen Jahresraten zu tilgen; das erste Freijahr beginnt mit dem auf die Auszahlung folgenden Halbjahresersten. Für einzelne Arten von Vorhaben kann bestimmt werden, daß die Zins- und Tilgungsbedingungen abweichend festgesetzt werden.

§ 19 Aufbaudarlehen für den Wohnungsbau

(1) Für den Bau eines Familienheimes oder einer sonstigen Wohnung, insbesondere am Ort eines gesicherten Arbeitsplatzes, kann ein Aufbaudarlehen gewährt werden, wenn der Berechtigte nachweist, daß

1. er sich ausreichende Wohnmöglichkeit überhaupt noch nicht oder noch nicht an seinem gegenwärtigen oder zukünftigen Arbeitsort beschaffen konnte oder

2. die bisherige Wohnung im Falle des Freiwerdens mit Einwilligung des Verfügungsberechtigten einem noch nicht ausreichend untergebrachten Berechtigten im Sinne der Nummer 1 zur Verfügung stehen wird.

Voraussetzung ist ferner, daß die Wohnung nach Größe und Ausstattung den Voraussetzungen des sozialen Wohnungsbaues nach dem jeweils anzuwendenden Wohnungsbaugesetz entspricht. Ein Darlehen kann Personen nicht gewährt werden, für deren Unterbringung Sonderwohnungsbaumittel des Bundes zugunsten von Flüchtlingen, Aussiedlern und gleichgestellten Personen den Ländern zur Verfügung gestellt worden sind oder werden. Dies gilt nicht in den Fällen des Satzes 1 Nr. 2.

(2) Die Darlehen gelten nicht als öffentliche Mittel im Sinne des § 6 Abs. 1 des Zweiten Wohnungsbaugesetzes in der Fassung der Bekanntmachung vom 1. August 1961 (Bundesgesetzbl. I, S. 1121) und des § 4 Abs. 1 des Wohnungsbaugesetzes für das Saarland in der Fassung der Bekanntmachung vom 26. September 1961 (Amtsblatt des Saarlandes, S. 591).

(3) Hinsichtlich Höhe, Tilgung und Verzinsung der Darlehen gelten die Bedingungen der Aufbaudarlehen für den Wohnungsbau nach § 254 Abs. 3 des Lastenausgleichsgesetzes entsprechend.

Abschnitt V. **Anwendung anderer Gesetze**

§ 20 Anwendung des Bundesvertriebenengesetzes

(1) Unbeschadet des § 18 sind bei Berechtigten nach Abschnitt I, die aus der Landwirtschaft stammen und die für eine Landbewirtschaftung erforderlichen persönlichen und fachlichen Voraussetzungen erfüllen, die Bestimmungen des Titels Landwirtschaft des Bundesvertriebenengesetzes entsprechend anzuwenden.

(2) Die §§ 71, 81, 92, 93 und 97 des Bundesvertriebenengesetzes sind auf Berechtigte nach Abschnitt I sinngemäß anzuwenden.

(3) Für Personen nach § 1 Abs. 1 Satz 1, Abs. 2, bei denen nicht ein Ausschließungsgrund nach § 2 vorliegt, gilt, soweit auf sie die §§ 82 bis 89 des Bundesvertriebenengesetzes nicht anwendbar sind, § 88 des Bundesvertriebenengesetzes sinngemäß. Erledigt sich hierdurch ein anhängiger Rechtsstreit oder ein anhängiges Vertragshilfeverfahren, so gilt auch § 89 des Bundesvertriebenengesetzes sinngemäß. Ist der Schuldner vor dem Inkrafttreten dieses Gesetzes zugezogen, so laufen die in § 84 des Bundesvertriebenengesetzes bestimmten Fristen erst vom Inkrafttreten dieses Gesetzes ab.

§ 20 a Anwendung des Lastenausgleichsgesetzes

Die §§ 350 a, 350 b und 360 des Lastenausgleichsgesetzes sind entsprechend anzuwenden.

Abschnitt VI. **Sonstige Bestimmungen**

§ 21 Aufbringung der Mittel

(1) Der Bund trägt die Aufwendungen für die Leistungen nach den Abschnitten II bis IV; die Länder erstatten dem Bund 20 vom Hundert der Aufwendungen für die Leistungen nach den Abschnitten II und IV. Die Aufwendungen für die Leistungen nach § 20 Abs. 1 tragen die Länder; der Bund erstattet den Ländern 80 vom Hundert dieser Aufwendungen.

(2) Über den 31. Dezember 1965 hinaus werden Mittel zur Durchführung der Abschnitte II bis IV dieses Gesetzes nur bereitgestellt, soweit über den 31. Dezember 1965 hinaus Mittel für die Gewährung entsprechender Leistungen für einen vergleichbaren Personenkreis aus dem Härtefonds des Lastenausgleichs (§§ 301, 301 a des Lastenausgleichsgesetzes) bereitgestellt werden.

§ 22 Durchführung des Gesetzes

Für die Durchführung des Gesetzes mit Ausnahme des § 20 gelten die Vorschriften des Vierten bis Sechsten Abschnitts des Beweissicherungs- und Feststellungsgesetzes. Für die Durchführung des § 20 bestimmen die Landesregierungen die Organisation und das Verfahren.

§ 23 Ermächtigung

Zur Milderung von Härten kann die Bundesregierung mit Zustimmung des Bundesrates durch Rechtsverordnung bestimmen, daß in diesem Gesetz vorgesehene Leistungen und Vergünstigungen ganz oder teilweise auch zugunsten von Personen gewährt werden, die im Schadensgebiet in einer infolge der sowjetischen Besetzung durchschnittenen Gemeinde oder in einer an eine solche oder an den Geltungsbereich des Gesetzes unmittelbar angrenzenden Gemeinde Schäden im Sinne der §§ 3, 10 oder 18 erlitten haben und im Zeitpunkt des Schadenseintritts ihren Wohnsitz oder ständigen Aufenthalt im Geltungsbereich des Gesetzes in der durchschnittenen Gemeinde oder einer Gemeinde hatten, die an die ganz oder teilweise im Schadensgebiet liegende Gemeinde unmittelbar angrenzt, in der der Schaden eingetreten ist. Hierbei können weitere Aufenthaltsvoraussetzungen entsprechend der vergleichbaren Regelung in der zu § 301 des Lastenausgleichsgesetzes ergangenen Rechtsverordnung festgelegt werden. Die sonstigen Voraussetzungen des Gesetzes müssen erfüllt sein.

§ 24 Berlin-Klausel

Dieses Gesetz gilt nach Maßgabe des § 13 Abs. 1 des Dritten Überleitungsgesetzes vom 4. Januar 1952 (Bundesgesetzbl. I, S. 1) auch im Land Berlin. Rechtsverordnungen, die auf Grund dieses Gesetzes erlassen werden, gelten im Land Berlin nach § 14 des Dritten Überleitungsgesetzes.

§ 25 Inkrafttreten

Dieses Gesetz tritt am Tage nach der Verkündung in Kraft.

4.4 Gesetz über den ehelichen Güterstand von Vertriebenen und Flüchtlingen vom 4. August 1969 (BGBl. I, S. 1067)

Der Bundestag hat das folgende Gesetz beschlossen:

§ 1

(1) Für Ehegatten, die Vertriebene oder Sowjetzonenflüchtlinge sind (§§ 1, 3 und 4 des Bundesvertriebenengesetzes), beide ihren gewöhnlichen Aufenthalt im Geltungsbereich dieses Gesetzes haben und im gesetzlichen Güterstand eines außerhalb des Geltungsbereichs dieses Gesetzes maßgebenden Rechts leben, gilt vom Inkrafttreten dieses Gesetzes an das eheliche Güterrecht des Bürgerlichen Gesetzbuchs. Das gleiche gilt für Ehegatten, die aus der sowjetischen Besatzungszone Deutschlands oder dem sowjetisch besetzten Sektor von Berlin zugezogen sind, sofern sie im Zeitpunkt des Zuzugs deutsche Staatsangehörige waren oder, ohne die deutsche Staatsangehörigkeit zu besitzen, als Deutsche im Sinne des Artikels 116 Abs. 1 des Grundgesetzes Aufnahme gefunden haben.

(2) Die Vorschriften des Absatzes 1 gelten nicht, wenn im Zeitpunkt des Inkrafttretens der bisherige Güterstand im Güterrechtsregister eines Amtsgerichts im Geltungsbereich dieses Gesetzes eingetragen ist.

(3) Für die Berechnung des Zugewinns gilt, wenn die in Absatz 1 genannten Voraussetzungen für die Überleitung des gesetzlichen Güterstandes in das Güterrecht des Bürgerlichen Gesetzbuchs bereits damals vorlagen, als Anfangsvermögen das Vermögen, das einem Ehegatten am 1. Juli 1958 gehörte. Liegen die Voraussetzungen erst seit einem späteren Zeitpunkt vor, so gilt als Anfangsvermögen das Vermögen, das einem Ehegatten in diesem Zeitpunkt gehörte. Soweit es in den §§ 1374, 1376 des Bürgerlichen Gesetzbuchs auf den Zeitpunkt des Eintritts des Güterstandes ankommt, sind diese Vorschriften sinngemäß anzuwenden.

§ 2

(1) Jeder Ehegatte kann, sofern nicht vorher ein Ehevertrag geschlossen worden oder die Ehe aufgelöst ist, bis zum 31. Dezember 1970 dem Amtsgericht gegenüber erklären, daß für die Ehe der bisherige gesetzliche Güterstand fortgelten solle. § 1411 des Bürgerlichen Gesetzbuchs gilt entsprechend.

(2) Wird die Erklärung vor dem für die Überleitung in das Güterrecht des Bürgerlichen Gesetzbuchs vorgesehenen Zeitpunkt abgegeben, so findet die Überleitung nicht statt.

(3) Wird die Erklärung nach dem Zeitpunkt der Überleitung des Güterstandes abgegeben, so gilt die Überleitung als nicht erfolgt. Aus der Wiederherstellung des ursprünglichen Güterstandes können die Ehegatten untereinander und gegenüber einem Dritten Einwendungen gegen ein Rechtsgeschäft, das nach der Überleitung zwischen den Ehegatten oder zwischen einem von ihnen und dem Dritten vorgenommen worden ist, nicht herleiten.

§ 3

Tritt von den in § 1 Abs. 1 genannten Voraussetzungen für die Überleitung des Güterstandes die Voraussetzung, daß beide Ehegatten ihren gewöhnlichen Aufenthalt im Geltungsbereich dieses Gesetzes haben, erst nach dem Inkrafttreten des Gesetzes ein, so gilt für sie das Güterrecht des Bürgerlichen Gesetzbuchs vom Anfang des nach Eintritt dieser Voraussetzung folgenden vierten Monats an. § 1 Abs. 2, 3 Satz 2, 3 ist entsprechend anzuwenden. Die Vorschriften des § 2 gelten mit der Maßgabe, daß die Erklärung binnen Jahresfrist nach dem Zeitpunkt der Überleitung abgegeben werden kann.

§ 4

(1) Für die Entgegennahme der in den §§ 2, 3 vorgesehenen Erklärung ist jedes Amtsgericht zuständig. Die Erklärung muß notariell beurkundet werden.

(2) Haben die Ehegatten die Erklärung nicht gemeinsam abgegeben, so hat das Amtsgericht sie dem anderen Ehegatten nach den für Zustellungen von Amts wegen geltenden Vorschriften der Zivilprozeßordnung bekanntzumachen. Für die Zustellung werden Auslagen nach § 137 Nr. 2 der Kostenordnung nicht erhoben.

(3) Wird mit der Erklärung ein Antrag auf Eintragung in das Güterrechtsregister verbunden, so hat das Amtsgericht den Antrag mit der Erklärung an das Registergericht weiterzuleiten.

(4) Der auf Grund der Erklärung fortgeltende gesetzliche Güterstand ist, wenn einer der Ehegatten dies beantragt, in das Güterrechtsregister einzutragen. Wird der Antrag nur von einem der Ehegatten gestellt, so soll das Registergericht vor der Eintragung den anderen Ehegatten hören. Besteht nach Lage des Falles begründeter Anlaß zu Zweifeln an der Richtigkeit der Angaben über den bestehenden Güterstand, so hat das Registergericht die erforderlichen Ermittlungen vorzunehmen.

§ 5

Für die Beurkundung der Erklärung nach § 2 Abs. 1, für die Aufnahme der Anmeldung zum Güterrechtsregister und für die Eintragung in das Güterrechtsregister beträgt der Geschäftswert 3 000 Deutsche Mark.

§ 6

Dieses Gesetz gilt nach Maßgabe des § 13 des Dritten Überleitungsgesetzes vom 4. Januar 1952 (Bundesgesetzbl. I, S. 1) auch im Land Berlin.

§ 7

Dieses Gesetz tritt am 1. Oktober 1969 in Kraft; die §§ 2, 4 und 5 treten jedoch am Tage nach der Verkündung in Kraft.

5. STAATSANGEHÖRIGKEIT, NAMENSRECHT

5.1 Artikel 116 des Grundgesetzes für die Bundesrepublik Deutschland vom 23. Mai 1949 (BGBl. S. 1)

Art. 116 Deutsche Staatsangehörigkeit

(1) Deutscher im Sinne dieses Grundgesetzes ist vorbehaltlich anderweitiger gesetzlicher Regelung, wer die deutsche Staatsangehörigkeit besitzt oder als Flüchtling oder Vertriebener deutscher Volkszugehörigkeit oder als dessen Ehegatte oder Abkömmling in dem Gebiete des Deutschen Reiches nach dem Stande vom 31. Dezember 1937 Aufnahme gefunden hat.

(2) Frühere deutsche Staatsangehörige, denen zwischen dem 30. Januar 1933 und dem 8. Mai 1945 die Staatsangehörigkeit aus politischen, rassischen oder religiösen Gründen entzogen worden ist, und ihre Abkömmlinge sind auf Antrag wieder einzubürgern. Sie gelten als nicht ausgebürgert, sofern sie nach dem 8. Mai 1945 ihren Wohnsitz in Deutschland genommen haben und nicht einen entgegengesetzten Willen zum Ausdruck gebracht haben.

5.2 Richtlinien des Bundesministers des Innern für die Prüfung der Staatsangehörigkeit und Namensführung der Aussiedler im Grenzdurchgangslager Friedland

Erster Abschnitt

Staatsangehörigkeit

1. Voraussetzung für die Betreuung der Aussiedler ist nach den einschlägigen Regelungen über Leistungsgewährungen vielfach die Feststellung, daß der (die) Begünstigte Deutsche(r) im Sinne des Art. 116 Abs. 1 des Grundgesetzes ist.

Zur Vereinfachung und zur Beschleunigung dieser Verfahren sollen im Interesse der Aussiedler die staatsangehörigkeitsrechtlichen Verhältnisse schon im Rahmen der Registrierung im Grenzdurchgangslager und der Verteilung auf die Länder vorgeprüft werden.

Deutscher im Sinne des Grundgesetzes ist, wer

1.1 deutscher Staatsangehöriger ist oder

1.2.1 als Vertriebener deutscher Volkszugehörigkeit oder

1.2.2 als Ehegatte oder Abkömmling eines Vertriebenen deutscher Staatsangehörigkeit oder deutscher Volkszugehörigkeit

Aufnahme in Deutschland gefunden hat.

2. Die zur Feststellung der Staatsangehörigkeit (Rechtsstellung als Deutscher im Sinne des Grundgesetzes *oder* als Ausländer) erforderlichen Angaben sollen durch Befragung der Aussiedler ermittelt und festgehalten werden.

3. Als Ergebnis der Prüfung ist auf dem Registrierschein (zu Nr. 7) einzutragen bei

3.1 deutschen Staatsangehörigen   − deutsch,

3.2 Deutschen ohne deutsche Staatsangehörigkeit i. S. des Art. 116 I GG

                                                                        − Deutscher.

Die Eintragung ist zu erläutern.

Eintragung als deutscher Staatsangehöriger

4. Die Feststellung, daß der Aussiedler als deutscher Staatsangehöriger angesehen werden kann, soll im Rahmen der Vorprüfung getroffen werden, wenn

4.1 der Erwerb der deutschen Staatsangehörigkeit anzunehmen und

4.2 kein Grund erkennbar ist, der sie nach dem Erwerb wieder zum Erlöschen gebracht hätte.

Dabei ist zu beachten, daß nach der Schutzvorschrift des § 25 Abs. 1 des Reichs- und Staatsangehörigkeitsgesetzes der Erwerb einer ausländischen Staatsangehörigkeit als Verlustgrund für die deutsche Staatsangehörigkeit ausgeschaltet ist, wenn im Zeitpunkt des Staatsangehörigkeitswechsels Wohnsitz oder dauernder Aufenthalt im Inland bestanden hat. Zum Inland im Sinne dieser Bestimmung haben bis zum Inkrafttreten des Warschauer Vertrages vom 7. 12. 1970 (BGBl. 1972 II, S. 361) am 3. 6. 1972 (BGBl. 1972 II, S. 651) die polnisch verwalteten Gebietsteile des Deutschen Reiches gehört, so daß auch der freiwillige (Antrags-)-Erwerb einer ausländischen Staatsangehörigkeit innerhalb dieser Gebiete bis zu diesem Zeitpunkt die deutsche Staatsangehörigkeit nicht hat untergehen lassen.

5. Der Besitz der deutschen Staatsangehörigkeit ist

5.1 *nachgewiesen,* wenn eine deutsche Staatsangehörigkeitsurkunde (Staatsangehörigkeitsausweis/Heimatschein) vorliegt, deren Gültigkeitsdauer noch nicht abgelaufen ist;

5.2 *glaubhaft gemacht,* wenn andere Staatsangehörigkeitsurkunden oder deutsche Personalpapiere (Kennkarten, Personalausweise, Reisepässe, Wehrpässe, Arbeitsbücher oder ähnliche Unterlagen) vorgelegt werden, in denen die deutsche Staatsangehörigkeit eingetragen ist oder die nur deutschen Staatsangehörigen erteilt wurden.

Bei Aussiedlern, die aus Gebietsteilen des Deutschen Reiches stammen oder von einer Sammeleinbürgerung erfaßt gewesen sind, die ihnen die unbeschränkte Staatsangehörigkeit vermittelte – z. B. bei Aufnahme in die Abteilungen 1 oder 2 der Deutschen Volksliste –, genügt zur Glaubhaftmachung der deutschen Staatsangehörigkeit im allgemeinen die Vorlage des ihnen erteilten polnischen Reiseausweises (Dokument Podrózy) mit der Eintragung, daß der Inhaber nicht polnischer Staatsangehöriger ist.

6. Bei der Prüfung des für den Besitz der deutschen Staatsangehörigkeit maßgebenden Erwerbsgrundes ist von folgenden Anhaltspunkten auszugehen:

6.1 *Erwerb durch Geburt oder Legitimation* bei allen Personen,

6.1.1 die zur deutschen Bevölkerung im Gebiete des Deutschen Reiches (Stand: 31. 12. 1937) gehört haben und

6.1.1.1 vor dem 9. Mai 1945 im Gebiet des Deutschen Reiches geboren wurden oder

6.1.1.2 zwar nach dem 8. Mai 1945 geboren sind, aber von einem Elternteil abstammen, der vor dem 9. Mai 1945 im Gebiet des Deutschen Reiches geboren wurde;

6.1.2 bei denen aus anderen Gründen (z. B. Sammeleinbürgerung) anzunehmen ist, daß der für die Abteilung der deutschen Staatsangehörigkeit maßgebende Elternteil im Zeitpunkt der Geburt des Kindes deutscher Staatsangehöriger war.

Ausgenommen hiervon sind jedoch Kinder aus gemischtnationalen Ehen, wenn nur die Mutter im Zeitpunkt der Geburt deutsche Staatsangehörige war und das Kind vor dem 1. 1. 1975 geboren ist. Die zwischen dem 31. 3. 1953 und 1. 1. 1975 geborenen Kinder können wählen, ob sie ihr Erklärungsrecht nach Art. 3 RuStA-ÄndG 1974 ausüben oder ihren Einbürgerungsanspruch nach § 6 des 1. StARegG geltend machen wollen.

Ausgenommen von der Behandlung als deutsche Staatsangehörige sind stets Personen, von denen bekannt ist, daß sie nicht deutsche Staatsangehörige gewesen sein können. 6.2 *Erwerb durch Eheschließung* bei Ehefrauen, wenn die Ehe vor dem 1. 4. 1953 geschlossen wurde und der Ehemann im Zeitpunkt der Eheschließung deutscher Staatsangehöriger war.

6.3 *Erwerb durch Einzeleinbürgerung,* insbesondere bei Umsiedlern, die auf Grund einer Vereinbarung des Deutschen Reiches mit dem früheren Heimatstaat oder im Zuge einer deutschen Maßnahme zur Rückführung Deutscher während des Zweiten Weltkrieges nach Deutschland (Altreichsgebiet einschließlich der damals eingegliederten Gebiete) gelangt sind und eine Einbürgerungsurkunde erhalten haben.

6.4 *Erwerb durch Sammeleinbürgerung* bei

6.4.1 Memelländern, die als Reichsangehörige oder Optionsberechtigte nach der Memelkonvention 1924 und dem deutsch-litauischen Optionsvertrag 1925 oder auf Grund Ableitung ihrer Staatsangehörigkeit von einer solchen Person am 22. 3. 1939 litauische Staatsangehörige gewesen sind und vor dem 8. 7. 1939 ihren Wohnsitz nicht nach Litauen (ohne Memelgebiet) verlegt hatten.

6.4.2 Sudetendeutschen, wenn sie oder der für die Ableitung der Staatsangehörigkeit maßgebende (Vor-)Elternteil am 10. 10. 1938 tschechoslowakische(r) Staatsangehörige(r) und in einer Gemeinde des Sudetenlandes wohnhaft – heimatberechtigt – gewesen sind – ist.

6.4.3 Volksdeutschen aus dem sog. „Protektorat Böhmen und Mähren", wenn sie oder der für die Ableitung der Staatsangehörigkeit maßgebende (Vor-)Elternteil am 10. 10. 1938 in einer Gemeinde des „Protektorats" (ehemalige Länder Böhmen und Mähren/Schlesien) heimatberechtigt gewesen sind – ist – und am 16. 3. 1939 den Wohnsitz nicht in einem der ehemaligen Länder Slowakei oder Karpatho-Ukraine hatte(n).

6.4.4 Danzigern, wenn sie am 1. 9. 1939 Danziger Staatsangehörige gewesen sind und eine den Erwerb der deutschen Staatsangehörigkeit ausschließende Feststellung nicht erfolgt ist.

6.4.5 Volksdeutschen aus den eingegliederten (polnischen) Ostgebieten, wenn sie am 26. 10. 1939 polnische Staatsangehörige oder Staatenlose mit zuletzt polnischer Staatsangehörigkeit bzw. Wohnsitz in den eingegliederten Ostgebieten gewesen sind

– die Voraussetzungen für die Aufnahme in die Abteilungen 1 oder 2 der Deutschen Volksliste erfüllt haben (unbeschränkte Staatsangehörigkeit),

– in die Abteilung 3 der Deutschen Volksliste eingetragen worden sind (Staatsangehörigkeit auf Widerruf),

– in die Abteilung 4 der Deutschen Volksliste eingetragen und einzeln eingebürgert worden sind (Staatsangehörigkeit auf Widerruf).

6.4.6 Volksdeutschen aus der Untersteiermark, Kärnten und Krain, wenn sie am 14. 4. 1941 jugoslawische Staatsangehörige oder Staatenlose mit Wohnsitz – Heimatrecht – in einer Gemeinde in der Untersteiermark, Kärntens oder Krains gewesen sind und deutsche Volkszugehörige waren.

6.4.7 Volksdeutschen aus der Ukraine, wenn sie am 21. 6. 1941 als Staatsangehörige der UdSSR oder Staatenlose im Gebiet des „Reichskommissariats Ukraine" ansässig gewesen sind und

– die Voraussetzungen für die Aufnahme in die Abteilungen 1 oder 2 der Deutschen Volksliste erfüllt haben (unbeschränkte Staatsangehörigkeit),

– in die Abteilung 3 der Deutschen Volksliste eingetragen worden sind (Staatsangehörigkeit auf Widerruf).

Die Voraussetzungen der Ansässigkeit haben auch zwangsweise Verschleppte erfüllt.

Die durch Sammeleinbürgerung erworbene Staatsangehörigkeit auf Widerruf steht der deutschen Staatsangehörigkeit gleich (§ 28 des 1. StARegG).

Eintragung als Deutscher (ohne deutsche Staatsangehörigkeit i. S. des Art. 116 I GG)

7. Als Deutscher (ohne deutsche Staatsangehörigkeit im Sinne des Art. 116 Abs. 1 des Grundgesetzes) einzutragen ist eine Person, die – ohne deutscher Staatsangehöriger zu sein –

7.1 im Zusammenhang mit den Ereignissen des Zweiten Weltkrieges in der Zeit der Kriegshandlungen bis zum Abschluß der allgemeinen Vertreibungsmaßnahmen

– als Vertriebener deutscher Volkszugehörigkeit (§ 1 Abs. 1 und 2 BVFG) oder

– Ehegatte (§ 1 Abs. 3 BVFG) oder Abkömmling eines Vertriebenen deutscher Volkszugehörigkeit

Aufnahme im Gebiet des Deutschen Reiches (Stand: 31. 12. 1937) gefunden hat oder

7.2 nach Abschluß der allgemeinen Vertreibungsmaßnahmen

– als Aussiedler (§ 1 Abs. 2 Nr. 3, Abs. 3 BVFG)

Aufnahme in der Bundesrepublik Deutschland einschließlich des Landes Berlin oder im Gebiet der heutigen DDR und von Berlin (Ost) gefunden hat oder (noch) findet.

8. Mit der Aufnahme als Aussiedler gemäß Nr. 7.2 werden mithin zu Deutschen ohne deutsche Staatsangehörigkeit im Sinne des Art. 116 Abs. 1 des Grundgesetzes nur noch diejenigen Vertriebenen,

8.1 die selbst deutsche Volkszugehörige im Sinne des § 6 BVFG und Vertriebene im Sinne des § 1 Abs. 2 Nr. 3 BVFG sind;

8.2 oder die

8.2.1 mit einem Aussiedler deutscher Volkszugehörigkeit oder deutscher Staatsangehörigkeit verheiratet sind und als Vertriebene gelten (§ 1 Abs. 3 BVFG) oder

8.2.2 von einem Aussiedler deutscher Volkszugehörigkeit oder deutscher Staatsangehörigkeit abstammen.

Auf das Geschlecht des deutschen Ehegatten oder Elternteils kommt es nicht an.

9. Wenn die Registrierung im Grenzdurchgangslager und die Verteilung auf die Länder unmittelbar im Anschluß an die Aussiedlung erfolgt, gilt die Entscheidung

über die Verteilung auf die Länder als Aufnahme im Sinne des Art. 116 Abs. 1 des Grundgesetzes.

Die Erklärung eines Aussiedlers, nicht als Deutscher behandelt werden zu wollen, ist im Registrierschein zu vermerken.

10. Alle Personen, die mit der Aufnahme Deutsche ohne deutsche Staatsangehörigkeit werden, sind darauf hinzuweisen, daß ihnen ein Recht auf Erwerb der deutschen Staatsangehörigkeit (Einbürgerungsanspruch) zusteht (§ 6 des 1. StARegG).

Behandlung von Aussiedlern, die Mehrstaater sind.
Ausscheiden aus der bisherigen Staatsangehörigkeit.

11. Über den Verlust der bisherigen Staatsangehörigkeit durch Aussiedler entscheidet allein das Staatsangehörigkeitsrecht des bisherigen Heimatstaates. Soweit danach die Aussiedlung selbst keinen Verlustgrund dargestellt hat, ist das Ausscheiden aus der bisherigen Staatsangehörigkeit nur dann erfolgt oder zu erwarten, wenn ein Antrag auf Entlassung aus der bisherigen oder auf Verzicht auf die bisherige Staatsangehörigkeit genehmigt worden ist oder genehmigt wird.

12. Allen Aussiedlern, die trotz ihrer deutschen Staatsangehörigkeit oder des Erwerbs der Rechtsstellung als Deutscher ohne deutsche Staatsangehörigkeit annehmen müssen, daß ihre bisherige Staatsangehörigkeit bestehen geblieben ist, soll zur Vermeidung von Interessenkonflikten – insbesondere wegen der möglichen Inanspruchnahme zu Pflichtleistungen wie der Ableistung des Wehrdienstes – empfohlen werden, sich aus den Bindungen zu lösen, die sich für sie aus der fremden Staatsangehörigkeit ergeben. Dies können die Betroffenen mit dem Hinweis auf ihre Eigenschaft als Deutsche im Sinne des Grundgesetzes und der Einholung der Genehmigung zum Ausscheiden aus der anderen Staatsangehörigkeit (Entlassungsantrag oder Verzichtserklärung) tun.

13. Der Fortbestand einer ausländischen Staatsangehörigkeit neben der deutschen Staatsangehörigkeit oder der Rechtsstellung als Deutscher ohne deutsche Staatsangehörigkeit ist nach § 27 des Ausländergesetzes anzeigepflichtig.

Verlust der Rechtsstellung als Deutscher ohne deutsche Staatsangehörigkeit bei Rückkehr in das Vertreibungsgebiet.

14. Die endgültige Rückkehr in den bisherigen Heimatstaat bringt die Rechtsstellung als Deutscher ohne deutsche Staatsangehörigkeit in jedem Fall im Zeitpunkt der Aufenthaltsverlegung zum Erlöschen, und zwar auch dann, wenn die bisherige Staatsangehörigkeit tatsächlich untergegangen ist (§ 7 des 1. StARegG). Der Verlust der Rechtsstellung als Deutscher ohne deutsche Staatsangehörigkeit tritt darüber hinaus auch für diejenigen Deutschen ein, die nach ihrer Aufnahme den deutschen Herrschaftsbereich freiwillig wieder verlassen haben oder verlassen und ihren dauernden Aufenthalt in einem anderen Staat des Vertreibungsgebietes genommen haben oder nehmen. Als Vertreibungsgebiet für Aussiedler kommen in Betracht die Herrschaftsbereiche der UdSSR (einschließlich der baltischen Staaten Estland, Lettland und Litauen sowie des nördlichen Gebietsteils von Ostpreußen), Polens (einschließlich des Gebietes von Danzig und der Ostgebiete des Deutschen Reiches), der Tschechoslowakei, Ungarns, Rumäniens, Bulgariens, Jugoslawiens, Albaniens und Chinas (§ 1 Abs. 2 Nr. 3 BVFG). Bei erneutem Eintreffen solcher Personen in der Bundesrepublik Deutschland soll deshalb in der Regel eine Registrierung als Deutscher nicht erfolgen.

Fremdvölkische Familienangehörige

15. Als Deutsche i. S. des Artikels 116 Abs. 1 des Grundgesetzes können fremdvölkische Familienangehörige deutscher Aussiedler nur eingetragen werden, wenn sie Ehegatten oder Abkömmlinge deutscher Aussiedler sind. Andere fremdvölkische Familienangehörige der Aussiedler – z. B. Personen, mit denen der deutsche Aussiedler lediglich verschwägert ist und die selbst nicht deutsche Staatsangehörige sind und auch nicht durch Aufnahme Deutsche ohne deutsche Staatsangehörigkeit werden können – bleiben Ausländer. Sie werden nicht registriert.

Zweiter Abschnitt

Namensführung

16. Die Namen ergeben sich aus den vorgelegten Personenstandsurkunden; hierbei haben Urkunden, die auf Grund von Einträgen in nach deutschem Recht geführten Personenstandsbüchern (-registern) ausgestellt worden sind, den Vorrang vor ausländischen Urkunden. Besitzen die Aussiedler keine Personenstandsurkunden, so können die Namen kirchlichen oder anderen beweiskräftigen Unterlagen entnommen werden.

17. Sind Namen deutscher Aussiedler von einem fremden Staat verändert (z. B. slawisiert, romanisiert) worden, so sind sie in der ursprünglichen deutschen Form einzutragen, soweit sich aus den Nummern 18 und 19 nichts anderes ergibt.

18. *Vornamen*

18.1 Ist die Geburt des Aussiedlers in einem nach deutschem Recht geführten Personenstandsbuch (-register) beurkundet worden und weisen die vorgelegten Personalpapiere entgegen dem Eintrag im Geburtenbuch (-register) eine fremdländische Vornamensform aus, so sind die Vornamen in der ursprünglichen deutschen Form einzutragen.

18.2 Ist die Geburt des Aussiedlers nicht in einem nach deutschem Recht geführten Personenstandsbuch (-register) beurkundet worden und weisen die vorgelegten Personalunterlagen eine fremdländische Vornamensform aus, so ist die Namensform einzutragen, die dem Willen der Sorgeberechtigten entsprach.

18.3 Läßt sich nicht mit hinreichender Sicherheit feststellen, daß der Aussiedler die Vornamen in deutscher Form führen kann, so sind die Vornamen in der Form einzutragen, wie sie sich aus den vorgelegten Ausweisen ergeben. Eine Änderung ist nur in einem Verfahren nach § 11 des Gesetzes über die Änderung von Familiennamen und Vornamen vom 5. Januar 1938 (NamÄndG), zuletzt geändert durch Artikel 13 des Zuständigkeitslockerungsgesetzes vom 10. März 1975 (Bundesgesetzbl. I, S. 685), möglich.

18.4 Auf die in ausländischen Papieren angegebene ausländische Namensform ist im Registrierschein nachrichtlich hinzuweisen.

19. *Familienname (Geburtsname)*

19.1 Der Familienname eines deutschen Staatsangehörigen kann – unabhängig davon, wo der Betreffende seinen Wohnsitz oder gewöhnlichen Aufenthalt hat – wirksam nur von der zuständigen deutschen Behörde geändert werden. Die Änderung des Familiennamens eines deutschen Staatsangehörigen auf Grund ausländischen Rechts oder ausländischer Verwaltungsmaßnahmen sowie die Veränderung der Schreibweise des Familiennamens wird im deutschen Rechtsbereich grundsätzlich nicht anerkannt. In diesen Fällen ist der deutsche Familienname einzutragen.

19.2 Ist der Familienname eines Aussiedlers, der mit der Aufnahme die Rechtsstellung als Deutscher erlangt, in den vorgelegten Personalunterlagen in fremdländischer Form wiedergegeben, so kann in der Regel die deutsche Namensform nur durch eine Änderung in einem Verfahren nach § 3 NamÄndG erlangt werden. Ist lediglich die Schreibweise des Familiennamens verändert worden, so kann die ursprüngliche Namensform in den Registrierschein übernommen werden.

19.3 Nummer 18.4 gilt entsprechend.

Bonn, den 29. Juli 1976
Der Bundesminister des Innern
V II 5 – 124 230 – 1/5
In Vertretung
Dr. Fröhlich

5.3 Merkblatt über Fragen der Staatsangehörigkeit und der Namensführung

Staatsangehörigkeit

Für Ihre Eingliederung in das Leben in der Bundesrepublik Deutschland ist es besonders wichtig, daß Sie möglichst bald Gewißheit über Ihre Staatsangehörigkeit erhalten und erfahren, ob Sie

– *Deutscher* im Sinne des Grundgesetzes für die Bundesrepublik Deutschland sind,

d. h. die *deutsche Staatsangehörigkeit besitzen* oder mit der Aufnahme im Bundesgebiet einschließlich des Landes Berlin *Deutscher ohne deutsche Staatsangehörigkeit geworden sind;*

– *Mehrstaater* sind,

d. h. neben der deutschen noch eine ausländische Staatsangehörigkeit besitzen;

– *Ausländer* sind,

d. h. (ausschließlich) eine ausländische Staatsangehörigkeit besitzen oder staatenlos sind.

Bestimmte Rechte und Vergünstigungen stehen nur Deutschen zu, beispielsweise

– der Anspruch auf Ausstellung deutscher Personalpapiere mit dem Vermerk „Deutscher",

– die Gewährung bestimmter sozialer Leistungen,

– die Ausübung bestimmter Berufe oder des Wahlrechts,

– der Anspruch auf konsularischen Schutz durch Vertretungen der Bundesrepublik Deutschland im Ausland.

Deshalb werden Ihre staatsangehörigkeitsrechtlichen Verhältnisse schon bei Ihrer Ankunft im Grenzdurchgangslager vorgeprüft. Das Ergebnis dieser Prüfung wird in Ihrem Registrierschein vermerkt.

Wer ist Deutscher?

Wer Deutscher ist, bestimmt Artikel 116 Abs. 1 des Grundgesetzes für die Bundesrepublik Deutschland. Danach sind Deutsche:

– 1. die deutschen Staatsangehörigen und

– 2. die deutschen Volkszugehörigen (mit oder ohne fremde(r) Staatsangehörigkeit) sowie die Ehegatten und Abkömmlinge von deutschen Staatsangehörigen oder deutschen Volkszugehörigen, die in der Bundesrepublik Deutschland einschließlich des Landes Berlin als Aussiedler aufgenommen werden.

Danach werden also auch die Familienangehörigen (Ehegatten und Abkömmlinge), die vor der Einreise noch nicht Deutsche waren, aber mit ihrem deutschen Ehegatten oder Elternteil in das Bundesgebiet einschließlich des Landes Berlin als Aussiedler kommen, *durch die Aufnahme* kraft Gesetzes *Deutsche,* und zwar *Deutsche ohne deutsche Staatsangehörigkeit.*

Für die vorläufige Feststellung Ihrer Eigenschaft als Deutscher aus Anlaß der Registrierung genügt es, wenn die für den Besitz der deutschen Staatsangehörigkeit oder der deutschen Volkszugehörigkeit maßgebenden persönlichen Merkmale glaubhaft gemacht werden. Sie können dabei mitwirken, indem Sie die erforderlichen Unterlagen vorlegen oder die notwendigen Auskünfte geben.

Über Einzelheiten geben Ihnen die Bearbeiter weitere Aufklärung.

Wie läßt sich der Erwerb der Eigenschaft als Deutscher ausschließen?

Personen, die *nicht* Deutsche sind und es auch durch Aufnahme nicht werden wollen, können den Erwerb der Eigenschaft als Deutsche ohne deutsche Staatsangehörigkeit *durch eine Erklärung* verhindern, die sie bei der Registrierung abgeben. Den Erklärungsvordruck hält das Grenzdurchgangslager bereit. Wer diese Erklärung abgibt, bleibt Ausländer. Er unterliegt den für Ausländer allgemein geltenden Vorschriften für den Aufenthalt, die Berufsausübung und für alle sonstigen Bereiche, in denen für Ausländer rechtliche Beschränkungen oder besondere Pflichten vorgesehen sind; er benötigt in jedem Falle eine Aufenthaltserlaubnis.

Zusätzliche Hinweise für Deutsche, die neben der deutschen noch eine ausländische Staatsangehörigkeit besitzen (Mehrstaater)

Die Übersiedlung in die Bundesrepublik Deutschland muß für Sie nicht zwangsläufig den Verlust der ausländischen Staatsangehörigkeit herbeigeführt haben, die Sie vor der Ausreise innehatten. Darüber, ob Sie diese Staatsangehörigkeit behalten oder verloren haben, entscheidet vielmehr allein das Recht des betroffenen ausländischen Staates. Es ist deshalb möglich, daß Sie nach Ihrer Aufnahme in der Bundesrepublik Deutschland neben der deutschen Staatsangehörigkeit oder der Eigenschaft als Deutscher ohne deutsche Staatsangehörigkeit auch noch eine ausländische Staatsangehörigkeit besitzen. Trifft dies zu, haben Sie die zuständige Behörde – in der Regel das Meldeamt – Ihres künftigen Aufenthaltsortes darauf hinzuweisen.

Aus dem Besitz mehrerer Staatsangehörigkeiten können sich Schwierigkeiten ergeben. Bei Aufenthalt im Ausland kann Ihnen die Bundesrepublik Deutschland unter Umständen nicht wirksam Schutz gewähren; außerdem können die Möglichkeiten zu sonstigen Hilfeleistungen eingeschränkt sein. Darüber hinaus sind Unsicherheiten bei der Beurteilung Ihrer Rechtsverhältnisse nicht auszuschließen. Deshalb kann es angebracht sein, für die Zukunft nur eine Staatsangehörigkeit fortbestehen zu lassen.

Sachdienliche Hinweise, welche Möglichkeiten Sie haben, Ihre deutsche Staatsangehörigkeit aufzugeben oder sich aus Ihrer ausländischen Staatsangehörigkeit zu lösen, gibt Ihnen die *Staatsangehörigkeitsbehörde Ihres künftigen Aufenthaltsortes.*

Wichtig ist: Deutsche Mehrstaater werden nach deutschem Recht ausschließlich als Deutscher behandelt. Deutschen Stellen gegenüber müssen Sie sich deshalb mit deutschen Personalpapieren (Personalausweis, Reisepaß) ausweisen. Daneben dürfen Sie Ihre ausländischen Personalpapiere zwar behalten, diese aber nur im Verkehr mit ausländischen Stellen verwenden. Deutsche Stellen werden mithin Ihre ausländischen Papiere nicht einziehen.

Namensführung

Über Ihre Namensführung erhalten Sie Aufklärung bei der Registrierung im Grenzdurchgangslager.

Für deutsche Staatsangehörige richtet sich die Namensführung nach deutschem Recht. Namensänderungen auf Grund ausländischen Rechts oder ausländischer Verwaltungsmaßnahmen sind für den deutschen Rechtsbereich grundsätzlich nicht rechtsverbindlich.

Sie können jedoch beantragen, Ihren veränderten Namen beizubehalten; über Ihren Antrag entscheidet die für Namensänderungen zuständige deutsche Behörde.

Ist Ihnen die Führung eines deutschen Vornamens nicht gestattet worden – weisen also Ihre mitgebrachten Personalpapiere eine fremdländische Vornamensform aus –, so können Sie sich für die Vornamen entscheiden, die dem Willen des Sorgeberechtigten entsprachen.

Für jede Person ist ein eigener Erklärungsvordruck zu verwenden. Die Erklärung ist der Staatsangehörigkeitsbehörde des künftigen Aufenthaltsortes zuzuleiten.

Erklärung

(Die Erklärung kann **nur** anläßlich der Registrierung im Grenzdurchgangslager abgegeben werden; sie ist unwiderruflich)

Name(n)	Vorname(n)	geb. am	in

a) _____

b) _____

Volkszuge-hörigkeit	Staatsange-hörigkeit	ausgewiesen durch

a) _____

b) _____

erklär(t)-(en)- für
- **sich selbst:**
- das Kind:

Name	Vorname(n)	geb. am	in	Volkszuge-hörigkeit	Staatsange-hörigkeit

_____

Ich
Das Kind*) will **nicht** Aufnahme nach Artikel 116 Abs. 1 des Grundgesetzes für die Bundesrepublik Deutschland finden.

Mir – Uns – ist bekannt, daß die Erklärung – mich – das Kind – vom Erwerb der Rechtsstellung als Deutscher ohne deutsche Staatsangehörigkeit im Sinne des Grundgesetzes ausschließt.

_____, den _____

_____

(Unterschrift(en))

_____

*) Die Erklärung für ein Kind sollen beide Eltern gemeinsam unterschreiben. Steht das Recht der Sorge für die Person des Kindes jedoch einem Elternteil allein oder einer anderen Person als den Eltern (einem Elternteil) zu, genügt es, wenn der Sorgeberechtigte die Erklärung unterschreibt.

6. WOHNGELD, EINRICHTUNGSDARLEHEN
6.1 § 16 des Wohngeldgesetzes i.d.F. vom 29. August 1977 (BGBl. I, S. 1685)

§ 16
Freibeträge für besondere Personengruppen

(1) Bei der Ermittlung des Jahreseinkommens von

1. Heimkehrern im Sinne des Heimkehrergesetzes, die nach dem 31. Dezember 1948 zurückgekehrt sind,

2. Opfern der nationalsozialistischen Verfolgung und ihnen Gleichgestellten im Sinne des Bundesentschädigungsgesetzes

bleiben Einnahmen bis zu einem Betrage von 1 200 Deutsche Mark außer Betracht.

(2) Bei der Ermittlung des Jahreseinkommens bleiben zugunsten von

1. Vertriebenen und Sowjetzonenflüchtlingen im Sinne der §§ 1 bis 4 des Bundesvertriebenengesetzes,

2. Deutschen aus der sowjetischen Besatzungszone Deutschlands und dem sowjetisch besetzen Sektor von Berlin im Sinne des § 1 des Flüchtlingshilfegesetzes

Einnahmen bis zu einem Betrage von 1 200 Deutsche Mark bis zum Ablauf von vier Jahren seit der Stellung des ersten Antrages auf Gewährung von Wohngeld und unter der Voraussetzung außer Betracht, daß der Antrag innerhalb von sechs Jahren nach Verlegung des Wohnsitzes oder des ständigen Aufenthaltes in den Geltungsbereich dieses Gesetzes gestellt worden ist.

(3) ...

(4) Der Freibetrag nach Absatz 1, 2 oder 3 wird zugunsten eines zum Haushalt rechnenden Familienmitgliedes nur einmal abgesetzt, auch wenn es mehreren der genannten Personengruppen angehört.

6.2 Richtlinien des Bundesministers des Innern für die Gewährung von zinsverbilligten Einrichtungsdarlehen an Aussiedler und Zuwanderer vom 20. September 1976[1])

Der Bundesminister des Innern erläßt im Einvernehmen mit dem Bundesminister der Finanzen die folgenden Richtlinien:

1. Zweckbestimmung

1.1 Durch die Gewährung von zinsverbilligten Einrichtungsdarlehen sollen die unter Nr. 2 genannten Personen in die Lage versetzt werden, bei erstmaligem Bezug einer ausreichenden Wohnung diese mit Möbeln und anderen Hausratsgegenständen auszustatten.

1.2 Ein Rechtsanspruch auf die Gewährung eines Darlehens besteht nicht.

Darlehen werden nach Maßgabe der jeweils für die Zinsverbilligung zur Verfügung stehenden Mittel gewährt. Maßgeblich ist der Zeitpunkt des Abrufs des Darlehens bei der Lastenausgleichsbank.

2. Begünstigter Personenkreis

2.1 Darlehen können gewährt werden an:

2.1.1 Aussiedler im Sinne des § 1 Abs. 2 Nr. 3 des Bundesvertriebenengesetzes (BVFG) bzw. des § 11 Abs. 2 Nr. 3 des Gesetzes über den Lastenausgleich (LAG),

---

[1]) bekanntgemacht im Bundesanzeiger Nr. 185 vom 30. September 1976.

die gemäß § 10 Abs. 2 Nr. 2 BVFG bzw. § 230 Abs. 2 Nr. 1 LAG zur Inanspruchnahme von Rechten und Vergünstigungen nach diesen Gesetzen berechtigt sind.

2.1.2 Zuwanderer aus der DDR und aus Berlin (Ost).

2.2 Darlehen können nur an solche unter Nr. 2.1 fallenden Personen gewährt werden, die seit dem 1. Januar 1974 im Bundesgebiet (einschließlich Land Berlin) eingetroffen sind oder noch eintreffen, sich in Lagern, Übergangswohnheimen oder sonstigen notdürftigen vorläufigen Unterkünften befinden und das Darlehen aus Anlaß des erstmaligen Bezugs einer ausreichenden Wohnung zur Beschaffung von Möbeln und anderen Hausratsgegenständen benötigen.

2.3 Für jede Haushaltsgemeinschaft kann nur ein Darlehen gewährt werden.

2.4 Antragsberechtigt sind Personen, die spätestens mit dem Bezug der Wohnung einen eigenen Haushalt führen. Bei Verheirateten ist der Antrag von einem der Ehegatten zu stellen.

Die weiteren zur Haushaltsgemeinschaft gehörenden Personen sind nicht antragsberechtigt, werden aber bei der Bemessung des Darlehens berücksichtigt. Wer bei Bemessung des Darlehens berücksichtigt wird, ist später selbst nicht mehr antragsberechtigt.

Das Darlehen kann bis zu sechs Monaten nach Bezug einer ausreichenden Wohnung beantragt werden.[1]

3. Höhe des Darlehens

3.1 Antragsberechtigte nach Nr. 2 können Darlehen bis zu folgender Höhe erhalten:

Alleinstehende	3 000,– DM
Sockelbetrag für Mehrpersonenhaushalte	4 000,– DM
Für die zweite und jede weitere zur Haushaltsgemeinschaft gehörende Person zusätzlich	1 000,– DM
3.2 der Höchstbetrag des Darlehens ist	10 000,– DM

3.3 Bei der Ermittlung des Höchstbetrags des Darlehens können alle Personen berücksichtigt werden, die im Zeitpunkt des Erstbezugs der Wohnung (Nr. 2.2) zur Haushaltsgemeinschaft gehören.

4. Mittelbereitstellung

4.1 Die für die Darlehensgewährung erforderlichen Mittel werden durch die Lastenausgleichsbank bereitgestellt. Das Nähere hierüber wird durch Vereinbarung mit der Lastenausgleichsbank geregelt.

4.2 Der Bund verbilligt das Darlehen

– durch eine Zinssubvention in Höhe von 6 v.H.[2]

– durch pauschale Abgeltung der Gebühren der Lastenausgleichsbank.

Für den Fall einer erheblichen Änderung der Zinssätze auf dem Kapitalmarkt bleibt eine Anpassung der Zinssubvention vorbehalten.

4.3 Die Lastenausgleichsbank stellt die Mittel den Kreditinstituten zur Verfügung, die die Darlehen ausreichen.

---

[1] Die Fristregelung bezieht sich nicht auf die Stellung des Darlehensantrags, sondern auf die Stellung des Antrags auf Ausstellung des Berechtigungsscheins (Rundschreiben des BMI vom 18. April 1978 – VtK I 4 – 933 907/6 –)

[2] Die Zinssubvention beträgt derzeit 4,75 v.H. (Stand: 1. Mai 1978)

4.4 Der Bund übernimmt gegenüber der Lastenausgleichsbank zur Deckung etwaiger Ausfälle, die bei den ausgereichten Darlehen entstehen, Garantien auf Grund besonderer Vereinbarungen.

5. Inanspruchnahme des Darlehens

5.1 Zur Inanspruchnahme des Darlehens bedarf der Antragsteller einer Bescheinigung über die Antragsberechtigung (Berechtigungsschein) auf amtlichen Vordruck ....

5.2 Der Antrag auf Ausstellung des Berechtigungsscheins ist bei der vom Land bestimmten Dienststelle auf amtlichem Vordruck .... einzureichen. Zusammen mit dem Antragsvordruck wird dem Antragsteller eine Ausfertigung der Richtlinien ausgehändigt.

Der Antrag muß die zur Feststellung der Berechtigungsvoraussetzungen gemäß Nr. 2 sowie die zur Berechnung der Höhe des Darlehens gemäß Nr. 3 erforderlichen Angaben enthalten.

Der Antragsteller hat die Richtigkeit der Angaben und die zweckentsprechende Verwendung des Darlehens zu versichern. Er hat ferner zu versichern, daß weder er noch eine zu seiner Haushaltsgemeinschaft gehörende und bei der Darlehensbemessung zu berücksichtigende Person bereits einen Antrag auf Gewährung eines Darlehens gestellt oder ein solches erhalten hat bzw. in einer Haushaltsgemeinschaft bei der Darlehensbemessung berücksichtigt worden ist.

5.3 Ergibt die Prüfung, daß die Voraussetzungen für die Beantragung eines Darlehens vorliegen, händigt die Dienststelle dem Antragsteller den Berechtigungsschein zusammen mit zwei Vordrucken des Darlehensantrags/Darlehensvertrags (Nr. 5.7) sowie dem Vordrucksatz für den Mittelabruf bei der Lastenausgleichsbank aus.

Die Rücknahme des Berechtigungsscheins richtet sich nach § 48 des Verwaltungsverfahrensgesetzes vom 25. Mai 1976 (Bundesgesetzblatt I, S. 1253). Im Falle der Rücknahme eines Berechtigungsscheins unterrichtet die Dienststelle die Lastenausgleichsbank.

5.4 Der Berechtigungsschein wird nach Ablauf eines Jahres nach Ausstellung ungültig.

5.5 Der Antragsteller übergibt dem Kreditinstitut, bei dem er das Darlehen beantragen will, den Berechtigungsschein sowie die Vordrucke des Darlehensantrags/Darlehensvertrags und des Mittelabrufs bei der Lastenausgleichsbank.

5.6 Das Kreditinstitut gewährt das Darlehen in eigenem Namen treuhänderisch für Rechnung der Lastenausgleichsbank an den Antragsteller.

Darlehensanträgen wird nicht entsprochen, wenn sich aus den Angaben des Antragstellers oder aus sonstigen Tatsachen Anhaltspunkte dafür ergeben, daß die Bedienung des Darlehens offensichtlich nicht möglich ist.

5.7 Das Kreditinstitut fordert die zur Auszahlung des Darlehens erforderlichen Mittel bei der Lastenausgleichsbank an und schließt nach deren Eingang den Darlehensvertrag ....,.. ab.
Weitere Einzelheiten regelt die Lastenausgleichsbank.

6. Darlehensbedingungen

6.1 Das Darlehen ist nach zwei tilgungsfreien Jahren im Verlauf von längstens weiteren 8 Jahren zu tilgen. Während der tilgungsfreien Zeit werden die Zinsen vom Darlehensnehmer halbjährlich zum 30. Juni und 31. Dezember erhoben, nach Ablauf der tilgungsfreien Zeit sind Zins- und Tilgungsleistungen in gleichen Monatsraten zu erbringen.

6.2 Der Darlehensnehmer ist berechtigt, das Darlehen ganz oder teilweise vorzeitig zurückzuzahlen.

6.3 Das Darlehen ist für die gesamte Laufzeit mit dem Prozentsatz zu verzinsen, der sich im Zeitpunkt der Darlehensgewährung als Unterschiedsbetrag zwischen der Zinssubvention des Bundes und dem Marktzins ergibt.

Die Lastenausgleichsbank gibt den Kreditinstituten über die Spitzenverbände des Kreditgewerbes zeitabschnittsweise die Zinssätze für neu abzuschließende Darlehensverträge bekannt.

6.4 Zusätzlich zu den Zinsen trägt der Darlehensnehmer die einmalige Verwaltungsgebühr des Kreditinstituts in Höhe von 2 v.H. des Darlehensbetrages, die bei Auszahlung des Darlehens fällig ist. Ferner trägt der Darlehensnehmer etwaige Kosten, die aus dem Schuldverhältnis, insbesondere aus einer notwendig werdenden Rechtsverfolgung erwachsen, soweit sie nicht die banküblichen Vorarbeiten, Auszahlung, Verbuchung, statistische Angaben sowie die Überwachung des Leistungseingangs betreffen.

6.5 Das Darlehen ist durch stille Abtretung von – auch zukünftigen – Lohn- und Gehaltsforderungen oder anderer hierfür geeigneter Einkünfte an das Kreditinstitut abzusichern. Außerdem hat der in häuslicher Gemeinschaft lebende Ehegatte die Mithaftung zu übernehmen.

6.6 Das Kreditinstitut kündigt das Darlehen ohne Einhaltung einer Frist zur sofortigen Rückzahlung, wenn

der Darlehensnehmer den Berechtigungsschein zu Unrecht erlangt hat,

das Darlehen nicht zweckentsprechend verwendet worden ist.

Das Kreditinstitut kann das Darlehen kündigen, wenn

der Darlehensnehmer mit einem Betrag in Höhe von zwei Raten (Zins oder Tilgung) in Verzug ist oder durch Zwangsmaßnahmen zur Zahlung der rückständigen Beträge angehalten werden muß,

andere, die Sicherheit des Darlehens gefährdende Umstände eintreten,

sonstige im Berechtigungsschein oder im Darlehensvertrag niedergelegte Verpflichtungen nicht eingehalten worden sind.

6.7 Im Falle der Kündigung erhöht sich der Zinssatz vom Tage nach Ausspruch der Kündigung um 1 v.H. vom noch offenen Darlehensbetrag jährlich.

6.8 Der Darlehensnehmer hat zusätzlich zu den Zinsen nach Nr. 6.3 und 6.7 einen weiteren Zins in Höhe der vom Bund gewährten Zinssubvention (Nr. 4.2) ab Auszahlung des Darlehens zu entrichten, wenn der Berechtigungsschein zu Unrecht, insbesondere durch unzutreffende Angaben, erlangt wurde, es sei denn, daß der Antragsteller den Grund nicht zu vertreten hat,

wenn das Darlehen nicht zweckentsprechend verwendet worden ist.

7. Darlehensverwaltung

7.1 Die Zins- und Tilgungsleistungen sind von den Kreditinstituten halbjährlich zum 30. Juni und zum 31. Dezember an die Lastenausgleichsbank abzuführen. Soweit der Darlehensnehmer mit einzelnen Zahlungen in Verzug gerät, hat das Kreditinstitut bis zu einer Halbjahresleistung in Vorlage zu treten.

7.2 Die Darlehen sind mit banküblicher Sorgfalt zu verwalten.

7.3 Im Falle der Kündigung ist die Lastenausgleichsbank über den Zeitpunkt des Wirksamwerdens der Kündigung und die Höhe der Zinsen (Nr. 6.7 und 6.8) zu unterrichten.

7.4 Uneinbringliche Forderungen sind auf Verlangen der Lastenausgleichsbank an diese abzutreten; der Darlehensvertrag und der Berechtigungsschein sowie die für den Übergang und die weitere Verwaltung der Forderung erforderlichen Unterlagen sind der Lastenausgleichsbank zu übersenden.

8. Prüfungsrecht

Der Bundesminister des Innern und der Bundesrechnungshof sowie die den Berechtigungsschein ausstellende Behörde haben das Recht, die Einhaltung der Richtlinien, insbesondere die zweckentsprechende Verwendung der für die Zinsverbilligung gewährten Bundesmittel bei den Beteiligten zu überprüfen oder durch Beauftragte überprüfen zu lassen.

Der Darlehensnehmer ist verpflichtet, die Belege über den Erwerb der Einrichtungsgegenstände bis zur vollständigen Rückzahlung des Darlehens aufzubewahren.

Der Bundesminister des Innern und der Bundesrechnungshof haben ferner das Recht, von allen Beteiligten jederzeit Auskünfte zu verlangen und zu prüfen, ob eine Inanspruchnahme aus der Garantie des Bundes in Betracht kommen kann oder die Voraussetzungen für eine solche vorliegen oder vorgelegen haben.

9. Inkrafttreten

Diese Richtlinien treten am 15. Oktober 1976 in Kraft.

Bonn, den 20. September 1976

Der Bundesminister des Innern
Professor Dr. Maihofer

6.3 Rundschreiben des Bundesministers des Innern vom 24. September 1976 zur Durchführung der Richtlinien für die Gewährung von zinsverbilligten Einrichtungsdarlehen an Aussiedler und Zuwanderer – Auszug –

Zur Durchführung des Verwaltungsverfahrens darf ich im einzelnen bemerken:

Zu Nr. 2.1.1

Die materiellrechtlichen Voraussetzungen der zitierten Gesetzesvorschriften sind von der den Berechtigungsschein ausstellenden Behörde selbständig zu prüfen. Diese Regelung wurde deshalb getroffen, um etwaige Verzögerungen bei der Ausstellung des Vertriebenenausweises abzufangen. Die Prüfung der Vertriebeneneigenschaft erübrigt sich, wenn ein Vertriebenenausweis vorgelegt wird.

Zu Nr. 2.1.2

Zuwanderer im Sinne der Regelung sind die aus der DDR oder aus Berlin (Ost) mit Genehmigung (Übersiedler) oder ohne Genehmigung (Flüchtlinge) ausgereisten Deutschen.

Zu Nr. 2.4

Die Frist von sechs Monaten nach Bezug der Wohnung dient dazu, den Aussiedlern und Zuwanderern eine sorgfältige Prüfung des Bedarfs zu ermöglichen.

Darüber hinaus wird hiermit die Antragsberechtigung für alle Personen gewahrt, die seit Bekanntgabe des Beschlusses der Bundesregierung vom 12. Mai 1976 eine ausreichende Wohnung bezogen haben.

Zu Nr. 3

Bei Großfamilien sind bei der Darlehensbemessung höchsten 7 Personen zu berücksichtigen, weil hiermit der Höchstbetrag des Darlehens erreicht ist. Die Antragsteller sollten aus Gründen der Fürsorge ferner darauf hingewiesen werden, daß Mitglieder der Haushaltsgemeinschaft, die einen eigenen Hausstand gründen wollen, nicht bei der Bemessung des Darlehens berücksichtigt werden sollten, weil anderenfalls deren Antragsberechtigung verlorengeht.

Zu Nr. 5.3

Die Vorhaltung auch der Bankformulare bei den zuständigen Behörden wurde vorgesehen, um eine kostenintensive Versendung der Unterlagen an das weitverzweigte Bankennetz zu vermeiden und durch Aushändigung aller Unterlagen bei den Behörden das Verfahren für die Antragsteller übersichtlicher zu gestalten.

Die Mitteilung der Rücknahme eines Berechtigungsscheins an die Lastenausgleichsbank ist notwendig, damit diese die Einleitung der Rechtsfolgen nach Nr. 6.6 der Richtlinien veranlassen kann.

Zu Nr. 8

Die Bundesregierung geht davon aus, daß eine Prüfung von Verwendungsnachweisen aus besonderem Anlaß und im übrigen lediglich stichprobenartig erfolgen soll.

Zusatz für Niedersachsen:

Im Hinblick auf die Praxis des Landes Niedersachsen, die Aussiedler unmittelbar vom Grenzdurchgangslager Friedland in eine endgültige Wohnung einzuweisen, ist das Grenzdurchgangslager Friedland als Lager i.S.d. Nr. 2.2 des Entwurfs der Richtlinien für die Gewährung von zinsverbilligten Einrichtungsdarlehen an Aussiedler und Zuwanderer zu betrachten. Der Bezug der zugewiesenen Wohnung ist demgemäß der „erstmalige Bezug einer ausreichenden Wohnung" i.S.d. vorgenannten Regelung. Die Antragsberechtigten können damit bereits im Grenzdurchgangslager Friedland oder gem. Nr. 2.4 letzter Satz des Entwurfs der vorgenannten Richtlinien bis zu sechs Monaten nach Bezug der zugewiesenen Wohnung das Einrichtungsdarlehen beantragen.

6.4 Rundschreiben des Bundesministers des Innern vom 18. November 1976 zur Durchführung der Richtlinien für die Gewährung von zinsverbilligten Einrichtungsdarlehen an Aussiedler und Zuwanderer

Die ersten Erfahrungen bei der praktischen Durchführung der vorbezeichneten Richtlinien haben gezeigt, daß die überwiegende Mehrzahl der eingegangenen Klagen sich auf die in Nr. 2.4 festgelegte Frist bezieht. Im Ergebnis laufen die Klagen darauf hinaus, daß der Zeitraum zwischen Bekanntgabe der beabsichtigten Darlehensgewährung (12. Mai 1976) und dem Inkrafttreten der Richtlinien (15. Oktober 1976) zu Lasten der Aussiedler und Zuwanderer gehe. Während nämlich die Antragsteller nach den Richtlinien 6 Monate nach Bezug der Wohnung Zeit hätten, sich die Antragstellung zu überlegen, sei in der Anlaufphase diese Frist durch die 5 Monate, die die Bundesregierung seit Bekanntgabe bis zum Inkrafttreten der Richtlinien benötigt habe, auf mindestens einen Monat zusammengeschrumpft; in den Fällen, in denen die Wohnung vor dem 15. April 1976 (6 Monate vor Inkrafttreten am 15. Oktober) bezogen worden sei, sei die Möglichkeit der Antragstellung ganz entfallen.

Ich bitte daher, bei der *Berechnung der Sechsmonatsfrist nach Nr. 2.4 der Richtlinien den Zeitraum zwischen dem 12. Mai 1976 und dem 15. Oktober 1976 unberücksichtigt zu lassen.*

Etwa bereits erfolgte Ablehnungen bitte ich wieder aufzugreifen, falls die vorstehende Übergangsregelung die Darlehensgewährung ermöglicht.

6.5 Rundschreiben des Bundesministers des Innern vom 1. Juni 1977 zur Durchführung der Richtlinien für die Gewährung von zinsverbilligten Einrichtungsdarlehen an Aussiedler und Zuwanderer – Auszug –

. . .

1. Die bisherigen Erfahrungen der Praxis zeigen, daß eine Änderung der Richtlinien nicht notwendig ist. Im Interesse einer bundeseinheitlichen Handhabung gebe ich jedoch für die weitere Durchführung im Anschluß an meine Bezugsschreiben folgende Hinweise:

Zu Nr. 1.1

– „Erstmaliger" Bezug einer Wohnung bedeutet nicht in jedem Fall, daß es sich um den ersten Bezug einer Wohnung nach dem Verlassen der Not- oder Durchgangsunterkunft handeln muß. Entscheidend ist, daß es sich um den Bezug einer „ausreichenden" Wohnung handelt, d. h. einer Wohnung, die im Zeitpunkt der Antragstellung dem Bedarf des Antragstellers und seiner etwaigen Haushaltsangehörigen nach dessen eigener Auffassung entspricht. Die entsprechende Versicherung des Antragstellers braucht von der Verwaltung nicht auf ihre Richtigkeit geprüft zu werden. Die Erteilung des Berechtigungsscheines hat lediglich dann zu unterbleiben, wenn sich aus den Angaben ergibt, daß eine Notunterkunft (z. B. eine Wohnung in einem Übergangswohnheim) bezogen werden soll.

Aus Teil I, Abschnitt A Ziffer 3 der Durchführungsbestimmungen zur Hausratsentschädigung (HR-DB) vom 24. Januar 1955 (Mtbl. BAA S. 29) in der Fassung vom 5. Oktober 1967 (Mtbl. BAA S. 330) ergibt sich, was als Hausratsgegenstand anzusehen ist.[1]

---

[1] vgl. hierzu Einleitung 6.

– Antragsberechtigt ist gemäß Nr. 1.1 und 2.2 der Richtlinien, wer das Einrichtungsdarlehen zur Beschaffung von Möbeln und anderen Hausratsgegenständen benötigt; eine entsprechende Versicherung ist bereits im Antrag auf Ausstellung des Berechtigungsscheins (Buchst. b und d nach Nr. 7) abzugeben.

Diese Voraussetzung kann auch bei Einzug in eine von Angehörigen bereits gemietete Wohnung gegeben sein, wenn diese nicht ausreichend möbliert ist. In diesem Fall sind auch die Angehörigen gemäß Nr. 2.4 und 3.3 der Richtlinien bei der Bemessung des Darlehens berücksichtigungsfähig.

Zu Nr. 2.2

– Zu den Lagern zählen auch das Grenzdurchgangslager Friedland, die Durchgangsstelle für Aussiedler in Nürnberg sowie die Notaufnahmelager in Gießen und Berlin.

– Die vorläufige Unterbringung bei Bekannten oder Verwandten gilt als notdürftige Unterkunft. Eine Wohnung gilt auch dann als notdürftig und unzureichend, wenn sie durch den Zuzug von später ausgesiedelten oder zugewanderten Familienangehörigen im Raumangebot nicht mehr ausreicht. Die sich aus dem Antrag auf Ausstellung eines Berechtigungsscheines ergebende Erklärung über die bisher unzureichende Wohnung bedarf keiner Nachprüfung.

– Der Bezug einer ausreichenden Wohnung ist in der Regel durch Vorlage des Mietvertrages nachzuweisen.

– Die Voraussetzung „Eintreffen im Bundesgebiet seit dem 1. Januar 1974" ist bei Zuwanderern unabhängig davon gegeben, ob sie bereits früher in die Bundesrepublik eingereist waren, sich dann aber wieder in die DDR bzw. nach Berlin (Ost) begeben haben.

– Falls ein möbliertes Zimmer bezogen und kein eigener Haushalt geführt wird (Nr. 2.4 Abs. 1), liegen die Berechtigungsvoraussetzungen nicht vor.

Zu Nr. 2.4

Der Begriff „Haushaltsgemeinschaft" erfordert eine auf gewisse Dauer angelegte Gemeinschaft, in der ein eigener, gemeinschaftlicher Haushalt geführt wird. Eine bloße Wohngemeinschaft – ggf. von nur vorübergehender Dauer – genügt nicht.

Zu Nr. 3.1

Bei nach und nach getrennt eintreffenden Mitgliedern einer Haushaltsgemeinschaft bitte ich wie folgt zu verfahren:

Das zuerst gekommene Mitglied der Haushaltsgemeinschaft erhält den Ledigenbetrag von 3 000,– DM. Die nachträglich eintreffenden Mitglieder der Haushaltsgemeinschaft erhalten den Sockelbetrag für den Zweitantragsteller + 1 000,– DM für jede weitere zur Haushaltsgemeinschaft gehörende Person mit Ausnahme des Erstantragstellers.

Die Besserstellung gegenüber gemeinsam eintreffenden Haushaltsgemeinschaften rechtfertigt sich aus der Tatsache, daß in der Regel ein Umzug erforderlich sein dürfte oder aber der Erstantragsteller in Erwartung der Späterkommenden bereits eine für alle ausreichende Wohnung gemietet hat und ihm dadurch erhöhte Kosten erwachsen sind. Die Zweitantragsteller sollten jedoch darauf hingewiesen werden, daß es im Hinblick auf die Gesamtbelastung der Haushaltsgemeinschaft zweckmäßig sein kann, die ihnen hiernach zustehenden Höchstbeträge nicht voll auszuschöpfen.

Es verbleibt in jedem Fall bei der Höchstbetragsgrenze von 10000,– DM.

Zu Nr. 3.3

Bei der Bemessung des Darlehens können alle Angehörigen der Haushaltsgemeinschaft des Antragstellers berücksichtigt werden, auch soweit sie nicht Aussiedler oder Zuwanderer sind.

Zu Nr. 5.3

Bei Nichterteilung oder Einziehung eines Berechtigungsscheins ist dem Antragsteller eine Rechtsbehelfsbelehrung zu erteilen.

Zu Nr. 5.6

Die Richtlinien sehen keine Einkommens- oder Altersgrenzen vor. Die Kreditinstitute sind aber gehalten, das Darlehen nicht zu gewähren, wenn offensichtlich dessen Bedienung nicht möglich ist.

Dieser Fall dürfte insbesondere dann vorliegen, wenn der Antragsteller sich im hohen Alter befindet und keine Sicherheiten gegeben werden können oder der Antragsteller dauernd erwerbsunfähig ist.

Es wäre zweckmäßig, wenn in diesen Fällen – soweit erkennbar – die Antragsteller bereits vor Erteilung des Berechtigungsscheins von der Behörde auf die Möglichkeiten der Inanspruchnahme von Sozialhilfe verwiesen würden. In jedem Falle sollten die Antragsteller jedoch davon unterrichtet werden, daß sie sich im Falle der Nichtauszahlung des Darlehens durch das Kreditinstitut an die zuständige Sozialbehörde wenden können.

2. Ich weise darauf hin, daß Ausnahmen von den Fristerfordernissen nach Nr. 2.2 und 2.4 der Richtlinien grundsätzlich nicht zugelassen werden können. Zur Fristwahrung nach Nr. 2.4 genügt es jedoch, wenn der Antragsteller seine Absicht, das Darlehen zu beantragen, manifestiert hat. Dies kann auch bei einer unzuständigen Behörde, bei einer Beratungs- und Betreuungsstelle oder bei einem Kreditinstitut und auch in Form der Einholung von Informationen geschehen sein.

6.6 Rundschreiben des Bundesministers des Innern vom 3. Oktober 1978 zur Durchführung der Richtlinien für die Gewährung von zinsverbilligten Einrichtungsdarlehen an Aussiedler und Zuwanderer

Die Aufzählung notdürftiger, vorläufiger Unterkünfte in Nr. 2.2 der vorbezeichneten Richtlinien dient der Abgrenzung von der in Nr. 1.1 genannten ausreichenden Wohnung; die rasche Freimachung der Notunterkünfte und die Verringerung der mit der dortigen Unterbrinung für die öffentliche Hand verbundenen Kosten war lediglich ein gesetzgeberisches Motiv.

Die primäre Zweckbestimmung der zinsverbilligten Einrichtungsdarlehen besteht hingegen gemäß Nr. 1.1 der Richtlinien darin, die Aussiedler und Zuwanderer in die Lage zu versetzen, bei erstmaligem Bezug einer ausreichenden Wohnung diese mit Möbeln und anderen Hausratsgegenständen auszustatten. Diese Vergünstigung soll nach dem Sinnzusammenhang der Regelung gerade auch den Aussiedlern und Zuwanderern zugute kommen, die ohne Inanspruchnahme öffentlich subventionierter Notunterkünfte sofort eine ausreichende Wohnung beziehen.

6.7 Rundschreiben des Bundesministers des Innern vom 25. Oktober 1978 zur Durchführung der Richtlinien für die Gewährung von zinsverbilligten Einrichtungsdarlehen an Aussiedler und Zuwanderer

Die Gültigkeit des Berechtigungsscheins wurde gem. Nr. 5.4 der vorbezeichneten Richtlinien auf ein Jahr begrenzt, weil davon auszugehen ist, daß das Darlehen unmittelbar nach Bezug einer ausreichenden Wohnung benötigt wird, um diese mit Möbeln und anderen Hausratsgegenständen auszustatten.

Ich bin damit einverstanden, daß der Berechtigungsschein einmal bis zu einem Jahr – gerechnet vom ersten Verfalldatum – verlängert wird, wenn der Antragsteller die Nichtauszahlung des Darlehnes innerhalb der Geltungsdauer des Berechtigungsscheins nicht zu vertreten hat.

Ich bitte jedoch, eine Verlängerung nur dann vorzunehmen, wenn glaubhaft gemacht wird, daß der in Nr. 1.1 der Richtlinien genannte Bedarf noch besteht. Ferner bitte ich, bei Verlängerung die in dem Berechtigungsschein enthaltenen Angaben zu überprüfen und ggf. zu aktualisieren.

Eine zweite oder weitere Verlängerung kommt wegen des Soforthilfecharakters der Maßnahme nicht in Betracht.

6.8 Rundschreiben des Bundesministers des Innern vom 25. November 1978 zur Durchführung der Richtlinien für die Gewährung von zinsverbilligten Einrichtungsdarlehen an Aussiedler und Zuwanderer

Es wird gegenwärtig geprüft, ob das Bundesevakuiertengesetz (BEvG) in der Fassung vom 13. Oktober 1961 (BGBl. I, S. 1866), geändert durch Gesetz vom 14. August 1969 (BGBl. I, S. 1153), abgeschlossen werden kann und Evakuierte, die aus Aussiedlungsgebieten in die Bundesrepublik Deutschland kommen, den Aussiedlern im Sinne des Bundesvertriebenengesetzes gleichgestellt werden können.

Im Hinblick darauf bitte ich, ab sofort auch Evakuierten im Sinne des BEvG, die aus Aussiedlungsgebieten kommen, den Berechtigungsschein zu erteilen.

6.9 Rundschreiben des Bundesministers des Innern vom 6. Dezember 1978 zur Durchfürung der Richtlinien für die Gewährung von zinsverbilligten Einrichtungsdarlehen an Aussiedler und Zuwanderer

Ich bin damit einverstanden, daß innerhalb der Sechsmonatsfrist gemäß Nr. 2.4 (letzter Absatz) der vorbezeichneten Richtlinien nachgeborene Kinder bei der Bemessung des Darlehens berücksichtigt werden.

7. ARBEITSVERMITTLUNG, LEISTUNGEN BEI ARBEITS-LOSIGKEIT

7.1 Arbeitsförderungsgesetz vom 25. Juni 1969 (BGBl. I, S. 582), zuletzt geändert durch Gesetz vom 25. Juli 1978 (BGBl. I, S. 1089) – Auszug –

Zweiter Abschnitt

Vierter Unterabschnitt

Förderung der beruflichen Bildung

II. Individuelle Förderung der beruflichen Bildung

A. Berufliche Ausbildung

§ 40

(1) Die Bundesanstalt gewährt Auszubildenden Berufsausbildungsbeihilfen für eine berufliche Ausbildung in Betrieben oder überbetrieblichen Ausbildungs-stätten sowie für die Teilnahme an Grundausbildungs- und Förderungslehrgängen und anderen berufsvorbereitenden Maßnahmen, soweit ihnen die hierfür erforder-lichen Mittel anderweitig nicht zur Verfügung stehen. Für die Teilnehmer an be-rufsvorbereitenden Maßnahmen kann die Bundesanstalt die Lehrgangsgebühren ohne Anrechnung von Einkommen übernehmen. Die Berufsausbildungsbeihilfen werden als Zuschüsse oder Darlehen gewährt.

(2) Leistungen nach Absatz 1 werden Deutschen im Sinne des Artikels 116 des Grundgesetzes gewährt. Sie werden auch Ausländern im Sinne des Gesetzes über die Rechtsstellung heimatloser Ausländer im Bundesgebiet vom 25. April 1951 (Bundesgesetzbl. I, S. 269) gewährt sowie Ausländern, die als Asylberechtigte nach § 28 des Ausländergesetzes vom 28. April 1965 (Bundesgesetzbl. I, S. 353) anerkannt sind und ihren gewöhnlichen Aufenthalt im Geltungsbereich dieses Gesetzes haben. Leistungen nach Absatz 1 werden außerdem gewährt, soweit Verordnungen der Europäischen Gemeinschaften das vorsehen.

Leistungen nach Absatz 1 werden anderen Ausländern gewährt, wenn sich zu-mindest ein Elternteil während der letzten drei Jahre vor Beginn des Zeitraumes, für den Leistungen bewilligt werden sollen, im Geltungsbereich dieses Gesetzes rechtmäßig aufgehalten hat und erwerbstätig war. Von dem Erfordernis der Er-werbstätigkeit eines Elternteils kann insoweit abgesehen werden, als die Erwerbs-tätigkeit aus einem von dem erwerbstätigen Elternteil nicht zu vertretenden Grunde nicht ausgeübt wird.

(3) Solange und soweit der Antragsteller Unterhaltsleistungen, auf die er einen Anspruch hat, nicht erhält, kann die Bundesanstalt ihn nach Absatz 1 fördern, ohne die Unterhaltsleistungen zu berücksichtigen. § 38 Abs. 2 Satz 1 bis 3 gilt ent-sprechend.

B. Berufliche Fortbildung

§ 41

(1) Die Bundesanstalt fördert die Teilnahme an Maßnahmen, die das Ziel haben, berufliche Kenntnisse und Fertigkeiten festzustellen, zu erhalten, zu erweitern oder der technischen Entwicklung anzupassen oder einen beruflichen Aufstieg zu

ermöglichen, und eine abgeschlossene Berufsausbildung oder eine angemessene Berufserfahrung voraussetzen (berufliche Fortbildung).

(2) Gibt es keine geeigneten Fortbildungsmaßnahmen oder ist deren Besuch nicht zumutbar, so wird auch die Teilnahme an einer Maßnahme, die nicht einer Fortbildungsmaßnahme im Sinne des Absatzes 1 ist, gefördert, wenn sie für den Antragsteller eine berufliche Fortbildung gewährleistet.

(3) Die Teilnahme an einer Fortbildungsmaßnahme wird nur gefördert, wenn die Maßnahme länger als zwei Wochen und, sofern der Antragsteller Anspruch auf Fortzahlung des Arbeitsentgelts hat, länger als vier Wochen dauert. Die Teilnahme an einer Fortbildungsmaßnahme mit Vollzeitunterricht wird nur gefördert, wenn sie nicht länger als zwei Jahre dauert.

(4) Die notwendige Wiederholung eines Teils einer Maßnahme wird nur gefördert, wenn der Teilnehmer den Grund für die Wiederholung nicht zu vertreten hat und der zu wiederholende Teil insgesamt nicht länger als sechs Monate dauert; dies gilt auch dann, wenn dadurch die in Absatz 3 genannte Höchstförderungsdauer überschritten wird.

§ 42

(1) Gefördert werden

1. Antragsteller mit einer abgeschlossenen Berufsausbildung, wenn sie danach mindestens drei Jahre beruflich tätig waren und

2. Antragsteller ohne abgeschlossene Berufsausbildung, wenn sie mindestens sechs Jahre beruflich tätig waren.

(2) Ist der Antragsteller als Teilnehmer an einer Fortbildungs- oder Umschulungsmaßnahme bereits einmal nach diesem Gesetz gefördert worden, so wird er nur gefördert, wenn er danach mindestens weitere drei Jahre beruflich tätig gewesen ist; dies gilt nicht, wenn der Antragsteller als Teilnehmer an einer Fortbildungs- oder Umschulungsmaßnahme mit Vollzeitunterricht bis zu drei Monaten oder mit Teilzeitunterricht bis zu zwölf Monaten gefördert worden ist oder wenn er an einer solchen Maßnahme teilnimmt.

(3) Die Dauer der beruflichen Tätigkeit verkürzt sich im Falle des Absatzes 1 um zwei Jahre und im Falle des Absatzes 2 um ein Jahr, wenn der Antragsteller an einer Maßnahme mit Vollzeitunterricht und einer Dauer bis zu sechs Monaten oder an einer Maßnahme mit Teilzeitunterricht und einer Dauer bis zu vierundzwanzig Monaten teilnimmt.

(4) Der Bundesminister für Arbeit und Sozialordnung kann bei ungünstiger Beschäftigungslage durch Rechtsverordnung jeweils für ein Jahr bestimmen, daß auch Antragsteller, die die Voraussetzungen nach den Absätzen 1 und 2 nicht erfüllen, gefördert werden können.[1]

§ 43

(1) Gefördert wird die Teilnahme an Fortbildungsmaßnahmen, die gerichtet sind insbesondere auf

1. einen beruflichen Aufstieg,

2. die Anpassung der Kenntnisse und Fähigkeiten an die beruflichen Anforderungen,

---

[1] vgl. die Verordnung zur Förderung der beruflichen Fortbildung und Umschulung bei ungünstiger Beschäftigungslage vom 13. Dezember 1978 (BGBl. I, S. 2022), abgedruckt unter 7.3.

3. den Eintritt oder Wiedereintritt weiblicher Arbeitsuchender in das Berufsleben,
4. eine bisher fehlende berufliche Abschlußprüfung,
5. die Heranbildung und Fortbildung von Ausbildungskräften,
6. die Wiedereingliederung älterer Arbeitsuchender in das Berufsleben.

(2) Liegt die Teilnahme eines Antragstellers an einer Maßnahme überwiegend im Interesse des Betriebes, dem er angehört, so wird die Teilnahme nicht gefördert; dies gilt insbesondere, wenn der Antragsteller an einer Maßnahme teilnimmt, die unmittelbar oder mittelbar von dem Betrieb getragen wird oder im überwiegenden Interesse des Betriebes liegt. Die Teilnahme wird jedoch gefördert, wenn dafür ein besonderes arbeitsmarktpolitisches Interesse besteht.

§ 44

(1) Teilnehmern an Maßnahmen zur beruflichen Fortbildung mit ganztägigem Unterricht wird ein Unterhaltsgeld gewährt.

(2) Das Unterhaltsgeld beträgt 80 vom Hundert des um die gesetzlichen Abzüge, die bei Arbeitnehmern gewöhnlich anfallen, verminderten Arbeitsentgelts im Sinne des § 112, wenn die Teilnahme an der Bildungsmaßnahme notwendig ist, damit ein Antragsteller, der

1. arbeitslos ist, beruflich eingegliedert wird,
2. von Arbeitslosigkeit unmittelbar bedroht ist, nicht arbeitslos wird,
3. keinen beruflichen Abschluß hat, eine berufliche Qualifikation erwerben kann.

(2a) Das Unterhaltsgeld beträgt 58 vom Hundert des um die gesetzlichen Abzüge, die bei Arbeitnehmern gewöhnlich anfallen, verminderten Arbeitsentgelts im Sinne des § 112, wenn die Voraussetzungen des Absatzes 2 nicht erfüllt sind.

(2b) Der Bundesminister für Arbeit und Sozialordnung bestimmt die Leistungssätze nach den Absätzen 2 und 2a jeweils für ein Kalenderjahr durch Rechtsverordnung. § 111 Abs. 2 Satz 2 und Abs. 3 sowie § 113 gelten entsprechend.

(3) Das Unterhaltsgeld bemißt sich wie in einem Falle des § 112 Abs. 7, wenn

1. der letzte Tag des Bemessungszeitraumes bei Beginn der Maßnahme länger als 3 Jahre zurückliegt oder
2. der Teilnehmer kein Arbeitsentgelt nach Absatz 2 oder Absatz 2a erzielt hat oder
3. es unbillig hart wäre, von dem Arbeitsentgelt nach Absatz 2 oder Absatz 2a auszugehen.

(4) Einkommen, das der Bezieher von Unterhaltsgeld aus einer unselbständigen oder selbständigen Tätigkeit erzielt, wird auf das Unterhaltsgeld angerechnet, soweit es nach Abzug der Steuern, der Sozialversicherungsbeiträge, der Beiträge zur Bundesanstalt und der Werbungskosten fünfzehn Deutsche Mark wöchentlich übersteigt.

(5) weggefallen.

(6) Bricht ein Bezieher von Unterhaltsgeld die Teilnahme an der Maßnahme vor deren Beendigung ohne wichtigen Grund ab, so kann die Bundesanstalt von ihm das gewährte Unterhaltsgeld insoweit zurückfordern, als ihm für die gleiche Zeit weder Arbeitslosengeld noch Arbeitslosenhilfe zugestanden hätte.

(7) Die Vorschriften des Vierten Abschnittes über das Arbeitslosengeld gelten entsprechend, soweit die Besonderheiten des Unterhaltsgeldes nicht entgegenstehen.

§ 45

Die Bundesanstalt trägt ganz oder teilweise die notwendigen Kosten, die durch die Fortbildungsmaßnahme unmittelbar entstehen, insbesondere Lehrgangskosten, Kosten für Lernmittel, Fahrkosten, Kosten der Arbeitskleidung, der Kranken- und Unfallversicherung sowie Kosten der Unterkunft und Mehrkosten der Verpflegung, wenn die Teilnahme an einer Maßnahme auswärtige Unterbringung erfordert. Von der Erstattung geringfügiger Kosten ist abzusehen.

§ 46

(1) Die Leistungen nach § 44 Abs. 2 und 2a sowie nach § 45 werden Antragstellern gewährt, die innerhalb der letzten drei Jahre vor Beginn der Maßnahme mindestens zwei Jahre lang eine die Beitragspflicht begründende Beschäftigung ausgeübt oder Arbeitslosengeld auf Grund eines Anspruchs von einer Dauer von mindestens 156 Tagen oder im Anschluß daran Arbeitslosenhilfe bezogen haben. § 107 gilt entsprechend.

(2) Antragstellern, die nicht die Voraussetzungen nach Absatz 1, jedoch die Voraussetzungen nach § 44 Abs. 2 erfüllen und sich verpflichten, im Anschluß an die Maßnahme mindestens drei Jahre lang eine die Beitragspflicht begründende Beschäftigung auszuüben, werden,

1. wenn sie wegen einer Veränderung ihrer persönlichen Verhältnisse oder aus anderen Gründen gezwungen sind, eine Beschäftigung aufzunehmen, die Leistungen nach § 44 Abs. 2 und § 45,

2. in anderen Fällen die Leistungen nach § 45 gewährt. Die Leistungen sind zurückzuzahlen, wenn der Antragsteller innerhalb von vier Jahren nach Abschluß der Maßnahme ohne wichtigen Grund nicht mindestens drei Jahre lang eine die Beitragspflicht begründende Beschäftigung ausgeübt hat.

C. Berufliche Umschulung

§ 47

(1) Die Bundesanstalt fördert die Teilnahme von Arbeitsuchenden an Maßnahmen, die das Ziel haben, den Übergang in eine andere geeignete berufliche Tätigkeit zu ermöglichen, insbesondere um die berufliche Beweglichkeit zu sichern oder zu verbessern (berufliche Umschulung). § 41 Abs. 4, §§ 42 und 43 Abs. 2 sowie die §§ 44 bis 46 gelten entsprechend.

(2) Leistungen nach Absatz 1 sind insoweit nicht zu gewähren, als der Arbeitgeber gleichartige Leistungen erbringt oder voraussichtlich erbringen wird.

(3) Kann Arbeitslosigkeit beschäftigter Arbeitsuchender durch Umschulung vermieden werden, so ist diese so früh wie möglich durchführen. Die Teilnahme an einer Umschulungsmaßnahme soll in der Regel nur gefördert werden, wenn diese nicht länger als zwei Jahre dauert.

...

Fünfter Unterabschnitt

Förderung der Arbeitsaufnahme

§ 53

(1) Die Bundesanstalt kann für Arbeitsuchende zur Förderung der Arbeitsaufnahme folgende Leistungen gewähren:

1. Zuschuß zu Bewerbungskosten,

2. Zuschuß zu Reise- und Umzugskosten,

3. Arbeitsausrüstung,

4. Trennungsbeihilfe, wenn die Arbeitsaufnahme die Führung eines getrennten Haushalts erfordert,

5. Überbrückungsbeihilfe bis zur Dauer von zwei Monaten,

6. Begleitung bei Sammelfahrten zur Arbeitsaufnahme an einem auswärtigen Beschäftigungsort,

7. sonstige Hilfen, die sich zur Erleichterung der Arbeitsaufnahme als notwendig erweisen.

An Stelle einer Leistung nach den Nummern 1, 2, 3, 5 oder 7 kann auch ein Darlehen gewährt werden.

(2) Die Bundesanstalt kann die in Absatz 1 genannten Leistungen auch Berufsanwärtern gewähren, die sie in ein Ausbildungsverhältnis vermittelt.

(3) Leistungen nach den Absätzen 1 und 2 dürfen nur gewährt werden, soweit die Arbeitsuchenden die erforderlichen Mittel nicht selbst aufbringen können. Die §§ 37, 38 und 47 Abs. 2 gelten entsprechend.

(4) Die Bundesanstalt kann durch Anordnung Vorschriften zur Durchführung der Absätze 1 und 2 erlassen. Dabei kann sie bestimmen, daß Leistungen nach Absatz 1 einen bestimmten Höchstbetrag nicht übersteigen dürfen und auf Familienangehörige ausgedehnt werden können, sowie unter welchen Voraussetzungen und in welchem Umfange Leistungen zur Aufnahme einer Arbeit im Auslande gewährt werden können.[1])

§ 54

(1) Die Bundesanstalt kann Arbeitgebern zur beruflichen Eingliederung von Arbeitsuchenden, deren Unterbringung unter den üblichen Bedingungen des Arbeitsmarktes erschwert ist, Darlehen oder Zuschüsse gewähren. Diese Leistungen sollen in der Regel sechzig vom Hundert des tariflichen oder, soweit eine tarifliche Regelung nicht besteht, des im Berufe ortsüblichen Arbeitsentgelts nicht übersteigen. Sie werden nicht länger als zwei Jahre gewährt.

(2) Die Bundesanstalt kann zur Durchführung des Absatzes 1 durch Anordnung das Nähere über Voraussetzungen, Art und Umfang der Förderung bestimmen.[1])

. . .

Vierter Abschnitt

Leistungen bei Arbeitslosigkeit und bei Zahlungsunfähigkeit des Arbeitgebers
Erster Unterabschnitt

Leistungen der Arbeitslosenversicherung (Arbeitslosengeld)

§ 100

(1) Anspruch auf Arbeitslosengeld hat, wer arbeitslos ist, der Arbeitsvermittlung zur Verfügung steht, die Anwartschaftszeit erfüllt, sich beim Arbeitsamt arbeitslos gemeldet und Arbeitslosengeld beantragt hat.

(2) Wer das fünfundsechzigste Lebensjahr vollendet, hat vom Beginn des folgenden Monats an keinen Anspruch auf Arbeitslosengeld.

---

[1]) vgl. hierzu Anordnung des Präsidenten der Bundesanstalt für Arbeit zur Förderung der Arbeitsaufnahme (FdA-Anordnung) vom 18. Dezember 1969 i.d.F. vom 24. März 1977 (ANBA S. 559 ff.)

§ 101

(1) Arbeitslos im Sinne dieses Gesetzes ist ein Arbeitnehmer, der vorübergehend nicht in einem Beschäftigungsverhältnis steht oder nur eine kurzzeitige Beschäftigung ausübt. Der Arbeitnehmer ist jedoch nicht arbeitslos, wenn er

1. eine Tätigkeit als mithelfender Familienangehöriger oder Selbständiger ausübt, die die Grenze des § 102 überschreitet, oder

2. mehrere geringfügige Beschäftigungen oder Tätigkeiten entsprechenden Umfangs ausübt, die zusammen die Grenze des § 102 überschreiten.

(2) Arbeitnehmer im Sinne der Vorschriften dieses Abschnittes sind auch die im Rahmen betrieblicher Berufsausbildung Beschäftigten und die Heimarbeiter (§ 12 Abs. 2 des Vierten Buches Sozialgesetzbuch).

§ 102

(1) Kurzzeitig im Sinne des § 101 Abs. 1 ist eine Beschäftigung, die auf weniger als zwanzig Stunden wöchentlich der Natur der Sache nach beschränkt zu sein pflegt oder im voraus durch einen Arbeitsvertrag beschränkt ist. Gelegentliche Abweichungen von geringer Dauer bleiben unberücksichtigt.

(2) Abweichend von Absatz 1 gilt eine Beschäftigung nicht als kurzzeitig, wenn sie zwar auf weniger als zwanzig Stunden wöchentlich beschränkt ist, aber entweder

1. zusammen mit der für die Ausübung erforderlichen Vor- und Nacharbeit die Arbeitskraft des Beschäftigten in der Regel mindestens zwanzig Stunden wöchentlich in Anspruch nimmt oder

2. die Beschränkung darauf zurückzuführen ist, daß durch Rechtsvorschrift oder behördliche Anordnung eine Arbeitszeit von weniger als zwanzig Stunden wöchentlich vorgeschrieben ist oder daß der Arbeitnehmer infolge Arbeitsmangels oder infolge von Naturereignissen die an seiner Arbeitsstelle übliche Zahl von Arbeitsstunden nicht erreicht.

§ 103

(1) Der Arbeitsvermittlung steht zur Verfügung, wer

1. eine zumutbare Beschäftigung unter den üblichen Bedingungen des allgemeinen Arbeitsmarktes ausüben kann und darf sowie

2. bereit ist, jede zumutbare Beschäftigung anzunehmen, die er ausüben kann.

Nummer 1 gilt nicht hinsichtlich der Arbeitszeit; Lage und Verteilung der Arbeitszeit müssen jedoch den Bedingungen entsprechen, zu denen Beschäftigungen der in Betracht kommenden Art und Dauer üblicherweise ausgeübt werden. Der Arbeitsvermittlung steht nicht zur Verfügung, wer

1. nur kurzzeitige Beschäftigungen ausüben kann und darf, weil er

a) in seiner Leistungsfähigkeit gemindert und berufsunfähig im Sinne der gesetzlichen Rentenversicherung ist oder

b) tatsächlich oder rechtlich gebunden ist,

2. wegen häuslicher Bindungen, die nicht in der Betreuung aufsichtsbedürftiger Kinder oder pflegebedürftiger Personen bestehen, Beschäftigungen nur zu bestimmten Arbeitszeiten ausüben kann,

3. wegen seines Verhaltens nach der im Arbeitsleben herrschenden Auffassung für eine Beschäftigung als Arbeitnehmer nicht in Betracht kommt.

(1a) Bei der Beurteilung der Zumutbarkeit sind die Lage und Entwicklung des Arbeitsmarktes, die Interessen der Gesamtheit der Beitragszahler und die des Arbeitslosen zu berücksichtigen. Beschäftigungen sind nicht allein deshalb unzumutbar, weil

1. sie nicht der bisherigen beruflichen Tätigkeit des Arbeitslosen entsprechen,

2. der Beschäftigungsort vom Wohnort des Arbeitslosen weiter entfernt ist als der bisherige Beschäftigungsort oder

3. die Arbeitsbedingungen ungünstiger sind als bei der bisherigen Beschäftigung, insbesondere lediglich der tarifliche Arbeitslohn gezahlt wird oder im Vergleich zur früheren Beschäftigung übertarifliche Zuschläge oder sonstige Vergünstigungen entfallen.

(2) Die Entscheidung, ob Berufsunfähigkeit im Sinne der gesetzlichen Rentenversicherung vorliegt, trifft der zuständige Rentenversicherungsträger im Wege der Amtshilfe. Bis zur Entscheidung gilt der Arbeitslose als nicht berufsunfähig. Wird dem Arbeitslosen eine Rente wegen Berufsunfähigkeit oder Erwerbsunfähigkeit zuerkannt, so geht der Anspruch auf die Rente für die Zeit, für die der Arbeitslose nach Satz 2 als nicht berufsunfähig galt, bis zur Höhe des für diese Zeit gewährten Arbeitslosengeldes auf die Bundesanstalt über.

(3) Kann der Arbeitslose nur Heimarbeit übernehmen, so schließt das nicht aus, daß er der Arbeitsvermittlung zur Verfügung steht, wenn er innerhalb der Rahmenfrist eine die Beitragspflicht begründende Beschäftigung als Heimarbeiter so lange ausgeübt hat, wie zur Erfüllung einer Anwartschaftszeit erforderlich ist (§ 104).

(4) Leistet der Arbeitslose vorübergehend zur Verhütung oder Beseitigung öffentlicher Notstände Dienste, die nicht auf einem Arbeitsverhältnis beruhen, so schließt das nicht aus, daß der Arbeitslose der Arbeitsvermittlung zur Verfügung steht.

(5) weggefallen.

§ 104

(1) Die Anwartschaftszeit hat erfüllt, wer in der Rahmenfrist sechsundzwanzig Wochen oder sechs Monate in einer die Beitragspflicht begründenden Beschäftigung (§ 168) gestanden hat. Zeiten, für die kein Arbeitsentgelt gezahlt wird, unterbrechen eine die Beitragspflicht begründende Beschäftigung nur dann, wenn sie jeweils drei Wochen überschreiten. Zeiten einer Beschäftigung, die vor dem Tage liegen, an dem der Anspruch auf Arbeitslosengeld oder Arbeitslosenhilfe nach § 119 Abs. 3 erloschen ist, dienen nicht zur Erfüllung der Anwartschaftszeit.

(2) Die Rahmenfrist geht dem ersten Tage der Arbeitslosigkeit unmittelbar voraus, an dem die sonstigen Voraussetzungen für den Anspruch auf Arbeitslosengeld erfüllt sind oder nach § 105 als erfüllt gelten.

(3) Die Rahmenfrist beträgt drei Jahre; sie reicht nicht in eine vorangegangene Rahmenfrist hinein, in der der Arbeitslose eine Anwartschaftszeit erfüllt hatte.

§ 105

Der Arbeitslose hat sich persönlich beim zuständigen Arbeitsamt arbeitslos zu melden. Kann der Arbeitslose sich nicht am ersten Tage der Arbeitslosigkeit arbeitslos melden und Arbeitslosengeld beantragen, weil das zuständige Arbeitsamt an diesem Tage nicht dienstbereit ist, so gelten diese Voraussetzungen als am ersten Tage der Arbeitslosigkeit erfüllt, wenn der Arbeitslose an dem nächsten Tage, an dem das Arbeitsamt dienstbereit ist, sich arbeitslos meldet und Arbeitslosengeld beantragt.

§ 106

(1) Die Dauer des Anspruchs auf Arbeitslosengeld richtet sich nach der Dauer der die Beitragspflicht begründenden Beschäftigung innerhalb der Rahmenfrist; § 104 Abs. 1 Satz 2 und 3 gilt entsprechend. Beschäftigungszeiten von insgesamt mindestens

1. sechsundzwanzig Wochen (sechs Monaten) begründen eine Anspruchsdauer von achtundsiebzig Tagen,

2. neunundreißig Wochen (neun Monaten) begründen eine Anspruchsdauer von hundertzwanzig Tagen,

3. zweiundfünfzig Wochen (zwölf Monaten) begründen eine Anspruchsdauer von hundertsechsunfünfzig Tagen,

4. achtundsiebzig Wochen (achtzehn Monaten) begründen eine Anspruchsdauer von zweihundertvierunddreißig Tagen.

5. hundertvier Wochen (vierundzwanzig Monaten) begründen eine Anspruchsdauer von dreihundertzwölf Tagen.

(2) Wenn seit der Entstehung des vorherigen Anspruchs noch nicht drei Jahre verstrichen sind, so ist die Dauer des neuen Anspruchs mindestens so lang wie die restliche Dauer des vorherigen Anspruchs.

§ 107

Den Zeiten einer die Beitragspflicht begründenden Beschäftigung stehen gleich:

1. Zeiten, in denen der Arbeitslose als Wehr- oder Ersatzdienstleistender beitragspflichtig war (§ 168 Abs. 2),

2. Zeiten, in denen der Arbeitslose nur deshalb beitragsfrei war, weil er das dreiundsechzigste Lebensjahr vollendet hatte (§ 169 Nr. 2),

3. **Zeiten einer Beschäftigung, die ein Deutscher im Sinne des Artikels 116 des Grundgesetzes im Gebiet des Deutschen Reiches nach dem Stande vom 31. Dezember 1937, aber außerhalb des Geltungsbereiches dieses Gesetzes ausgeübt hat,**

4. **Zeiten einer Beschäftigung, die ein Vertriebener, der nach den §§ 9 bis 12 des Bundesvertriebenengesetzes Rechte und Vergünstigungen in Anspruch nehmen kann, außerhalb des Gebietes des Deutschen Reiches nach dem Stande vom 31. Dezember 1937 ausgeübt hat,**

5. Zeiten, in denen der Arbeitslose wegen der Teilnahme an einer Maßnahme der beruflichen Fortbildung oder Umschulung Unterhaltsgeld bezogen hat oder nur wegen des Vorranges anderer Leistungen (§ 37) nicht bezogen hat oder in denen er wegen einer berufsfördernden Maßnahme zur Rehabilitation beitragspflichtig war (§ 168 Abs. 1a),

6. Zeiten, in denen der Arbeitslose als Gefangener beitragspflichtig war (§ 168 Abs. 3a).

Die Nummern 3 und 4 gelten nur, wenn die Beschäftigung bei einer Ausübung im Geltungsbereich dieses Gesetzes die Beitragspflicht des Arbeitnehmers begründet oder nach Satz 1 Nr. 2 einer die Beitragspflicht begründenden Beschäftigung gleichgestanden hätte.

...

§ 110

Die Dauer des Anspruchs auf Arbeitslosengeld mindert sich um

1. Tage, für die der Anspruch auf Arbeitslosengeld erfüllt worden ist; dabei gilt der Anspruch auf Arbeitslosengeld für so viele Tage als nicht erfüllt, als das wöchentliche Arbeitslosengeld nach der auf Grund des § 111 Abs. 2 erlassenen Rechtsverordnung durch Anrechnung von Nebenverdienst nach § 115 um volle Sechstel gemindert ist.

1a. die Tage einer Sperrzeit nach § 119; dies gilt nicht für die Sperrzeiten nach § 119 Abs. 1 Nr. 1 und 4, die früher als drei Monate vor der Erfüllung der Voraussetzungen für den Anspruch auf Arbeitslosengeld eingetreten sind,

2. Tage, für die dem Arbeitslosen nach § 120 oder § 121 das Arbeitslosengeld versagt worden ist,

3. die Tage der Arbeitslosigkeit bis zur erneuten Arbeitslosenmeldung, wenn der Arbeitslose den Bezug von Arbeitslosengeld unterbricht, ohne daß die Arbeitslosigkeit beendet ist; das gilt nicht, wenn der Arbeitslose den Bezug von Arbeitslosengeld aus einem wichtigen Grunde unterbricht.

§ 111

(1) Das Arbeitslosengeld beträgt 68 vom Hundert des um die gesetzlichen Abzüge, die bei Arbeitnehmern gewöhnlich anfallen, verminderten Arbeitsentgelts (§ 112).

(2) Der Bundesminister für Arbeit und Sozialordnung bestimmt die Leistungssätze jeweils für ein Kalenderjahr durch Rechtsverordnung. Dabei hat er zugrunde zu legen:

1. als Lohnsteuer

a) die Steuer nach der Lohnsteuertabelle für die Lohnsteuerklasse I (Leistungsgruppe A)

bei nichtverheirateten Arbeitnehmern ohne Kinder im Sinne des § 32 Abs. 4, 6 und 7 des Einkommensteuergesetzes und

bei verheirateten Arbeitnehmern, auf deren Lohnsteuerkarte die Lohnsteuerklasse IV eingetragen ist;

b) die Steuer nach der Lohnsteuertabelle für die Lohnsteuerklasse II mit einem Kind (Leistungsgruppe B)

bei nichtverheirateten Arbeitnehmern, die mindestens ein Kind im Sinne des § 32 Abs. 4, 6 und 7 des Einkommensteuergesetzes haben und

bei verheirateten Arbeitnehmern, auf deren Lohnsteuerkarte die Lohnsteuerklasse I oder II eingetragen ist;

c) die Steuer nach der Lohnsteuertabelle für die Lohnsteuerklasse III ohne Kind (Leistungsgruppe C)

bei verheirateten Arbeitnehmern, auf deren Lohnsteuerkarte die Lohnsteuerklasse III eingetragen ist;

d) die Steuer nach der Lohnsteuertabelle für die Lohnsteuerklasse V (Leistungsgruppe D) bei verheirateten Arbeitnehmern, auf deren Lohnsteuerkarte die Lohnsteuerklasse V eingetragen ist sowie

e) die Steuer nach der Lohnsteuertabelle für die Lohnsteuerklasse VI (Leistungsgruppe E)

bei Arbeitnehmern, auf deren Lohnsteuerkarte die Lohnsteuerklasse VI eingetragen ist, weil sie noch aus einem weiteren Dienstverhältnis Arbeitslohn beziehen;

2. als Kirchensteuer-Hebesatz den im Vorjahr in den Ländern geltenden niedrigsten Kirchensteuer-Hebesatz;

3. als Beitrag zur gesetzlichen Krankenversicherung die Hälfte des gewogenen Mittels der am 1. Juli des Vorjahres geltenden Beitragssätze für Pflichtversicherte, die bei Arbeitsunfähigkeit Anspruch auf Fortzahlung ihres Arbeitsentgelts für mindestens sechs Wochen haben;

4. als Beitrag zur gesetzlichen Rentenversicherung die Hälfte des geltenden Beitragssatzes der Rentenversicherung der Arbeiter und der Rentenversicherung der Angestellten;

5. als Leistungsbemessungsgrenze die nach § 175 Abs. 1 Nr. 1 für den Beitrag zur Bundesanstalt geltende Beitragsbemessungsgrenze.

Die Leistungssätze sind auf den nächsten durch 60 teilbaren Pfennig-Betrag zu runden. Die Rechtsverordnung kann bestimmen, daß geänderte Leistungssätze vom Beginn des Zahlungszeitraumes (§ 122) an gelten, in dem sie in Kraft tritt.

. . .

§ 112

(1) gestrichen

(2) Arbeitsentgelt im Sinne des § 111 Abs. 1 ist das im Bemessungszeitraum in der Arbeitsstunde durchschnittlich erzielte Arbeitsentgelt, vervielfacht mit der Zahl der Arbeitsstunden, die sich als Durchschnitt der tariflichen regelmäßigen wöchentlichen Arbeitszeit der Beschäftigungsverhältnisse im Bemessungszeitraum ergibt. Arbeitsentgelt, das nach Monaten bemessen ist, gilt in der Zahl von Arbeitsstunden erzielt, die sich ergibt, wenn die Zahl der vereinbarten regelmäßigen wöchentlichen Arbeitsstunden mit dreizehn vervielfacht und durch drei geteilt wird. Einmalige Zuwendungen bleiben außer Betracht.

. . .

§ 119

(1) Hat der Arbeitslose

1. das Arbeitsverhältnis gelöst oder durch ein vertragswidriges Verhalten Anlaß für die Kündigung des Arbeitgebers gegeben und hat er dadurch vorsätzlich oder grobfahrlässig die Arbeitslosigkeit herbeigeführt oder

2. trotz Belehrung über die Rechtsfolgen eine vom Arbeitsamt angebotene Arbeit nicht angenommen oder nicht angetreten oder

3. sich trotz Belehrung über die Rechtsfolgen geweigert, an einer Maßnahme zur beruflichen Ausbildung, an einer notwendigen Maßnahme zur beruflichen Fortbildung oder Umschulung, für die das Arbeitsamt eine Förderung der Teilnahme nach den Vorschriften dieses Gesetzes über die Förderung der beruflichen Bildung zugesagt hat, oder an einer Maßnahme zur beruflichen Rehabilitation, wäh-

rend der er Übergangsgeld nach diesem oder einem anderen Gesetz zu beanspruchen hätte, teilzunehmen,

4. die Teilnahme an einer der in Nummer 3 genannten Maßnahmen abgebrochen, ohne für sein Verhalten einen wichtigen Grund zu haben, so tritt eine Sperrzeit von vier Wochen ein; die Nummern 1 und 2 gelten nicht, wenn der Betrieb, in dem das Beschäftigungsverhältnis beendet worden ist oder die angebotene Arbeit aufgenommen werden soll, nach § 98 gefördert wird. Die Sperrzeit beginnt mit dem Tage nach dem Ereignis, das die Sperrzeit begründet, oder, wenn dieser Tag in eine Sperrzeit fällt, mit dem Ende dieser Sperrzeit. Während der Sperrzeit ruht der Anspruch auf Arbeitslosengeld.

(2) Würde eine Sperrzeit von vier Wochen für den Arbeitslosen nach den für den Eintritt der Sperrzeit maßgebenden Tatsachen eine besondere Härte bedeuten, so umfaßt die Sperrzeit zwei Wochen.

(3) Hat der Arbeitslose nach der Entstehung des Anspruchs bereits einmal Anlaß für den Eintritt einer Sperrzeit von vier Wochen gegeben und hat der Arbeitslose hierüber einen schriftlichen Bescheid erhalten, so erlischt, wenn der Arbeitslose erneut Anlaß für den Eintritt einer Sperrzeit von vier Wochen gibt, der ihm noch zustehende Anspruch auf Arbeitslosengeld.

§ 120

Das Arbeitslosengeld ist für sechs Wochentage zu versagen, wenn der Arbeitslose einer Aufforderung des Arbeitsamtes, sich beim Arbeitsamt zu melden (§ 132), trotz Belehrung über die Rechtsfolgen ohne wichtigen Grund nicht nachkommt.

: . .

Zweiter Unterabschnitt

Arbeitslosenhilfe

§ 134

(1) Anspruch auf Arbeitslosenhilfe hat, wer

1. arbeitslos ist, der Arbeitsvermittlung zur Verfügung steht, sich beim Arbeitsamt arbeitslos gemeldet und Arbeitslosenhilfe beantragt hat,

2. keinen Anspruch auf Arbeitslosengeld hat, weil er die Anwartschaftszeit (§ 104) nicht erfüllt,

3. bedürftig ist und

4. innerhalb eines Jahres vor der Arbeitslosmeldung, die dem Antrag auf Arbeitslosenhilfe vorausgeht,

a) Arbeitslosengeld bezogen hat, ohne daß der Anspruch nach § 119 Abs. 3 erloschen ist, oder

b) mindestens zehn Wochen, sofern der letzte Anspruch auf Arbeitslosengeld oder Arbeitslosenhilfe nach § 119 Abs. 3 erloschen ist, danach mindestens sechsundzwanzig Wochen oder sechs Monate in entlohnter Beschäftigung gestanden hat. Außer Betracht bleiben Beschäftigungen, die nach § 102 kurzzeitig sind, und Beschäftigungszeiten, für die wegen Krankheit, Urlaub oder unberechtigter Arbeitsversäumnis kein Arbeitsentgelt gezahlt worden ist

oder

c) mindestens sechsundzwanzig Wochen oder sechs Monate oder ein Semester im Geltungsbereich dieses Gesetzes eine allgemeinbildende oder berufliche

Schule oder eine Hochschule besucht und diese Ausbildung abgeschlossen oder nicht nur vorübergehend aufgegeben hat und innerhalb des letzten Jahres vor Beginn der Ausbildung mindestens sechsundzwanzig Wochen in entlohnter Beschäftigung im Sinne des Buchstaben b gestanden hat; eine Ausbildung gilt nicht als abgeschlossen, wenn im Anschluß daran eine weitere Ausbildung an einer allgemeinbildenden oder beruflichen Schule oder einer Hochschule angestrebt wird oder für den angestrebten Beruf eine noch zu leistende zusätzliche Ausbildung oder praktische Tätigkeit vorgeschrieben ist.

Wird die Arbeitslosenhilfe ohne erneute Arbeitslosenmeldung für eine Zeit nach Erschöpfung des Anspruchs auf Arbeitslosengeld beantragt, so tritt an die Stelle des Tages der Arbeitslosmeldung, die dem Antrag auf Arbeitslosenhilfe vorausgeht, der erste Tag nach Erschöpfung des Anspruchs auf Arbeitslosengeld, an dem die sonstigen Voraussetzungen des Anspruchs auf Arbeitslosenhilfe erfüllt sind.

(2) Die Vorschriften des Ersten Unterabschnittes über Arbeitslosengeld gelten entsprechend, soweit die Besonderheiten der Arbeitslosenhilfe nicht entgegenstehen. Wer nur mit Einschränkung hinsichtlich der Dauer der Arbeitszeit imstande ist, eine Beschäftigung unter den üblichen Bedingungen des allgemeinen Arbeitsmarktes auszuüben, hat keinen Anspruch auf Arbeitslosenhilfe. § 118 Abs. 1 Satz 2 und 3 gilt nicht.

(3) ...

§ 135

(1) Der Anspruch auf Arbeitslosenhilfe erlischt, wenn

1. der Arbeitslose durch Erfüllung der Anwartschaftszeit (§ 104) einen Anspruch auf Arbeitslosengeld erwirbt,

2. seit dem letzten Tage des Bezuges von Arbeitslosenhilfe ein Jahr vergangen ist.

(2) Ein Anspruch auf Arbeitslosenhilfe, der auf der Erfüllung der Voraussetzungen nach § 134 Abs. 1 Nr. 4 Buchstabe a beruht, erlischt nicht durch die Erfüllung der Voraussetzungen nach § 134 Abs. 1 Nr. 4 Buchstabe b oder c oder nach einer Rechtsverordnung gemäß § 134 Abs. 3.

§ 136

(1) Die Arbeitslosenhilfe beträgt 58 vom Hundert des um die gesetzlichen Abzüge, die bei Arbeitnehmern gewöhnlich anfallen, verminderten Arbeitsentgelts (Absatz 2).

(2) Arbeitsentgelt ist

1. im Falle des § 134 Abs. 1 Nr. 4 Buchstabe a das Arbeitsentgelt, nach dem sich zuletzt das Arbeitslosengeld gerichtet hat oder ohne die Vorschrift des § 112 Abs. 5 Nr. 2 a oder Absatz 8 gerichtet hätte,

2. a) im Falle des § 134 Abs. 1 Nr. 4 Buchstabe b sowie in den Fällen einer nach § 134 Abs. 3 erlassenen Rechtsverordnung, wenn der Anspruch auf Arbeitslosenhilfe auch auf einer Beschäftigung zur Berufsausbildung beruht,

b) im Falle des § 134 Abs. 1 Nr. 4 Buchstabe c

das um 25 vom Hundert verminderte Arbeitsentgelt nach § 112 Abs. 7,

3. in allen übrigen Fällen das Arbeitsentgelt nach § 112 Abs. 7.

Wenn der Arbeitslose nicht mehr das nach Nummer 1 maßgebliche Arbeitsentgelt erzielen kann, richtet sich die Arbeitslosenhilfe nach dem Arbeitsentgelt im Sinne des § 112 Abs. 7; kann der Arbeitslose nicht mehr das Arbeitsentgelt erreichen, von dem nach Nummer 2 oder 3 ausgegangen worden ist, so wird die Arbeitslosenhilfe nach § 112 Abs. 7 neu festgesetzt.

(3) Der Bundesminister für Arbeit und Sozialordnung bestimmt die Leistungssätze jeweils für ein Kalenderjahr durch Rechtsverordnung. § 111 Abs. 2 Satz 2 bis 4 und Absatz 3 gilt entsprechend.

§ 137

(1) Der Arbeitslose ist bedürftig im Sinne des § 134 Abs. 1 Nr. 3, soweit er seinen Lebensunterhalt und den seines Ehegatten sowie seiner Kinder, für die er Anspruch auf Kindergeld nach dem Bundeskindergeldgesetz oder auf eine das Kindergeld ausschließende Leistung für Kinder hat, nicht auf andere Weise als durch Arbeitslosenhilfe bestreitet oder bestreiten kann und das Einkommen, das nach § 138 zu berücksichtigen ist, die Arbeitslosenhilfe nach § 136 nicht erreicht.

(2) Der Arbeitslose ist nicht bedürftig im Sinne des § 134 Abs. 1 Nr. 3, solange mit Rücksicht auf sein Vermögen, das Vermögen seines im gemeinsamen Haushalt lebenden Ehegatten oder das Vermögen seiner im gemeinsamen Haushalt lebenden leiblichen Eltern oder Kinder die Gewährung von Arbeitslosenhilfe offenbar nicht gerechtfertigt ist.

(3) ...

§ 139

Erfüllen Ehegatten, die im gemeinsamen Haushalt leben, zugleich die Voraussetzungen des Anspruchs auf Arbeitslosenhilfe, so wird Arbeitslosenhilfe nur dem Ehegatten gewährt, der von beiden Ehegatten als anspruchsberechtigt bestimmt worden ist. Solange die Ehegatten diese Bestimmung nicht getroffen haben, wird die Arbeitslosenhilfe dem Ehegatten gewährt, dem der höhere Betrag zusteht.

§ 139a

(1) Die Arbeitslosenhilfe ist jeweils für längstens ein Jahr zu bewilligen.

(2) Vor einer erneuten Bewilligung sind die Voraussetzungen des Anspruchs auf Arbeitslosenhilfe zu prüfen.

§ 140

Solange und soweit der Arbeitslose Leistungen, auf die er einen Anspruch hat, nicht erhält, kann das Arbeitsamt dem Arbeitslosen ohne Rücksicht auf diese Leistungen Arbeitslosenhilfe gewähren. Das Arbeitsamt hat die Gewährung der Arbeitslosenhilfe dem Leistungspflichtigen unverzüglich anzuzeigen. Die Anzeige bewirkt, daß die Ansprüche des Arbeitslosen in Höhe der Aufwendungen an Arbeitslosenhilfe, die infolge der Nichtberücksichtigung der Leistungen entstanden sind oder entstehen, auf den Bund übergehen. Der Übergang wird nicht dadurch ausgeschlossen, daß der Anspruch nicht übertragen, verpfändet oder gepfändet werden kann. Die Bundesanstalt ist berechtigt und verpflichtet, die Ansprüche für den Bund geltend zu machen.

...

7.2 Anordnung des Verwaltungsrates der Bundesanstalt für Arbeit über die individuelle Förderung der beruflichen Fortbildung und Umschulung (A Fortbildung und Umschulung) vom 23. März 1976 i.d.F. vom 14. Juli 1978 (ANBA S. 1085)

Der Verwaltungsrat der Bundesanstalt für Arbeit erläßt auf Grund von § 39 in Verbindung mit § 191 Abs. 3 des Arbeitsförderungsgesetzes (AFG) mit Genehmigung des Bundesministers für Arbeit und Sozialordnung folgende Anordnung:

Präambel

Ziel der individuellen Förderung der beruflichen Fortbildung und Umschulung der Erwerbstätigen ist es insbesondere,

Arbeitslosigkeit sowie qualitative und quantitative Unterbeschäftigung zu verhüten oder zu beenden,

Mangel an qualifizierten Arbeitskräften zu vermeiden oder zu beheben,

die berufliche Beweglichkeit zu sichern oder zu verbessern und einen beruflichen Aufstieg zu ermöglichen.

Erster Abschnitt

Allgemeine Bestimmungen

§ 1

Berufliche Fortbildungsmaßnahmen

(1) Zu den beruflichen Fortbildungsmaßnahmen nach § 41 Abs. 1 AFG zählen nicht Bildungsmaßnahmen, die zum Bereich der Allgemeinbildung, der Berufsausbildung oder der beruflichen Umschulung gehören.

(2) Eine Bildungsmaßnahme gehört zum Bereich der Allgemeinbildung im Sinne des Absatzes 1, wenn überwiegend Wissen vermittelt wird, das dem von allgemeinbildenden Schulen angestrebten Bildungsziel entspricht.

(3) Abschlußprüfungen im Sinne des § 43 Abs. 1 Nr. 4 AFG sind solche in anerkannten Ausbildungsberufen.

§ 2

Berufliche Umschulungsmaßnahmen

(1) Zu den beruflichen Umschulungsmaßnahmen zählen nicht Bildungsmaßnahmen, die zum Bereich der Allgemeinbildung gehören; § 1 Abs. 2 gilt entsprechend.

(2) Eine andere berufliche Tätigkeit im Sinne des § 47 Abs. 1 Satz 1 AFG ist eine Berufstätigkeit mit neuem Inhalt. Eine Bildungsmaßnahme ermöglicht auch dann den Übergang in eine andere berufliche Tätigkeit im Sinne des § 47 Abs. 1 Satz 1 AFG, wenn diese erst nach Ablauf einer der Maßnahme folgenden Beschäftigung im Sinne des § 34 Abs. 2 AFG aufgenommen werden kann.

(3) Die Umschulung soll mit Rücksicht auf das Lebensalter, die beruflichen Erfahrungen und Bewährungen des Umzuschulenden kürzer als ein entsprechender Ausbildungsgang für Jugendliche sein und mit einem qualifizierenden Abschluß enden.

§ 3

Unterricht

(1) Unterricht im Sinne des § 34 Abs. 1 Satz 1 AFG ist die Vermittlung theoretischer Kenntnisse und die praktische Unterweisung durch Lehrkräfte.

(2) Eine Maßnahme wird im ganztägigen Unterricht durchgeführt, wenn der Unterricht in jeder Woche an mindestens 5 Werktagen stattfindet und mindestens 25 Unterrichtsstunden umfaßt.

(3) Die Teilnahme an Maßnahmen, die im Fernunterricht durchgeführt werden, wird gefördert, wenn der Fernunterricht mit ergänzendem Nahunterricht (ganztägiger oder Teilzeitunterricht) von angemessener Dauer verbunden ist.

§ 4
Anforderungen an die Maßnahme

(1) Die Maßnahme ist so auszugestalten, daß sie erwachsenengerecht ist. Die Dauer einer Maßnahme muß dem Zeitraum entsprechen, der notwendig ist, um das Ziel der Fortbildung oder Umschulung zu erreichen. Die Teilnahme an Maßnahmen der beruflichen Umschulung, die bei Vollzeitunterricht zwei Jahre übersteigen, wird nur gefördert, wenn die berufliche Umschulung auf andere Weise nicht verwirklicht werden kann und die Maßnahme nicht länger als drei Jahre dauert.

(2) Die Teilnahme an einer Bildungsmaßnahme wird nur gefördert, wenn die Maßnahme länger als zwei Wochen dauert und mehr als 50 Unterrichtsstunden umfaßt. Sofern der Antragsteller Anspruch auf Fortzahlung des Arbeitsentgelts hat, muß die Maßnahme länger als vier Wochen dauern und mehr als 100 Unterrichtsstunden umfassen. Fortzahlung im Sinne dieser Bestimmung ist die Gewährung des Arbeitsentgelts für Arbeitszeit, die wegen der Teilnahme an der Maßnahme ausfällt.

(3) Die Förderung der Teilnahme an einer beruflichen Bildungsmaßnahme setzt voraus, daß der Maßnahmeträger angemessene Teilnahmebedingungen vorsieht.

(4) Die Teilnahme an einer beruflichen Bildungsmaßnahme mit einer Dauer von mehr als sechs Monaten muß mit einer Frist von höchstens sechs Wochen, erstmals zum Ende der ersten sechs Monate, sodann jeweils zum Ende der nächsten drei Monate ohne Angabe von Gründen kündbar sein. Die maßgeblichen Zeitspannen sind grundsätzlich vom Beginn der Maßnahme an zu berechnen. Angemessen sind auch Kündigungsregelungen, die angemessene Kündigungsfristen zum Ende eines berufsüblichen oder durch Vorschriften vorgegebenen Maßnahmeabschnitts vorsehen.

(5) Der Maßnahmeträger hat dem Arbeitsamt rechtzeitig vor dem Beginn der Maßnahme – bei der erstmaligen Einrichtung einer Bildungsmaßnahme mindestens sechs Wochen vor diesem Zeitpunkt – die Teilnahmebedingungen bekanntzugeben und die Unterlagen vorzulegen, die zur Prüfung der Voraussetzungen nach § 34 Abs. 1 AFG notwendig sind.

§ 5
Wiederholung der Maßnahme

(1) Die Wiederholung einer gesamten Maßnahme wird nicht gefördert.

(2) Im Rahmen einer Maßnahme kann nur einmal ein Teil als Wiederholung gefördert werden.

§ 6
Zweckmäßigkeit der Teilnahme an einer Maßnahme

Die Teilnahme an einer Bildungsmaßnahme ist zweckmäßig, wenn durch sie die berufliche Situation für den Antragsteller in Übereinstimmung mit den Bedürfnissen des Arbeitsmarktes gesichert oder verbessert wird . . .

§ 7

Leistungsvoraussetzungen und förderungsfähiger Personenkreis

(1) Personen, die sich beruflich fortbilden oder beruflich umschulen wollen, werden nur gefördert, wenn sie beabsichtigen, innerhalb von vier Jahren nach Abschluß der Maßnahme mindestens drei Jahre lang eine die Beitragspflicht begründende Beschäftigung auszuüben. Personen, bei denen nach den persönlichen Umständen und der Art der Bildungsmaßnahme zweifelhaft ist, ob sie die Voraussetzungen des Satzes 1 erfüllen, werden nur gefördert, wenn sie sich schriftlich verpflichten, innerhalb von vier Jahren nach Abschluß der Maßnahme mindestens drei Jahre lang eine die Beitragspflicht begründende Beschäftigung auszuüben und diese Verpflichtung glaubhaft ist.

(2) Eine abgeschlossene Berufsausbildung im Sinne des § 42 AFG liegt vor, wenn ein Berufsabschluß in einem nach bundes- oder landesrechtlichen Vorschriften anerkannten Beruf erworben wurde, für den die Ausbildungszeit mit mindestens zwei Jahren festgesetzt ist.

(3) Als berufliche Tätigkeit im Sinne des § 42 AFG gelten auch Zeiten einer nicht abgeschlossenen Berufsausbildung, der Teilnahme an einer berufsvorbereitenden Maßnahme (§ 40 AFG) und der Hausfrauentätigkeit.

(4) Fernunterricht gilt als Teilzeitunterricht im Sinne des § 42 Abs. 3 AFG.

§ 8

Nichtdeutsche

(1) Personen, die nicht Deutsche im Sinne des Artikels 116 des Grundgesetzes sind, werden nur gefördert, wenn sie in den letzten drei Jahren vor dem Eintritt in die Maßnahme mindestens zwei Jahre im Geltungsbereich des Arbeitsförderungsgesetzes erlaubt tätig waren.

(2) Die Einschränkung des Absatzes 1 gilt nicht für

1. Aussiedler (§ 1 Abs. 2 Nr. 3 und Abs. 3 des Bundesvertriebenengesetzes)

2. Ausländer im Sinne des Gesetzes über die Rechtstellung heimatloser Ausländer im Bundesgebiet

3. Ausländer, die nach dem Ausländergesetz als asylberechtigt anerkannt sind

4. Staatsangehörige von Mitgliedstaaten der Europäischen Gemeinschaften

und deren Ehegatten, sowie für nichtdeutsche Ehegatten von Deutschen im Sinne des Artikels 116 Grundgesetz.

§ 9

Interessengebundene Maßnahmen

(1) Ein besonderes arbeitsmarktpolitisches Interesse im Sinne des § 43 Abs. 2 AFG besteht, wenn die Teilnehmer an der Maßnahme für Tätigkeiten auf Arbeitsplätzen fortgebildet oder umgeschult werden, die

1. für die Sicherung oder Bereitstellung von anderen Arbeits- oder Ausbildungsplätzen notwendig sind,

2. benötigt werden, um arbeitsmarkt- und strukturpolitisch erwünschte Betriebsansiedlungen oder -erweiterungen durchführen zu können

und Fachkräfte mit beruflichen Kenntnissen und Fertigkeiten, die durch die Teilnahme an der Maßnahme vermittelt werden, nicht oder nicht in ausreichender Zahl zur Verfügung stehen. Die Teilnahme an interessengebundenen Maßnahmen zur Heran- und Fortbildung von Ausbildungskräften für Jugendliche wird nicht gefördert.

(2) Die Förderung der Teilnahme an einer Maßnahme nach Absatz 1 setzt voraus, daß die Maßnahme mit einer allgemein anerkannten Prüfung abschließt und die Teilnahme an der Maßnahme nicht von betrieblichen Bindungen abhängig gemacht wird.

(3) Ein besonderes arbeitsmarktpolitisches Interesse besteht auch an der Teilnahme an beruflichen Bildungsmaßnahmen, die ein Betrieb bei einer besonders ungünstigen Beschäftigungslage für seine Arbeitnehmer, die andernfalls von Arbeitslosigkeit bedroht wären, durchführt oder durchführen läßt und die nicht länger als vierundzwanzig Monate dauern. Eine Förderung ist nur dann zulässig, wenn der Betrieb seine Einrichtungen hierfür unentgeltlich zur Verfügung stellt.

Zweiter Abschnitt

Art und Umfang der Förderung

§ 10

Unterhaltsgeld

(1) Unterhaltsgeld nach § 44 Abs. 2 AFG erhält ein Teilnehmer, der vor Eintritt in die Maßnahme

1. beim Arbeitsamt arbeitslos gemeldet ist (§ 44 Abs. 2 Nr. 1 AFG) oder

2. glaubhaft macht, daß er von Arbeitslosigkeit unmittelbar bedroht ist oder

3. noch keinen beruflichen Abschluß erworben hat, der mindestens der Facharbeiter-, Gesellen- oder Gehilfenprüfung entspricht (§ 44 Abs. 2 Nr. 3 AFG). Diesem steht ein Teilnehmer gleich, der einen solchen Abschluß erworben hat, jedoch länger als die doppelte Ausbildungszeit des erlernten Berufes nicht mehr als Facharbeiter, Geselle oder Gehilfe tätig war.

In den Fällen nach Nr. 1, 2 und 3 Satz 2 ist weiter Voraussetzung, daß dem Antragsteller in absehbarer Zeit kein Arbeitsplatz vermittelt werden kann, der mindestens einen Berufsabschluß nach Satz 1 Nr. 3 oder eine vergleichbare Qualifikation verlangt.

(2) Unterhaltsgeld erhält auch, wer aus einem wichtigen Grund dem Unterricht fernbleibt. Unterhaltsgeld wird auch für Zeiten gewährt, die von der Bundesanstalt als Ferien anerkannt oder nach § 34 Abs. 3 AFG Bestandteil der Maßnahme sind. Ferien in diesem Sinne sind keine Zeiten, die vor dem ersten oder nach dem letzten Unterrichtstag liegen.

. . .

(4) Einkommen aus einer unselbständigen Tätigkeit sind auch Ausbildungsvergütungen.

(5) Bricht ein Bezieher von Unterhaltsgeld die Teilnahme an der Maßnahme ohne wichtigen Grund ab, hat er für Zeiten, in denen dem Teilnehmer weder Arbeitslosengeld noch Arbeitslosenhilfe zugestanden hätte, das Unterhaltsgeld nach § 44 Abs. 2 oder Abs. 2a AFG in voller Höhe zu erstatten. Auf die Rückforderung ist zu verzichten, wenn mit Rücksicht auf die wirtschaftlichen Verhältnisse des Teilnehmers nicht vertretbar wäre oder die in der Maßnahme nach Satz 1 erworbenen Kenntnisse und Fertigkeiten zu beruflichen Abschlüssen geführt haben, die die berufliche Beweglichkeit des Teilnehmers erheblich verbessert

haben oder soweit die Dauer der Teilnahme an der Maßnahme nach Satz 1 auf die Dauer einer sich anschließenden beruflichen Bildungsmaßnahme angerechnet wird.

§ 11
Geringfügige Kosten

Kosten im Sinne von § 45 AFG sind geringfügig, wenn sie insgesamt 30,– DM monatlich nicht übersteigen oder für die Gesamtdauer der Maßnahme nicht mehr als 150,– DM betragen.

§ 12
Lehrgangsgebühren

(1) Lehrgangsgebühren werden bis zu einer Höhe von 3,– DM je Teilnehmer und Unterrichtsstunde getragen. Dieser Betrag gilt auch für den ergänzenden Nahunterricht bei Teilnahme an Maßnahmen im Fernunterricht.

(2) Von den Aufwendungen für Lehrbriefe bei Teilnahme an Maßnahmen im Fernunterricht wird der zu erstattende Betrag nach der Stundenzahl (Zeitstunde) bemessen, die auf Grund der Überprüfung nach § 34 Abs. 1 Satz 2 AFG für die Durcharbeitung der Lehrbriefe benötigt wird. Je Stunde wird bis zu 1,20 DM vergütet. Läßt sich die Stundenzahl nicht ermitteln, sind die Aufwendungen für Lehrbriefe mit einem Pauschbetrag von 30,– DM monatlich abzugelten.

(3) Prüfungsgebühren werden bis zur Höhe von 300,– DM übernommen, wenn die Prüfung spätestens sechs Monate nach Abschluß der Maßnahme beginnt oder die Verzögerung vom Teilnehmer nicht zu vertreten ist.

Kosten für Prüfungsstücke werden bis zur Höhe von 100,– DM zusätzlich erstattet.

(4) Abweichend von den Absätzen 1 bis 3 werden die Kosten in voller Höhe getragen, wenn der Antragsteller die Voraussetzungen des § 44 Abs. 2 AFG erfüllt.

§ 13
Lernmittel

(1) Für die Kosten zur Beschaffung notwendiger Lernmittel werden bis zu –,30 DM je Unterrichtsstunde, höchstens jedoch 30,– DM monatlich getragen.

(2) Die Kosten werden in voller Höhe getragen, wenn der Antragsteller die Voraussetzungen des § 44 Abs. 2 AFG erfüllt.

§ 14
Fahrkosten

(1) Unvermeidbar entstehende Fahrkosten werden nach Maßgabe der Absätze 2 und 3 getragen. Hierzu gehören auch die Fahrkosten für im Regelfall eine Heimfahrt je Monat bei Antragstellern, die Leistungen nach § 16 erhalten.

(2) Die Kosten werden durch Pauschbeträge nach Maßgabe der als Anlage 1[1]) dieser Anordnung beigefügten Tabelle abgegolten. Bei Maßnahmen, die ohne Ferien durchgeführt werden, wird die Tabelle nach Anlage 2[2]) zugrunde gelegt. Liegen die tatsächlich entstehenden Fahrkosten in bestimmten Bezirken um mehr als 10 v.H. unter den sich nach Anlagen 1 und 2 ergebenden Beiträgen, sind die Kosten auf der Grundlage der auf den örtlichen öffentlichen Verkehrstarif umgerechneten Tabellen zu erstatten.

---

[1]) [2]) nicht abgedruckt

(3) Abweichend von Abs. 2 können auf Antrag in Härtefällen die notwendigen tatsächlichen Fahrkosten übernommen werden.

(4) Ein behinderter Antragsteller, der keinen Anspruch auf Förderung nach der Anordnung des Verwaltungsrates der Bundesanstalt für Arbeit über die Arbeits- und Berufsförderung Behinderter (A Reha) hat, erhält die tatsächlich entstehenden Fahrkosten, wenn er wegen seiner Behinderung öffentliche Verkehrsmittel nicht benutzen kann.

(5) Ist ein behinderter Antragsteller, der keinen Anspruch auf Förderung nach der A Reha hat, wegen seiner Behinderung auf eine Begleitperson angewiesen, werden die Fahrkosten für diese entsprechend den Absätzen 1 bis 4 erstattet.

§ 15
Arbeitskleidung

(1) Die Kosten für die Beschaffung von Arbeitskleidung, die für die praktische Unterweisung notwendig ist, werden bis zur Höhe von 150,– DM getragen.

(2) Die Kosten werden in voller Höhe getragen, wenn der Antragsteller die Voraussetzungen des § 44 Abs. 2 AFG erfüllt.

§ 16
Unterkunft und Verpflegung

(1) Ist eine auswärtige Unterbringung oder im Ausnahmefall eine internatsmäßige Unterbringung am Wohnort des Teilnehmers notwendig, werden die Kosten für Unterkunft und Verpflegung nach Maßgabe der Absätze 2 und 3 getragen.

(2) Gewährt wird

a) für Unterkunft eine monatliche Pauschale von 150,– DM und

b) für Verpflegung eine monatliche Pauschale von 180,– DM.

(3) Stellt der Träger der Maßnahme im Einvernehmen mit dem Arbeitsamt die Unterkunft und Verpflegung bereit, werden die Kosten für Unterkunft in voller Höhe getragen. Die Kosten für Verpflegung werden getragen, soweit sie

a) bei Nichtalleinstehenden 90,– DM,

b) bei Alleinstehenden 210,– DM

monatlich übersteigen. Der vom Teilnehmer zu zahlende Betrag ist vom Unterhaltsgeld einzubehalten und an den Maßnahmeträger zu überweisen.

§ 17
Krankenversicherung

Für Teilnehmer an Maßnahmen, deren Krankenhilfe nicht anderweitig sichergestellt ist, werden die notwendigen Kosten einer Versicherung gegen Krankheit übernommen.

§ 18
Sonstige Kosten

(1) Sonstige Kosten werden bis zur Höhe von 150,– DM getragen, wenn sie durch die Teilnahme an einer Maßnahme unvermeidbar entstehen.

(2) Die Kosten nach Absatz 1 werden in voller Höhe getragen, wenn der Antragsteller

1. die Voraussetzungen des § 44 Abs. 2 AFG erfüllt oder

2. wegen einer Behinderung nur an einer Maßnahme in einer Rehabilitationsstätte teilnehmen kann, ohne daß ein Anspruch auf Förderung nach der Anordnung des Verwaltungsrates der Bundesanstalt für Arbeit über die Arbeits- und Berufsförderung Behinderter (A Reha) besteht.

§ 19
Einarbeitungszuschuß

(1) Ein Einarbeitungszuschuß kann gewährt werden, wenn der Arbeitgeber durch eine über die übliche – in der Regel kurzfristige – Einweisung hinausgehende Maßnahme dem Arbeitnehmer im Rahmen eines Einarbeitungsplanes qualifizierende berufliche Kenntnisse und Fertigkeiten in einem Arbeitsverhältnis vermittelt, die zu einer Verbesserung der beruflichen Mobilität des einzuarbeitenden Arbeitnehmers führen. Die Dauer der Einarbeitung muß dem Zeitraum entsprechen, der notwendig ist, um dieses Ziel zu erreichen. Die Gewährung eines Einarbeitungszuschusses ist keine Förderung i.S. des § 42 Abs. 2 AFG. § 8 findet entsprechende Anwendung.

(2) Der Einarbeitungszuschuß kann nur gewährt werden, wenn der Arbeitnehmer mindestens sechs Monate beruflich tätig war und die vorgesehene Einarbeitung länger als vier Wochen dauert. § 7 Abs. 2 gilt entsprechend.

(3) Die Höhe und Dauer des Einarbeitungszuschusses richtet sich nach dem Unterschied zwischen der Minderleistung des einzuarbeitenden Arbeitnehmers und der angestrebten vollen Leistung am Arbeitsplatz.

(4) Ein Einarbeitungszuschuß kann auch im Anschluß an eine Maßnahme, die nach den §§ 10 bis 18 gefördert wurde, gewährt werden, wenn eine zusätzliche Einarbeitung notwendig ist.

Dritter Abschnitt
Verfahren

§ 20
Antragstellung

(1) Die Leistungen nach dieser Anordnung werden auf Antrag gewährt. Der Antrag soll schriftlich und rechtzeitig vor Beginn der Maßnahme gestellt werden. Wird der Antrag erst nach dem Eintritt in eine Maßnahme gestellt, werden Leistungen nach dieser Anordnung frühestens vom Zeitpunkt der Antragstellung an gewährt.

(2) Der Antrag auf Leistungen nach den §§ 10 bis 18 ist bei dem Arbeitsamt zu stellen, in dessen Bezirk der Antragsteller wohnt. Wird der Antrag erst nach dem Eintritt in eine Maßnahme gestellt, kann er auch bei dem Arbeitsamt eingereicht werden, in dessen Bezirk die Maßnahme durchgeführt wird. Der Antrag auf Einarbeitungszuschuß nach § 19 ist vom Arbeitgeber bei dem Arbeitsamt zu stellen, in dessen Bezirk der Betrieb seinen Sitz hat. Der Präsident der Bundesanstalt kann aus Zweckmäßigkeitsgründen eine abweichende Regelung treffen.

(3) Werden die für die Berechnung der Leistungen erforderlichen Unterlagen nicht innerhalb von zwei Monaten nach dem Eintritt in die Maßnahme oder, wenn der Antrag erst nach dem Eintritt in die Maßnahme gestellt wird, nicht innerhalb von zwei Monaten nach der Antragstellung eingereicht, sind Leistungen für die

zurückliegende Zeit nur zu gewähren, wenn der Antragsteller die Verspätung nicht zu vertreten hat.

§ 21
Zuständigkeit

(1) Der Direktor des Arbeitsamtes, in dessen Bezirk die Maßnahme durchgeführt wird, entscheidet über die Förderung. Bei Maßnahmen, die im Fernunterricht oder wechselnd an verschiedenen Orten durchgeführt werden, trifft der Direktor des Arbeitsamtes, in dessen Bezirk der Antragsteller wohnt, die Entscheidung. Satz 2 gilt entsprechend, wenn bereits bei der Antragstellung feststeht, daß die Förderungsvoraussetzungen nicht erfüllt sind.

(2) Aus Zweckmäßigkeitsgründen kann eine von Absatz 1 abweichende Zuständigkeitsregelung getroffen werden. Zuständig dafür ist der Präsident der Bundesanstalt. Sofern nur die Zuständigkeit von Arbeitsämtern des Bezirkes eines Landesarbeitsamtes berührt wird, ist der Präsident des jeweiligen Landesarbeitsamtes dafür zuständig.

(3) Bei Maßnahmen, die im Fernunterricht durchgeführt werden, entscheidet der Präsident der Bundesanstalt, ob die Voraussetzungen nach § 34 AFG in Verbindung mit § 4 erfüllt sind.

(4) ...

§ 22
Auszahlung

(1) Werden Kosten von der Bundesanstalt nicht unmittelbar getragen, sind die entsprechenden Leistungen an den Berechtigten auszuzahlen. Leistungen nach den §§ 14, 16 und 17 sind monatlich im voraus auszuzahlen. Leistungen nach den §§ 12, 13, 15 und 18 sind jeweils dann auszuzahlen, wenn dem Berechtigten die Kosten entstehen. Die Leistung nach § 19 ist monatlich nachträglich auszuzahlen.

(2) Bei der Auszahlung des Unterhaltsgeldes sind § 122 AFG und die dazu ergangenen Vorschriften entsprechend anzuwenden.

(3) Die Auszahlung der Leistungen nach den §§ 12 bis 18 ist ausgeschlossen, wenn seit dem Ausscheiden aus der Maßnahme sechs Monate verstrichen sind. Werden die für die Auszahlung des Einarbeitungszuschusses erforderlichen Abrechnungslisten nicht innerhalb von drei Monaten nach beendeter Einarbeitung eingereicht, ist die Leistung für die zurückliegende Zeit nur auszuzahlen, wenn der Arbeitgeber die Verspätung nicht zu vertreten hat. § 124 Sätze 2 und 3 AFG gelten sinngemäß. Für das Unterhaltsgeld gilt § 124 AFG entsprechend.

Vierter Abschnitt

Schlußbestimmungen

§ 23
Inkrafttreten und Übergangsregelung
...

7.3 Verordnung zur Förderung der beruflichen Fortbildung und Umschulung bei ungünstiger Beschäftigungslage vom 13. Dezember 1978 (BGBl. I, S. 2022)

Auf Grund des § 42 Abs. 4 und des § 47 Abs. 1 Satz 2 des Arbeitsförderungsgesetzes vom 25. Juni 1969 (BGBl. I, S. 582), die durch Artikel 1 § 1 des Gesetzes vom 18. Dezember 1975 (BGBl. I, S. 3113) eingefügt oder geändert worden sind, wird nach Anhörung der Bundesanstalt für Arbeit gemäß § 234 Abs. 2 des Arbeitsförderungsgesetzes verordnet:

§ 1

Abweichend von § 42 Abs. 1 des Arbeitsförderungsgesetzes wird ein Antragsteller gefördert, wenn die Teilnahme an einer Maßnahme zur beruflichen Fortbildung oder Umschulung notwendig ist (§ 44 Abs. 2 Nr. 1 bis 3 Arbeitsförderungsgesetz). Ein Antragsteller ohne abgeschlossene Berufsausbildung wird nach Satz 1 nur gefördert, wenn er vor Beginn der Maßnahme mindestens drei Jahre beruflich tätig war: Zeiten einer nicht abgeschlossenen Berufsausbildung gelten als berufliche Tätigkeit.

§ 2

(1) Abweichend von § 42 Abs. 2 des Arbeitsförderungsgesetzes wird ein Antragsteller gefördert, wenn die Teilnahme an einer Maßnahme zur beruflichen Fortbildung oder Umschulung notwendig ist (§ 44 Abs. 2 Nr. 1 bis 3, Arbeitsförderungsgesetz).

(2) Abweichend von § 42 Abs. 2 des Arbeitsförderungsgesetzes wird ein Aussiedler im Sinne des § 1 Abs. 2 Nr. 3 und Abs. 3 des Bundesvertriebenengesetzes auch dann gefördert, wenn er Förderung für die Teilnahme an einer Fortbildungs- oder Umschulungsmaßnahme beantragt, nachdem er bereits als Teilnehmer an einem Sprachlehrgang nach dem Arbeitsförderungsgesetz gefördert worden ist.

§ 3

Abweichend von § 42 Abs. 1 und 2 des Arbeitsförderungsgesetzes werden Zeiten, in denen der Antragsteller beim Arbeitsamt arbeitslos gemeldet oder im Vollzug einer Jugend- oder Freiheitsstrafe in einer Vollzugsanstalt unverschuldet beschäftigungslos war, auf die Zeiten der beruflichen Tätigkeit angerechnet.

§ 4

Diese Verordnung gilt nach § 14 des Dritten Überleitungsgesetzes in Verbindung mit § 250 des Arbeitsförderungsgesetzes auch im Land Berlin.

§ 5

Diese Verordnung tritt am 1. Januar 1979 in Kraft und am 31. Dezember 1979 außer Kraft. Sie gilt nur für Antragsteller, die während der Geltungsdauer dieser Verordnung mit der Teilnahme an einer Bildungsmaßnahme begonnen haben.

7.4 Arbeitslosenhilfe-Verordnung
vom 7. August 1974 (BGBl. I, S. 1929), geändert durch die Erste Verordnung zur Änderung der Arbeitslosenhilfe-Verordnung vom 10. April 1978 (BGBl. I, S. 500)

Auf Grund des § 134 Abs. 3 des Arbeitsförderungsgesetzes wird im Einvernehmen mit dem Bundesminister der Finanzen, dem Bundesminister für Jugend, Familie und Gesundheit und dem Bundesminister des Innern, auf Grund des § 137 Abs. 3 und des § 138 Abs. 4 des Arbeitsförderungsgesetzes im Einvernehmen mit dem Bundesminister der Finanzen verordnet:

Erster Abschnitt

Begründung des Anspruchs auf Arbeitslosenhilfe

§ 1

Anspruch nach Erwerbstätigkeiten und anderen Betätigungen

An die Stelle der ganz oder teilweise fehlenden entlohnten Beschäftigung im Sinne des § 134 Abs. 1 Nr. 4 Buchstabe b des Arbeitsförderungsgesetzes treten

1. das öffentlich-rechtliche Dienstverhältnis, insbesondere als Beamter, Richter, Berufssoldat und Soldat auf Zeit,

2. der Wehrdienst oder Zivildienst auf Grund der Wehrpflicht sowie der Polizeivollzugsdienst im Bundesgrenzschutz auf Grund der Grenzschutzdienstpflicht,

3. die im Geltungsbereich des Arbeitsförderungsgesetzes hauptberuflich ausgeübte Tätigkeit als Selbständiger oder mithelfender Familienangehöriger, wenn sie nicht nur vorübergehend aufgegeben worden ist,

4. die nicht entlohnte Beschäftigung als Arbeitnehmer, wenn sie im Zusammenhang mit einer abgeschlossenen oder nicht nur vorübergehend aufgegebenen Berufsausbildung ausgeübt worden ist.

§ 2

Anspruch nach einer Ausbildung

Eine vorherige entlohnte Beschäftigung im Sinne des § 134 Abs. 1 Nr. 4 Buchstabe b des Arbeitsförderungsgesetzes ist zur Begründung des Anspruchs auf Arbeitslosenhilfe nicht erforderlich, wenn der Arbeitslose eine Ausbildung abgeschlossen oder nicht nur vorübergehend aufgegeben hat und innerhalb eines Jahres vor der Arbeitslosmeldung mindestens sechsundzwanzig Wochen oder sechs Monate oder ein Semester

1. im Geltungsbereich des Arbeitsförderungsgesetzes eine allgemeinbildende Schule einschließlich der Abendhauptschule, der Abendrealschule, des Abendgymnasiums oder des Kollegs, eine Fachoberschule, eine Berufsaufbauschule oder eine diesen gleichwertige Ausbildungsstätte besucht hat und im letzten Jahr vor Beginn der Ausbildung mindestens sechsundzwanzig Wochen oder sechs Monate nach § 168 des Arbeitsförderungsgesetzes beitragspflichtig war,

2. im Geltungsbereich des Arbeitsförderungsgesetzes eine Berufsfachschule, Fachschule, höhere Fachschule, Akademie, Hochschule oder diesen gleichwertige Ausbildungsstätte besucht hat; ist für den angestrebten Beruf eine zusätzliche Ausbildung oder praktische Tätigkeit vorgeschrieben, so gilt die Ausbildung erst nach Beendigung dieser zusätzlichen Ausbildung oder praktischen Tätigkeit als abgeschlossen,

3. an einer nach dem Arbeitsförderungsgesetz geförderten Maßnahme zur beruflichen Fortbildung oder Umschulung mit ganztägigem Unterricht teilgenommen hat; der Teilnahme an einer solchen Maßnahme stehen Zeiten gleich für die der Arbeitslose Unterhaltsgeld nach § 44 Abs. 5 des Arbeitsfördergesetzes bezogen hat,

4. an einem allgemeinbildenden oder einem allgemeinberuflichen Unterricht oder an einer Fachausbildung nach dem Soldatenversorgungsgesetz oder dem Bundespolizeibeamtengesetz teilgenommen hat.

§ 3
Anspruch nach dem Bezug von Sozialleistungen

Eine vorherige entlohnte Beschäftigung im Sinne des § 134 Abs. 1 Nr. 4 Buchstabe b des Arbeitsförderungsgesetzes ist zur Begründung des Anspruchs auf Arbeitslosenhilfe nicht erforderlich, wenn der Arbeitslose innerhalb eines Jahres vor der Arbeitslosmeldung für mindestens sechsundzwanzig Wochen oder sechs Monate

1. wegen Krankheit, Minderung der Erwerbsfähigkeit, Berufsunfähigkeit oder Erwerbsunfähigkeit Leistungen der Sozialversicherung zur Bestreitung seines Lebensunterhalts bezogen hat und solche Leistungen nicht mehr bezieht, weil die für ihre Gewährung maßgebliche Beeinträchtigung des Leistungsvermögens nicht mehr vorliegt,

2. wegen Arbeitsunfähigkeit oder Minderung der Erwerbsfähigkeit nach dem Bundesversorgungsgesetz oder einem Gesetz, das das Bundesversorgungsgesetz oder einem Gesetz, das das Bundesversorgungsgesetz für anwendbar erklärt, Leistungen zur Bestreitung seines Lebensunterhalts (Einkommensausgleich, Ausgleichsrente, Berufsschadensausgleich) bezogen hat und solche Leistungen nicht mehr bezieht, weil die für die Gewährung maßgebliche Beeinträchtigung des Leistungsvermögens nicht mehr vorliegt,

3. wegen einer medizinischen Maßnahme der Rehabilitation Leistungen eines öffentlich-rechtlichen Rehabilitationsträgers bezogen hat und solche Leistungen nicht mehr bezieht, weil die Maßnahme abgeschlossen ist.

Satz 1 Nr. 1 und 2 gilt im Falle der Minderung der Erwerbsfähigkeit nur, wenn der Arbeitslose infolge seines Gesundheitszustandes, seines fortgeschrittenen Alters oder aus einem von ihm nicht zu vertretenden sonstigen Grunde eine zumutbare Erwerbstätigkeit, die den Anspruch auf Arbeitslosenhilfe begründet, nicht ausüben konnte.

§ 4
Anspruch nach Begründung des Aufenthalts und nach Auflösung der Ehe

Eine vorherige entlohnte Beschäftigung im Sinne des § 134 Abs. 1 Nr. 4 Buchstabe b des Arbeitsförderungsgesetzes ist zur Begründung des Anspruchs auf Arbeitslosenhilfe nicht erforderlich.

1. bei Personen im Sinne der §§ 1 bis 3 des Bundesvertriebenengesetzes, die nach den §§ 9 bis 13 dieses Gesetzes Rechte und Vergünstigungen in Anspruch nehmen können, oder auf die § 1 Abs. 1 Nr. 2 und § 2 des Bundesevakuiertengesetzes anzuwenden sind, wenn sie innerhalb eines Jahres vor der Arbeitslosmeldung im Geltungsbereich dieser Verordnung Aufenthalt genommen haben.

2. bei Personen, die sich nach Auflösung oder Nichtigerklärung der Ehe arbeitslos gemeldet haben, wenn ihnen der frühere Ehegatte vor Auflösung oder Nichtigerklärung der Ehe innerhalb eines Jahres vor Arbeitslosmeldung für mindestens sechsundzwanzig Wochen in nicht nur geringfügigem Umfange Unterhalt gewährt hat.

§ 5
Zusammentreffen von Anspruchsvoraussetzungen

(1) Die §§ 1 bis 4 gelten nur, wenn der Arbeitslose die Voraussetzungen des § 134 Abs. 1 Nr. 4 des Arbeitsförderungsgesetzes nicht erfüllt.

(2) Die Voraussetzungen der §§ 2 und 3 gelten als erfüllt, wenn

1. Zeiten einer entlohnten Beschäftigung im Sinne des § 134 Abs. 1 Nr. 4 Buchstabe b des Arbeitsförderungsgesetzes sowie Z eiten, die nach § 1 an deren Stelle treten, zusammen mit Zeiten einer Ausbildung oder des Bezuges einer Sozialleistung im Sinne der §§ 2 und 3,

2. Zeiten einer Ausbildung im Sinne des § 2 zusammen mit Zeiten des Bezuges d9p einer Sozialleistung im Sinne des § 3

den Zeitraum von sechsundzwanzig Wochen oder sechs Monaten oder eines Semesters ergeben.

Zweiter Abschnitt
Berücksichtigung und Vermögen

§ 6
Verwertung von Vermögen

(1) Vermögen des Arbeitslosen, seines mit ihm im gemeinsamen Haushalt lebenden Ehegatten und seiner mit ihm im gemeinsamen Haushalt lebenden leiblichen Kinder ist zu berücksichtigen, soweit es verwertbar und die Verwertung zumutbar ist und der Wert des Vermögens, dessen Verwertung zumutbar ist, jeweils achttausend Deutsche Mark bei leiblichen Eltern und Kindern jeweils zwölftausend Deutsche Mark übersteigt.

(2) Vermögen ist insbesondere verwertbar, soweit seine Gegenstände verbraucht, übertragen oder belastet werden können. Es ist nicht verwertbar, soweit der Inhaber des Vermögens in der Verfügung beschränkt ist und die Aufhebung der Beschränkung nicht erreichen kann.

(3) Die Verwertung ist zumutbar, wenn sie nicht offensichtlich unwirtschaftlich ist und wenn sie unter Berücksichtigung einer angemessenen Lebenshaltung des Inhabers des Vermögens und seiner Angehörigen billigerweise erwartet werden kann. Nicht zumutbar ist insbesondere die Verwertung

1. von angemessenem Hausrat,

2. von Vermögen, das zur alsbaldigen Gründung eines angemessenen eigenen Hausstandes bestimmt ist,

3. von Vermögen, das für eine alsbaldige Berufsausbilung, zum Aufbau oder zur Aufrechterhaltung einer angemessenen Alterssicherung bestimmt ist,

4. von Gegenständen, die zur Aufnahme oder Fortsetzung der Berufsausbildung oder der Erwerbstätigkeit unentbehrlich sind,

5. von Gegenständen, die zur Befriedigung geistiger, besonders wissenschaftlicher oder künsterischer Bedürfnisse dienen und deren Besitz nicht Luxus ist,

6. von Familien- und Erbstücken, deren Veräußerung für den Eigentümer oder seine Angehörigen eine unbillige Härte bedeuten würde,

7. eines Hausgrundstückes von angemessener Größe, das der Eigentümer bewohnt, oder einer entsprechenden Eigentumswohnung oder eines Vermögens, das nachweislich zum alsbaldigen Erwerb eines solchen Hausgrundstückes oder einer solchen Eigentumswohnung bestimmt ist.

§ 7
Ausnahmen von der Verwertung

(1) Vermögen aus einmaligen Sozialleistungen gilt für die Dauer von fünf Jahren als nicht verwertbar, soweit es zehntausend Deutsche Mark nicht übersteigt.

(2) Vermögen, das aus der prämienbegünstigten Anlage nach dem Spar-Prämiengesetz oder dem Wohnungsbau-Prämiengesetz oder aus der zulagebegünstigten Anlage nach dem Dritten Vermögensbildungsgesetz sowie aus den Erträgnissen hieraus herrührt, gilt als nicht verwertbar, solange der Inhaber des Vermögens

1. in der Verfügung beschränkt ist und die Aufhebung dieser Beschränkung nur unter wirtschaftlichen oder rechtlichen Nachteilen erreichen kann oder

2. eine vorzeitige unschädliche Verfügung über das Vermögen nicht trifft.

§ 8
Verkehrswert

Das Vermögen ist ohne Rücksicht auf steuerrechtliche Vorschriften mit seinem Verkehrswert zu berücksichtigen. Für die Bewertung ist der Zeitpunkt maßgebend, in dem der Antrag auf Arbeitslosenhilfe gestellt wird, bei späterem Erwerb von Vermögen der Zeitpunkt des Erwerbs. Änderungen des Verkehrswertes sind nur zu berücksichtigen, wenn sie erheblich sind.

§ 9
Dauer der Berücksichtigung

Bedürftigkeit besteht nicht für die Zahl voller Wochen, die sich aus der Teilung des zu berücksichtigenden Vermögens durch das Arbeitsentgelt ergibt, nach dem sich der Hauptbetrag der Arbeitslosenhilfe richtet.

Dritter Abschnitt
Bestreitung des Lebensunterhalts auf andere Weise

§ 10
Vermutung für die Bestreitung des Lebensunterhalts

Es ist anzunehmen, daß der Arbeitslose seinen Lebensunterhalt und den seiner Angehörigen, für die ein Anspruch auf Familienzuschlag besteht, im Sinne des § 137 Abs. 1 des Arbeitsförderungsgesetzes auf andere Weise als durch Arbeitslosenhilfe bestreitet oder bestreiten kann,

1. wenn der Arbeitslose eine Tätigkeit als Arbeitnehmer, Selbständiger oder mithelfender Familienangehöriger aufnehmen oder fortsetzen und hierdurch oder durch Wahrnehmung einer sonstigen zumutbaren Möglichkeit Einkommen erzielen könnte, das zur Minderung oder Versagung der Arbeitslosenhilfe führen würde,

2. wenn sich nicht feststellen läßt, ob oder in welcher Höhe der Arbeitslose Einkommen oder Vermögen hat, die Gesamtumstände der Lebensführung des Arbeitslosen jedoch den Schluß zulassen, daß er nicht oder nur teilweise bedürftig ist.

Vierter Abschnitt
Berücksichtigung von Einkommen

§ 11
Einkünfte, die nicht als Einkommen gelten

Außer den in § 138 Abs. 3 des Arbeitsförderungsgesetzes genannten Einkünften gelten nicht als Einkommen

1. einmalige Einkünfte, soweit sie nach Entstehungsgrund, Zweckbestimmung oder Übung nicht dem laufenden Lebensunterhalt dienen,

2. unentgeltliche oder verbilligte Mahlzeiten im Betrieb, Zuschüsse des Arbeitgebers zur Verbilligung der Mahlzeiten sowie ähnliche Zuwendungen, soweit sie steuerfrei sind,

3. die niedrigere Arbeitslosenhilfe, wenn leibliche Eltern und Kinder zugleich die Voraussetzungen des Anspruchs auf Arbeitslosenhilfe erfüllen,

4. die Verletztenrente aus der gesetzlichen Unfallversicherung bis zur Höhe des Betrages, der in der Kriegsopferversorgung bei gleicher Minderung der Erwerbsfähigkeit als Grundrente und Schwerbeschädigtenzulage gewährt würde, im Falle des § 587 der Reichsversicherungsordnung jedoch mindestens der danach nicht zu berücksichtigende Betrag,

5. die Rente wegen Berufsunfähigkeit und die Bergmannsrente des Arbeitslosen bis zur Höhe des Unterschiedes zwischen der Arbeitslosenhilfe nach § 136 des Arbeitsförderungsgesetzes und der Arbeitslosenhilfe, die dem Arbeitslosen hiernach zustehen würde, wenn sein Arbeitsentgelt nicht wegen Berufsunfähigkeit, verminderter bergmännischer Berufsfähigkeit oder Verrichtung einer wirtschaftlich nicht gleichwertigen Arbeit gemindert wäre,

6. Einkünfte, soweit mit ihnen unabwendbare Aufwendungen für Maßnahmen zur Erhaltung, Besserung oder Wiederherstellung der Gesundheit bestritten werden und soweit hierfür keine Leistungen Dritter gewährt werden,

7. Einkünfte eines Angehörigen des Arbeitslosen, soweit der Angehörige damit die fälligen Kosten seiner Schul- oder Berufsausbildung bestreitet,

8. die aus sittlichen oder sozialen Gründen gewährten Zuwendungen aus öffentlichen Mittel, insbesondere solche, die wegen Bedürftigkeit an besonders verdiente Personen oder Künstler oder deren Hinterbliebene gewährt werden.

§ 12
Regelungen in sonstigen Rechtsvorschriften

Vorschriften, nach denen andere als die in § 138 Abs. 3 des Arbeitsförderungsgesetzes und in § 11 genannten Einkünfte nicht als Einkommen im Sinne des § 138 Abs. 2 des Arbeitsförderungsgesetzes gelten oder nicht zu berücksichtigen sind, bleiben unberührt.

Fünfter Abschnitt
Übergangs- und Schlußvorschriften

§ 13
Übergangsvorschift

§ 14
Berlin-Klausel

Diese Verordnung gilt nach § 14 des Dritten Überleitungsgesetzes vom 4. Januar 1952 (Bundesgesetzblatt I, S. 1) in Verbindung mit § 250 Satz 2 des Arbeitsförderungsgesetzes auch im Land Berlin.

§ 15
Inkrafttreten

Diese Verordnung tritt am 1. September 1974 in Kraft.

8. SPRACHFÖRDERUNG

8.1 Verordnung über die Förderung der Teilnahme von Aussiedlern an Deutsch-Lehrgängen vom 27. Juli 1976 (BGBl. I, S. 1949) i.d.F. der Verordnung vom 2. Juni 1978 (BGBl. I, S. 667)

Auf Grund des § 3 Abs. 5 des Arbeitsförderungsgesetzes verordnet die Bundesregierung mit Zustimmung des Bundesrates:

§ 1
Beauftragung der Bundesanstalt für Arbeit

(1) Der Bundesanstalt für Arbeit wird die Aufgabe übertragen,

1. *Aussiedlern* im Sinne des § 1 Abs. 2 Nr. 3 und Abs. 3 des Bundesvertriebenengesetzes in der Fassung der Bekanntmachung vom 3. September 1971 (Bundesgesetzbl. I, S. 1565, 1807)[1]), zuletzt geändert durch Artikel 31 des Haushaltsstrukturgesetzes vom 18. Dezember 1975 (Bundesgesetzbl. I, S. 3091),

2. Personen, die eine einmalige Unterstützung der Bundesregierung (Begrüßungsgabe) nach den Richtlinien des Bundesministers des Innern vom 15. August 1974 in der Fassung vom 10. Mai 1976 (VtK I 5 – 933 731/1)[2]) erhalten haben,

3. Ausländern, die als *Asylberechtigte* nach § 28 des Ausländergesetzes vom 28. April 1965 (Bundesgesetzbl. I, S. 353), zuletzt geändert durch Artikel 3 des Gesetzes zur Änderung des Arbeitsförderungsgesetzes und des Arbeitnehmerüberlassungsgesetzes vom 25. Juni 1975 (Bundesgesetzbl. I, S. 1542), anerkannt sind und ihren gewöhnlichen Aufenthalt im Geltungsbereich des Arbeitsförderungsgesetzes haben,

Leistungen nach § 2 zu gewähren, wenn sie an einem Deutsch-Sprachlehrgang mit ganztägigem Unterricht teilnehmen, im Herkunftsland eine Erwerbstätigkeit von mindestens 10 Wochen Dauer in den letzten 12 Monaten vor der Ausreise ausgeübt haben und beabsichtigen, nach Abschluß des Deutsch-Sprachlehrganges eine nicht der Berufsausbildung dienende Erwerbstätigkeit im Geltungsbereich dieser Verordnung aufzunehmen.

(2) Leistungen nach § 2 werden auch gewährt, wenn wegen der besonderen Verhältnisse im Herkunftsland die Voraussetzungen nach Absatz 1 nicht erfüllt werden konnten und die Nichtgewährung der Leistungen eine unbillige Härte darstellen würde.

---

[1]) abgedruckt unter 4.1
[2]) abgedruckt unter 3.3

§ 2
Leistungen

Die Teilnehmer erhalten für längstens 12 Monate Leistungen nach § 44 Abs. 2 und Abs. 3 bis 7 sowie nach den §§ 45, 155 bis 161 und 165 des Arbeitsförderungsgesetzes.

§ 3
Berlin-Klausel

Diese Verordnung gilt nach § 14 des Dritten Überleitungsgesetzes vom 4. Januar 1952 (Bundesgesetzbl. I, S. 1) in Verbindung mit § 250 Satz 2 des Arbeitsförderungsgesetzes auch im Land Berlin.

§ 4
Inkrafttreten

Diese Verordnung tritt am Tage nach der Verkündung in Kraft.

8.2 Vereinbarung zwischen der Bundesregierung und der Bundesanstalt für Arbeit über die Förderung von Deutsch-Lehrgängen für Aussiedler vom 22. Juli 1976

Die Bundesregierung, vertreten durch den Bundesminister für Arbeit und Sozialordnung, und die Bundesanstalt für Arbeit (im folgenden Bundesanstalt genannt), vertreten durch ihren Vorstand, vereinbaren folgendes:

I.

(1) Die Bundesanstalt übernimmt die Förderung von Deutsch-Lehrgängen für Aussiedler, die Leistungen für die Teilnahme an diesen Lehrgängen weder

a) nach der Verordnung über die Förderung der Teilnahme von Aussiedlern an Deutsch-Lehrgängen vom 27. Juli 1976 (Bundesgesetzbl. I, S. 1949)[1] noch

b) nach den Allgemeinen Richtlinien für den Bundesjugendplan vom 3. November 1970 (GMBl. S. 614) in Verbindung mit den Allgemeinen Verwaltungsvorschriften über die Gewährung von Beihilfen zur Eingliederung junger Zuwanderer (sog. Garantiefonds) vom 11. Juli 1974 (GMBl. S. 318)[2]

in Anspruch nehmen können.

(2) Die Bundesanstalt erstattet den Trägern von Deutsch-Lehrgängen für Aussiedler die notwendigen Kosten, die

1. durch die Durchführung der Lehrgänge entstehen und im Rahmen der Erstattung von Lehrgangsgebühren nach § 45 des Arbeitsförderungsgesetzes von der Bundesanstalt anerkannt werden,

2. durch die kostenlose Abgabe von Lernmitteln an die Teilnehmer entstehen.

(3) Die Förderungsleistungen werden als Zuschuß gewährt.

II.

(1) Die durch die Übernahme der Aufgaben nach Artikel I entstehenden Kosten trägt der Bund. Verwaltungskosten werden nicht erstattet.

(2) Die für die Förderung erforderlichen Mittel weist der Bundesminister für Arbeit und Sozialordnung der Bundesanstalt zur Bewirtschaftung zu. Die An-

---
[1] abgedruckt unter 8.1
[2] abgedruckt unter 9.2

meldung des Betriebsmittelbedarfs und die Zuweisung der Betriebsmittel richten sich nach den Vorläufigen Verwaltungsvorschriften zu § 43 Bundeshaushaltsordnung.

III.

Diese Vereinbarung tritt am Tage nach der Verkündung der in Artikel I Abs. 1 Buchst. a) genannten Verordnung in Kraft.

Bonn, den 22. Juli 1976

Für die Bundesanstalt für Arbeit   Für die Bundesregierung

Der Vorstand   Der Bundesminister für Arbeit und Sozialordnung
gez. E. Duda   gez. Walter Arendt

8.3 Runderlaß des Präsidenten der Bundesanstalt für Arbeit vom 13. August 1976 zur Verordnung der Bundesregierung über die Förderung der Teilnahme von Aussiedlern an Deutsch-Lehrgängen vom 27. Juli 1976 und zur Vereinbarung zwischen der Bundesregierung und der Bundesanstalt für Arbeit über die Förderung von Deutsch-Lehrgängen für Aussiedler vom 22. Juli 1976 (ANBA S. 1133 ff.) – Auszug –

Die o. a. Verordnung der Bundesregierung wurde am 31. Juli 1976 im Bundesgesetzblatt Teil I Seite 1949 verkündet und ist damit am 1. August 1976 in Kraft getreten. Gleichzeitig wurde auch die o. a. Vereinbarung wirksam. Die örtlichen Organe der Selbstverwaltung bitte ich hierüber zu unterrichten. Zur Durchführung der Verordnung und der Vereinbarung gebe ich folgende ergänzende Weisungen und Hinweise:

A

Allgemeine Auswirkungen auf die Förderungspraxis

. . .

B

Gemeinsame Regelungen zur Verordnung und Vereinbarung

1 Grundsätze

1.1 Die für die individuelle Förderung der beruflichen Fortbildung und Umschulung geltenden Bestimmungen des AFG, die A Fortbildung und Umschulung[1]) sowie die dazu ergangenen Weisungen sind, soweit sie den Vorschriften nicht entgegenstehen und wenn sich aus dem folgenden nichts Abweichendes ergibt, entsprechend anzuwenden.

1.2 Die Gewährung von Leistungen nach der Verordnung oder nach der Vereinbarung sind keine Förderung im Sinne von § 42 Abs. 2 AFG.

2 Personenkreis

Die im § 1 der Verordnung genannten Personen werden nur gefördert bzw. die mit Artikel I Abs. 1 der Vereinbarung erfaßten Aussiedler werden nur berücksichtigt, wenn deren Einreise in die Bundesrepublik Deutschland oder Berlin/West

---

[1]) abgedruckt unter 7.2

nicht länger als 5 Jahre zurückliegt. Maßgeblich ist der Zeitpunkt des Beginns der Maßnahme. Bei Vorliegen berechtigter Gründe kann eine Förderung auch noch erfolgen, wenn die Einreise weiter zurückliegt.

3 Anforderungen an die Maßnahme

3.1 Wegen der Besonderheit dieser Lehrgänge und um im Hinblick auf die allgemeine Arbeitsbelastung bei allen Dienststellen der BA Verzögerungen zu vermeiden, lasse ich zu, daß für die Beurteilung dieser Maßnahme auf die Verwendung des mit RdErl. 436/75.1.4.8 bekanntgegebenen Begutachtungsinstrumentariums verzichtet wird. § 34 Abs. 4 AFG findet keine Anwendung.

3.2 Voraussetzung für einen Deutsch-Lehrgang im Sinne der Verordnung oder Vereinbarung ist nicht, daß alle Teilnehmer nach der Verordnung gefördert werden oder zu dem in der Vereinbarung genannten Personenkreis gehören.

3.3 Bei der Gestaltung des Lehrplanes sind möglichst die sprachlichen Besonderheiten, die sich aus dem Herkunftsland, dem Alter und dem Bildungsstand der Teilnehmer ergeben, zu berücksichtigen.

3.4 Der Lehrstoff soll in Abschnitte gegliedert sein, die es ermöglichen, Teilnehmer mit umfangreichen Vorkenntnissen in einen späteren Abschnitt aufzunehmen. Die Vorkenntnisse sind bei Beginn der Teilnahme durch den Träger festzustellen.

3.5 Die Maßnahme soll grundsätzlich mit einer Prüfung abschließen. Bei Förderung nach der Vereinbarung genügt es, wenn der Teilnehmer auf Wunsch eine Prüfung ablegen kann.

3.6 Ein Lehrgang soll mindestens 12, höchstens 25 Teilnehmer umfassen.

3.7 Zu der Frage, ob der Lehrplan und die Ausbildung und Erfahrung der Lehrkräfte eine erfolgreiche Vermittlung von deutschen Sprachkenntnissen erwarten lassen, ist in Zweifelsfällen die örtlich zuständige Schulbehörde ggf. auch das Kultusministerium (-senat) des Bundeslandes zu hören.

3.8 Das Bundesministerium für Arbeit und Sozialordnung beabsichtigt, Stoff- und Rahmenlehrpläne für Deutsch-Lehrgänge erarbeiten zu lassen, die sodann nach einer Übergangszeit verbindlich sein sollen, wenn eine Förderung nach der Verordnung oder Vereinbarung erfolgen soll. Sobald diese Unterlagen vorliegen, werde ich Sie unterrichten.

3.9 Soweit die Lehrgangsgebühren einen Betrag bei bis zu 15 Teilnehmern von 5,50 DM und bei über 15 Teilnehmern von 4,50 DM je Teilnehmer und Unterrichtsstunde nicht übersteigen, ist davon auszugehen, daß die entsprechenden Kosten notwendig sind. Übersteigen die Lehrgangsgebühren die Sätze nach Satz 1, so hat der Träger die Notwendigkeit dem Arbeitsamt gegenüber nachzuweisen. Übersteigen die Lehrgangsgebühren die Sätze nach Satz 1 um mehr als 50 v.H., ist die Notwendigkeit grundsätzlich zu verneinen und die Förderung abzulehnen.

4 Sonstiges

Bei der Zusammenarbeit mit Trägern von Deutsch-Lehrgängen ist auf die Beschäftigung geeigneter arbeitsloser Lehrer als Lehrkräfte besonders hinzuwirken, dabei ist auch dem Ansatz solcher Personen verstärkt Aufmerksamkeit zu widmen, die im Herkunftsland der Aussiedler bereits als Lehrer tätig waren.

C

Verordnung

1 Grundsätze

1.1 Ziel aller Eingliederungsmaßnahmen für Aussiedler ist ihre volle gesellschaftliche Integration. Sie erfordert bei jedem Aussiedler vor allem gute Kenntnisse der deutschen Sprache in Wort und Schrift. Dies gilt insbesondere für die berufliche Eingliederung (s. auch RdErl. [Schnellbr.] vom 25. März 1976 – I a 5 – 5322.1/. . .). Aus diesem Grunde ist der Aussiedler nachdrücklich auf die Vorteile der Erlernung der deutschen Sprache oder ihrer Verbesserung in Wort und Schrift hinzuweisen. Über die nunmehr bestehenden umfassenden Möglichkeiten der Sprachförderung ist er so früh wie möglich zu informieren und zu beraten. Wenn es notwendig erscheint, ist ihm eine Teilnahme an einer Sprachförderung vor einer Vermittlung in Arbeit oder der Aufnahme einer selbstgesuchten Tätigkeit nahezulegen.

1.2 Die Förderung nach der Verordnung geht den Leistungen nach dem „Garantiefonds" vor.

1.3 Die Zeit der individuell geförderten Teilnahme an einem Deutsch-Lehrgang ist als Arbeitslosigkeit im Sinne der §§ 1 und 3 der Verordnung nach § 42 Abs. 4 und § 47 Abs. 1 Satz 2 AFG vom 3. März 1976 (RdErl. 93/76.1.4) zu werten, wenn der Aussiedler vor Eintritt in den Lehrgang gemeldet war und sich im Anschluß an den Lehrgang erneut arbeitslos meldet oder unmittelbar danach in eine berufliche Bildungsmaßnahme eintritt.

2 Personenkreis

Die Zugehörigkeit zum Personenkreis nach § 1 der Verordnung ist durch Vorlage entsprechender Unterlagen (Registrierschein, Bescheid der Ausländerbehörde) nachzuweisen (vgl. RdErl. [Schnellbr.] vom 14. Oktober 1971 – I a 5 – 5322.1/ 5010/5450/5530/6317/7107.2 – und RdErl. 93/72.4 – 7107.2/. . .). Die Auszahlung der „Begrüßungsgabe" ist auf dem Registrierschein vermerkt. Die Richtlinien des Bundesministers des Innern für die Zahlung einer einmaligen Unterstützung der Bundesregierung (Begrüßungsgabe) vom 15. August 1974[1]) werden in Kürze in den „ibv" veröffentlicht. Zu den persönlichen Voraussetzungen vgl. auch Abs. 4.5.

3 Maßnahme, Förderungsdauer, Wiederholung

3.1 Die Dauer der Maßnahme soll 9 Monate nicht überschreiten.

3.2 § 5 A Fortbildung und Umschulung und die dazu ergangenen Weisungen sind zu beachten. Die Förderungsdauer darf, einschließlich einer notwendigen Wiederholung, 12 Monate nicht überschreiten (§ 2 Verordnung). Danach kommt die Förderung eines Wiederholungsabschnittes nur dann in Frage, wenn dieser nicht länger ist als die von dem 12monatigen Höchstanspruch verbliebene Restförderungsdauer.

4 Antragstellung und Bearbeitung

4.1 Die Leistungen nach der Verordnung werden auf Antrag gewährt. Für die Antragstellung und Bearbeitung sind die im Rahmen der Förderung nach der A Fortbildung und Umschulung eingeführten Vordrucke zu verwenden. Diese Vordrucke sind durch einen dicken blauen Querstrich am oberen Rand zu kennzeichnen. Das gilt auch für den Zahlbogen.

---

[1]) abgedruckt unter 3.3

4.2 Die Antragsvordrucke sind von der Arbeitsvermittlung auszugeben und anzunehmen. Jedem Antragsteller ist das Merkblatt „Unterhaltsgeld sichert Ihre berufliche Bildung" auszuhändigen. Das weitere Verfahren richtet sich nach den Bestimmungen der §§ 20 bis 22 A Fortbildung und Umschulung i.V. mit den Durchführungsanweisungen (RdErl. 324/75.1.4.6.7.2), soweit die Besonderheiten der Förderung des Personenkreises nach der o. a. VO nicht entgegenstehen.

4.3 Handelt es sich um Leistungsbezieher (Alg/Alhi), ist zur Sicherstellung einer nahtlosen Leistungszahlung der Runderlaß (Schnellbr.) vom 6. Februar 1975 – III b 4 – 7044.5/. . ./5530 – zu beachten. Es erübrigt sich in diesen Fällen die Vorlage einer Bescheinigung über Arbeitsentgelt, es sei denn, der Leistungsbezug wurde durch eine Beschäftigung unterbrochen und das Uhg ist nach diesem beitragspflichtigen Entgelt zu bemessen.

. . .

5 Kranken- und Unfallversicherung

Die Empfänger von Unterhaltsgeld nach der VO sind gem. § 2 VO in die Kranken- und Unfallversicherung der Leistungsempfänger einbezogen. Die hierzu bestehenden Bestimmungen und Weisungen sind entsprechend anzuwenden.

6 Haushaltsermächtigung und Verbuchungsstellen

. . .

7 Anweisung des Unterhaltsgeldes

. . .

8 Statistik

. . .

D

Vereinbarung

1 Grundsatz

Die Vereinbarung hat das Ziel, auch dem Aussiedler das Erlernen der deutschen Sprache zu ermöglichen, der keinen Anspruch auf eine individuelle Förderung nach den in Abschnitt I Abs. 1 der Vereinbarung genannten Bestimmungen hat.

2.1 Personenkreis

2.1 Es ist ohne Bedeutung, aus welchem Grunde der Teilnehmer keinen Anspruch auf Förderung nach der VO hat, z. B. Lehrgang wird in Teilzeitunterricht durchgeführt oder Teilnehmer hat seinen Anspruch nach der VO bereits ausgeschöpft.

. . .

3 Maßnahmedauer, Wiederholung

3.1 Eine Maßnahme soll mindestens 300 Unterrichtsstunden und darf höchstens 800 Unterrichtsstunden umfassen; sie ist längstens innerhalb von 18 Monaten abzuschließen.

3.2 Bei der Prüfung des berücksichtigungsfähigen Teilnehmerkreises können Wiederholungen außer Betracht bleiben.

4 Antragstellung und Bearbeitung

4.1 Der Träger zeigt dem Arbeitsamt rechtzeitig vor Beginn der Maßnahme an (§ 4 Abs. 5 A Fortbildung und Umschulung), daß er einen Deutsch-Lehrgang für

Aussiedler durchführen will und beabsichtigt, die Förderung nach der Vereinbarung in Anspruch zu nehmen.

4.2 Das Arbeitsamt prüft, ob der Lehrgang den Anforderungen nach der Vereinbarung i. V. mit § 34 AFG, der A Fortbildung und Umschulung und den Weisungen dieses Erlasses entspricht. Das Ergebnis ist dem Träger über den Personenkreis nach der Vereinbarung zu unterrichten.

4.3 Der Träger hat die Kosten vor Beginn des Lehrgangs, bezogen auf den einzelnen Teilnehmer (Lehrgangsgebühren), festzulegen und dem Arbeitsamt mitzuteilen. Zur Erstattung fügt der Träger seinem Antrag Unterlagen über die nach der Vereinbarung für die Förderung zu berücksichtigenden Teilnehmer bei . . . Auf der Grundlage dieser Nachweise erfolgt die Erstattung. Entsprechend ist bei der Kostenerstattung für die Lernmittel zu verfahren. Die Kosten werden nach Abschluß des Lehrgangs erstattet. Monatliche Abschlagszahlungen sind zulässig.

Eine Prüfung der Angaben des Trägers . . . durch Anforderung der Originalnachweise (z. B. Registerscheine) kann auf Stichproben in Zweifelsfällen beschränkt bleiben. Nur bei festgestellten Unregelmäßigkeiten ist eine eingehendere Prüfung durchzuführen.

4.4 Zu den notwendigen Kosten gehören alle laufenden Aufwendungen des Trägers, die bei der Vorbereitung und Durchführung eines förderbaren Deutsch-Lehrgangs unvermeidbar entstehen. Lernmittel sind vom Träger zu stellen; sie gehen in das Eigentum der Teilnehmer über. Investitionskosten gehören nicht zu den Kosten nach Art. I Abs. 2 der Vereinbarung.

4.5 Die Erstattung sonstiger individuell dem Teilnehmer entstehender Kosten (z. B. Fahrkosten) ist nach der Vereinbarung nicht möglich.

4.6 Für die Durchführung der Vereinbarung, auch für das Zahlbarmachen der Erstattungsbeträge, ist das Büro für zusammengefaßte Aufgaben der Vermittlung im Arbeitsamt zuständig.

5 **Haushaltsermächtigung und Verbuchungsstelle**

. . .

6 **Statistik**

. . .

9. EINGLIEDERUNG VON AUSSIEDLERN IN SCHULE UND BERUFSAUSBILDUNG

9.1 Zweite Neufassung der Empfehlung zur Eingliederung von deutschen Aussiedlern in Schule und Berufsausbildung (Beschluß der Kultusministerkonferenz vom 17. November 1977; GMBl. 1978, S. 36 ff.)

Die Kultusministerkonferenz ist sich der politischen und humanitären Bedeutung einer möglichst raschen und reibungslosen Eingliederung der deutschen Aussiedler aus den osteuropäischen Ländern in die Lebens- und Arbeitswelt der Bundesrepublik Deutschland bewußt. Sie hat bereits durch ihre Beschlüsse vom 3. 12. 1971 und vom 31. 1. 1975 den Unterrichtsverwaltungen der Länder geeignete Maßnahmen zur Eingliederung deutscher Aussiedler in Schule und Berufsausbildung empfohlen. Diese betreffen insbesondere folgende Schwerpunkte:

– Individuelle Beratung über Schul- und Ausbildungsgänge

- Fördermaßnahmen zum Erwerb und zur Vertiefung deutscher Sprachkenntnisse
- Bewertung und Anerkennung der bisher erworbenen Bildungsnachweise
- Eröffnung von Möglichkeiten, begonnene Bildungsgänge zum Abschluß zu bringen.

Die Notwendigkeit, dem Aussiedler zunächst in besonderen Veranstaltungen eine zureichende Kenntnis der deutschen Sprache zu vermitteln, und das Gebot, ihn so schnell wie möglich in seine neue schulische oder berufliche Umwelt zu integrieren, sind vielfach nicht leicht zu vereinbaren. Dennoch muß es das Ziel aller Maßnahmen sein, baldmöglichst nach der Einreise mit der Eingliederung zu beginnen und den Eingliederungszeitraum so kurz wie möglich zu halten.

Unter Berücksichtigung der seither gewonnenen Erfahrungen und zur weiteren Verbesserung der Bemühungen der an der Eingliederung beteiligten Stellen beschließt die Kultusministerkonferenz folgende Neufassung ihrer Empfehlung zur Eingliederung von deutschen Aussiedlern in Schule und Berufsausbildung.

1. Hilfe bei der Aufnahme in Kindergärten und Vorklassen

Die Kultusverwaltungen wirken bei den zuständigen Stellen darauf hin, daß Kinder im Vorschulalter bevorzugt in Kindergärten und Vorklassen aufgenommen werden.

2. Hilfen bei der Eingliederung in die Grundschule, in weiterführende allgemeinbildende und in berufsbildende Schulen

2.1 Sprachkenntnisse

2.1.1 Deutsch

Bei der Eingliederung kommt dem Erlernen der deutschen Sprache eine besondere Bedeutung zu. Durch das Angebot von besonderen Fördermaßnahmen soll die Fortsetzung des Schulbesuchs und der Berufsausbildung mit möglichst geringem Zeitverlust ermöglicht werden. Über noch bestehende Schwächen in der deutschen Sprache soll hinweggesehen werden, wenn der Leistungsstand im allgemeinen den Anforderungen der Schule entspricht und eine erfolgreiche Mitarbeit erwartet werden kann.

2.1.2 Fremdsprachen

Im Sekundarbereich kann anstelle einer der verbindlichen Pflichtfremdsprachen die Sprache des Herkunftslandes oder Russisch gewählt oder anerkannt werden. Für Schüler, die unmittelbar in die Sekundarstufe II eintreten, können sowohl die Sprache des Herkunftslandes als auch Russisch an die Stelle der verbindlichen Pflichtfremdsprachen treten.

2.2 Grundschulen und weiterführende allgemeinbildende Schulen

Schüler der Jahrgangsstufen 1–9 werden entweder durch Förderunterricht in der Schule oder durch Unterricht in besonderen Fördereinrichtungen (Förderklassen/ Förderschulen) auf die Eingliederung in die ihrem Alter oder ihrer Leistung entsprechenden Klassen der Grundschule oder der weiterführenden Schule vorbereitet. Der Aufenthalt in den Fördereinrichtungen soll, falls nicht organisatorische Gründe entgegenstehen, ein Jahr nicht überschreiten; in besonders gelagerten Fällen kann die Verweildauer auf höchstens zwei Jahre verlängert werden.

2.3 Berufsbildende Schulen

2.3.1 Jugendliche, die über ausreichende deutsche Sprachkenntnisse verfügen, sollen unter Berücksichtigung des angestrebten Ausbildungszieles und der im

Herkunftsland begonnenen Berufsausbildung in bestehende Fachklassen berufsbildender Schulen aufgenommen werden.

2.3.2 Jugendliche, die nicht über ausreichende deutsche Sprachkenntnisse verfügen, sollen in den berufsbildenden Schulen durch Teilnahme an einem Intensivkurs in deutscher Sprache oder durch den Besuch von besonderen Fördereinrichtungen (Förderklassen/Förderschulen) die sprachlichen Grundkenntnisse erwerben, die eine erfolgreiche Teilnahme am Unterricht ermöglichen.

2.3.3 Jugendliche, die eine Förderklasse/Förderschule oder einen entsprechenden Intensivkurs in deutscher Sprache besuchen, sollen für die Dauer dieses Unterrichts nicht zum Besuch der Berufsschule verpflichtet sein.

3. Aufnahme in Sonderschulen

3.1 Für die Aufnahme von Aussiedlerkindern in eine Sonderschule gelten dieselben Bestimmungen wie für deutsche Schüler.

3.2 Die Feststellung der Sonderschulbedürftigkeit bei schulischem Leistungsversagen im Sinne der Schule für lernbehinderte Kinder ist bei eingeschränkter sprachlicher Verständigung mit besonderen Schwierigkeiten verbunden. Mangelnde Kenntnis in der deutschen Sprache ist kein Kriterium für Sonderschulbedürftigkeit.

3.3 Um Fehlentscheidungen zu begegnen, soll der Schüler in der Regel vor der Prüfung auf Sonderschulbedürftigkeit während einer angemessenen Zeit im Unterricht beobachtet werden.

3.4 In der Einzeluntersuchung durch die Sonderschule, zu der die Erziehungsberechtigten eingeladen und im Bedarfsfall sprachkundige Vermittler hinzugezogen werden können, sind zu prüfen:

– der deutsche Wortschatz
– der Wortschatz in der bisher im Herkunftsland gesprochenen Sprache, ggf. die Schulkenntnisse in der Sprache des Herkunftslandes
– die Intelligenz mit Hilfe sprachfreier Tests
– Ausdauer und Konzentration
– der Entwicklungsstand im bildnerischen Gestalten.

3.5 Ist das Untersuchungsergebnis nicht eindeutig, so ist der Besuch der bisherigen Schule oder Fördereinrichtung zu empfehlen und bei Bedarf eine Überprüfung nach Ablauf eines Jahres vorzunehmen.

4. Weitere Hilfen zur Eingliederung

4.1 Möglichkeiten des außerschulischen Bereichs

Zur Förderung der schulischen und gesellschaftlichen Eingliederung sollen auch alle Möglichkeiten des außerschulischen Bereichs in Zusammenarbeit mit freien Trägern, Verbänden und Organisationen wahrgenommen werden. Besonderer Wert ist auf flankierende Maßnahmen, wie z. B. Hausaufgabenhilfen, Silentien, Spielnachmittage, Projektveranstaltungen, vorschulische Betreuungsmaßnahmen u. ä., zu legen.

4.2 Lehr- und Lernmittel

Der Zusammenarbeit zwischen den Kultusverwaltungen der Länder, anderen Behörden und geeigneten Institutionen zur Verbesserung von spezifischen Lehrund Lernmitteln für Aussiedlerkinder kommt weiterhin besondere Bedeutung zu. Dabei ist der Begutachtung von Schulbüchern und audio-visuellen Hilfsmitteln, die der Vermittlung der deutschen Sprache dienen, besondere Aufmerksamkeit zu widmen.

5. Bildungsabschlüsse und ihre Berechtigungen

5.1 Abschlußzeugnis der Hauptschule

5.1.1 Das im Herkunftsland erworbene Abschlußzeugnis wird bei erfüllter Schulpflicht in der Bundesrepublik dem Abschlußzeugnis der Hauptschule gleichgestellt.

5.1.2 Jugendlichen, die im Herkunftsland der Schulpflicht genügt, aber kein Abschlußzeugnis erhalten haben, soll der Erwerb des Abschlußzeugnisses der Hauptschule ermöglicht werden. Dies kann auch in besonderen schulischen Einrichtungen für Aussiedler geschehen.

5.2 Mittlerer Bildungsabschluß

5.2.1 Der im Herkunftsland begonnene Bildungsweg, der über den mit der Erfüllung der Schulpflicht verbundenen Bildungsabschluß hinausgeht, muß in den Schulen der Bundesrepublik fortgesetzt werden können.

5.2.2 Die im Herkunftsland nicht vorhandenen mittleren Bildungsabschlüsse können von Jugendlichen nach den für die einzelnen Länder geltenden Bestimmungen erworben werden.

5.2.3 Der erfolgreiche Besuch von zehn aufsteigenden Klassen einer allgemeinbildenden Schule im Vollzeitunterricht (oder aber eine Abend-, Fern- oder sonstige Ausbildung, die zu einem dem Abschluß der 10. Klasse entsprechenden Kenntnisstand führt) wird einem mittleren Bildungsabschluß gleichgestellt, sofern Fächerkatalog und Anforderungen im wesentlichen gleichwertig sind.

5.3 Studienqualifikation

5.3.1 Jugendlichen, die im Herkunftsland Schüler einer allgemeinbildenden Mittelschule oder einer Fachmittelschule waren, soll der Erwerb eines Abschlußzeugnisses ermöglicht werden, das zum Studium an einer Fachhochschule oder Hochschule befähigt.

5.3.2 Ein Abschlußzeugnis, das im Herkunftsland zum Studium an einer Hochschule befähigt, eröffnet in der Bundesrepublik den Zugang zu Berufen, die das Abitur- oder Reifezeugnis, aber kein Hochschulstudium voraussetzen. Ziffer 6.3 bleibt unberührt.

5.3.3 Das Hochschulzugangszeugnis des Herkunftslandes wird – sofern nicht die Regelungen der Ziffer 6.3 anzuwenden sind – als Zeugnis anerkannt, das zum Studium an Fachhochschulen in der Bundesrepublik Deutschland befähigt. Die erforderliche Bescheinigung wird von der zuständigen obersten Landesbehörde des Landes ausgestellt, in dem der Aussiedler seinen Wohnsitz hat. Der Nachweis erforderlicher Deutschkenntnisse und Praktika bleibt unberührt.

5.3.4 Der Nachweis eines mindestens anderthalbjährigen Hochschulstudiums oder eines mindestens zweijährigen entsprechenden Abend- oder Fernstudiums vermittelt die Hochschulreife. Ziffer 5.3.3 Satz 3 gilt sinngemäß.

6. Erwerb von Studienqualifikationen

6.1 Sofern nicht die Regelungen gem. Ziffer 5.3.4 und 6.3 anzuwenden sind, erwerben Aussiedler die Hochschulreife unter folgenden Bedingungen:

6.1.1 Besitzen sie ein Hochschulzugangszeugnis, das nach den „Bewertungsvorschlägen" der Zentralstelle für ausländisches Bildungswesen eine fachgebundene Studienbefähigung verleiht, erwerben sie die allgemeine Hochschulreife durch den vollständigen Besuch eines mindestens einjährigen Sonderlehrgangs und Bestehen der Abschlußprüfung.

6.1.2 Besitzen sie ein Hochschulzugangszeugnis, das nach den „Bewertungsvorschlägen" der Zentralstelle für ausländisches Bildungswesen die Befähigung zum Studium aller Fachrichtungen verleiht, erwerben sie die allgemeine Hochschulreife durch Besuch eines mindestens einjährigen Sonderlehrgangs und Bestehen der Abschlußprüfung, in leistungsmäßig begründeten Fällen durch Ablegung einer Bestätigungsprüfung ohne Besuch oder vollständigen Besuch eines Sonderlehrgangs.

6.2 Aussiedler ohne Hochschulzugangszeugnis des Herkunftslandes, die jedoch im Herkunftsland die Berechtigung zum Eintritt in die letzte Jahresklasse einer zur Studienbefähigung führenden Schule erlangt haben, erwerben durch den vollständigen Besuch eines mindestens einjährigen Sonderlehrgangs und Bestehen einer erweiterten Abschlußprüfung die allgemeine Hochschulreife, Ziffer 6.3 bleibt unberührt.

6.3 Für Aussiedler aus der Sowjetunion, die im Herkunftsland den Abschluß der vollen Mittelschule (10./11. Klasse) oder einer zur Studienberechtigung führenden Fachmittelschule erhalten haben und nicht die Voraussetzungen gem. Ziffer 5.3.4 erfüllen, gilt in Abweichung von den Ziffern 5.3.2, 5.3.3, 6.1 und 6.2 folgendes:

6.3.1 Der Erwerb der allgemeinen Hochschulreife setzt den Besuch eines zweijährigen Sonderlehrgangs und das Bestehen einer erweiterten Abschlußprüfung voraus.

6.3.2 In leistungsmäßig begründeten Fällen kann die erweiterte Abschlußprüfung ohne vollständigen Besuch eines zweijährigen Sonderlehrgangs – jedoch frühestens nach einem Jahr (z. B. durch vorzeitiges Aufrücken innerhalb des Sonderlehrgangs) – abgelegt werden.

6.3.3 Mit der Versetzung bzw. dem Vorrücken in das zweite Jahr des Sonderlehrgangs wird die Befähigung zum Studium an einer Fachhochschule festgestellt; darüber hinaus eröffnet sie den Zugang zu Berufen, die das Abitur- oder Reifezeugnis, jedoch kein Hochschulstudium voraussetzen.

6.4 Für den Besuch des Sonderlehrgangs gem. Ziffern 6.1, 6.2 und 6.3 sind Deutschkenntnisse erforderlich, die eine erfolgreiche Teilnahme am Unterricht gewährleisten. Diese Feststellung trifft die zuständige oberste Landesbehörde bzw. eine von ihr bestimmte Stelle.

6.5 Für den Sonderlehrgang gem. Ziffer 6.1 gilt hinsichtlich des Unterrichts und der Prüfung folgendes:

6.5.1 Katalog der Unterrichtsfächer:

a) Deutsch	9 Wochenstunden (+ 3 Wochenstunden Förderunterricht)
b) Gemeinschaftskunde (Geschichte/Erdkunde/Sozialkunde)	6 Wochenstunden
c) Wahlpflichtfach I (Fremdsprache oder Mathematik oder Naturwissenschaft; vgl. Ziff. 6.6.1)	6 Wochenstunden
d) Wahlpflichtfach II (Ein weiteres wiss. Fach aus dem Fächerkanon der gymn. Oberstufe)	3 Wochenstunden

e) Religionslehre
(Es gelten die Bestimmungen
der Länder)

Bei der Einrichtung der Sonderlehrgänge trifft das jeweilige Land die Auswahl aus dem möglichen Angebot unter c) und d) nach eigenem Ermessen.

Neben den Unterrichtsfächern können Arbeitsgemeinschaften in der Sprache des Herkunftslandes, in Latein (mit dem Ziel des Latinums), in Sport sowie im musischen Bereich angeboten werden.

6.5.2 Abschlußprüfung:

6.5.2.1 In allen Pflichtfächern/Wahlpflichtfächern werden vom Prüfungsausschuß unter besonderer Berücksichtigung der im zweiten Halbjahr erbrachten Leistungen Vorzensuren festgesetzt.

6.5.2.2 Fächer der schriftlichen Prüfung sind Deutsch und das Wahlpflichtfach I.

6.5.2.3 Jedes Pflichtfach/Wahlpflichtfach und jeder Teilbereich der Gemeinschaftskunde können Gegenstand der mündlichen Prüfung sein. Eine mündliche Prüfung ist durchzuführen,

– wenn in einem schriftlichen Fach die Vorzensur und die Zensur der schriftlichen Prüfung voneinander abweichen,

– wenn der Prüfling es wünscht.

6.5.3 Bestätigungsprüfung:

6.5.3.1 Die Zulassung kann von einem Kolloquium vor dem Prüfungsausschuß abhängig gemacht werden, in dem der Bewerber nachweist, daß von ihm Prüfungsleistungen erwartet werden können, die dem Leistungsstand eines Bewerbers nach vollständigem Besuch des Sonderlehrgangs gleichwertig sind.

6.5.3.2 Fächer der schriftlichen Prüfung sind Deutsch und das Wahlpflichtfach I.

6.5.3.3 Gegenstand der mündlichen Prüfung sind die Pflichtfächer/Wahlpflichtfächer gem. Ziffer 6.5.1.

6.5.4 Für das Bestehen der Abschlußprüfung und der Bestätigungsprüfung gelten die Bestimmungen der Reifeprüfungsordnung für Gymnasien, deren Reifezeugnisse durch einen Beschluß der Kultusministerkonferenz von den Ländern gegenseitig anerkannt werden.

6.5.5 Mit Bestehen der Abschlußprüfung gem. Ziffer 6.5.2 bzw. der Bestätigungsprüfung gem. Ziffer 6.5.3 ist der Nachweis der allgemeinen Hochschulreife erbracht.

6.6 Für den Sonderlehrgang gem. Ziffer 6.2 gilt hinsichtlich des Unterrichts und der Prüfung folgendes:

6.6.1 Katalog der Unterrichtsfächer:

a) Deutsch 9 Wochenstunden (+ 3 Wochenstunden Förderunterricht)

b) Gemeinschaftskunde 6 Wochenstunden
(Geschichte/Erdkunde/Sozialkunde)

c) Fremdsprache 13 Wochenstunden
(Russisch oder Englisch oder
Französisch oder Latein),
Mathematik, Naturwissenschaft
(Physik oder Chemie oder Biologie)

d) Religionslehre
(Es gelten die Bestimmungen
der Länder)

Außerdem können Arbeitsgemeinschaften angeboten werden in der Sprache des Herkunftslandes und in musisch-technischen Fächern.

6.6.2 Der Lehrgang endet mit einer erweiterten Abschlußprüfung. Durch Erweiterung der Abschlußprüfung wird der Tatsache Rechnung getragen, daß diese Aussiedler im Herkunftsland noch kein Hochschulzugangszeugnis erworben haben.

6.6.2.1 In allen Pflichtfächern werden vom Prüfungsausschuß unter besonderer Berücksichtigung der im zweiten Halbjahr erbrachten Leistungen Vorzensuren festgesetzt.

6.6.2.2 Fächer der schriftlichen Prüfung sind Deutsch, Fremdsprache und Mathematik.

6.6.2.3 Jedes Unterrichtsfach kann Gegenstand der mündlichen Prüfung sein. Eine mündliche Prüfung ist durchzuführen,

– wenn in einem schriftlichen Fach die Vorzensur und die Zensur der schriftlichen Prüfung voneinander abweichen,

– wenn der Prüfling es wünscht.

6.6.2.4 Für das Bestehen der erweiterten Abschlußprüfung gelten die Bestimmungen der Reifeprüfungsordnung bzw. Abiturprüfungsordnung für Gymnasien, deren Zeugnisse durch einen Beschluß der Kultusministerkonferenz von den Ländern gegenseitig anerkannt werden.

6.6.3 Mit Bestehen der erweiterten Abschlußprüfung gem. Ziffer 6.6.2 ist der Nachweis der allgemeinen Hochschulreife erbracht.

6.7 Für den Sonderlehrgang gem. Ziffer 6.3 gilt hinsichtlich des Unterrichts und der Prüfung folgendes:

6.7.1 Katalog der Unterrichtsfächer:

a) Deutsch   9 Wochenstunden (+ 3 Wochenstunden Förderunterricht)

b) Gemeinschaftskunde   6 Wochenstunden
(Geschichte/Erdkunde/Sozialkunde)

c) Fremdsprache   13 Wochenstunden
(Englisch oder Französisch
oder Latein),
Mathematik, Naturwissenschaft
(Physik oder Chemie oder Biologie)

d) Religionslehre
(Es gelten die Bestimmungen
der Länder)

Außerdem können Arbeitsgemeinschaften angeboten werden in der Sprache des Herkunftslandes und in musisch-technischen Fächern.

6.7.2 Der Lehrgang endet mit einer erweiterten Abschlußprüfung. Durch Erweiterung der Abschlußprüfung wird der Tatsache Rechnung getragen, daß diese Aussiedler im Herkunftsland bereits nach der 10. Jahrgangsklasse ein Hochschulzugangszeugnis erworben haben.

6.7.2.1 In allen Pflichtfächern werden vom Prüfungsausschuß Vorzensuren festgesetzt.

6.7.2.2 Fächer der schriftlichen Prüfung sind: Deutsch, Fremdsprache, Mathematik.

6.7.2.3 Jedes Unterrichtsfach kann Gegenstand der mündlichen Prüfung sein. Eine mündliche Prüfung ist durchzuführen,

– wenn in einem schriftlichen Fach die Vorzensuren und die Zensur der schriftlichen Prüfung voneinander abweichen,

– wenn der Prüfling es wünscht.

6.7.2.4 Für das Bestehen der erweiterten Abschlußprüfung gelten die Bestimmungen der Reifeprüfungsordnung bzw. Abiturprüfungsordnung für Gymnasien, deren Zeugnisse durch einen Beschluß der Kultusministerkonferenz von den Ländern gegenseitig anerkannt werden.

6.7.3 Mit Bestehen der erweiterten Abschlußprüfung gem. Ziffer 6.7.2 ist der Nachweis der allgemeinen Hochschulreife erbracht.

6.8 Bei der Einrichtung von Sonderlehrgängen ist es den Ländern freigestellt, die Aussiedler gem. Ziff. 6.1 und 6.2 in Kursen bzw. Klassen zusammenzufassen oder getrennt zu unterrichten.

6.9 Die gem. Ziff. 6.5.5, 6.6.3 und 6.7.3 erworbenen allgemeinen Hochschulreifen befähigen zum Studium an den Hochschulen in der Bundesrepublik.

7. Information und Beratung

Einer individuellen Beratung der Aussiedler durch die bestehenden Beratungsdienste und Beratungsmöglichkeiten kommt eine besondere Bedeutung zu.

8. Schlußbestimmungen

Diese Empfehlung tritt an die Stelle der „Neufassung der Empfehlung zur Eingliederung von deutschen Aussiedlern in Schule und Berufsausbildung vom 3. 12. 1971 (Beschluß der KMK vom 31. 1. 1975)", Nr. 294 der Beschlußsammlung.

Gleichzeitig werden damit folgende Beschlüsse außer Kraft gesetzt:

– „Schulische Versorgung von Kindern deutscher Abstammung aus dem Osten, die die deutsche Sprache nicht beherrschen (Beschluß der KMK vom 27./28. 10. 1950)", Nr. 900 der Beschlußsammlung

– „Förderung von Kindern und Jugendlichen, die als Rücksiedler oder Zwangsevakuierte aus dem Ausland in die Bundesrepublik kommen (Einstimmige Empfehlung des Schulausschusses vom 1./2. 3. 1956)", Nr. 901 der Beschlußsammlung.

9.2 Allgemeine Verwaltungsvorschriften des Bundesministers für Jugend, Familie und Gesundheit über die Gewährung von Beihilfen zur Eingliederung junger Zuwanderer (sog. Garantiefonds) – Erlaß – (GMBl. S. 318 ff.) vom 11. Juli 1974 – 227 – 2055 – 10 in der Fassung des Rundschreiben des BMJFG vom 28. Dezember 1978 – 216 – 2055 –

1. Zweck

(1) Die Beihilfen haben den Zweck, durch eine rechtzeitige und ausreichende Förderung jungen Zuwanderern die alsbaldige Eingliederung, insbesondere die

Fortsetzung ihrer Ausbildung in der Bundesrepublik Deutschland einschließlich des Landes Berlin zu gewährleisten.

(2) Zur schulischen, beruflichen und gesellschaftlichen Eingliederung des in Nummer 2 genannten Personenkreises können daher im Rahmen der im Bundeshaushalt vorhandenen Mittel Beihilfen nach diesen Verwaltungsvorschriften gewährt werden.

2. Personenkreis

Junge Zuwanderer im Sinne dieser Verwaltungsvorschriften sind Personen, die bei Förderungsbeginn das 35. Lebensjahr noch nicht vollendet haben, in die Bundesrepublik Deutschland einschließlich des Landes Berlin zugewandert sind und

a) als deutsche Staatsangehörige oder deutsche Volkszugehörige oder als Ehegatte oder als Abkömmling eines deutschen Staatsangehörigen oder eines deutschen Volkszugehörigen zusammen mit diesem ihren Wohnsitz in der DDR, in Ost-Berlin oder in den z. Z. unter fremder Verwaltung stehenden deutschen Ostgebieten, in Danzig, Estland, Lettland, Litauen, der Sowjetunion, Polen, der Tschechoslowakei, Ungarn, Rumänien, Bulgarien, Jugoslawien, Albanien oder China verlassen haben, oder

b) als ausländische Flüchtlinge ihren gewöhnlichen Aufenthalt in der Bundesrepublik Deutschland einschließlich des Landes Berlin haben und als Asylberechtigte nach § 28 Ausländergesetz vom 28. April 1965 (Bundesgesetzbl. I, S. 353) anerkannt sind, oder

c) als ausländische Flüchtlinge ihren gewöhnlichen Aufenthalt in der Bundesrepublik Deutschland einschließlich des Landes Berlin haben und das Asyl nach § 28 Ausländergesetz vom 28. April 1965 (Bundesgesetzbl. I, S. 353) beantragt haben, oder

d) als ausländische Flüchtlinge außerhalb der Bundesrepublik Deutschland einschließlich des Landes Berlin aufgrund des Abkommens vom 28. Juli 1951 über die Rechtsstellung der Flüchtlinge (Bundesgesetzbl. 1953 II, S. 559) bzw. nach dem Protokoll über die Rechtsstellung der Flüchtlinge vom 31. Januar 1967 (Bundesgesetzbl. 1969 II, S. 1293) anerkannt und aufgrund einer Aufenthaltserlaubnis im Gebiet der Bundesrepublik Deutschland einschließlich des Landes Berlin berechtigt sind, oder

e) als heimatlose Ausländer im Sinne des Gesetzes über die Rechtsstellung heimatloser Ausländer im Bundesgebiet vom 25. April 1951 (Bundesgesetzbl. 1951 I, S. 269) und im Land Berlin vom 13. 3. 1952 (Gesetz- und Verordnungsbl. für Berlin Nr. 42, S. 393) anerkannt sind.

3. Nachweis der Antragsberechtigung

(1) Die nach Nummer 2 erforderlichen Voraussetzungen sind erfüllt, wenn vorgelegt werden

a) von Zuwanderern aus der DDR oder Ost-Berlin
die Bescheinigung eines Leiters des Bundesnotaufnahmeverfahrens über die Erteilung der Aufenthaltserlaubnis nach dem Bundesnotaufnahmegesetz oder der Flüchtlingsausweis C.

b) von Aussiedlern
der Registrierschein eines Grenzdurchgangslagers oder der Vertriebenenausweis A oder B, der ein Zuwanderungsdatum nach dem 31. Dezember 1952 und

keinen Sperrvermerk enthält; sofern keiner dieser Nachweise vorgelegt werden kann, ersatzweise eine Bestätigung des Beauftragten der Bundesregierung für die Verteilung im Grenzdurchgangslager Friedland oder der Durchgangsstelle für Aussiedler in Nürnberg, aus der zu ersehen ist, daß der Zuwanderer mit hoher Wahrscheinlichkeit als Aussiedler anerkannt wird.

c) von Asylberechtigten
der von einer deutschen Ausländerbehörde ausgestellte Paß bzw. Paßersatz mit der folgenden Eintragung:

„Der Inhaber dieses Passes/Reiseausweises ist als Asylberechtigter anerkannt";

sofern keiner dieser Nachweise vorgelegt werden kann, ersatzweise der positive Bescheid des Anerkennungsausschusses beim Bundesamt für die Anerkennung ausländischer Flüchtlinge in Zirndorf.

d) von Asylbewerbern
nach Nummer 2 Buchstabe c) eine Bescheinigung des Bundesamtes für die Anerkennung ausländischer Flüchtlinge in Zirndorf, daß ein Antrag auf Asyl gestellt wurde, ferner der Nachweis, daß das Verfahren noch nicht abgeschlossen ist.

e) von ausländischen Flüchtlingen
der von einem anderen Staat als der Bundesrepublik Deutschland ausgestellte internationale Reiseausweis, der die befristete Aufenthaltserlaubnis der deutschen Ausländerbehörde und damit den Nachweis des rechtmäßigen Aufenthaltes in der Bundesrepublik einschließlich des Landes Berlin enthält.

f) von heimatlosen Ausländern
der von einer deutschen Ausländer-Behörde ausgestellte Paß oder Paßersatz mit der Eintragung:

„Der Inhaber dieses Passes/Reiseausweises ist heimatloser Ausländer nach dem Gesetz über die Rechtsstellung heimatloser Ausländer im Bundesgebiet vom 25. April 1951 und zum Aufenthalt im Gebiet der Bundesrepublik Deutschland berechtigt."

(2) Wird für einen Auszubildenden

im Falle des Absatzes 1 Buchstabe b) die Erteilung des Registrierscheines durch das Grenzdurchgangslager Friedland oder die Durchgangsstelle für Aussiedler in Nürnberg

im Falle des Absatzes 1 Buchstabe c) oder d) die Gewährung des Asyls

rechtskräftig abgelehnt, ist eine weitere Förderung nach diesen Verwaltungsvorschriften nicht möglich. Vor Ablehnung gewährte Beihilfen werden nicht zurückgefordert.

4. Antragstellung

(1) Beihilfen zur Eingliederung junger Zuwanderer werden auf schriftlichen Antrag gewährt. Er kann auch zu Protokoll der annehmenden Stelle erklärt werden. Der Antrag ist nicht an eine Form gebunden.

(2) Minderjährige können Anträge nur mit Einwilligung des zur gesetzlichen Vertretung Berechtigten (Eltern, Vormund, Pfleger) stellen. Hat der Auszubildende das 18. Lebensjahr vollendet, so wird die Einwilligung zu dem Antrag widerleglich vermutet. Zuwanderer, die nach Vollendung des 18. Lebensjahres die Volljährigkeit im Herkunftsland erreicht haben, sind volljährig und bedürfen deshalb keiner Einwilligung.

(3) Von der Beibringung der Einwilligung ist abzusehen, wenn der gesetzliche Vertreter seinen ständigen Aufenthalt außerhalb des Geltungsbereiches des Grundgesetzes hat.

(4) Ist der Zuwanderer in einem Heim, Internat oder einer ähnlichen Einrichtung untergebracht, so kann der Antrag über deren Leiter eingereicht werden. Für Jugendliche vor Vollendung des 18. Lebensjahres wird die Beihilfe über die genannten Einrichtungen gezahlt.

(5) Der Auszubildende und seine Unterhaltspflichtigen sind verpflichtet, auf Verlangen über ihre persönlichen und wirtschaftlichen Verhältnisse die Auskünfte zu erteilen, die Urkunden vorzulegen und die Beweismittel zu bezeichnen, die zur Feststellung des Anspruches und zur Entscheidung über den Antrag auf Beihilfe von Bedeutung sind. Maßgebend sind die Verhältnisse zur Zeit der Antragstellung. Werden die geforderten Unterlagen nicht oder nicht binnen zwei Monaten nach Aufforderung vorgelegt, so ist in der Regel davon auszugehen, daß der Auszubildende nicht bedürftig ist.

(6) Der Auszubildende und seine Unterhaltspflichtigen sind verpflichtet, der Einrichtung bzw. Behörde, die über den Antrag auf Beihilfe entscheidet, unverzüglich und schriftlich die Änderung der Tatsachen anzuzeigen, über die sie im Zusammenhang mit dem Beihilfeantrag Erklärungen abgegeben haben.

5. Voraussetzungen der Beihilfe

(1) Die Beihilfe soll eine rechtzeitige und ausreichende Förderung des Auszubildenden sicherstellen, der für die gewünschte Ausbildung geeignet ist und einer wirtschaftlichen Hilfe bedarf. Sie kann nicht gewährt werden, wenn der mit der Ausbildung angestrebte Beruf voraussichtlich nicht zur Eingliederung führt.

(2) Geeignet ist der Auszubildende, wenn seine Leistungen erwarten lassen, daß er das angestrebte Ausbildungsziel erreicht. Dies wird angenommen, solange er die Ausbildungsstätte besucht oder an einem Praktikum teilnimmt. Bei dem Besuch einer Höheren Fachschule, Akademie oder Hochschule ist die Eignung ab fünftem Fachsemester durch eine Bescheinigung der Ausbildungsstätte nachzuweisen, wie sie beim Vollzug des Bundesausbildungsförderungsgesetzes Verwendung findet.

Lassen nach Auffassung der Ausbildungsstätte die Leistungen nach angemessener Zeit erkennen, daß das Ausbildungsziel nicht erreicht werden kann, ist diese Förderung einzustellen. Auf sprachliche Schwierigkeiten und die Umstellung auf ein anderes Erziehungs- und Ausbildungssystem ist jedoch Rücksicht zu nehmen.

(3) Einer wirtschaftlichen Hilfe bedarf der Auszubildende, soweit er gemäß Nummern 13 und 14 weder allein noch mit Hilfe der Unterhaltspflichtigen die Kosten seiner Ausbildung, seines Unterhalts und seines Sonderbedarfs aufzubringen vermag.

(4) Der Antrag auf erstmalige Gewährung einer Beihilfe nach diesen Verwaltungsvorschriften muß innerhalb von 60 Monaten nach der Zuwanderung gestellt werden. Bei einer Antragstellung innerhalb dieser Frist bleibt die Förderung trotzdem ausgeschlossen, wenn der Auszubildende seine Ausbildung länger als 24 Monate nach seiner Zuwanderung nicht verfolgt hat, es sei denn, daß dies nach Lage des Einzelfalles gerechtfertigt ist.

Der Auszubildende hat seine Ausbildung auch dann im Sinne dieser Verwaltungsvorschriften verfolgt, wenn er Vorbereitungen zum Beginn bzw. der Fortsetzung der Ausbildung getroffen hat oder sich einer Ausbildung unterzog, für die er aufgrund dieser Verwaltungsvorschriften keine Beihilfe erhielt oder erhalten konnte.

6. Verhältnis zu anderen Beihilfen

(1) Sehen andere Rechts- oder Verwaltungsvorschriften eine Ausbildungsbeihilfe oder eine entsprechende Leistung vor, so ist bis zum Einsetzen dieser Leistungen unverzüglich Beihilfe nach diesen Verwaltungsvorschriften als Vorschuß zu gewähren, sofern der Auszubildende bzw. antragsberechtigte Unterhaltspflichtige nachweist, daß er die Leistungen nach den anderen Rechts- oder Verwaltungsvorschriften beantragt hat (Vorschußfunktion).

Der Nachweis kann durch eine formlose Bestätigung des betreffenden Amtes erfolgen. Die Entscheidung über diesen Antrag ist der Einrichtung bzw. Behörde, die eine Beihilfe aufgrund dieser Verwaltungsvorschriften gewährt, vom Antragsteller durch Vorlage des Bescheides unverzüglich bekanntzugeben.

Auf Nummer 15 Abs. 2 Buchstabe b und Nummer 18 Abs. 1 wird hingewiesen.

Bei der Berechnung des Vorschusses ist Nummer 9 Abs. 5 zu beachten.

Erreicht eine aufgrund anderer Rechts- oder Verwaltungsvorschriften gewährte Ausbildungsbeihilfe oder entsprechende Leistung nicht die Höhe der Beihilfe nach diesen Verwaltungsvorschriften, ist der Differenzbetrag als Aufstockung zu gewähren (Aufstockungsfunktion).

Werden Ausbildungsbeihilfen oder entsprechende Leistungen nach anderen Rechts- oder Verwaltungsvorschriften nicht gewährt, wird die Beihilfe nach diesen Verwaltungsvorschriften als Zuschuß geleistet (Zuschußfunktion).

(2) Die Beihilfe aufgrund dieser Verwaltungsvorschriften wird nachrangig gegenüber Ausbildungsbeihilfen oder entsprechenden Leistungen aufgrund anderer Rechts- oder Verwaltungsvorschriften gewährt – auch gegenüber der Ausbildungshilfe nach dem Bundessozialhilfegesetz und den Erziehungshilfen nach dem Jugendwohlfahrtsgesetz.

Die Beihilfe wird – soweit sie die Kosten der Unterkunft betrifft – auch nachrangig gegenüber Leistungen nach dem Wohngeldgesetz gewährt.

(3) Der Auszubildende und bei minderjährigen Auszubildenden auch dessen gesetzliche Vertreter müssen ihr Einverständnis erklären, daß Ausbildungsbeihilfen oder entsprechende Leistungen, die aufgrund anderer vorrangiger Rechts- oder Verwaltungsvorschriften für den Auszubildenden gewährt werden, bis zur Höhe der für den gleichen Zeitraum aufgrund dieser Verwaltungsvorschriften vorschußweise gezahlten Beihilfe der nach Nummern 15 und 16 zuständigen Einrichtung bzw. Behörde erstattet und unmittelbar zugeleitet werden.

7. Arten der Ausbildung

(1) Die Beihilfen können für folgende Ausbildungsarten gewährt werden:

a) Teilnahme an einer praktischen oder schulischen Berufsausbildung im Rahmen der vorgeschriebenen oder üblichen Ausbildungswege einschließlich der zur Hinführung, Vorbereitung und Ergänzung der Ausbildung erforderlichen Maßnahmen;

b) Besuch von allgemeinbildenden Schulen, berufsbildenden Schulen und schulischen Lehrgängen. Darunter sind auch Einrichtungen zu verstehen, die zum Nachholen und Ergänzen der Kenntnisse der deutschen Sprache sowie des allgemeinen schulischen Wissens erforderlich sind (so Förderschulen, -klassen und sonstige Fördermaßnahmen für Aussiedler und Asylberechtigte).

Ausgenommen ist die Förderung des Besuches der örtlich zuständigen Grund- und Hauptschule, sofern es sich nicht um eine Fördereinrichtung handelt;

c) Teilnahme an Fortbildungsmaßnahmen, die über eine abgeschlossene Schul- und Berufsausbildung hinaus der Weiterbildung einschließlich einer zusätzlichen Spezialausbildung und dem beruflichen Aufstieg dienen, wenn die Teilnahme an derartigen Maßnahmen bisher aus Gründen, die ihre Ursache im politischen System des Herkunftsgebietes haben, nicht möglich war oder wenn die erworbene Ausbildung in der Bundesrepublik Deutschland nicht entsprechend anerkannt wird;

d) Teilnahme an Umschulungsmaßnahmen, wenn die gewünschte Ausbildung aus Gründen, die ihre Ursache im politischen System des Herkunftsgebietes haben, bisher nicht durchgeführt werden konnten oder die Wiederaufnahme des bisherigen Berufes nicht möglich oder zumutbar ist;

e) Teilnahme an Kursen überörtlicher Bedeutung zum Erlernen der deutschen Sprache, die für die Aufnahme einer Ausbildung oder Berufstätigkeit notwendig und geeignet sind;

f) Besuch von Kursen, die der Eingliederung in ein Hochschul-, Akademie- oder Höheres Fachschulstudium dienen. Hierzu zählen Kurse zum Erlernen der deutschen Sprache, zur Erlangung und Feststellung der Hochschulreife sowie Eingliederungslehrgänge zur Ergänzung dieser Kurse;

g) Teilnahme an Praktika, die zwischen Kursen nach Buchstabe f) oder im Anschluß an solche oder vor bzw. zwischen einem Studium nach Buchstabe h) stattfinden;

h) Studium an einer Hochschule, Akademie oder Höheren Fachschule;

i) Teilnahme an Kursen überörtlicher Bedeutung zum Erlernen der deutschen Sprache, die für die Aufnahme einer Berufstätigkeit nach einer im Herkunftsgebiet abgeschlossenen akademischen Ausbildung notwendig und geeignet sind.

(2) Bei ausländischen Flüchtlingen im Sinne von Nummer 2 Buchstabe d), die, ohne als Asylberechtigte nach § 28 Ausländergesetz anerkannt zu sein, ihren rechtmäßigen Aufenthalt in der Bundesrepublik Deutschland einschließlich des Landes Berlin haben, beschränkt sich die Förderung auf Kurse zum Erlernen der deutschen Sprache, soweit dies für die Aufnahme einer Berufstätigkeit oder einer anders finanzierten Ausbildung erforderlich ist.

(3) Bei ausländischen Flüchtlingen im Sinne von Nummer 2 Buchstabe c) beschränkt sich die Förderung auf Kurse zum Erwerb von Grundkenntnissen der deutschen Sprache.

8. Dauer der Förderung und Bewilligungszeitraum

(1) Die Beihilfe wird ab dem Antragsmonat, frühestens vom Beginn der Ausbildung an für deren Dauer einschließlich der unterrichts- und vorlesungsfreien Zeit sowie des zustehenden Urlaubs gewährt. Sie endet mit dem Ablauf des Monats, in dem die Ausbildung abgeschlossen oder die Förderungshöchstdauer erreicht wird, spätestens 60 Monate nach Beginn der ersten Förderung aufgrund dieser Verwaltungsvorschriften. Bezüglich der Förderungshöchstdauer von Studierenden an Höheren Fachschulen, Akademien und Hochschulen gelten die in der Förderungshöchstdauerverordnung zum Bundesausbildungsförderungsgesetz festgelegten Maßstäbe (Bundesgesetzbl. 1972 I, S. 2076). Sofern die Förderungshöchstdauer aus Gründen, die sich aus der besonderen Lage der Zuwan-

derer ergeben, überschritten werden muß, kann die Otto-Benecke-Stiftung, Bonn, im Wege der Ausnahme einer Verlängerung der Förderung zustimmen. Einmalige Wiederholungen bei Abschluß- und Zwischenprüfungen sind unter den Voraussetzungen der Nummer 5 Abs. 2 zulässig.

Die „Empfehlungen zur Eingliederung von deutschen Übersiedlern in Schule und Berufsausbildung" der Kultusminister-Konferenz vom 3. Dezember 1971[1]) sind zu beachten.

(2) Bei verspäteter Antragstellung wird die Beihilfe auch rückwirkend, frühestens ab Beginn der Ausbildung gewährt, sofern der Antragsteller das Fristversäumnis nicht zu vertreten hat.

(3) Die für die Bearbeitung des Antrages und die Bewilligung der Beihilfe zuständige Einrichtung bzw. Behörde bestimmt den Zeitraum, für den über die Leistung von Beihilfe entschieden wird (Bewilligungszeitraum). Im Regelfall ist über den Antrag für die Dauer des Schuljahres oder von zwei Semestern bzw. drei Trimestern zu entscheiden; das gilt nicht, wenn im Einzelfall aus verwaltungstechnischen Gründen ein anderer Zeitraum angeraten ist oder die Ausbildung voraussichtlich vor Ablauf des Regel-Bewilligungszeitraumes beendet wird.

(4) Die Beihilfe ist monatlich im voraus auszuzahlen.

(5) Zur Sicherstellung des Ausbildungsbeginns kann die Beihilfe in begründeten Fällen für die ersten zwei Monate der Förderung in einem Betrag im voraus gezahlt werden.

(6) Einem Auszubildenden, dem es vor Aufnahme seiner Ausbildung nicht möglich ist, für seinen Lebensunterhalt selbst aufzukommen, kann die Beihilfe bis zu einem Monat, in Härtefällen bis zu zwei Monaten, auch für eine angemessene Zeit vor Wiederaufnahme einer unterbrochenen Ausbildung oder für eine Überbrückungszeit zwischen zwei nicht unmittelbar aneinander anschließenden Ausbildungsabschnitten bewilligt werden. Als ein Ausbildungsabschnitt ist auch die Zeit des Besuches der Grund- und Hauptschule anzusehen.

(7) Während der unterrichts- und vorlesungsfreien Zeit bzw. während des zustehenden Urlaubs ist die Beihilfe in dem in diesen Verwaltungsvorschriften festgelegten Umfang (Nummer 11 Abs. 8) zu gewähren.

9. Umfang der Förderung

(1) Die Beihilfe ist so zu bemessen, daß die Ausbildungskosten (Nummer 10), die Kosten des Lebensunterhaltes des Auszubildenden (Nummer 11) und eines etwaigen Sonderbedarfs (Nummer 12) sichergestellt sind (= Bedarf).

(2) Ein Auszubildender, der noch zum Besuch einer Grund- oder Hauptschule verpflichtet wäre (allgemeine Schulpflicht), kann, solange er seine Ausbildung am Wohnort der Unterhaltungspflichtigen erhält, nicht gefördert werden. Besucht er jedoch eine Förderungseinrichtung am Wohnort der Unterhaltspflichtigen, so sind evtl. Ausbildungskosten (Nummer 10) sowie ein etwaiger Sonderbedarf (Nummer 12) anzuerkennen.

(3) Die Beihilfe wird in Höhe des Unterschiedsbetrages zwischen dem Bedarf nach Absatz 1 und den nach Nummern 13 und 14 anzurechnenden Beträgen gewährt. Sie ist auf volle Deutsche Mark aufzurunden.

---

[1]) Neufassung vom 17. November 1977, abgedruckt unter 9.1

(4) Beim Besuch von Sprachkursen der Goethe-Institute und diesen entsprechenden Sprachkursen können Ausbildungskosten und Kosten des Lebensunterhalts bis zu den vom Auswärtigen Amt anerkannten Sätzen gewährt werden.

(5) Können bei der erstmaligen Antragstellung die zur Entscheidung über den Antrag erforderlichen Feststellungen ohne Verschulden des Antragstellers nicht binnen vier Kalenderwochen getroffen werden, wird für drei Monate die Beihilfe in Höhe des voraussichtlichen Betrages, jedoch in der Regel nicht mehr als 350,– DM monatlich gewährt. In begründeten Fällen – insbesondere bei auswärtiger Unterbringung – können diese Beihilfen bis in Höhe des Bedarfs geleistet werden.

Diese Beträge sind auch dann, wenn eine nachträgliche Berechnung eine niedrigere Beihilfe ergibt, nicht zurückzufordern.

(6) Monatliche Beihilfen unter 20,– Deutsche Mark werden nicht geleistet.

(7) Die Entscheidung über den Antrag ist dem Auszubildenden, bei Minderjährigen dessen gesetzlichem Vertreter, schriftlich einschließlich der Berechnung mitzuteilen (Bescheid).

(8) Für den Personenkreis, der an einer Ausbildung nach Nummer 7 Absatz 1 Buchstabe h) teilnimmt, werden die Aufstockungsbeträge zu den Beihilfen des Bundesausbildungsförderungsgesetzes von der Otto-Benecke-Stiftung, Bonn, im Einvernehmen mit dem Bundesministerium für Jugend, Familie und Gesundheit pauschaliert.

10. Ausbildungskosten

(1) Zu den Ausbildungskosten zählen:

a) Schulgeld, gleichzusetzende Unterrichtsgelder sowie Prüfungsgebühren;

b) Kosten für notwendige Lernmittel;

c) Kosten für die Arbeitsausrüstung und für das Arbeitsmaterial;

d) notwendige Fahrkosten einschließlich der Familienheimfahrten.

(2) Das Schulgeld bemißt sich nach den jeweiligen Gebührenordnungen. Als gleichzusetzende Unterrichtsgelder können Beihilfen bis zur Höhe von 50,– DM monatlich bewilligt werden. Bei Förderschulen und bei einem Besuch einer sonstigen genehmigten bzw. staatlich anerkannten Ausbildungsstätte kann der Satz bis zu 70,– DM monatlich betragen. Darüber hinausgehende Schul- und Unterrichtsgelder kann die zuständige oberste Landesbehörde nur für Ausbildungsgänge zulassen, in denen besonders hohe pädagogische Anforderungen an den Lehrkörper gestellt werden oder Gruppen- bzw. Einzelunterricht erteilt werden muß. Über die erteilten Genehmigungen ist der Bundesminister für Jugend, Familie und Gesundheit jährlich in Listenform zu unterrichten. Als gleichzusetzende Unterrichtsgelder gelten auch Beträge, die für den Auszubildenden aufgewendet werden, um durch Nachhilfeunterricht oder in Abendkursen den Anschluß an die üblichen Ausbildungsgänge zu erreichen.

(3) Für Förderschüler können notwendige Lernmittel monatlich bis zu 20,– DM angesetzt werden.

Es gelten folgende Pauschbeträge:

a) Für schulpflichtige Schüler in Grund- und Hauptschulen,	16,– DM
b) für nicht mehr schulpflichtige Schüler in Förderklassen an Hauptschulen,	20,– DM
c) für Schüler in Förderklassen an Realschulen	19,– DM

d) für Schüler in Förderklassen an Gymnasien, Klasse 7 bis 10
   (Sekundarstufe 1)   13,– DM

e) für Schüler in Förderklassen an Gymnasien, Klasse 11 bis 13
   (Sekundarstufe 2)   16,– DM

Für Studierende an Hochschulen, Akademien und Höheren Fachschulen sowie für Schüler an allgemeinbildenden, berufsbildenden Schulen gelten die zu § 27 Bundesversorgungsgesetz festgelegten Pauschbeträge.

Der zu gewährende Betrag kann im Bedarfsfall für den gesamten Bewilligungszeitraum in einer Summe gezahlt werden.

(4) Beihilfen für Arbeitsausrüstung (auch Arbeitskleidung) sollen nur bei einer gewerblichen Ausbildung oder einem Praktikum bewilligt werden. Es ist ein Pauschbetrag in Höhe von 15,– DM monatlich, für die ersten sechs Monate einer Ausbildung in Höhe von 30,– DM monatlich anzusetzen.

Die Pauschbeträge sollen zu Beginn des Bewilligungszeitraumes gewährt werden.

(5) Notwendig im Sinne von Absatz 1 Buchstabe d) sind die Kosten für die billigste Fahrkarte des wirtschaftlichsten regelmäßig verkehrenden Beförderungsmittels.

Zu den Fahrkosten zur Ausbildungsstätte rechnen neben den täglichen An- und Rückfahrkosten auch die Kosten der An- und Abreise zum bzw. vom Ausbildungsort sowie bei notwendigem Wechsel des Ausbildungsortes die Kosten der Reise zum nächsten Ausbildungsort.

Kosten für Heimfahrten zu den Eltern oder den nächsten Angehörigen werden anerkannt, wenn der Auszubildende aufgrund der Entfernung der Ausbildungsstätte vom Wohnort außerhalb der Familie untergebracht ist. Das gilt nur für je eine Heimfahrt während der nach der Ferienordnung des jeweiligen Landes festgelegten Ferienzeit und vorlesungsfreien Zeit, darüber hinaus in besonderen Fällen.

Anstelle dieser Fahrten können in begründeten Einzelfällen Kosten für Heimfahrten zum ersten Wohnsitz des Auszubildenden anerkannt werden, wenn dieser keine Angehörigen im Bundesgebiet hat.

Bei Auszubildenden bis zur Vollendung des 10. Lebensjahres werden die notwendigen Fahrkosten für eine erwachsene Begleitperson für die An- und Abreise zum bzw. vom Ausbildungsort zu Beginn und Ende des Schuljahres und der Ferien anerkannt, jedoch nicht mehr als viermal im Jahr.

Bei Schülern an allgemeinbildenden Schulen werden außerdem von den nachgewiesenen Kosten für Wochenendfamilienheimfahrten monatlich höchstens 50,– DM berücksichtigt.

11. Kosten des Lebensunterhalts

(1) Zu den Kosten des Lebensunterhalts zählen die Kosten:

a) für die Unterbringung;

b) für die Verpflegung;

c) für notwendige persönliche Bedürfnisse und

d) ein Taschengeld.

(2) Ist der Auszubildende während der Ausbildung in der eigenen Familie untergebracht, kommt eine Förderung des Lebensunterhaltes nicht in Betracht, solange er noch zum Besuch einer Grund- oder Hauptschule verpflichtet wäre (allgemeine Schulpflicht).

(3) Unterliegt der Auszubildende nicht mehr der allgemeinen Schulpflicht, und ist er während der Ausbildung in der eigenen Familie untergebracht, wird für die Verpflegung und zur Bestreitung notwendiger persönlicher Bedürfnisse ein Betrag in Höhe des einfachen des für ihn am Wohnort der Familie maßgeblichen Regelsatzes nach dem Bundessozialhilfegesetz anerkannt.

(4) Ist der Auszubildende während der Ausbildung außerhalb der eigenen Familie untergebracht, wird für die Verpflegung und zur Bestreitung notwendiger persönlicher Bedürfnisse ein Betrag in Höhe der am Ort der Ausbildungsstätte maßgeblichen Regelsätze nach dem Bundessozialhilfegesetz für einen Haushaltsvorstand und für einen dem Auszubildenden gleichaltrigen Haushaltsangehörigen anerkannt. Außerdem werden für die Kosten der Unterkunft einschließlich der Nebenkosten folgende Pauschbeträge anerkannt:

	pro Monat
a) für Ausbildungsorte ohne Universität oder Technische Hochschule und ohne Nahverkehrsmittel	90,– DM
b) für Ausbildungsorte ohne Universität oder Technische Hochschule mit Nahverkehrsmitteln	110.– DM
c) für Ausbildungsorte mit Universität oder Technischer Hochschule und Nahverkehrsmitteln	120,– DM

Nachweislich notwendige Mehrkosten können anerkannt werden, wenn sie aus der Gesamtförderung nicht gedeckt werden können.

Die zuständige oberste Landesbehörde kann bestimmen, daß für Auszubildende, die allgemeinbildende Schulen außerhalb des Wohnorts der Unterhaltspflichtigen besuchen, diese Kosten nur dann anerkannt werden, wenn die am Ausbildungsort befindlichen Schülerwohnheime bescheinigen, daß ein Heimplatz nicht zur Verfügung gestellt werden kann. Entsprechendes gilt für die Einrichtungen der Otto-Benecke-Stiftung.

(5) Bei der Unterbringung des Auszubildenden in einem Heim, Internat oder einer Pflegestelle werden die tatsächlichen Kosten der Unterbringung und Verpflegung anerkannt. Außerdem wird zur Bestreitung persönlicher Bedürfnisse ein Betrag in Höhe eines Drittels des für einen gleichaltrigen Haushaltsangehörigen am Ausbildungsort maßgeblichen einfachen Regelsatzes nach dem Bundessozialhilfegesetz anerkannt. Übersteigen die Kosten der Unterbringung und Verpflegung den behördlich anerkannten Heimpflegesatz, so darf hierfür ein höherer Betrag anerkannt werden, wenn die zuständige oberste Landesbehörde oder die von ihr beauftragte Stelle bestätigt, daß der höhere Satz im Einzelfall notwendig und angemessen ist.

(6) Bei Zuwanderern, die vom Lehrherrn oder der Ausbildungsstätte freie Unterkunft und Verpflegung erhalten, wird zur Bestreitung persönlicher Bedürfnisse ein Betrag in Höhe eines Drittels des für einen gleichaltrigen Familienangehörigen am Ausbildungsort maßgeblichen einfachen Regelsatzes nach dem Bundessozialhilfegesetz anerkannt.

(7) Für Auszubildende, die noch der allgemeinen Schulpflicht unterliegen, wird ein Taschengeld nicht anerkannt. Zusätzlich zu den Kosten für die Unterbringung, Verpflegung und für notwendige persönliche Bedürfnisse wird bei Auszubildenden, die das 21. Lebensjahr vollendet haben, ein Taschengeld in Höhe von monatlich 50,– DM anerkannt.

Für Auszubildende, die das 21. Lebensjahr noch nicht vollendet haben und die der allgemeinen Schulpflicht nicht mehr unterliegen, wird ein Taschengeld in Höhe von monatlich 40,– DM, in den in Absatz 5 und 6 genannten Fällen in Höhe von monatlich 15,– DM anerkannt.

(8) Während der unterrichts- und vorlesungsfreien Zeit bzw. während des zustehenden Urlaubs ist die Beihilfe in gleichem Umfang wie während der Ausbildungszeit weiter zu gewähren (Nummer 8 Abs. 7).

Hält sich der unter Absatz 4 oder 5 genannte Auszubildende während dieser Zeit in der eigenen Familie auf, kommt eine Förderung des Lebensunterhalts jedoch nicht in Betracht, solange er noch zum Besuch einer Grund- oder Hauptschule verpflichtet wäre; erstattungsfähig bleiben jedoch die Kosten, die den Heimen, Internaten bzw. Pflegestellen durch die Freihaltung der Bettplätze in den Ferien für diese Auszubildenden entstehen (sog. Bettengeld).

12. Kosten des Sonderbedarfs

(1) Als Sonderbedarf gelten insbesondere Kosten der Übersetzung, der Beglaubigung und Anerkennung von Vorbildungsnachweisen, für die Beschaffung von Ersatzurkunden, ferner einmalige Bekleidungsbeihilfe, kultureller Bedarf, Kosten für Krankenversicherung, von der Krankenversicherung nicht gedeckte Kosten für unaufschiebbare ärztliche und zahnärztliche Behandlung und zusätzlicher Krankenbedarf.

(2) Eine einmalige notwendige Bekleidungsbeihilfe ist zu Beginn der geförderten Ausbildung zu gewähren, darüber hinaus auch in Härtefällen während der Ausbildung.

(3) Als Beitrag für einen zur Förderung der gesellschaftlichen Eingliederung gebotenen kulturellen Bedarf wird ein Pauschbetrag von 15,– DM monatlich anerkannt.

(4) Nachgewiesene Kosten für eine Krankenversicherung – ausgenommen Krankentagegelder und Zusatzkrankenversicherungen – werden bis zur Höhe der ortsüblichen Mindestsätze der AOK anerkannt, sofern kein Versicherungsschutz durch Anspruch auf Familienkrankenhilfe in einer gesetzlichen oder privaten Versicherung besteht. Im Falle eines früheren Arbeitsverhältnisses soll auf eine freiwillige Weiterversicherung in der gesetzlichen Krankenversicherung hingewirkt werden. Hierbei sind die tatsächlich entstehenden Kosten der Weiterversicherung anzuerkennen.

(5) Kosten für eine unerläßliche und unaufschiebbare ärztliche Behandlung werden anerkannt, solange ohne schuldhaftes Versäumnis eine Krankenversicherung noch nicht abgeschlossen wurde oder die in den Versicherungsbedingungen einer Krankenversicherung vorgesehenen Wartezeiten nicht erfüllt sind, oder wenn die Versicherungsbedingungen vertraglich die Behandlung dieser Krankheiten ausschließen oder die Krankenversicherung die notwendigen Ausgaben nicht deckt.

(6) Als zusätzlicher Krankenbedarf gelten zusätzliche Kosten für Kranken- und Diätkost, Zahnersatz und ähnlicher Bedarf.

(7) Nummer 6 Abs. 2 gilt entsprechend.

13. Anrechenbares Einkommen und Vermögen des Auszubildenden und der sonstigen Unterhaltsberechtigten

(1) Das Einkommen ist anzurechnen. Zum Einkommen gehören alle Einnahmen in Geld oder Geldeswert.

Nicht als Einkommen gelten Einnahmen, deren Zweckbestimmung einer Anrechnung auf den Bedarf entgegensteht. Dies gilt insbesondere für Leistungen aufgrund öffentlich-rechtlicher Vorschriften, soweit sie zu einem anderen Zweck bestimmt sind als die Beihilfen, die nach diesen Verwaltungsvorschriften gewährt werden.

Bei der Einkommensermittlung bleiben auch Beihilfen, die aufgrund dieser Verwaltungsvorschriften gewährt werden, außer Ansatz.

(2) Von den Einnahmen sind abzusetzen:

a) Aufwendungen, die zur Erwerbung, Sicherung und Erhaltung der Einnahmen notwendig sind (Werbungskosten und Betriebsausgaben);

b) der Arbeitnehmerfreibetrag und Weihnachtsfreibetrag bei Einnahmen aus nichtselbständiger Arbeit, ausgenommen bei Versorgungsbezügen;

c) Pflichtbeiträge und freiwillige Aufwendungen zur Sozialversicherung (nur Arbeitnehmeranteil) und die Beiträge zur Bundesanstalt für Arbeit;

d) Beiträge für eine sonstige Altersversorgung abzüglich etwaiger vom Arbeitgeber gezahlter Pflichtbeiträge;

e) Beiträge zu öffentlichen oder privaten Versicherungen oder ähnlichen Einrichtungen, soweit diese Beiträge gesetzlich vorgeschrieben oder nach Grund und Höhe angemessen sind;

f) die auf das zu versteuernde Einkommen entfallende Einkommensteuer (Lohnsteuer), Kirchensteuer, die Ergänzungsabgabe zur Einkommensteuer und ein eventueller Konjunkturzuschlag;

g) die Grundrente und Schwerbeschädigtenzulage nach dem Bundesversorgungsgesetz und nach den Gesetzen, die das Bundesversorgungsgesetz für anwendbar erklären;

h) Beträge, die der Grundrente und der Schwerstbeschädigtenzulage nach dem Bundesversorgungsgesetz entsprechen und nach § 65 Bundesversorgungsgesetz ruhen.

(3) Bei der Berechnung des Einkommens des Auszubildenden bleiben geringfügige Einkünfte aus Erwerbstätigkeit bis zu 1200,– DM jährlich, bei Besuchern von Fachschulen, Abendgymnasien, Kollegs, Höheren Fachschulen, Akademien und Hochschulen bis zu 1500,– DM jährlich außer Betracht.

(4) Die Erziehungsbeihilfe, die ein Beschädigter gemäß § 27 Abs. 3 Bundesversorgungsgesetz für ein Kind erhält, gilt als Einkommen des betreffenden Kindes.

(5) Ansprüche auf Renten und Versicherungsleistungen, die rückwirkend gezahlt werden, sind insoweit abzutreten, als bei rechtzeitiger Zahlung die Beihilfe nicht gewährt worden wäre und Abtretbarkeit besteht. Die durch die Abtretung erlangten Leistungen sind an die vorrangig für die Gewährung von Ausbildungsbeihilfen zuständigen Stellen bis zur Höhe ihrer Aufwendungen zu zahlen. Der Auszubildende hat an ihn ausgezahlte Renten und Versicherungsleistungen für die Zeit, für die er Beihilfen erhalten hat, in Höhe der ihm gewährten Leistungen zu erstatten; ist die Ausbildungsförderung vorrangig von einem anderen Träger gewährt worden, gilt Satz 2 entsprechend.

(6) Vermögen ist auf die Beihilfe anzurechnen, soweit der Auszubildende im vorletzten Kalenderjahr vor Beginn des Bewilligungszeitraumes Vermögensteuer zu entrichten hatte. Die Vorschriften der §§ 26 bis 34 Bundesausbildungsförderungsgesetz gelten entsprechend.

(7) Bei der Ermittlung des anrechenbaren Einkommens und Vermögens sind Pfennigbeträge stets auf volle Deutsche Mark abzurunden.

14. Anrechenbares Einkommen und Vermögen des Ehegatten und der Eltern

(1) Unterhaltspflichtig im Sinne dieser Verwaltungsvorschriften sind der Ehegatte und die Eltern des Auszubildenden in der genannten Reihenfolge.

(2) In den ersten 36 Förderungsmonaten nach der Zuwanderung werden Einkommen und Vermögen der Unterhaltspflichtigen nicht auf den Bedarf angerechnet.

(3) Nach dieser Zeit gilt für die Ermittlung des Einkommens und Vermögens Nummer 13 entsprechend.

Kindergeld nach dem Bundeskindergeldgesetz und nach besoldungsrechtlichen und tariflichen Vorschriften,

Kinderzuschläge im Rahmen der Ortszuschläge,

Kinderzuschüsse zu Renten und Kinderzuschläge zu Versorgungsbezügen zählen zu den Einnahmen der Unterhaltspflichtigen.

(4) Bei der Ermittlung des anrechenbaren Einkommens und Vermögens der Unterhaltspflichtigen ist zu berücksichtigen, daß sie in aller Regel im fortgeschrittenen Alter eine berufliche Existenz erneut aufbauen, einen Hausstand gründen und für ihr Alter vorsorgen müssen und Anspruch auf angemessene Lebenshaltung haben.

Es gelten folgende monatliche Freibeträge:

a) Für die Unterhaltspflichtigen und für die von ihnen versorgten Unterhaltsberechtigten sind Freibeträge in Höhe des Zweifachen der jeweils am Ausbildungsort maßgeblichen Regelsätze nach dem Bundessozialhilfegesetz sowie die Kosten der Unterkunft zugrunde zulegen. Von den Freibeträgen für die von ihnen versorgten Unterhaltsberechtigten ist deren nach Nummer 13 ermitteltes Einkommen abzuziehen.

Als vom Unterhaltspflichtigen versorgt im Sinne des vorstehenden Absatzes gelten Unterhaltsberechtigte, deren anrechenbares Einkommen den zweifachen für sie maßgeblichen Regelsatz nach dem Bundessozialgesetz nicht erreicht.

Für Auszubildende, die aufgrund dieser Verwaltungsvorschriften oder anderer Rechts- oder Verwaltungsvorschriften eine Ausbildungsbeihilfe oder entsprechende Leistung erhalten, wird an Stelle des zweifachen für sie maßgeblichen Regelsatzes nach dem Bundessozialhilfegesetz ein Freibetrag in Höhe von 60,– DM angesetzt, auf den ein nach Nummer 13 ermitteltes Einkommen nicht angerechnet wird.

b) Sind die Eltern des Auszubildenden nicht geschieden oder leben sie nicht dauernd getrennt, wird ihnen zusätzlich ein Freibetrag von 160,– DM gewährt, wenn beide Elternteile Einnahmen aus Erwerbstätigkeit haben.

c) Bei nachgewiesenen besonderen Belastungen können die Freibeträge angemessen erhöht werden.

(5) Das die Freibeträge übersteigende Einkommen der Unterhaltspflichtigen bleibt zu 40 v. H. anrechnungsfrei. Der Vomhundertsatz erhöht sich um fünf für jedes Kind, für das nach Absatz 4 Buchstabe a) ein Freibetrag angesetzt wird.

(6) Als Kinder der Unterhaltspflichtigen im Sinne des Absatzes 4 werden berücksichtigt:

1. eheliche Kinder;

2. für ehelich erklärte Kinder;

3. an Kindes Statt angenommene Kinder;

4. nichteheliche Kinder – im Verhältnis zu dem Vater jedoch nur, wenn seine Vaterschaft oder seine Unterhaltspflicht festgestellt ist;

5. Stiefkinder, die der Unterhaltspflichtige in seinem Haushalt aufgenommen hat;

6. Pflegekinder (Personen, mit denen der Unterhaltspflichtige durch ein familienähnliches, auf längere Dauer berechnetes Band verbunden ist, sofern er sie in seinem Haushalt aufgenommen hat und zu den Kosten ihres Unterhaltes nicht unerheblich beiträgt);

7. Enkel und Geschwister, die der Unterhaltspflichtige in seinem Haushalt aufgenommen hat und überwiegend unterhält.

(7) Der die Freibeträge und den anrechnungsfreien Betrag übersteigende Teil des Einkommens ist als zumutbare Eigenleistung der Unterhaltspflichtigen zu gleichen Teilen auf die Kinder aufzuteilen, für die nach Absatz 3 Buchstabe a) ein Freibetrag gewährt wird. Der auf den Auszubildenden entfallene Anteil ist auf dessen Bedarf anzurechnen.

15. Sachliche Zuständigkeit

(1) Für die Gewährung der Beihilfe sind – abgesehen von den Ausbildungsgängen nach Nummer 7 Abs. 1 Buchstaben f) bis i) – sofern nichts Abweichendes bestimmt ist – die Stadt- und Landkreise sachlich zuständig.

(2) Jeder Stadt- und Landkreis kann – soweit er sachlich zuständig ist – eine Stelle mit der Wahrnehmung folgender Aufgaben beauftragen:

a) Beratung der ankommenden jungen Zuwanderer über die möglichen Förderungsmaßnahmen, Eingliederungshilfen und gegebenenfalls Unterhaltsverpflichtungen sowie Hilfeleistung bei der Abfassung entsprechender Anträge;

b) Entgegennahme von Anträgen auf Gewährung von Beihilfen nach diesen Verwaltungsvorschriften sowie Ausbildungs- oder Erziehungsbeihilfen nach sonstigen Vorschriften (z. B. LAG, AFG, BAföG, BVG, BSHG) und Weiterleitung an die für die Entscheidung zuständige Stelle;

c) Gewährung und Auszahlung der Beihilfen nach diesen Verwaltungsvorschriften.

(3) Für den Personenkreis, der an einer in Nummer 7 Abs. 1 Buchstaben f) bis i) genannten Ausbildung teilnimmt, nimmt die Otto-Benecke-Stiftung, Bonn, die Aufgaben nach Absatz 2 wahr. Das gleiche gilt für Teilnehmer an Sprachlehrgängen nach Nummer 7 Abs. 2 und 3, soweit die Lehrgänge von der Otto-Benecke-Stiftung, Bonn, durchgeführt werden.

16. Örtliche Zuständigkeit

(1) Die Beihilfen werden – abgesehen von den Ausbildungsgängen nach Nummer 7 Abs. 1 Buchstaben f) bis i) – von dem Stadt- oder Landkreis gewährt, in dessen Bereich der Auszubildende seine Ausbildung erhält, soweit die Leistungsträger nicht anderweitige Vereinbarungen treffen.

Erhält der Auszubildende seine Ausbildung in einem Bundesland, in dem er nicht seinen gewöhnlichen Aufenthalt hat, soll die Beihilfe von dem Stadt- oder Landkreis gewährt werden, in dessen Bereich er seine Ausbildung erhält.

(2) Für die Gewährung der Beihilfe ist die Begründung eines gewöhnlichen Aufenthaltes nicht nötig.

(3) Falls der Aufenthaltsort des Auszubildenden mit dem Aufenthaltsort seiner Unterhaltspflichtigen nicht übereinstimmt, leistet die Verwaltung des Aufenthaltsortes der Unterhaltspflichtigen der zuständigen Einrichtung bzw. Behörde Amtshilfe.

(4) Bei notwendigem Wechsel des Ausbildungsortes sind die Kosten der Weiterreise von der Stelle zu bewilligen, die für die Bewilligung der Beihilfe bis zur Weiterreise zuständig war. Die zuständigen obersten Landesbehörden können hiervon Ausnahmen zulassen.

(5) Für den Personenkreis, der an einer in Nummer 7 Abs. 1 Buchstaben f) bis i) genannten Ausbildung teilnimmt, ist die Otto-Benecke-Stiftung, Bonn, zuständig. Das gleiche gilt für Teilnehmer an Sprachlehrgängen nach Nummer 7 Abs. 2 und 3, soweit diese Lehrgänge von der Otto-Benecke-Stiftung durchgeführt werden.

17. Verwaltung der Ausgaben

(1) Den zuständigen obersten Landesbehörden werden im Rahmen der im Bundeshaushalt veranschlagten Ausgaben die Haushaltsmittel auf Anordnung in der Regel halbjährlich zugewiesen. In der Anforderung ist zu bestätigen, daß sie die Richtlinien für den Bundesjugendplan, den jeweiligen Durchführungserlaß sowie insbesondere diese Verwaltungsvorschriften beachten und den mit den Ausgaben beauftragten Stellen die Beachtung gleichfalls aufgeben. Die zuständigen obersten Landesbehörden teilen bis spätestens 15. November eines jeden Jahres mit, welche Haushaltsmittel nicht mehr oder noch zusätzlich benötigt werden.

(2) Die örtlich zuständigen Verwaltungen bei den Stadt- und Landkreisen beantragen rechtzeitig im voraus die dem tatsächlichen Bedarf entsprechenden Haushaltsmittel bei den in Absatz 1 genannten Stellen, die Otto-Benecke-Stiftung, Bonn, beim Bundesminister für Jugend, Familie und Gesundheit.

(3) Für die Bereitstellung der Betriebsmittel, Buchung, Abrechnung und Prüfung gilt mein Erlaß über das Mittelbereitstellungs- und Abrechnungsverfahren vom 10. 3. 1961 (J 3 – 2740 – Gen.) vorläufig weiter.

18. Erstattungsverfahren

(1) Die Antragsteller sind von der die Beihilfe gewährenden Stelle anzuhalten, Ausbildungsbeihilfen oder entsprechende Leistungen nach anderen Rechts- oder Verwaltungsvorschriften gleichzeitig zu beantragen. Als Nachweis der Antragstellung für Ausbildungsbeihilfen nach anderen Rechts- oder Verwaltungsvorschriften ist eine formlose Bestätigung der annehmenden Behörde ausreichend.

Unterbleibt diese Antragstellung, so ist die Gewährung von Beihilfen nach diesen Verwaltungsvorschriften einzustellen; es sei denn, daß der Antragsteller eine Verzögerung nicht zu vertreten hat.

(2) Die von anderen Kostenträgern zu leistenden bzw. geleisteten Zahlungen sind an die Stelle, die die Beihilfe nach diesen Verwaltungsvorschriften vergeben hat, zu erstatten.

(3) Die erstatteten Beträge sind allgemeine Haushaltseinnahmen und an die Bundeskasse abzuführen. Diese Rückflüsse dürfen nicht zur Verstärkung der zur Gewährung von Beihilfen nach diesen Verwaltungsvorschriften zugewiesenen Haushaltsmittel verwendet werden. Ausnahmen hiervon (Nummer 19 Abs. 1) sind nicht zulässig.

19. Ausnahmeregelung

(1) In besonders begründeten Fällen kann der Bundesminister für Jugend, Familie und Gesundheit Ausnahmen von diesen Verwaltungsvorschriften zulassen.

(2) Soweit Ermessensentscheidungen von erheblicher grundsätzlicher Bedeutung oder besonderer finanzieller Tragweite getroffen werden sollen, ist vorher die Zustimmung des Bundesministers für Jugend, Familie und Gesundheit einzuholen.

20. Berlinklausel

Diese Verwaltungsvorschriften gelten auch im Lande Berlin, soweit nicht besondere Bestimmungen getroffen werden.

21. Inkrafttreten

(1) Diese Verwaltungsvorschriften treten am 1. August 1974 mit der Maßgabe in Kraft, daß die darin bestimmten Änderungen, soweit sie für die Entscheidung über Höhe und Art der Förderung Bedeutung haben, bei der Berechnung der Förderungsbeträge für alle Bewilligungszeiträume zu berücksichtigen sind, die nach dem 31. Juli 1974 beginnen.

(2) Vom 1. Oktober 1974 an gelten diese Verwaltungsvorschriften ohne die einschränkende Maßgabe des Absatzes 1.

9.3 Richtlinien des Bundesministers für Jugend, Familie und Gesundheit zur Förderung der beruflichen Eingliederung über 35jähriger ausgesiedelter oder aus der DDR und Berlin (Ost) zugewanderter Studienbewerber vom 22. Juni 1978 (GMBl. S. 375)

1. Förderungszweck, Personenkreis

1.1 Die Förderung hat den Zweck, über 35 Jahre alten Studienbewerbern, die Zuwanderer im Sinne von Nr. 2 Buchstabe a) der Allgemeinen Verwaltungsvorschriften über die Gewährung von Beihilfen zur Eingliederung junger Zuwanderer (sog. Garantiefonds) vom 11. Juli 1974 (Gemeinsames Ministerialblatt S. 318) sind, eine der im Herkunftsland eingeschlagenen Ausbildung entsprechende Eingliederung zu ermöglichen.

1.2 Zu diesem Zweck können Beihilfen im Rahmen der bei Kapitel 1502 Titel 65211 des Bundeshaushaltsplans verfügbaren Mittel nach diesen Richtlinien gewährt werden.

2. Spezielle Förderungsvoraussetzungen

Voraussetzung für die Gewährung der Beihilfe ist, daß der Studienbewerber

2.1 das Studium wegen der Zuwanderung oder aus Gründen abbrechen mußte, die ihre Ursachen im politischen System des Herkunftsgebietes hatten, oder

2.2 vor der Zuwanderung ein Studium abgeschlossen hat, dessen berufsqualifi-
zierender Abschluß hier

2.2.1 – nicht anerkannt wird,

2.2.2 – nur teilweise anerkannt wird,

2.2.3 – zwar voll anerkannt wird, aber nur mit Hilfe eines Ergänzungsstudiums
bzw. Kursus verwertbar ist und

2.3 die Förderung für eine angemessene berufliche Eingliederung notwendig ist.

3. Altersbegrenzung

Die Gewährung von Beihilfen kommt nicht in Betracht, wenn der Studienbewerber
im Zeitpunkt der Antragstellung das 50. Lebensjahr vollendet hat.

4. Förderungsfähige Ausbildung

Die Beihilfen können gewährt werden

4.1 zur Teilnahme an Kursen der deutschen Sprache,

4.2 zur Teilnahme an Kursen, die der Eingliederung in ein Hochschulstudium
dienen,

4.3 zum Studium an Hochschulen,

4.4 zur Teilnahme an Ergänzungskursen entsprechend der Nr. 2.2.3.

5. Vorbildung und Studiengang

Die zur Prüfung der Vorbildung und der einzuschlagenden Studien notwendigen
Feststellungen werden in Zusammenarbeit mit dem Bundesministerium für Bildung und Wissenschaft, den Kultusministerien der Länder bzw. den Hochschulen
getroffen.

6. Weitere Vorschriften

Im übrigen finden die Allgemeinen Verwaltungsvorschriften über die Gewährung
von Beihilfen zur Eingliederung junger Zuwanderer – sog. Garantiefonds – (Gemeinsames Ministerialblatt 1974, S. 318) in der jeweils geltenden Fassung mit
Ausnahme der Nr. 2 Buchstabe b) bis e), Nr. 9 Abs. 8 sowie der sich auf Nr. 2 Buchstabe b) bis e) beziehenden Regelungen analoge Anwendung.

7. Inkrafttreten

Diese Richtlinien treten am 1. Juni 1978 in Kraft.

Bonn-Bad Godesberg, den 22. Juni 1978

Der Bundesminister für Jugend, Familie und Gesundheit

9.4 Vereinbarung über die Errechnung der Durchschnittsnote für Zeugnisse über die Hochschulzugangsberechtigung aus der DDR

**Beschluß der Kultusministerkonferenz vom 16. Juni 1976 in der Fassung
vom 26. Mai 1978 (GMBl. S. 456)**

Die Durchschnittsnote für Zeugnisse über die Hochschulzugangsberechtigung
aus der DDR wird nach der Formel zur Berechnung der Gesamtnote gemäß Ziffer
3.3 der Vereinbarung über die Eingliederung von deutschen Aussiedlern in das

Zulassungsverfahren gemäß Staatsvertrag über die Vergabe von Studienplätzen (Beschluß der KMK vom 7. 11. 1975 i.d.F. vom 26. 5. 1978) ermittelt.

N minimum wird gemäß Ziffer 3.3 der Vereinbarung bei Zeugnissen mit der Notenskala

sehr gut	= 1
gut	= 2
genügend	= 3
mangelhaft	= 4
ungenügend	= 5

mit der Note 3,0 bei Zeugnissen mit der Notenskala

sehr gut	= 1
gut	= 2
befriedigend	= 3
genügend	= 4
ungenügend	= 5

mit der Note 4,0 gleichgesetzt.

Nr. 2 bis 2.4 der Vereinbarung über die Eingliederung von deutschen Aussiedlern in das Zulassungsverfahren, gemäß Staatsvertrag über die Vergabe von Studienplätzen vom 7. 11. 1975 i.d.F. vom 26. 5. 1978 sind entsprechend anzuwenden.

9.5 Vereinbarung über die Eingliederung von deutschen Aussiedlern in das Zulassverfahren gemäß Staatsvertrag über die Vergabe von Studienplätzen

Beschluß der Kultusministerkonferenz vom 7. November 1975 in der Fassung vom 26. Mai 1978 (GMBl. S. 456)

Mit dem Bestehen der Abschlußprüfung oder der Bestätigungsprüfung gemäß Ziffer 6.1 in Verbindung mit Ziffer 6.5 der Zweiten Neufassung der Empfehlung zur Eingliederung von deutschen Aussiedlern in Schule und Berufsausbildung – Beschluß der Kultusministerkonferenz vom 18. 11. 1977 – wird das von deutschen Aussiedlern im Herkunftsland erworbene Hochschulzugangszeugnis als Nachweis der Hochschulreife für den Geltungsbereich des Grundgesetzes anerkannt.

Da mithin die Hochschulzugangsberechtigung dieses Personenkreises aus zwei Zeugnissen besteht, deren Noten bei der Ermittlung der für das Bewerbungsverfahren in zulassungsbeschränkten Studienfächern maßgeblichen Gesamtnote zu berücksichtigen sind, gilt für die Ermittlung dieser Gesamtnote folgendes:

1. Das Hochschulzugangszeugnis des Herkunftslandes und das Zeugnis über die Abschlußprüfung bzw. die Bestätigungsprüfung für deutsche Aussiedler werden im Verhältnis 1 : 1 berücksichtigt.

Kann ein Hochschulzugangszeugnis des Herkunftlandes nicht vorgelegt werden, ist die für das Zeugnis über das Bestehen der Abschlußprüfung bzw. der Bestätigungsprüfung ermittelte Durchschnittsnote die Gesamtnote der Hochschulzugangsberechtigung.

2. Für die Bildung der Durchschnittsnote für das Hochschulzugangszeugnis des Herkunftlandes gelten sinngemäß die jeweiligen Bestimmungen über die Bildung der Durchschnittsnote von Reifezeugnissen.

2.1 Die Noten in den Fächern Kunsterziehung, Musik und Leibesübungen werden berücksichtigt, wenn sie Kernpflichtfächer waren. Dies ist der Bezeichnung des Schultyps bzw. der im Zeugnis vorgenommenen Differenzierung des jeweiligen Lernbereichs zu entnehmen.

2.2 Noten in wehrkundlichen Fächern, die eindeutig als solche zu erkennen sind, werden nicht berücksichtigt.

2.3 Noten in Fächern, die in der Bundesrepublik Deutschland dem beruflichen Schulwesen zuzurechnen sind, werden berücksichtigt.

2.4 Für die unter 2.3 genannten Fächer und die Fächer des Lernbereichs Gemeinschaftskunde wird je eine Gesamtnote gebildet. Die geltende Regelung für die Reifezeugnisse der Gymnasien findet dabei entsprechende Anwendung.

3. Die Umrechnung der ausländischen Noten auf das deutsche Notensystem erfolgt anhand der in den Bewertungsvorschlägen der Zentralstelle für ausländisches Bildungswesen enthaltenen Tabellen für die jeweiligen Länder. Dabei gilt:

3.1 Die bestmögliche Note des ausländischen Notensystems wird der Note 1 gleichgesetzt.

3.2 Die unterste Bestehensnote des ausländischen Notensystems wird der Note 4 gleichgesetzt.

3.3 Ein Notenwert zwischen der bestmöglichen Note und der untersten Bestehensnote des ausländischen Notensystems wird durch lineare Interpolation einem Notenwert zwischen 1 und 4 gleichgesetzt.

Die Umrechnung geschieht nach folgender Formel:

$$X = 1 + 3 \frac{N_{max} - N_d}{N_{max} - n_{min}}$$

X = Gesuchte Gesamtnote im deutschen Notensystem

N_d = Duchschnittsnote des ausländischen Zeugnisses

N_{max} = Bestmögliche Note des ausländischen Notensystems

N_{min} = Unterste Bestehensnote des ausländischen Notensystems.

4. Für die Ermittlung der Durchschnittsnote des Zeugnisses über die Abschlußprüfung bzw. die Bestätigungprüfung gelten sinngemäß die Bestimmungen über die Bildung der Durchschnittsnote von Reifezeugnissen gemäß § 11 Abs. 3 der Verordnung über die zentrale Vergabe von Studienplätzen.

5. Aus der Summe der beiden Durchschnittsnoten gemäß Ziffer 3 und Ziffer 4 wird das arithmetische Mittel gebildet.

6. Die Durchschnittsnoten gemäß Ziffer 3 und 4 sowie das arithmetische Mittel gemäß Ziffer 5 werden auf eine Stelle hinter dem Komma errechnet; es wird nicht gerundet.

7. Als Datum des Erwerbs der Hochschulzugangsberechtigung gilt das Datum des Erwerbs des Hochschulzugangszeugnisses des Herkunftlandes.

8. Über die maßgebliche Gesamtnote der Hochschulzugangsberechtigung wird von den die Abschlußprüfung bzw. die Bestätigungsprüfung abnehmenden Stellen eine Bescheinigung nach dem beigefügten Muster ausgestellt.

Muster

_____

(Name und amtliche Bezeichnung der Schule/Angabe des Ortes)

Bescheinigung
(ausgestellt im Auftrag des Kultusministers des Landes _____)

Für das

_____

(Bezeichnung des Hochschulzugangszeugnisses des Herkunftslandes)

ausgestellt am _____ 19_____ in _____

und das _____

(Zeugnis über die Abschluß- bzw. Bestätigungsprüfung)

ausgestellt am _____ 19_____ in _____

beide ausgestellt für Herrn/Frau/Fräulein _____, geb. _____

geb. am _____ in_____

wird gemäß § 11 (8) der Verordnung über die zentrale Vergabe von Studienplätzen (Vergabeverordnung – VergabeVO) in der jeweils gültigen Fassung für das Land

_____

– Gesamtnote

_____

(in Worten: _____/_____)

festgesetzt.

Datum des Erwerbs der Hochschulzugangsberechtigung:

Siegel

_____, den _____, 19_____   _____

(Ort)   (Unterschrift des Schulleiters o.
                                       des Leiters des Sonderlehrgangs)

10. ANERKENNUNG VON PRÜFUNGEN UND BEFÄHIGUNGSNACHWEISEN

10.1 Grundsätze des Bundesministers für Wirtschaft zur rechtlichen Handhabung der §§ 92 und 71 des Bundesvertriebenengesetzes sowie des § 7 Abs. 7 der Handwerksordnung im Bereich der gewerblichen Wirtschaft[1]) vom 26. November 1976

Die mit Polen geschlossenen Vereinbarungen haben zu einem Ansteigen der Aussiedlerzahlen geführt. Die in den meisten Bundesländern zuständigen Behörden der Wirtschaftsverwaltung werden deshalb mehr als bisher mit der Anerkennung von Prüfungszeugnissen und Befähigungsnachweisen nach § 92 BVFG befaßt sein, die Handwerkskammern darüber hinaus auch mit den Sondervorschriften des § 7 Abs. 7 HwO und des § 71 BVFG, die die Eintragung von Vertriebenen in die Handwerksrolle erleichtern.

Ziel der nachfolgenden Grundsätze ist die großzügige und möglichst reibungslose berufliche und gesellschaftliche Eingliederung der neuen Mitbürger. Den zuständigen Behörden soll die Anwendung der genannten Vorschriften erleichtert werden. Gleichzeitig sollen die Grundsätze zu einer einheitlichen Entscheidungspraxis beitragen. Die Grundsätze sind vom Bundesminister für Wirtschaft im Einvernehmen mit dem Bundesminister des Innern, dem Bundesminister für Arbeit und Sozialordnung und dem Bundesminister für Bildung und Wissenschaft sowie den für die Berufsausbildung in der gewerblichen Wirtschaft sowie für Handwerksrecht zuständigen Obersten Landesbehörden erarbeitet worden. Ihre Anwendung wird von diesen Behörden empfohlen.

A. Anerkennung von Prüfungen und Befähigungsnachweisen nach § 92 BVFG

I. § 92 Abs. 1 BVFG

Wortlaut:

»Prüfungen oder Befähigungsnachweise, die Vertriebene und Sowjetzonenflüchtlinge bis zum 8. Mai 1945 im Gebiet des Deutschen Reiches nach dem Gebietsstande vom 31. Dezember 1937 abgelegt oder erworben haben, sind im Geltungsbereich des Gesetzes anzuerkennen.«

Es handelt sich nicht um eine echte Anerkennung im Sinne einer konstitutiven Gleichstellung der Prüfungen und Befähigungsnachweise. Die Vorschrift regelt etwas Selbstverständliches. Gegenstand der Anerkennung sind deutsche Prüfungen und Befähigungsnachweise aus der Zeit vor dem 8. Mai 1945, die nach deutschem Recht im Gebiet des Deutschen Reiches (Gebietsstand 31. Dezember 1937), und zwar von jedermann – nicht nur von den Vertriebenen und Sowjetzonenflüchtlingen – abgelegt oder erworben werden konnten.

Unter »Anerkennung« im Sinne des Absatzes 1 wird nicht ein förmlicher, abstrakter Anerkennungsakt verstanden. Gemeint ist vielmehr, daß jeder Hoheitsträger im Rahmen der gerade von ihm zu beurteilenden Frage oder zu treffenden Entscheidung (z. B. bei der Frage der Ausbildereignung nach § 76 Abs. 1 BBiG) die Prüfungen und Befähigungsnachweise so zu berücksichtigen hat, wie jede andere deutsche Prüfung aus der Zeit vor dem 8. Mai 1945.

---

[1]) Wortlaut der amtlichen Bekanntmachung vom 26. November 1976, Bundesanzeiger Nr. 235 vom 14. Dezember 1976, S. 1.

II. § 92 Abs. 2 BVFG

Wortlaut:

»Prüfungen oder Befähigungsnachweise, die Vertriebene und Sowjetzonen-
flüchtlinge bis zum 8. Mai 1945 in Gebieten außerhalb des Deutschen Reiches
nach dem Gebietsstande vom 31. Dezember 1937 abgelegt oder erworben haben,
sind anzuerkennen, wenn sie den entsprechenden Prüfungen oder Befähigungs-
nachweisen im Geltungsbereich des Gesetzes gleichwertig sind.«

Die Vorschrift regelt einen Fall echter Anerkennung ausländischer Prüfungszeugnisse. Sie ist für die Praxis von besonderer Bedeutung, weil sie regelmäßig
Grundlage der Anerkennung sein wird, nachdem sie nunmehr auch auf Prüfungen und Befähigungsnachweise aus der Zeit nach dem 8. Mai 1945 entsprechend
anzuwenden ist (§ 92 Abs. 3 BVFG). Im einzelnen sind folgende Voraussetzungen
zu beachten:

1. Personenkreis

a) Vertriebene und Sowjetzonenflüchtlinge

Die Begriffsdefinition ergibt sich aus den §§ 1–4 BVFG. Aussiedler sind Vertriebene (§ 1 Abs. 2 Nr. 3 BVFG); wenn die Voraussetzungen des § 2 BVFG erfüllt
sind, auch Heimatvertriebene. Die Unterscheidung in Vertriebene und Heimatvertriebene ist in diesem Zusammenhang jedoch ohne Bedeutung.

Der Nachweis der Eigenschaft als Vertriebener oder Sowjetzonenflüchtling wird
durch den Vertriebenen- (Flüchtlings-)Ausweis

– A (Heimatvertriebene, § 15 Abs. 2 Nr. 1 in Verbindung mit den §§ 1 und 2 BVFG)

– B (Vertriebene, § 15 Abs. 2 Nr. 2 in Verbindung mit § 1 BVFG)

– C (Sowjetzonenflüchtlinge, § 15 Abs. 2 Nr. 3 in Verbindung mit den §§ 3 und 4
BVFG)

geführt, wobei aber auch andere Formen des Nachweises denkbar sind (z. B.
Registrierschein des Bundesbeauftragten für die Verteilung in Friedland).

Außer Betracht bleiben die Vorschriften der §§ 9 bis 13 BVFG über die Inanspruchnahme von Rechten und Vergünstigungen (a. M. Siegert-Musielak, Handwerksordnung, § 7 Anm. 16). § 92 BVFG enthält keine »Rechte und Vergünstigungen« im Sinne dieser Vorschriften (vgl. Richtlinien des Bundesministers für
Vertriebene, Flüchtlinge und Kriegsgeschädigte vom 20. Juli 1954, Gemeinsames
Ministerialblatt vom 10. September 1954, S. 518, Nr. II), sondern regelt die Feststellung eines durch Prüfung oder Befähigungsnachweis erworbenen Status.
Etwaige, die Rechte oder Vergünstigungen einschränkende oder für beendigt
erklärende Vermerke im Vertriebenenausweis (vgl. §§ 15 Abs. 4, 19 BVFG) sind
deshalb nicht zu beachten.

b) Zuwanderer aus der DDR, die nicht Sowjetzonenflüchtlinge sind

Nach § 20 Abs. 2 des Flüchtlingshilfegesetzes – FlüHG – in der Fassung der Bekanntmachung vom 15. Mai 1971 (BGBl. I, S. 681) ist § 92 BVFG auch auf Berechtigte nach Abschnitt I dieses Gesetzes anzuwenden. Hierdurch werden die Zuwanderer aus der DDR erfaßt, die nicht schon als Sowjetzonenflüchtlinge unter a)
fallen. Die Zugehörigkeit zu diesem Personenkreis wird in der Regel durch den
Notaufnahmebescheid nachgewiesen.

Die Ausführungen unter a), daß einschränkende Vorschriften (dort §§ 9–13 BVFG) nicht anzuwenden sind, gelten sinngemäß auch für die Berechtigten nach Abschnitt I FlüHG.

c) Klärung von Zweifelsfällen

Bei Zweifeln in Status- und Ausweisfragen empfiehlt es sich, Verbindung mit dem örtlich zuständigen Flüchtlingsamt, ggf. auch mit der zuständigen Landesflüchtlingsverwaltung aufzunehmen.

2. Prüfungen und Befähigungsnachweise

Die Begriffe stehen selbständig nebeneinander; es handelt sich nicht um eine Tautologie. Eine Prüfung kann gleichzeitig Befähigungsnachweis sein (z. B. handwerkliche Meisterprüfung = Befähigung zur selbständigen Ausübung eines Handwerks; 2. juristische Staatsprüfung = Befähigung zum Richteramt). Andererseits setzt ein Befähigungsnachweis nicht unbedingt eine Prüfung voraus.

Prüfungen müssen einen gewissen amtlichen, offiziellen Charakter aufweisen. Befähigungsnachweise bedürfen keiner bestimmten Form (z. B. öffentliche Verleihung, Urkunde), müssen aber eine Berechtigung von öffentlich zumindest anerkannter oder relevanter Bedeutung verleihen (vgl. z. B. § 111 Abs. 2 BBiG oder Fälle des § 7 der Ausbildereignungs-Verordnung vom 20. April 1972, BGBl. I, S. 707).

3. Bis zum 8. Mai 1945

Der Stichtag hat seine Bedeutung verloren, nachdem aufgrund des durch das 1. Flüchtlingshilfeänderungsgesetz vom 10. Mai 1971 (BGBl. I, S. 445) eingefügten § 92 Abs. 3 BVFG auch Prüfungen und Befähigungsnachweise aus der Zeit nach dem 8. Mai 1945 anerkannt werden können.

4. Außerhalb des Deutschen Reiches nach dem Gebietsstande vom 31. Dezember 1937

Gedacht ist zunächst an osteuropäische Gebiete wie z. B. die Sowjetunion, Polen, die Tschechoslowakei, Ungarn, Rumänien, Bulgarien, Jugoslawien, Albanien, auch China (vgl. z. B. § 1 Abs. 2 Nr. 3 BVFG). In Betracht kommen aber auch alle sonstigen Gebiete, wie das westliche Ausland. Gegenstand der Anerkennung kann deshalb z. B. auch eine französische oder schwedische Prüfung sein, ein Fall, der z. B. bei Vertriebenen i.S. des § 1 Abs. 2 Nr. 1 BVFG denkbar ist. Entscheidend ist, daß der Inhaber des ausländischen Prüfungszeugnisses oder Befähigungsnachweises dem durch § 92 BVFG erfaßten Personenkreis angehört.

5. Gleichwertigkeit

Die wichtigste Voraussetzung der Anerkennung ist, daß die Prüfungen oder Befähigungsnachweise den »entsprechenden« Prüfungen oder Befähigungsnachweisen im Geltungsbereich des BVFG »gleichwertig« sind.

a) Auslegungskriterien

Die Bedeutung des Begriffs »Gleichwertigkeit« als eines unbestimmten Rechtsbegriffs ist im Wege der Auslegung zu ermitteln. Hierbei kommt es auf den Gesetzeszweck, den Wortsinn und den zu würdigenden Lebenssachverhalt an.

aa) Zweck des § 92 Abs. 2 BVFG

§ 92 Abs. 2 BVFG bezweckt – wie das BVFG überhaupt – die Eingliederung der Vertriebenen und Flüchtlinge durch

- wirtschaftliche und gesellschaftliche Eingliederung und
- Besitzstandswahrung
- unter besonderer Berücksichtigung des Sozialstaatsgedankens.

aaa) Wirtschaftliche und gesellschaftliche Eingliederung
Die richtige Bewertung und Einordnung der berufsqualifizierenden Prüfungen und Befähigungsnachweise in unser Berufs- und Arbeitsmarktsystem ist zur **wirtschaftlichen** Eingliederung unerläßlich, weil davon Berufstätigkeit und auch die Arbeitsbedingungen, insbesondere Arbeitsentgelt, Urlaubsansprüche, Altersversorgung usw. abhängig sind.

Die Anerkennung dient aber auch der **gesellschaftlichen** Eingliederung, weil der gesellschaftliche Status des einzelnen auch von seiner Bildung und Ausbildung beeinflußt wird. In diesem Zusammenhang spielt insbesondere auch das Recht zur Titelführung (z. B. Meistertitel) eine Rolle.

Beide Zwecke stehen selbständig nebeneinander. Der eine Zweck ist nicht etwa eine mittelbare Folge oder bloße Reflexwirkung des anderen, wenn sich auch Wechselwirkungen ergeben können. Grundsätzlich ist es für die Berufsausübung wie für die gesellschaftliche Stellung von Bedeutung, ob jemand z. B. als Hilfsarbeiter, Facharbeiter oder Meister anerkannt ist und hierüber amtliche Belege vorlegen kann.

bbb) Besitzstandswahrung
Darüber hinaus bezweckt § 92 Abs. 2 BVFG auch die Wahrung eines einmal erworbenen Besitzstandes.

Besitzstandsregelungen sind in zahlreichen Gesetzen u. a. auch in Handwerksordnung und Berufsbildungsgesetz enthalten (vgl. §§ 119ff. HwO, §§ 108, 111 BBiG. Ferner § 1 Abs. 2 GewO; § 19 Satz 1 Gesetz zur Ausübung der Zahnheilkunde vom 31. März 1952, BGBl. I, S. 212). Sie haben ihre Grundlage im allgemeinen im Rechtsstaatsprinzip. Der im Rechtsstaatsprinzip verankerte Gedanke der Rechtssicherheit, der für den Bürger in erster Linie Vertrauensschutz bedeutet (BVerfGE 13, 271), gebietet die »größtmögliche Schonung eines einmal erworbenen Besitzstandes« (BVerfGE 25, 255). Das Bundesverfassungsgericht hat mehrfach ausgesprochen, daß der Bürger darauf vertrauen können muß, »daß sein dem geltenden Recht entsprechendes Handeln von der Rechtsordnung mit allen ursprünglich damit verbundenen Rechtsfolgen anerkannt bleibt« (BVerfGE 13, 271).

Vertriebene und Sowjetzonenflüchtlinge können den rechtsstaatlichen Grundsatz des Vertrauensschutzes zwar nicht unmittelbar und ohne weiteres in Anspruch nehmen. Denn sie haben in der Bundesrepublik noch keine Position erworben, auf deren Bestand sie vertrauen dürften. Ihnen wird dieser Schutz jedoch durch § 92 Abs. 2 BVFG gewährt. Der Gesetzgeber trägt damit der besonderen Situation dieser Menschen Rechnung: Obwohl zumeist deutsche Staatsangehörige oder doch Volkszugehörige, konnten sie ihren bisherigen Lebens- und Berufsweg nicht in der Bundesrepublik gehen, sondern mußten ihn unter oft schwierigsten Bedingungen im Ausland zurücklegen. Sie kommen erstmals mit unseren Gesetzen und den darauf beruhenden Prüfungen und Befähigungsnachweisen in Berührung; man kann von ihnen nicht erwarten, daß sie dem Maßstab dieser Gesetze entsprechen. Für sie treten unsere Gesetze gleichsam erst in Kraft; sie können zwar ihr künftiges Verhalten, konnten aber nicht ihre Vergangenheit danach ausrichten. Dies hat den Gesetzgeber – auch unter dem Gesichtspunkt einer erhöhten Fürsorgepflicht des Staates gegenüber diesen Personen – zu einer Anerkennung ihres im Ausland erworbenen Besitzstandes veranlaßt. Vertriebene und Sowjetzonenflüchtlinge sollen durch § 92 Abs. 2 BVFG so gestellt werden, als ob sie den rechtsstaatlichen Bestandsschutz unmittelbar in Anspruch nehmen könnten. Sie sind deshalb ähnlich zu behandeln wie etwa diejenigen Handwerker, die bei Inkrafttreten der Handwerksordnung 1953 ihr Handwerk ausübten und Lehrlinge ausbildeten und dies ohne Einschränkung auch weiterhin tun konnten, ohne den Anforderungen der Handwerksordnung 1953 entsprechen zu müssen (vgl. §§ 112 ff. HwO 1953).

Der durch § 92 Abs. 2 BVFG normierte Bestandsschutz geht nicht weiter als der des Rechtsstaatsprinzips. Es ist anerkannt, daß der rechtsstaatliche Grundsatz der Besitzstandswahrung dort seine Grenzen findet, wo überwiegende Interessen des Gemeinwohls entgegenstehen. So hat das Bundesverfassungsgericht z. B. betont, daß das Prinzip der Besitzstandswahrung nicht so weit gehe, daß daraus ein verfassungsrechtlicher Anspruch abgeleitet werden könne, »eine einmal begonnene Berufstätigkeit auch dann fortsetzen zu dürfen, wenn hiermit ernstzunehmende Gefahren für ein Gemeinschaftsinteresse wie die Volksgesundheit verbunden sein sollten« (BVerfGE 25, 255).

Derartige »ernstzunehmende Gefahren« (zum Gesichtspunkt des Gefahrenhandwerks vgl. unten S. 20) für ein Gemeinschaftsinteresse, die einer Besitzstandswahrung entgegenstehen können, sind aber im Bereich der gewerblichen Prüfungen und Befähigungsnachweise nicht gegeben, wie sich aus folgendem ergibt:

Der Anerkennung von **Facharbeiter- oder Gesellenprüfungen** stehen irgendwelche Gründe des Gemeinwohls oder übergeordnete Gemeinschaftsinteressen nicht entgegen. Bei diesen Prüfungen handelt es sich nicht um eine das Grundrecht des Art. 12 des Grundgesetzes einschränkende Berufszulassungsregelung, sondern um Qualifikationsnachweise, die am Ende einer geordneten Ausbildung stehen und darüber Zeugnis geben, mit denen aber keinerlei Berechtigungen für eine bestimmte Berufstätigkeit verbunden sind. Die Tätigkeiten, für die ein Facharbeiter oder Geselle ausgebildet ist, dürfen auch von ungelernten oder angelernten Kräften ausgeübt werden. Gegen die Wahrung des im Ausland erworbenen Besitzstandes eines Facharbeiters oder Gesellen bestehen deshalb keine Bedenken.

Entsprechendes gilt für **Fortbildungsprüfungen** (z. B. Industriemeister).

Auch bei der **handwerklichen Meisterprüfung** gilt letztlich nichts anderes. Zwar ist die handwerkliche Meisterprüfung nicht nur Qualifikationsnachweis, sondern eine das Grundrecht der Berufsfreiheit nach Art. 12 des Grundgesetzes einschränkende Berufszulassungsregelung, die den Zugang zum Beruf des selbständigen Handwerkers eröffnet. Der Gesetzgeber hat diese Regelung im Interesse der Erhaltung des Leistungsstandes und der Sicherung des Nachwuchses für die gesamte gewerbliche Wirtschaft getroffen (BVerfGE 13, 97 [107]). Diese Gemeinschaftsinteressen hindern die Wahrung des Besitzstandes der Vertriebenen und Sowjetzonenflüchtlinge aber nicht. Selbst wenn der eine oder andere – u. U. weniger qualifizierte – Vertriebene den Zugang zum Beruf des selbständigen Handwerkers erhielte, wären damit nicht Leistungsstand und Leistungsfähigkeit des Handwerks insgesamt und die Sicherung des Nachwuchses für die gesamte gewerbliche Wirtschaft gefährdet. Immerhin umfaßt der Wirtschaftszweig Handwerk ca. 500 000 Handwerksbetriebe mit ca. 4 Mio Beschäftigten. Bei dieser Größenordnung fallen die wenigen Vertriebenen, die eine selbständige Handwerksausübung anstreben, nicht ins Gewicht. Die Handwerksordnung selbst hat zudem in §§ 119 ff. HwO Besitzstandsregelungen getroffen und darüber hinaus neben der Meisterprüfung noch andere Wege zur selbständigen Ausübung eines Handwerks für diejenigen eröffnet (§ 8 HwO), für die der Nachweis der fachlichen Befähigung durch Ablegung einer Meisterprüfung eine übermäßige, nicht zumutbare Belastung darstellen würde (BVerfGE aaO, 120 ff.). § 71 BVFG ermöglicht sogar jedem Vertriebenen, der vor der Vertreibung ein Handwerk ausgeübt hat oder aber die Befugnis zur Ausbildung von Lehrlingen besessen hat, die Ausübung eines Handwerks ohne Rücksicht, ob und wie er sich hierfür qualifiziert hat. Eine weitere Zugangsmöglichkeit schafft schließlich die auf der Grundlage des § 9 HwO ergangene Verordnung über die für Staatsangehörige der übrigen Mitgliedstaaten der Europäischen Wirtschaftsgemeinschaft geltenden Voraussetzungen der Eintragung in die Handwerksrolle vom 4. August 1966 (BGBl. I, S. 469), die für EG-Ausländer die Ausübung eines Handwerks lediglich von einer Zeit praktischer Erfahrung (in bestimmter Staffelung), nicht aber von einer Meisterprüfung abhängig macht. Dies alles zeigt, daß diese nicht durch Meisterprüfung qualifizierten Berufsausübenden insgesamt nicht als Risiko für den Leistungsstand und die Leistungsfähigkeit des Handwerks und den Nachwuchs der gewerblichen Wirtschaft angesehen werden. Dies muß erst recht für den durch eine ausländische Prüfung qualifizierten Vertriebenen gelten.

In diesem Zusammenhang sei noch darauf hingewiesen, daß – entgegen einer im Handwerk anzutreffenden Auffassung – der Gesichtspunkt der **Gefährlichkeit** eines Handwerks die Anerkennung einer Meisterprüfung nicht hindert. Das Bundesverfassungsgericht (BVerfGE 13, 97 [110]) hat ausdrücklich betont, daß es dem Gesetzgeber bei der Regelung der Meisterprüfung nicht darum ging, »Gefahren für die Gesamtheit oder die einzelnen aus einer unsachgemäßen Berufsausübung abzuwenden, die bei zahlreichen Handwerkszweigen drohen, etwa beim Bauhandwerk« oder den Gruppen der Kraftfahrzeugmechaniker oder Elektroinstallateure«. Maßgebend sei allein das Interesse an der Erhaltung und Förderung eines gesunden und leistungsfähigen Handwerks gewesen. Spielt der Sicherheitsaspekt aber bei der deutschen Meisterprüfung keine Rolle (vgl. z. B. auch § 3 in Verbindung mit § 7 Abs. 5 HwO – keine Eintragungspflicht bei Ausübung handwerklicher Tätigkeit im Nebenbetrieb bei geringem Umfang der Tätigkeit im Nebenbetrieb bei geringem Umfang der Tätigkeit oder bei Hilfsbetrieb –; ferner: § 71 BVFG sowie Verordnung über die für Staatsangehörige der übrigen Mitgliedstaaten der Europäischen Wirtschaftsgemeinschaft geltenden Voraussetzungen der Eintragung in die Handwerksrolle vom 4. August 1966, BGBl. I, S. 469), darf er auch bei der Anerkennung einer ausländischen Meisterprüfung nicht herangezogen werden. Eine ausländische Meisterprüfung eines Vertriebenen oder Sowjetzonenflüchtlings darf nicht nach schärferen Maßstäben beurteilt werden als eine inländische.

ccc) Sozialer Ausgleich (Sozialstaatsgedanke)
Die Zielrichtung des § 92 Abs. 2 BVFG – berufliche und gesellschaftliche Eingliederung, Besitzstandwahrung – gewinnt im Lichte des **Sozialstaatsprinzips** besonderes Gewicht. Der im Sozialstaatsprinzip (vgl. Maunz, Staatsrecht, 20. Aufl., 1975 § 10 V, 1; ausführlich Schreiber, Werner, Das Sozialstaatsprinzip des

Grundgesetzes in Praxis und Rechtsprechung, Berlin 1972) verkörperte Gedanke der sozialen Gerechtigkeit (Maunz aaO), des sozialen Ausgleichs knüpft nicht ausschließlich an ein wirtschaftliches Unterlegensein an, sondern bezieht sich ebenso auf solche Gruppen, die – wie etwa die Schwerbehinderten – wegen schicksals- oder anlagebedingter Nachteile besonderer Fürsorge und Rücksichtnahme bedürfen (Schreiber aaO, S. 21). Eine Bevorzugung dieser Personen ist nicht Privilegierung, sondern Ausgleich. Sie wird ausschließlich als Konkretisierung des Sozialstaatsprinzips verstanden (Schreiber aaO, S. 22).

Auch die Vertriebenen und Sowjetzonenflüchtlinge haben wegen ihres schweren persönlichen Schicksals (Verfolgung oder Benachteiligung im Ausland, Verpflanzung in völlig neue Umwelt, Integrationsprobleme) Anrecht auf Ausgleich und besondere Rücksichtnahme. Zahlreiche Vorschriften des BVFG sind von diesem Gedanken geprägt; er gilt auch für die Anerkennung der Prüfungen und Befähigungsnachweise. Eine Versagung der Anerkennung bedeutet letztlich, den Vertriebenen und Sowjetzonenflüchtlingen zuzumuten, noch einmal von vorne zu beginnen, eine erneute Ausbildung zu durchlaufen, neue Prüfungen abzulegen. Dies sollte ihnen – wenn irgend möglich – erspart bleiben. Demgemäß ist es – vor dem Hintergrund des Sozialstaatsgedankens – gerechtfertigt, ihren beruflichen Werdegang, ihre Prüfungen und Befähigungsnachweise zu respektieren und im Wege der Anerkennung in unser Bildungs-, Wirtschafts- und Gesellschaftssystem einzuordnen.

bb) Wortbedeutung
Vom Wortsinn her bedeutet »Gleichwertigkeit«, daß die Prüfungen und Befähigungsnachweise von »gleichem Wert« sein müssen. Auf »Gleichartigkeit« oder gar »Gleichheit« kommt es nicht an. Zu ermitteln sind demnach die »Wertigkeit«, das »Gewicht«, die »Bedeutung« einer Prüfung oder eines Befähigungsnachweises.

cc) Berücksichtigung der Verhältnisse im Ausland
Bei der Ermittlung des »Wertes« der ausländischen Prüfung muß außerdem berücksichtigt werden, daß die Prüfungen oder Befähigungsnachweise im Ausland erworben wurden und ihren wirtschaftlichen und gesellschaftlichen Stellenwert in erster Linie aus dem ausländischen Bildungs- und Wirtschaftssystem beziehen. Unterschiede, die im jeweiligen Staats-, Wirtschafts- und Bildungssystem begründet sind, bilden deshalb kein grundsätzliches Hindernis für die Anerkennung. Der Gesetzgeber hat die Anerkennungsmöglichkeit des § 92 BVFG bewußt, d. h. in Kenntnis darüber, daß sich die Verhältnisse im Ausland in aller Regel von denen in der Bundesrepublik unterscheiden, geschaffen und damit zum Ausdruck gebracht, daß die Verschiedenartigkeit dieser Verhältnisse kein Hindernis der Anerkennung sein soll.

dd) Schlußfolgerung für die Einzelfallbeurteilung
Die oben genannten Kriterien, insbesondere der Eingliederungs- und der Besitzstandsgedanke im Lichte des Sozialstaatsprinzips rechtfertigen nicht nur, sondern erfordern vielmehr **Großzügigkeit** bei der Einzelfallentscheidung unter voller Ausschöpfung aller Beurteilungs- und Ermessensspielräume. Dies bedeutet auch, daß Entscheidungen im Zweifelsfall immer zugunsten des Vertriebenen oder Sowjetzonenflüchtlings zu treffen sind.

Die Bundesregierung und die Landesregierungen haben stets in diesem Sinne an die mit der Anerkennung befaßten Behörden appelliert (vgl. z. B. Antwort der Bundesregierung auf die Kleine Anfrage der Abgeordneten Freiherr von Fircks, Dr. Czaja usw. vom 6. April 1976, BT-Drucksache 7/4979). Die Bundesregierung hat im übrigen auch bei den Verhandlungen im Rahmen der Europäischen Gemeinschaften zur Niederlassungsfreiheit seit jeher den Standpunkt vertreten, daß eine gewisse Großzügigkeit bei der Beurteilung ausländischer Qualifikationen ohne weiteres möglich sei, weil in den hochentwickelten, technisierten Staaten Europas mit im wesentlichen vergleichbarem technologischem und zivilisatorischem Standard grundsätzlich Niveauunterschiede in Bildung und Ausbildung nicht bestehen (vgl. Winkel, Das Niederlassungsrecht der freien Berufe im Gemeinsamen Markt, NJW 76, 446 ff. [448]). Großzügigkeit ist gegenüber Vertriebenen und Sowjetzonenflüchtlingen um so mehr gerechtfertigt, als diese Personen angesichts ihres in der Regel schweren persönlichen Schicksals einer erhöhten Rücksichtnahme und Fürsorge bedürfen. Schließlich darf man nicht übersehen, daß es sich nicht um Ausländer handelt – wie verschiedentlich irrig angenommen wird –, sondern um Deutsche oder deutsche Volkszugehörige, die in der Bundesrepublik ihre neue Heimat suchen. Die neue Heimat darf sie nicht zurückweisen, sondern muß sie mit Verständnis und Entgegenkommen aufnehmen. Es entspricht den Grundsätzen eines sozialen Rechtsstaates, die berufliche Qualifikation dieser Personen – wenn irgend möglich – anzuerkennen und ihnen damit eine erneute Ausbildung und Prüfung zu ersparen.

b) Ermittlung der Gleichwertigkeit im Einzelfall

In der Praxis (z. B. der für die Anerkennung juristischer Prüfungen zuständigen Landesjustizverwaltungen sowie der Verwaltungsgerichte) wird die Gleichwertigkeit zumeist unter den Gesichtspunkten der
– formellen
– materiellen und
– funktionellen Gleichwertigkeit
geprüft. Bei dieser Unterteilung handelt es sich indessen mehr um methodische Arbeitsschritte, um eine Systematisierung der Einzelfallprüfung als um materielle Auslegungskriterien. Was schließlich in formeller, materieller und funktioneller Hinsicht als gleichwertig gelten kann, muß unter Berücksichtigung der oben unter a) entwickelten Auslegungskriterien (wirtschaftliche und gesellschaftliche Eingliederung, Besitzstandswahrung, Sozialstaatsprinzip, Wortbedeutung, Auslandsverhältnisse) ermittelt werden.

aa) Formelle Gleichwertigkeit

Der Gesichtspunkt ist von untergeordneter Bedeutung. Es reicht aus, daß es sich um eine förmliche Prüfung oder einen Befähigungsnachweis mit öffentlich anerkannter oder relevanter Berechtigung handelt (vgl. dazu oben Nr. 2). Eine Identität der Prüfungsverfahren, -methoden, -ausschüsse usw. ist nicht erforderlich. Es kommt auch nicht darauf an, daß die gleiche Anzahl von Prüfungen zur Erlangung der Endqualifikation oder Berechtigung absolviert werden mußte wie in der Bundesrepublik Deutschland (z. B. 1. und 2. juristische Staatsprüfung zur Erlangung der Befähigung zum Richteramt, vgl. OVG Koblenz, Urteil vom 19. Februar 1960 – 2 C 2/58). Derartige, mehr verfahrenstechnische Fragen sind im Ausland meist anders geregelt und können nicht am Maßstab der Verhältnisse in der Bundesrepublik Deutschland gemessen werden (Gesichtspunkt der Berücksichtigung der Auslandsverhältnisse).

bb) Materielle Gleichwertigkeit

Zu vergleichen sind die jeweiligen Prüfungsinhalte sowie die Voraussetzungen und Berechtigungen der Befähigungsnachweise. Auch die vorausgegangenen Ausbildungsgänge können – soweit etwa zum Verständnis der Prüfungsinhalte erforderlich – in den Vergleich mit einbezogen werden.

Die Inhalte brauchen sich nicht zu decken, sondern müssen nur insoweit übereinstimmen, daß man noch von einer Vergleichbarkeit sprechen kann. Über den Grad der im Einzelfall zu fordernden Deckungsintensität läßt sich keine allgemeine Aussage treffen. Er wird letztlich auch davon abhängen, inwieweit die oben unter 5 a) dargelegten Auslegungskriterien (z. B. Eingliederungs- oder Bestandsschutzgedanke) durchgreifen. Dabei wird es auch darauf ankommen, welche Folgen sich aus der Anerkennung ergeben können, ob diese etwa bedeutsam ist für die Einordnung in eine tarifliche Lohngruppe oder aber zur Ausübung einer Tätigkeit berechtigt, die der Gesetzgeber von der Ablegung einer Prüfung abhängig gemacht hat (»subjektive Zulassungsvoraussetzung«). Im letzten Fall wird wiederum entscheidend sein, welche Gründe den Gesetzgeber zu der Regelung bewogen haben. Die Ausführungen über die Grenzen des Prinzips der Besitzstandswahrung (vgl. oben 5 a, aa, bbb) gelten entsprechend. Insgesamt dürfen die Anforderungen nicht überspannt werden, weil sonst dem – entscheidenden – Gesichtspunkt der funktionellen Gleichwertigkeit der Boden entzogen würde (vgl. dazu unten II, 5 b, cc).

Materiell-inhaltliche Unterschiede dürften im übrigen jedenfalls bei gewerblichen Prüfungen und Befähigungsnachweisen wesentlich geringer sein als etwa bei juristischen Prüfungen und Befähigungsnachweisen, die auf unterschiedlichen Rechtsordnungen beruhen. Trotz der im juristischen Bereich weit schwerwiegenderen Unterschiede sind z. B. ungarische (Bescheide Justizministerium Rheinland-Pfalz vom 6. Dezember 1972 und Justizministerium Nordrhein-Westfalen vom 21. März 1972; OVG Münster, Urteil vom 1. Oktober 1970 – V A 1256/69) und rumänische (OVG Koblenz, Urteil vom 19. Oktober 1960 – 2 C 2/58) Prüfungen als mit der 2. juristischen Staatsprüfung gleichwertig anerkannt worden. Im Verhältnis zu dieser Entscheidungspraxis ist im gewerblichen Bereich auch bei Meisterprüfungen eine großzügige Betrachtungsweise erst recht angebracht.

Im Hinblick auf den – oftmals langen – Zeitraum zwischen der Ablegung und der Anerkennung der ausländischen Prüfung, in dem sich die Prüfungs- und Ausbildungsvorschriften häufig gewandelt haben, stellt sich die Frage, welche Vorschriften einem Vergleich zugrunde zu legen sind.

Soweit es auf **ausländische** Vorschriften ankommt, sind die zur Zeit der Ablegung der Prüfung oder des Erwerbs des Befähigungsnachweises gültigen ausländischen Vorschriften zugrunde zu legen. Hier handelt es sich um Tatbestandsermittlung (Welche Inhalte liegen der ausländischen Prüfung zugrunde?), nicht um Rechtsanwendung.

Soweit es auf **deutsche** Prüfungs- oder Ausbildungsvorschriften ankommt, sind hingegen grundsätzlich die zur Zeit der Anerkennung gültigen deutschen Vorschriften zugrunde zu legen. Es handelt sich um Rechtsanwendung (Anerkennung), die grundsätzlich auf der Grundlage geltenden Rechts geschieht.

Eine Ausnahme gilt dann, wenn die bisherigen inländischen Vorschriften zwischenzeitlich **verschärft** worden sind. In diesem Fall sind die alten, günstigeren Vorschriften anzuwenden. Zum einen fordert der Gleichbehandlungsgrundsatz des Art. 3 GG, daß Vertriebene nicht nach strengeren Maßstäben beurteilt werden als die in der Bundesrepublik lebenden Deutschen. Zum anderen läßt der Grundsatz des Vertrauensschutzes (vgl. oben Nr. II, 5a, aa, bbb) es nicht zu, lange zurückliegende, abgeschlossene Tatbestände (hier: Prüfungen und Befähigungsnachweise) mit einem schärferen Maßstab zu messen als dem zur Zeit der Ablegung der Prüfung gültigen. Die Position der Vertriebenen würde verschlechtert, wenn man ihre Prüfungen nach den zwischenzeitlich erhöhten Anforderungen beurteilen würde.

Schon aus diesem Grunde können ausländische **Meisterprüfungen** aus der Zeit **vor** dem 16. September 1965 (Tag des Inkrafttretens der Novelle zur Handwerksordnung vom 9. September 1965, BGBl. I, S. 1254) nicht auf berufserzieherische Prüfungsinhalte überprüft werden, weil die handwerkliche Meisterprüfung erst von diesem Zeitpunkt an um einen Teil »berufserzieherische Kenntnisse« erweitert worden ist (vgl. § 46 Abs. 2 HwO 1965 gegenüber § 41 HwO 1953).

Im übrigen ist mit Rücksicht auf die besondere Situation der Vertriebenen und Sowjetzonenflüchtlinge bei der Anerkennung ihrer ausländischen Meisterprüfungen nicht darauf abzustellen, ob die Prüfungen berufserzieherische Kenntnisse – und das gilt auch für den betriebswirtschaftlichen und rechtlichen Teil der Meisterprüfung – umfaßten. Im Hinblick auf die **besondere** Zielrichtung des § 92 BVFG (Eingliederung, Besitzstandswahrung, Sozialstaatsgedanken) und den Grundsatz der Berücksichtigung der Verhältnisse im Ausland reicht es schon aus, daß die ausländische Meisterprüfung insgesamt von ihrer fachlich-inhaltlichen Qualifikationsstufe her erheblich über dem Niveau des Facharbeiters/Gesellen liegt und zur meisterhaften Berufsausübung befähigt.

Das **Recht** zur Lehrlingsausbildung – wie es die deutsche Meisterprüfung verleiht – muß damit nicht notwendig verbunden sein, zumal das Ausland häufig unsere Form der dualen Berufsausbildung nicht kennt und seinen Berufsnachwuchs rein schulisch ausbildet. Die fachliche Qualifikation kann in diesem besonderen Ausnahmefall als ausreichende Befähigung zur Ausbildung anerkannt werden (Rechtsgedanke des § 120 HwO). Auch auf den Nachweis betriebswirtschaftlicher und rechtlicher Kenntnisse (Teil III der deutschen Meisterprüfung) in der ausländischen Prüfung kommt es rechtlich nicht an, nachdem der Gesetzgeber in § 71 BVFG die **fachliche** Qualifikation der Aussiedler und Sowjetzonenflüchtlinge zum alleinigen Kriterium für die selbständige Ausübung eines Handwerks gemacht hat (vgl. dazu unten II, 5b, cc). Der Gedanke liegt im übrigen auch der Verordnung über die für die Staatsangehörigen der Europäischen Wirtschaftsgemeinschaft geltenden Voraussetzungen der Eintragung in die Handwerksrolle vom 4. August 1966 (BGBl. I, S. 469) zugrunde. Insoweit überlagert der Gesichtspunkt der funktionellen den der materiellen Gleichwertigkeit.

Zwischenzeitlich **gemilderte** Prüfungsvorschriften finden allerdings volle Anwendung, da die Position des Vertriebenen verbessert und nicht verschlechtert wird (kein Fall des Vertrauensschutzes).

Sind die für den Vergleich in Betracht kommenden Prüfungsvorschriften **ersatzlos** außer Kraft gesetzt worden (z. B. bei Streichung von Ausbildungsberufen), sind die außer Kraft gesetzten Vorschriften dem Vergleich zugrunde zu legen (Vertrauensschutz, Besitzstandsgedanke).

cc) Funktionelle Gleichwertigkeit
Dem Gesichtspunkt kommt – gerade unter Berücksichtigung des Eingliederungs- und Besitzstandsgedankens – entscheidendes Gewicht zu. Die Gesichtspunkte

der formellen und materiellen Gleichwertigkeit treten hinter ihn zurück. Unter funktioneller Gleichwertigkeit ist zu verstehen die Gleichwertigkeit im Sinne gleicher beruflicher Qualifikation in der Wahrnehmung gleicher sozialer, wirtschaftlicher oder staatlicher Aufgaben (so OVG Koblenz, Urteil vom 29. Juli 1960 – 2 C 2/58). Vergleichsgegenstand ist also die mit der Prüfung oder dem Befähigungsnachweis verbundene Funktion. Das OVG Koblenz (aaO) hat mit Rücksicht auf die Vergleichbarkeit der Funktion eine rumänische Befähigung zum Rechtsanwalt anerkannt, ohne die Unterschiede zwischen der deutschen und der rumänischen Rechtsordnung als grundsätzliches Hindernis zu sehen (so auch OVG Münster, Urteil vom 1. Oktober 1970 – V A 1256/69 im Hinblick auf die gleichgelagerte Anerkennungsproblematik des § 15 des Gesetzes über die Rechtsstellung heimatloser Ausländer im Bundesgebiet – HAG – vom 25. April 1950, BGBl. I, S. 1273).

Infolgedessen ist eine ausländische **Facharbeiter- oder Gesellenprüfung** in der Bundesrepublik Deutschland ohne weiteres als funktionell gleichwertig anzuerkennen. Die Funktion des ausländischen Facharbeiters unterscheidet sich von der des deutschen nicht.

Für handwerkliche **Meisterprüfungen** gilt dies ebenso, zumal das Bundesvertriebenengesetz in § 71 selbst die Tatsache der funktionellen Gleichwertigkeit ausdrücklich anerkannt hat: § 71 BVFG geht davon aus, daß derjenige, der im Ausland ein Handwerk ausgeübt hat, hierzu auch in der Bundesrepublik Deutschland in der Lage ist, ohne eine Prüfung oder einen Befähigungsnachweis zu verlangen. Dies trifft erst recht zu, wenn eine ausländische Meisterprüfung abgelegt worden ist.

Die Dominanz des Kriteriums der funktionellen Gleichwertigkeit führt nicht zu unausgewogenen und dem Ansehen des Handwerks abträglichen Ergebnissen, weil Gewerbe- und Handwerksordnung ausreichende Handhabe bieten, einem Fehlverhalten einzelner Handwerker zu begegnen (Verbot der Gewerbeausübung nach § 35 GewO, Ausbildungsverbot nach § 24 HwO) oder ihm durch verstärkte Überwachungs- und Beratungsmaßnahmen vorzubeugen (z. B. Ausbildungsberater, § 41 a HwO, § 45 BBiG).

6. Akt der Anerkennung

a) Feststellender Verwaltungsakt, Wirkung

Unter Anerkennung wird – im Gegensatz zu § 92 Abs. 1 BVFG – ein förmlicher Anerkennungsakt (= feststellender Verwaltungsakt) verstanden, mit dem die ausländische Prüfung des Antragstellers einer inländischen Prüfung gleichgestellt wird (Muster eines Anerkennungsbescheides siehe Anlage). Wegen der Vielfalt der ausländischen Prüfungen und der Schwierigkeit der zu beurteilenden Materie kann die Anerkennung nicht – wie bei § 92 Abs. 1 BVFG – von jeder Behörde im Rahmen der von ihr zu entscheidenden Frage vorgenommen werden, sondern muß bestimmten, mit dem nötigen Sachverstand ausgestatteten Behörden überlassen sein.

Die Gleichstellung hat zur Folge, daß der Inhaber des ausländischen Prüfungszeugnisses oder Befähigungsnachweises die Rechtsstellung erhält, die mit der deutschen Prüfung oder dem deutschen Befähigungsnachweis verbunden ist. Dies umfaßt auch ein etwaiges Recht zur Führung einer Berufsbezeichnung oder eines Titels, wie z. B. des Meistertitels (vgl. § 51 HwO).

b) Prüfung, mit der gleichzustellen ist

Angesichts der in den letzten Jahren in der Bundesrepublik Deutschland erfolgten Neuordnung vieler Prüfungen und Qualifikationen im gewerblichen Bereich stellt sich die Frage, mit welcher Prüfung oder mit welchem Befähigungsnachweis die ausländische Prüfung gleichzustellen ist. Hier gilt folgendes: Grundsätzlich soll eine Gleichstellung erfolgen mit der zur Zeit gültigen Prüfung und Berufbezeichnung (Eingliederungsgedanke, Anwendung geltenden Rechts). Im Zweifel ist die Berufsbezeichnung zu wählen, die inhaltlich der ausländischen Ausbildung und Prüfung schwerpunktmäßig entspricht. Soweit sich im Falle der Neuordnung einer Prüfung deren Bezeichnung nicht geändert hat, ist die Gleichstellung ohne weiteres mit der neuen Prüfung vorzunehmen, auch dann, wenn die Anforderungen mittlerweile verändert sind. Die Beibehaltung der alten Bezeichnung ist in der Regel ein sicheres Indiz der formellen und materiellen Kontinuität. So geht die Bundesregierung in ständiger Verwaltungspraxis davon aus, daß ein in der Anlage zur Berufsgrundbildungsjahr-Anrechnungs-Verordnung vom 4. Juli 1972 (BGBl. I, S. 1151) aufgeführter Beruf, der zwischenzeitlich unter Beibehaltung seiner Bezeichnung neugeordnet wurde, nach wie vor von dieser Verordnung erfaßt wird.

Soweit eine alte Prüfung durch eine neue Prüfung mit neuer Bezeichnung abgelöst worden ist, erfolgt die Gleichstellung mit der neuen Prüfung, wenn diese die alten Prüfungsinhalte im wesentlichen fortführt (materielle Kontinuität).

Ist eine alte Prüfung durch mehrere neue Prüfungen mit neuer Bezeichnung abgelöst worden, erfolgt die Gleichstellung mit der neuen Prüfung, die die alte Prüfung inhaltlich am meisten fortführt (materielle Kontinuität unter Berücksichtigung des Eingliederungszwecks und des Prinzips der Besitzstandswahrung).

Ist eine alte Prüfung inzwischen mit mehreren anderen zu einer neuen Prüfung zusammengefaßt worden (z. B. bei Zusammenfassung mehrerer Handwerke), erfolgt die Gleichstellung mit der neuen Prüfung (Rechtsgedanke des § 119 Abs. 4 HwO).

Ist eine alte Prüfung ersatzlos gestrichen worden oder führt eine neue Prüfung die alte Prüfung nur in ganz geringem Umfange fort, so daß man von materieller Kontinuität nicht mehr sprechen kann, ist die Gleichstellung mit der alten – inzwischen gestrichenen – Prüfung vorzunehmen (Besitzstandswahrung).

7. Tatbestandsaufklärung

a) Antrag, Aufklärung von Amts wegen

Die Anerkennung setzt einen entsprechenden Antrag voraus. Dieser ist unter Darlegung des Sachverhaltes und Beifügung vorhandener Urkunden über die Prüfung oder den Befähigungsnachweis zu begründen. Zweckmäßigerweise sind Übersetzungen der Urkunden beizufügen. Die Anerkennungsbehörde ist in jedem Falle berechtigt, solche Übersetzungen zu verlangen (vgl. § 23 Abs. 2 des Verwaltungsverfahrensgesetzes vom 25. Mai 1976, BGBl. I, S. 1253).

Unterlagen über die Prüfungsinhalte oder Voraussetzungen des Befähigungsnachweises sollen – zur Erleichterung des Verfahrens – vom Antragsteller nach Möglichkeit beigefügt werden. Verfügt dieser aber nicht über solche Unterlagen, sind diese von der zuständigen Anerkennungsbehörde zu beschaffen, falls die Anerkennungsbehörde den Sachverhalt nicht auf andere Weise aufklären kann (vgl. unten 7 c).

Die Aufklärung des Sachverhaltes erfolgt von Amts wegen (Untersuchungs-
maxime, vgl. § 24 Verwaltungsverfahrensgesetz vom 25. Mai 1976, BGBl. I, S. 1253).
Grundsätzlich kann die Anerkennungsbehörde Prüfungsvorschriften usw. auch
über das Auswärtige Amt auf diplomatischem Wege beschaffen. Dieser Weg
nimmt jedoch erhebliche Zeit in Anspruch und ist nicht immer erfolgreich. Er
sollte daher nur in Notfällen gegangen werden.

b) Ersatz verlorengegangener Urkunden

Verlorengegangene Urkunden sind nach dem in § 93 BVFG vorgesehenen Verfahren zu ersetzen.

c) Befragungen

Darüber hinaus kommen zur Aufklärung auch Gespräche mit Dritten oder den
Antragstellern über die der Prüfung zugrunde liegenden Ausbildungsgänge, die
Prüfungsinhalte oder die Voraussetzungen und Berechtigungen der Befähigungsnachweise in Betracht. Diese Möglichkeit hat sich in der Praxis sehr be-
währt. Sie ist der Beschaffung von Unterlagen auf diplomatischem Wege vorzu-
ziehen.

Um den Erfolg eines derartigen Aufklärungsgesprächs zu sichern, sollte dem
Antragsteller nötigenfalls Gelegenheit zur Information über die hiesigen Prüfungen und Prüfungsinhalte gegeben werden, an denen sich die Anerkennungsbehörde – mangels Kenntnis der ausländischen Prüfung – bei ihrer Befragung
zwangsläufig orientieren wird. Hierzu kann insbesondere der informative Besuch
geeigneter Lehrgänge (z. B. Meisterprüfungslehrgänge oder Teile davon) dienen.

d) Keine nochmalige Prüfung

Eine nochmalige Prüfung darf nicht erfolgen. Die früher gelegentlich geübte
Praxis, Ergänzungs- oder Zusatzprüfungen zu fordern, entspricht nicht dem geltenden Recht. Ohnehin konnten nach der früheren Vorschrift des § 92 Abs. 2
Satz 3 BVFG, die durch das 1. Flüchtlingshilfeänderungsgesetz vom 10. Mai 1971
(BGBl. I, S. 445) außer Kraft gesetzt worden ist, Ergänzungsprüfungen nur durch
die Bundesregierung im Wege der Rechtsverordnung, nicht hingegen durch die
für die Anerkennung zuständigen Verwaltungsbehörden angeordnet werden.

III. § 92 Abs. 3 BVFG

Wortlaut:

*»Auf Prüfungen oder Befähigungsnachweise, die Vertriebene und Sowjetzonen-
flüchtlinge nach dem 8. Mai 1945 in Gebieten außerhalb des Geltungsbereiches
des Gesetzes abgelegt oder erworben haben, ist Abs. 2 entsprechend anzuwenden. Die Vorschriften über die Anerkennung von Prüfungen oder Befähigungsnachweisen im öffentlichen Dienst bleiben unberührt.«*

Aufgrund der durch das 1. Flüchtlingshilfeänderungsgesetz vom 10. Mai 1971
(BGBl. I, S. 445) eingeführten Vorschrift können nunmehr auch Prüfungen von
Vertriebenen und Sowjetzonenflüchtlingen, die nach dem 8. Mai 1945 abgelegt
worden sind, anerkannt werden. Im Unterschied zu § 92 Abs. 2 BVFG handelt es
sich nicht um Prüfungen außerhalb »des Deutschen Reiches nach dem Gebietsstande vom 31. Dezember 1937«, sondern um Prüfungen »außerhalb des Geltungsbereichs« des BVFG. Im übrigen gelten gegenüber § 92 Abs. 2 BVFG keine
Besonderheiten. Das dort Gesagte gilt entsprechend.

Absatz 3 Satz 2 bringt zum Ausdruck, daß die Sondervorschriften, die für die Anerkennung von Prüfungen und Befähigungsnachweisen im öffentlichen Dienst gelten, nicht berührt werden.

B. Eintragung in die Handwerksrolle

I. § 71 BVFG

Wortlaut:

»Vertriebene und Sowjetzonenflüchtlinge, die glaubhaft machen, daß sie vor der Vertreibung ein Handwerk als stehendes Gewerbe selbständig betrieben oder die Befugnis zur Anleitung von Lehrlingen besessen haben, sind auf Antrag bei der für den Ort ihres ständigen Aufenthaltes zuständigen Handwerkskammer in die Handwerksrolle einzutragen. Für die Glaubhaftmachung ist § 93 entsprechend anzuwenden.«

Die Eintragung in die Handwerksrolle nach dieser Vorschrift setzt nicht die Ablegung einer der Meisterprüfung gleichwertigen Prüfung voraus. Es reicht aus, daß vor der Vertreibung ein Handwerk als stehendes Gewerbe ausgeübt worden ist **oder** die Befugnis zur Anleitung von Lehrlingen vorhanden war.

1. Personenkreis

Der anspruchsberechtigte Personenkreis ist derselbe wie bei § 92 BVFG. Auf die dortigen Ausführungen wird verwiesen (A II, 1).

2. Selbständiger Betrieb eines Handwerks als stehendes Gewerbe

Der Begriff »stehendes Gewerbe« ist wie bei § 1 HwO zu beurteilen. Als stehendes Gewerbe gilt jedes, das nicht als Reisegewerbe (§§ 55 ff. GewO) und nicht im Marktverkehr (§§ 64 ff. GewO) ausgeübt wird.

Bei der Auslegung des Begriffs »Handwerk« ist einmal auszugehen von der Positivliste der Anlage A der Handwerksordnung, die die einzelnen Handwerke abschließend aufzählt. Andererseits ist zu berücksichtigen, daß das Handwerk im Ausland ausgeübt worden ist, mithin in aller Regel nicht völlig identisch mit denen der Anlage A der HwO sein wird. Es wird deshalb lediglich darauf abzustellen sein, ob die Handwerke vergleichbar sind. Die Vergleichbarkeit wird dann zu bejahen sein, wenn sich die dem jeweiligen Handwerk zuzurechnenden wesentlichen Tätigkeiten (vgl. § 1 Abs. 2 HwO) bei Anlegung eines großzügigen Maßstabes im großen und ganzen entsprechen. Als Auslegungskriterium kann auch § 1 Abs. 1 Nr. 2 der Verordnung über die für Staatsangehörige der übrigen Mitgliedstaaten der Europäischen Wirtschaftsgemeinschaft geltenden Voraussetzungen der Eintragung in die Handwerksrolle vom 4. August 1966 (BGBl. I, S. 469) herangezogen werden, der darauf abstellt, daß »die ausgeübte Tätigkeit mit den wesentlichen Punkten des Berufsbildes desjenigen Gewerbes übereinstimmt, für das die Ausnahmebewilligung beantragt wird«.

Im Rahmen des § 71 BVFG ist nicht zu prüfen, auf welcher Rechtsgrundlage und nach welchen Vorschriften im einzelnen die Tätigkeit ausgeübt worden ist. Das Handwerk muß aber tatsächlich betrieben worden sein. Eine bloße Berechtigung zur Ausübung reicht nicht aus. Der Gesetzgeber geht davon aus, daß derjenige, der im Ausland ein Handwerk selbständig betrieben hat, hierzu auch in der Bundesrepublik Deutschland in der Lage ist. In § 71 BVFG hat der Gesetzgeber die funktionelle Gleichwertigkeit uneingeschränkt bejaht.

3. Befugnis zur Anleitung von Lehrlingen

Die Befugnis zur Anleitung von Lehrlingen steht der Ausübung des selbständigen Handwerks gleich. Der Gesetzgeber geht davon aus, daß derjenige, der eine Ausbildungsbefugnis besitzt, ein so hohes Maß an fachlicher Qualifikation aufweist, daß er auch zur selbständigen Ausübung des Handwerks in der Lage ist. Voraussetzung ist allein das Vorliegen der Ausbildungsbefugnis. Es kommt nicht darauf an, daß diese vor der Vertreibung auch genutzt worden ist.

4. Vor der Vertreibung

Die Voraussetzungen zu 2. und 3. müssen »vor der Vertreibung« bereits vorgelegen haben. Unter »Vertreibung« sind alle Vorgänge zu verstehen, die bei dem Betroffenen zu einem Status nach Nr. 1 (= A II, 1) geführt haben, also auch die Flucht (bei Sowjetzonenflüchtlingen), das Verlassen der Heimatgebiete (bei den Aussiedlern) und der Zuzug in das Bundesgebiet (bei den Berechtigten nach Abschnitt I des FlüHG).

Im Unterschied zu § 92 Abs. 2 und 3 BVFG stellt die Vorschrift nicht auf den Stichtag des 8. Mai 1945 oder auf das Gebiet inner- oder außerhalb der Grenzen des Deutschen Reiches vom 31. Dezember 1937 oder des Geltungsbereichs des BVFG ab.

5. Formalien

Die Eintragung in die Handwerksrolle erfolgt nur auf Antrag. Eine Eintragung von Amts wegen, wie sie § 10 Abs. 1 HwO vorsieht, ist nicht möglich.

Der Antrag ist zu begründen und die Eintragungsvoraussetzungen wenigstens nach dem in § 93 BVFG (Ersatz von Urkunden) vorgesehenen Verfahren glaubhaft zu machen. Eine Glaubhaftmachung nach § 93 BVFG entfällt allerdings, wenn ein förmlicher Nachweis erbracht werden kann. § 71 Satz 2 BVFG zwingt nicht in jedem Fall und unter allen Umständen zu dem Verfahren nach § 93 BVFG, sondern soll lediglich eine Beweiserleichterung schaffen. Es handelt sich insoweit nur um ein Mindesterfordernis, das im Einzelfall übertroffen werden kann.

6. Führung des Meistertitels, Lehrlingsausbildung

Mit der Eintragung in die Handwerksrolle nach § 71 BVFG ist nur das Recht der Gewerbeausübung, nicht aber das der Lehrlingsausbildung und Führung des Meistertitels verbunden. Diese Rechte stehen nur demjenigen zu, der eine deutsche Meisterprüfung abgelegt hat (vgl. § 51 HwO) oder dessen ausländische Meisterprüfung nach § 92 BVFG anerkannt worden ist (vgl. oben A II, 6a).

Wessen Meisterprüfungszeugnis nicht nach § 92 BVFG anerkannt ist, kann das Recht zur Ausbildung von Lehrlingen im Wege der Ausnahmebewilligung nach § 22 Abs. 3 HwO erhalten. Die Führung des Meistertitels kann nicht im Ausnahmewege bewilligt werden.

II. § 7 Abs. 7 HwO

Wortlaut:

»Vertriebene und Sowjetzonenflüchtlinge, die vor ihrer Vertreibung oder Flucht eine der Meisterprüfung gleichwertige Prüfung außerhalb des Geltungsbereichs dieses Gesetzes bestanden haben, sind in die Handwerksrolle einzutragen.«

1. Personenkreis

Der Begriff »Vertriebener« und »Sowjetzonenflüchtling« ist wie in § 92 BVFG zu definieren. Auf die dort gemachten Ausführungen wird verwiesen (siehe oben A II, 1).

Anspruchsberechtigt sind auch Personen nach Abschnitt I des FlüHG, obwohl § 20 Abs. 2 FlüHG nicht auf § 7 Abs. 7 HwO verweist. Hier dürfte es sich um ein redaktionelles Versehen handeln. Auch bei gegenteiliger Ansicht ergeben sich für die genannten Personen keine Nachteile, da diese die Eintragung in die Handwerksrolle auch über § 7 Abs. 1 HwO erreichen können, wenn zuvor ihre Meisterprüfung nach § 92 BVFG anerkannt worden ist (vgl. auch unten B II, 2).

2. Gleichwertigkeit der Meisterprüfung

Voraussetzung für die Eintragung ist danach eine der Meisterprüfung gleichwertige Prüfung außerhalb des Geltungsbereichs der HwO. Das Kriterium der »Gleichwertigkeit« ist wie bei § 92 Abs. 2 und 3 BVFG zu beurteilen (siehe oben unter A II, 5). Wird es im Rahmen des § 7 Abs. 7 HwO bejaht, ist es auch im Rahmen des § 92 Abs. 2 und 3 BVFG als gegeben anzusehen und umgekehrt.

3. Kein Stichtag

Anders als § 92 Abs. 2 und 3 BVFG stellt § 7 Abs. 7 HwO nicht darauf ab, ob die Meisterprüfung vor oder nach dem 8. Mai 1945 abgelegt worden ist. Diese Tatsache dürfte aber ihre Bedeutung verloren haben, nachdem § 92 Abs. 3 BVFG auch die Anerkennung von Meisterprüfungen ermöglicht, die nach dem 8. Mai 1945 abgelegt worden sind. Eine Meisterprüfung, die nach § 92 BVFG als gleichwertig anerkannt ist, berechtigt unmittelbar nach § 7 Abs. 1 HwO zur Eintragung in die Handwerksrolle. Der Erleichterung des § 7 Abs. 7 HwO bedarf es in diesem Falle nicht mehr.

4. Führung des Meistertitels, Ausbildungsbefugnis

Eine Eintragung nach § 7 Abs. 7 HwO berechtigt allerdings nicht ipso iure zur Ausbildung von Lehrlingen und Führung des Meistertitels, obwohl die Eintragung auf der Gleichwertigkeit der Meisterprüfung beruht. Die Ausbildungsbefugnis setzt in der Regel (vgl. §§ 21 ff. HwO), die Führung des Meistertitels immer (§ 51 HwO) die Ablegung einer Meisterprüfung voraus.

Zur Erlangung der Ausbildungsbefugnis und Führung des Meistertitels bedarf es also noch der Anerkennung der Meisterprüfung nach § 92 BVFG, was im Falle einer Eintragung nach § 7 Abs. 7 HwO Formsache ist, da die Voraussetzungen (Gleichwertigkeit) identisch sind.

III. Verhältnis zwischen § 71 BVFG und § 7 Abs. 7 HwO

Beide Vorschriften regeln verschiedene Tatbestände und gelten nebeneinander. Es besteht kein Fall der Gesetzeskonkurrenz. Denkbar ist allerdings, daß im Einzelfall die Voraussetzungen beider Vorschriften erfüllt sind.

1. § 71 BVFG

stellt auf die Tatsache der Ausübung eines Handwerks oder der Befugnis zur Lehrlingsausbildung ab. Diese Tatsachen werden als ausreichender Nachweis der Befähigung zur selbständigen Ausübung eines Handwerks angesehen. Die Vorschrift findet allerdings nicht auf solche Personen Anwendung, die zwar zur Ausübung eines Handwerks berechtigt gewesen waren, dieses jedoch nicht oder nicht selbständig ausgeübt haben. Bei dem Eintragungsgrund der Berechtigung zur Anleitung von Lehrlingen kommt es hingegen nicht darauf an, ob von dieser Befugnis Gebrauch gemacht worden ist.

2. § 7 Abs. 7 HwO

stellt es lediglich auf eine der Meisterprüfung gleichwertige Prüfung ab. Es kommt nicht darauf an, ob ein Handwerk selbständig, unselbständig oder überhaupt nicht ausgeübt worden ist.

Muster eines Anerkennungsbescheides

Anerkennungsbehörde   Ort, Datum

Bescheid

über die Anerkennung einer(s) Prüfung/Befähigungsnachweises*)

Auf Grund des § 92 Abs. 2 und 3 des Bundesvertriebenengesetzes in der Fassung der Bekanntmachung vom 3. September 1971 (BGBl. I, S. 1565, 1807) wird die/der

von _____
(Name des Antragstellers, Adresse)

in _____
(Ort, Land)

abgelegte Prüfung/erworbene Befähigungsnachweis

_____
(ausländische Bezeichnung der Prüfung/des Befähigungsnachweises mit deutscher Übersetzung)

_____

als gleichwertig mit

_____
(Bezeichnung der deutschen Prüfung/des deutschen Befähigungsnachweises)

anerkannt.

Etwaige Bemerkung über eine mit der Anerkennung erworbene Berechtigung (z. B. Recht zur Führung des Meistertitels).

Dienstsiegel

_____
(Unterschrift)

_____
*) Nichtzutreffendes streichen

10.2 Beschluß der Kultusministerkonferenz vom 28. März 1968 zur Führung akademischer Grade sowie Führung entsprechender Bezeichnung durch Vertriebene, Flüchtlinge und Zuwanderer im Sinne des Bundesvertriebenengesetzes i.d.F. vom 28. April 1977

I. Formale Form der Genehmigung

Die Genehmigung zur Einführung ausländischer akademischer Grade wird grundsätzlich in Originalform mit Angabe der verleihenden ausländischen Hochschule erteilt.

Im Ausland nachweisbar übliche Abkürzungen dürfen in unmittelbarer Verbindung mit dem Namen mit Angabe der verleihenden Hochschule geführt werden; auf die Angabe dieser Herkunftsbezeichnung kann jedoch bei Hochschulen Österreichs und der Schweiz wegen der Verwandtschaft der Struktur der Hochschulen und des akademischen Systems dieser Länder mit dem deutschen Hochschulwesen verzichtet werden. Die zulässige Abkürzung ist in die Genehmigungsurkunde aufzunehmen.

1. Ausländischen akademischen Graden, die nicht in deutscher oder lateinischer Sprache verliehen werden, kann auf Antrag ein Klammerzusatz mit einer möglichst wörtlichen Übersetzung angefügt werden.

Beispiele: Bachelor of Arts in Administration/Univ. of Ottawa (Bakkalaureus der Verwaltungswissenschaften); Abkürzung: BA (Admin)/Univ. of Ottawa.

Docteur en Pharmazie/Univ. Laval (Doktor der Pharmazie); Abkürzung: DPharm./ Univ. Laval.

Der Klammerzusatz darf nur in Verbindung mit dem Originalgrad geführt werden.

2. Ausländische akademische Grade, die in lateinischer Sprache verliehen werden, werden in jedem Falle ohne Klammerzusatz geführt.

Beispiele: Licentiatus rerum politicarum/Univ. Bern; Abkürzung: Lic. rer. pol.;

Doctor iuris utriusque/Univ. Basel; Abkürzung: Dr. iur. utr.

II. Materiell-rechtliche Voraussetzungen der Genehmigung

1. Gegenstand des Genehmigungsverfahrens sind

a) akademische Grade,

b) Bezeichnungen, die als akademische Grade erscheinen.

2. Genehmigt werden kann nur die Führung akademischer Grade. Ein ausländischer akademischer Grad im Sinne des Gesetzes ist eine Bezeichnung, die Absolventen einer in dem betreffenden Lande anerkannten Hochschule auf Grund eines Examens von der Hochschule oder von der zuständigen staatlichen Stelle durch Verleihungsakt oder durch gesetzliche Regelung zuerkannt worden ist und nach dem ausländischen Recht einen akademischen Grad darstellt. Die Genehmigung zur Führung von Berufs- und Standesbezeichnungen, die wie akademische Grade lauten, ist nicht möglich. Ob Standesbezeichnungen im Einzelfalle als akademische Grade gelten können, richtet sich nach dem Recht des betreffenden Landes.

3. Die Erteilung der Genehmigung setzt voraus, daß der Grad von einer nach den staatlichen Bestimmungen des betreffenden Landes anerkannten Hochschule verliehen wurde. Mangels solcher Bestimmungen sind die betreffenden Feststel-

lungen der jeweiligen Hochschulorganisationen heranzuziehen (z. B. bei Hochschuleinrichtungen in den USA).

4. Die Frage der Gleichwertigkeit des betreffenden ausländischen Grades mit einem entsprechenden deutschen Grad bedarf in Anbetracht der unter I vorgeschlagenen Regelung keiner weiteren Nachprüfung.

III.

Für ehrenhalber verliehene akademische Grade gelten die Abschnitte I und II entsprechend.

IV.

Für ausländische Bildungsabschlüsse von Berechtigten im Sinne des § 92 des Gesetzes über Angelegenheiten der Vertriebenen und Flüchtlinge (Bundesvertriebenengesetz – BVFG) jeweiliger Fassung, die vor der Vertreibung, Aussiedlung oder Zuwanderung erworben wurden, gelten die Abschnitte I bis III mit folgenden Maßgaben:

1. Inhaber eines akademischen Grades, dessen zugrundeliegender Abschluß dem an einer Hochschule im Geltungsbereich des Grundgesetzes materiell gleichwertig ist, erhalten auf Antrag die Genehmigung, ihren ausländischen Grad in der Form zu führen, die für einen Hochschulabschluß dieser Art im Geltungsbereich des Grundgesetzes vorgesehen ist.

2. Inhaber eines akademischen Grades, dessen zugrundeliegender Abschluß zwar nicht dem an einer wissenschaftlichen Hochschule, jedoch dem an einer Fachhochschule oder in einem Fachhochschulstudiengang an einer anderen Hochschule im Geltungsbereich des Grundgesetzes materiell gleichwertig ist, erhalten auf Antrag die Genehmigung, ihren ausländischen Grad in der Form zu führen, die für einen Abschluß dieser Art im Geltungsbereich des Grundgesetzes vorgesehen ist.

3. Inhaber eines akademischen Grades, dessen zugrundeliegender Abschluß dem an einer Hochschule im Geltungsbereich des Grundgesetzes materiell nicht gleichwertig ist, erhalten auf Antrag die Genehmigung, ihren ausländischen Grad in der in Abschnitt I genannten Form zu führen.

4. Inhaber eines staatlichen Grades (Berufs- oder Standesbezeichnung), der nach dem Recht des Herkunftslandes anstelle eines akademischen Grades als Abschluß einer Hochschulausbildung vergeben wurde, die der an einer Hochschule im Geltungsbereich des Grundgesetzes materiell gleichwertig ist, erhalten auf Antrag die Genehmigung, ihren Grad in der Form zu führen, die für einen Hochschulabschluß dieser Art im Geltungsbereich des Grundgesetzes vorgesehen ist.

5. In den Fällen des Abschnitts IV Nummern 1, 2 und 4 kann die Genehmigung mit der Auflage verbunden werden, daß der deutsche Grad mit einem auf das Herkunftsland hinweisenden Zusatz geführt wird, wenn dies zur Kennzeichnung zwar gleichen Ausbildungsniveaus, aber strukturell wesentlicher Unterschiede in der Ausbildung notwendig ist*).

6. In den Fällen des Abschnitts IV Nummern 1, 2 und 4 ist bei der Entscheidung zum Ausdruck zu bringen, daß der zugrundeliegende ausländische Grad (ein-

---

*) Beispiele: „Dipl.-Ing./PL" (für Herkunftsland Polen),
„Dipl.-Ing./SU" (für Herkunftsland UdSSR),
„Ing. (grad.)/Pl" (für Herkunftsland Polen),
„Ing. (grad.)/SU" (für Herkunftsland UdSSR).

schließlich Berufs- und Standesbezeichnung) nicht zusätzlich zum deutschen Grad geführt wird, dessen Form er erhält.

7. Die vorstehenden Bestimmungen gelten entsprechend für Abkömmlinge des Personenkreises im Sinne des § 92 BVFG.

V.

Vor der Entscheidung über Anträge nach Abschnitten I bis IV ist die Zentralstelle für ausländisches Bildungswesen der Kultusministerkonferenz gutachtlich zu hören, soweit dies zur Bewertung des ausländischen Bildungsabschlusses in formaler oder materieller Hinsicht erforderlich ist.

VI. Übergangsregelung

Antragstellern, die vor dem 1. 4. 1968 ein Studium im Ausland begonnen haben und auf Grund schriftlicher Auskünfte oder Zusagen der für die Genehmigung zuständigen Stelle darauf vertrauen konnten, daß die bisherige Handhabung fortgesetzt wird, kann die Genehmigung auf Wunsch auch in der bisher üblichen Form erteilt werden.

VII.

Die Länder erlassen die zum Vollzug dieses Beschlusses erforderlichen Vorschriften.

10.3 Beschluß der Kultusministerkonferenz vom 28. April 1977 zur nachträglichen Graduierung von Berechtigten nach dem Bundesvertriebenengesetz

1. Berechtigte im Sinne des § 92 des Gesetzes über Angelegenheiten der Vertriebenen und Flüchtlinge (Bundesvertriebenengesetz – BVFG –) jeweiliger Fassung, die vor ihrer Vertreibung, Aussiedlung oder Zuwanderung einen berufsqualifizierenden Abschluß erworben haben, der dem einer Vorläufereinrichtung der Fachhochschulen (Ingenieurschulen und Höhere Fachschulen) im Geltungsbereich des Grundgesetzes zum Zeitpunkt des Erwerbs materiell gleichwertig war, erhalten auf Antrag das Recht, eine staatliche Graduierungsbezeichnung zu führen, die für einen Abschluß dieser Art im Geltungsbereich des Grundgesetzes vorgesehen ist.

2. Die positive Entscheidung über einen Antrag auf Genehmigung zur Führung eines ausländischen Grades (einschließlich Berufs- oder Standesbezeichnung) schließt eine Graduierung nach Nummer 1 für den gleichen Abschluß aus.

Bei der Entscheidung nach Nummer 1 ist zum Ausdruck zu bringen, daß Grade (einschließlich Berufs- oder Standesbezeichnungen) des Herkunftslandes, die auf dem gleichen Abschluß beruhen, nicht zusätzlich zur deutschen Graduierungsbezeichnung geführt werden dürfen.

3. Die staatliche Graduierungsbezeichnung bestimmt sich nach der mit Beschluß der Kultusministerkonferenz getroffenen „Vereinbarung über Fachrichtungen an Fachhochschulen" jeweiliger Fassung.

4. Den Ländern bleibt es unbenommen, ihre Entscheidung mit der Auflage zu treffen, daß die staatliche Graduierungsbezeichnung mit einem auf das Herkunftsland hinweisenden Zusatz geführt wird, wenn dies zur Kennzeichnung wesentlicher Unterschiede in der Ausbildung notwendig erscheint.*)

---

*) Beispiel: „Ing. (grad.)/Pl" (für Herkunftsland Polen),
          „Ing. (grad.)/SU" (für Herkunftsland UdSSR).

5. Vor der Entscheidung über Anträge nach Nummer 1 ist bei ausländischen Bildungsabschlüssen die Zentralstelle für ausländisches Bildungswesen der Kultusministerkonferenz, für Bildungsabschlüsse an Einrichtungen in der DDR das Pädagogische Zentrum in Berlin gutachtlich zu hören, soweit dies zur Bewertung des jeweiligen Bildungsabschlusses erforderlich ist.

6. Die vorstehenden Bestimmungen gelten entsprechend für Abkömmlinge des Personenkreises im Sinne des § 92 BVFG.

7. Der Beschluß der Kultusministerkonferenz über die rückwirkende Graduierung von Ingenieurschulabsolventen aus der SBZ vom 15. 6. 1967 sowie der Beschluß über die nachträgliche Graduierung von Personen, die vor dem 1. 10. 1938 ein Abschlußzeugnis einer der deutschen Ingenieurschule vergleichbaren Einrichtung in der Tschechoslowakischen Republik erworben haben, vom 3./4. 10. 1968 werden aufgehoben.

8. Die Länder erlassen die zum Vollzug dieses Beschlusses erforderlichen Vorschriften.

10.4 Rundschreiben des Bundesministers für Verkehr zur Erteilung der Fahrerlaubnis an Personen, die einen entsprechenden Anspruch nach § 92 Bundesvertriebenengesetz (BVFG) haben, vom 10. Mai 1977
...

Bei der Besprechung des Bund-Länder-Fachausschusses für Angelegenheiten der Zulassung von Personen zum Straßenverkehr am 23./24. 3. 1977 in Stuttgart (BLFA-FE I/77) wurde der Punkt „Erteilung der Fahrerlaubnis an Vertriebene und Spätaussiedler" mit folgendem Ergebnis erörtert:

1. Wegen der bei mehreren zuständigen obersten Landesbehörden bestehenden Zweifel an der Gleichwertigkeit der Fahrerlaubnisprüfung nach § 92 BVFG insbesondere in Polen, Rumänien, Ungarn und in der UdSSR wurden die in diesen Staaten geltenden Regelungen über Ausbildung und Prüfung der Fahrerlaubnisbewerber vorgetragen . . . Dadurch wurden die grundlegenden Bedenken gegen die Gleichwertigkeit ausgeräumt.

2. Der Nachweis der Vertriebenen-/Spätaussiedlereigenschaft kann nur mit dem Vertriebenenausweis, nicht aber mit dem Bundespersonalausweis erfolgen . . .

3. Da von der Gleichwertigkeit der Fahrerlaubnisprüfung ausgegangen werden kann, besteht für den Vertriebenen/Spätaussiedler nach § 92 BVFG sofort ein Rechtsanspruch auf den deutschen Führerschein. Die Eignung wird zunächst unterstellt. Bei offensichtlicher oder gar eindeutig nachgewiesener Ungeeignetheit eines Fahrerlaubnisinhabers darf aber der deutsche Führerschein nicht ausgehändigt werden. Besteht Anlaß zur Annahme, daß der Fahrerlaubnisinhaber zum Führen eines Kraftfahrzeugs ungeeignet ist, so ist nach § 15b Abs. 2 und 3 StVZO zu verfahren.

4. . . .

5. . . .

Es wird anheimgestellt, die nachgeordneten Behörden über die Anwendung des § 92 BVFG zu unterrichten.

11. HILFEN ZUR GRÜNDUNG VON SELBSTÄNDIGEN EXISTENZEN

11.1 Wegweiser des Bundesministers für Wirtschaft für den Aufbau einer selbständigen Existenz in der gewerblichen Wirtschaft (aus dem vom Bundesminister des Innern herausgegebenen „Wegweiser für Aussiedler", November 1978)

1. Chancen und Risiken einer selbständigen wirtschaftlichen Existenz in unserer marktwirtschaftlichen Ordnung

In unserer marktwirtschaftlichen Ordnung ist eine große Zahl von selbständigen Unternehmern in Industrie, Handwerk, Handel, Hotel- und Gaststättengewerbe, Verkehrswirtschaft und anderen Dienstleistungsbereichen für das Funktionieren des Wettbewerbs unverzichtbar. Unsere Volkswirtschaft besteht nur zu einem geringen Teil aus Großbetrieben. Gerade die Vielzahl von Mittel- und Kleinbetrieben gewährleistet ein breites Güter- und Arbeitsplatzangebot. Diese Betriebe erbringen einen wichtigen Beitrag zur Versorgung der Bevölkerung mit individuellen und spezialisierten Gütern oder Dienstleistungen. Der freie Wettbewerb bietet jedem, der den Willen zur Leistung und berufliche Qualifikationen mitbringt, die Chance, sich eine selbständige wirtschaftliche Existenz aufzubauen.

Allerdings muß sich jeder selbständige Unternehmer immer bewußt bleiben, daß seine Tätigkeiten mit Risiken verbunden sind: Er trifft Konkurrenten an, die ihm seinen Marktanteil streitig machen. Er muß dafür Sorge tragen, daß sein Betrieb stets den technischen und wirtschaftlichen Erfordernissen entspricht. Dazu gehört eine ausreichende finanzielle Ausstattung mit Eigen- und Fremdkapital, die auch in kritischen Zeiten die Zahlungsfähigkeit gewährleistet.

Selbständiges Wirtschaften im freien Wettbewerb heißt also, Chancen und Risiken mit unternehmerischem Einsatz (Wagemut) gegeneinander abzuwägen.

2. Beratung über die Gründung einer selbständigen wirtschaftlichen Existenz

Sie haben die Möglichkeit, sich über die Gründung eines eigenen Betriebes im Bereich des Handwerks, des Handels, der Industrie, des Verkehrsgewerbes oder sonstiger Dienstleistungsgewerbe kostenlos beraten zu lassen. Diese Beratung über die persönlichen, finanziellen und organisatorischen Voraussetzungen für eine Betriebsgründung können Sie innerhalb von drei Jahren nach Zuzug in die Bundesrepublik Deutschland in Anspruch nehmen.

Auskünfte über die Voraussetzungen einer Existenzgründung und der Inanspruchnahme einer entsprechenden Beratung erteilen die für Ihren neuen Wohnsitz zuständigen Handwerkskammern und Industrie- und Handelskammern.

Haben Sie sich bereits zur Gründung eines Betriebes entschlossen, können Sie bei einer öffentlich anerkannten Beratungsinstitution, z. B. bei den Beratungsstellen der Handwerkskammern, des Handels, der Wirtschaftsverbände oder des Rationalisierungskuratoriums der Deutschen Wirtschaft formlos eine „Gründungsberatung" beantragen. Die Beratung umfaßt insbesondere:

die Feststellung der wirtschaftlichen Situation

die Darlegung der für die voraussichtliche Marktentwicklung in der Branche maßgeblichen strukturellen und konjunkturellen Bestimmungsfaktoren

Fragen der Standortwahl, der technischen und kaufmännischen Organisation des

Betriebes, des Personalbedarfs und der Kapitalausstattung (einschließlich staatlicher Finanzierungshilfen).

Bei der Gründung eines Handwerksbetriebes und Beratung durch Berater der Handwerksorganisation (Handwerkskammern und Fachverbände) besteht hinsichtlich der Beratungsdauer keine Begrenzung.

In den anderen Wirtschaftsbereichen ist die einmalige kostenlose Beratung auf fünf Beratungstagewerke begrenzt. Dauert die Beratung länger, sind ab 6. Tag die allgemeine Beratungsförderungsgrundsätze anzuwenden (Erstattung der Kosten bis zu 75 %)

3. Öffentliche Finanzierungshilfen

Die Gründung einer selbständigen Existenz setzt ein ausreichendes Startkapital voraus, dessen Höhe wesentlich von der Art der geplanten Tätigkeit abhängig ist. Deshalb ist es wichtig, sich vor der Gründung eines eigenen Unternehmens darüber klar zu werden, welcher Kapitalbedarf entsteht und wie er gedeckt werden soll. In der Regel wird der Kapitalbedarf beträchtlich höher sein als die vorhandenen Eigenmittel, so daß Kredite in Anspruch genommen werden müssen.

Um die Gründung einer selbständigen Existenz zu erleichtern, bietet der Staat zinsgünstige Darlehen aus Mitteln des ERP-Sondervermögens an. In erster Linie kommt das ERP-Existenzgründungsprogramm in Betracht (Investitionen zur Errichtung von Betrieben; Übernahme bestehender Betriebe; Beschaffung des ersten Warenlagers; Leistung von Mietvorauszahlungen). Die Laufzeit der Darlehen beträgt bis zu 15 Jahre bei einem festen Zinssatz von z. Z. 5,5 % (bei Vorhaben im Zonenrandgebiet 4,5 %)[1]).

Für Aussiedler gelten folgende erleichterte Vergabebedingungen:

Erhöhung des Finanzierungsanteils auf etwa 2/3 der Investitionskosten;

keine Altersgrenze für die Darlehensgewährung an Aussiedler.

Daneben bietet die Lastenausgleichbank Aussiedlern, die eine selbständige Existenz gründen oder in der Anlaufphase festigen wollen, ergänzende Darlehen zum ERP-Existenzgründungsprogramm an. Die Darlehenslaufzeit beträgt bis zu 12 Jahre bei einem festen Zinssatz von 5 %. Zusammen mit einem ERP-Darlehen kann damit ein Gründungsvorhaben in geeigneten Fällen in vollem Umfang mit öffentlichen Mitteln finanziert werden. Dabei wird berücksichtigt, daß Spätaussiedler nur wenig oder keine eigenen Mittel einsetzen können.

Anträge auf Darlehensgewährung aus den genannten Programmen können bei jedem Kreditinstitut gestellt werden. Auskünfte erteilen auch die Kammern und die Fachverbände.

Die aus öffentlichen Finanzierungsprogrammen gewährten Kredite müssen banküblich abgesichert werden. Sofern keine ausreichenden Sicherheiten vorhanden sind, besteht die Möglichkeit der Bürgschaftsübernahme durch eine Kreditgarantiegemeinschaft der einzelnen Bundesländer sowie der Risikoübernahme durch die Lastenausgleichbank. Auch hierüber können die Kreditinstitute nähere Auskünfte erteilen.

4. Steuererleichterungen[2])

Für Aussiedler, die ihre frühere Erwerbsgrundlage verloren und sich in der Bundesrepublik Deutschland eine neue selbständige Existenz geschaffen haben,

---

[1]) derzeit 6,5 % bzw. 5,5 % (April 1979)
[2]) vgl. hierzu den Abschnitt 13 „Steuerliche Vergünstigungen"

gelten bestimmte steuerliche Erleichterungen. Dabei handelt es sich einmal um Sonderabschreibungen für Fabrikgebäude, Lagerhäuser und landwirtschaftliche Betriebsgebäude (§ 7e des Einkommensteuergesetzes), zum anderen um die steuerliche Begünstigung des nicht entnommenen Gewinns (§ 10a des Einkommensteuergesetzes). Beide Vorschriften verfolgen den Zweck, dem betroffenen Personenkreis gerade in den ersten Jahren nach der Gründung eines eigenen Unternehmens finanzielle Erleichterungen zu verschaffen, um die oft schwierige Startphase besser durchstehen zu können. Nähere Auskünfte hierüber erteilt das zuständige Finanzamt.

5. Anerkennung von Zeugnissen/Eintragung in die Handwerksrolle[1])

Die Ausübung einer selbständigen gewerblichen Tätigkeit setzt häufig nicht den Nachweis einer bestimmten Berufsausbildung oder bestimmter Prüfungen und Zeugnisse voraus (Grundsatz der Gewerbefreiheit). In diesem Falle ist die Anerkennung der außerhalb des Bundesgebiets erworbenen Prüfungszeugnisse und Befähigungsnachweise für die selbständige Tätigkeit juristisch nicht erforderlich.

Dennoch wird im Hinblick auf einen möglichen späteren Übergang von der selbständigen zu einer unselbständigen Tätigkeit im Arbeitsverhältnis das Bemühen um die Anerkennung der Zeugnisse empfohlen, da tarifliche Einstufung und Arbeitsverdienst des Arbeitnehmers oft von der Anerkennung seiner Prüfungen und Befähigungsnachweise abhängen. Die Anerkennung erfolgt durch Verwaltungsentscheidung auf der Rechtsgrundlage des § 92 Bundesvertriebenengesetz. Zuständig für die Anerkennung gewerblicher Prüfungen sind in den meisten Ländern die Industrie- und Handelskammern bzw. die Handwerkskammern, in Berlin jedoch der Senator für Arbeit und Soziales.

Die selbständige Ausübung eines Handwerks ist allerdings nur nach Eintragung in die Handwerksrolle zulässig. Der Antrag auf Eintragung ist an die örtliche zuständige Handwerkskammer zu richten. Voraussetzung für die Eintragung ist grundsätzlich die erfolgreiche Ablegung der Meisterprüfung. Für Aussiedler gelten folgende Sondervorschriften:

Nach § 7 Abs. 7 Handwerksordnung sind Vertriebene – Aussiedler gelten als Vertriebene im Sinne des Bundesvertriebenengesetzes – in die Handwerksrolle einzutragen, wenn sie eine der deutschen Meisterprüfung gleichwertige Prüfung außerhalb des Bundesgebietes bestanden haben.

Eine weitere Möglichkeit zur Eintragung in die Handwerksrolle sieht § 71 Bundesvertriebenengesetz vor. Danach reicht es aus, daß Aussiedler vor der Aussiedlung entweder ein Handwerk selbständig ausgeübt haben oder zur Anleitung von Lehrlingen befugt waren.

Die Eintragung in die Handwerksrolle berechtigt allerdings noch nicht zur Führung des Meistertitels und zur Ausbildung von Lehrlingen. Hierfür ist die Anerkennung der ausländischen Meisterprüfung nach § 92 Bundesvertriebenengesetz erforderlich.

Weitere Einzelheiten können Sie der Broschüre des Bundesministers für Wirtschaft „Grundsätze zur rechtlichen Handhabung der §§ 92 und 71 des Bundesvertriebenengesetzes sowie des § 7 Abs. 7 der Handwerksordnung im Bereich der gewerblichen Wirtschaft" entnehmen.

---

[1]) vgl. hierzu den Abschnitt 10 „Anerkennung von Prüfungen und Befähigungsnachweisen"

Über das System der beruflichen Bildung und der berufsqualifizierenden Abschlüsse und Befähigungen in der Volksrepublik Polen informiert die ebenfalls vom Bundesminister für Wirtschaft herausgegebene Broschüre „Anerkennung von Aussiedlerzeugnissen, berufliche Bildung und berufliche Qualifikation in der Volksrepublik Polen".

Beide Broschüren können beim Bundesminister für Wirtschaft, Postfach, 5300 Bonn 1, kostenlos angefordert werden.

11.2 Richtlinien für die Berücksichtigung bevorzugter Bewerber bei der Vergabe öffentlicher Aufträge (Vertriebene, Sowjetzonenflüchtlinge, Verfolgte, Evakuierte, Werkstätten für Behinderte und Blindenwerkstätten) i.d.F. vom 11. August 1975 (Bundesanzeiger vom 20. August 1975, S. 2)

§ 1

Personenkreis

Bevorzugte Bewerber im Sinne dieser Richtlinie sind:

1. Nach § 74 BVFG zur Inanspruchnahme von Rechten und Vergünstigungen nach dem Gesetz über die Angelegenheiten der Vertriebenen und Flüchtlinge (BVFG) in der Fassung der Bekanntmachung vom 3. September 1971 (Bundesgesetzbl. I, S. 1565), zuletzt geändert durch das Einführungsgesetz zum Strafgesetzbuch vom 2. März 1974 (Bundesgesetzbl. I, S. 469) berechtigte Vertriebene, Sowjetzonenflüchtlinge und diesen gleichgestellte Personen (§§ 1 bis 4, 14 BVFG), sowie Unternehmen, an denen diese Personen mit mindestens der Hälfte des Kapitals beteiligt sind, sofern ihre Beteiligung für mindestens 6 Jahre sichergestellt ist.

2. ...

3. Nach § 12a des Bundesevakuiertengesetzes in der Fassung der Bekanntmachung vom 13. Oktober 1961 (Bundesgesetzbl. I, S. 1865), zuletzt geändert durch das Einführungsgesetz zum Strafgesetzbuch vom 2. März 1974 (Bundesgesetzbl. I, S. 469) Evakuierte, die in den Ausgangsort (Ersatzausgangsort) rückgeführt worden oder zurückgekehrt sind, sowie Unternehmen, an denen solche Evakuierte mit mindestens der Hälfte des Kapitals beteiligt sind, sofern die Beteiligung für mindestens 6 Jahre vereinbart ist (§§ 1 und 2 des Bundesevakuiertengesetzes). Die Bevorzugung gilt für Angebote, die bis zum Ablauf von vier Jahren nach der Rückführung oder der Rückkehr des Evakuierten abgegeben werden (§ 21 Abs. 2 des Bundesevakuiertengesetzes). Diese Frist beginnt frühestens mit dem 9. Oktober 1957.

4. ...

§ 2

Nachweis der Zugehörigkeit zu den nach § 1 Nr. 1 bevorzugten Bewerbern

1. Der Nachweis der Eigenschaft als Vertriebener, Sowjetzonenflüchtling oder diesen gleichgestellter Person ist durch Vorlage eines gemäß § 15 BVFG ausgestellten Ausweises A, B oder C zu führen.

2. Unternehmen nach § 74 Abs. 1 Satz 2 BVFG haben den Nachweis durch Vorlage eines beglaubigten Handelsregisterauszuges, von beglaubigten Abschriften der zum Handelsregister eingereichten Schriftstücke, insbesondere des Gesellschaftsvertrags, oder von sonstigen geeigneten öffentlichen oder privaten Ur-

kunden zu führen. Der Nachweis kann auch durch Vorlage einer Bescheinigung der Landesflüchtlingsverwaltung geführt werden. Die Bescheinigung darf bei der Vorlage nicht älter als ein Jahr sein.

(3) Nicht zum begünstigten Personenkreis gehören die Inhaber von Ausweisen mit einschränkenden Vermerken (§§ 9 bis 13 BVFG).

§ 3
Nachweis der Zugehörigkeit zu den nach § 1 Nr. 2 bevorzugten Bewerbern

...

§ 4
Nachweis der Zugehörigkeit zu den nach § 1 Nr. 3 bevorzugten Bewerbern

1. Der Nachweis der Eigenschaft als Evakuierter im Sinne von § 1 ist gegenüber den Vergabestellen durch Vorlage des Registrierungsbescheides gemäß § 4 Abs. 1 letzter Satz des Bundesevakuiertengesetzes sowie einer amtlichen Bescheinigung über den Tag der Rückführung oder Rückkehr des Evakuierten in den Ausgangsort (nach Möglichkeit durch einen Vermerk auf dem Registrierungsbescheid) zu führen.

2. Der Nachweis der Beteiligung und der Dauer der Beteiligung von Evakuierten an einem Unternehmen ist gegenüber den Vergabestellen durch Vorlage einer amtlichen Bescheinigung zu führen. Die Bescheinigung darf bei der Vorlage nicht älter als ein Jahr sein.

§ 5
Nachweis der Zugehörigkeit zu den nach § 1 Nr. 4 bevorzugten Bewerbern

...

§ 6
Inhalt der Bevorzugung

1. Bei beschränkten Ausschreibungen und freihändigen Vergaben sind regelmäßig neben den nach anderen Bestimmungen bevorzugten Bewerbern auch die in § 1 genannten Personen und Unternehmen in angemessenem Umfang zur Angebotsabgabe mitaufzufordern.

2. Die Landesauftragsstellen (Auftragsberatungsstellen) können den Vergabestellen bevorzugte Bewerber im Sinne des § 1 benennen. Ein Verzeichnis der Landesauftragsstellen liegt an.

Ist bei öffentlicher oder beschränkter Ausschreibung oder bei freihändiger Vergabe das Angebot eines nach § 1 bevorzugten Bewerbers ebenso wirtschaftlich (VOL) oder annehmbar (VOB) wie das eines Bewerbers, der weder nach § 1 noch nach anderen Bestimmungen bevorzugt ist, so soll ihm der Zuschlag erteilt werden.

4. Liegt das Angebot eines nach § 1 Nr. 1–3 bevorzugten Bewerbers nur geringfügig über dem wirtschaftlichsten oder annehmbarsten Angebot, so soll ihm auch in diesem Falle der Zuschlag erteilt werden. Als geringfügige Überschreitung des wirtschaftlichsten bzw. annehmbarsten Angebots gelten folgende Mehrpreise:

Bei Angeboten

		bis	5000 DM	5	v.H.
für den Betrag über	5000 DM	bis	10000 DM	4	v.H.
für den Betrag über	10000 DM	bis	50000 DM	3	v.H.
für den Betrag über	50000 DM	bis	100000 DM	2	v.H.
für den Betrag über	100000 DM	bis	500000 DM	1	v.H.
für den Betrag über	500000 DM	bis		0,5	v.H.

Der jeweils zulässige Mehrpreis ist, beginnend mit dem Satz von 5 v.H., entsprechend der Angebotssumme stufenweise zu berechnen und zusammenzuzählen.

Für Bewerber nach § 1 Nr. 4 gilt folgende Mehrpreisstaffel:

Bei Angeboten		bis	5000 DM	6	v.H.
für den Betrag über	5000 DM	bis	10000 DM	5	v.H.
für den Betrag über	10000 DM	bis	50000 DM	4	v.H.
für den Betrag über	50000 DM	bis	100000 DM	3	v.H.
für den Betrag über	100000 DM	bis	500000 DM	2	v.H.
für den Betrag über	500000 DM	bis	1000000 DM	1	v.H.
für den Betrag über	1000000 DM			0,5	v.H.

Der jeweils zulässige Mehrpreis ist, beginnend mit dem Satz von 6 v.H. entsprechend der Angebotssumme stufenweise zu berechnen und zusammenzuzählen.

5. Ein Bewerber nach § 1 Nr. 4 geht jedem Bewerber mit anderen Bevorzugungsmerkmalen nach diesen oder anderen Bestimmungen vor, auch wenn sein Angebot höher liegen sollte als das Angebot des anderen bevorzugten Bewerbers. Voraussetzung ist, daß sein Angebot nur geringfügig im Sinne der Nummer 4 Abs. 2 über dem wirtschaftlichsten oder annehmbarsten Angebot liegt. Der Vorrang eines Bewerbers nach § 1 Nr. 4 gilt auch für den Fall, daß der andere bevorzugte Bewerber mehrere Bevorzugungsmerkmale nach § 1 Nr. 1–3 oder anderen Bestimmungen auf sich vereint.

Liegen Angebote mehrerer Bewerber vor, die unter § 1 Nr. 4 fallen und darüber hinaus ein anderes Bevorzugungsmerkmal erfüllen, so soll demjenigen Bewerber der Vorzug gegeben werden, bei dem die Mehrzahl der Merkmale vorliegt, auch wenn sein Angebot höher liegen sollte als das eines anderen bevorzugten Bewerbers mit weniger Bevorzugungsmerkmalen. Bei Bietern mit gleicher Anzahl von Merkmalen kann der Zuschlag angemessen verteilt werden. Das gilt auch dann, wenn Angebote mehrerer Bewerber vorliegen, die nur nach § 1 Nr. 4 bevorzugt werden.

6. Reichen bevorzugte Bewerber Angebote ein, die keine Bevorzugungsmerkmale nach § 1 Nr. 4 erfüllen, so gilt folgende Regelung:

Vereinigen die Bewerber mehrere Bevorzugungsmerkmale nach diesen oder anderen Bestimmungen auf sich, so soll demjenigen Bewerber der Vorzug gegeben werden, bei dem die Mehrzahl der Merkmale vorliegt, auch wenn sein Angebot höher liegen sollte als das eines anderen bevorzugten Bewerbers mit weniger Bevorzugungsmerkmalen. Bei Bewerbern mit gleicher Anzahl von Merkmalen kann der Zuschlag angemessen verteilt werden.

7. Die Nummern 5 und 6 gelten nur, soweit sich die Angebote der bevorzugten Bewerber noch im Rahmen der jeweils gültigen Geringfügigkeitsspannen in Frage, so ist die für ihn günstigere Spanne zugrundezulegen.

8. Wird entgegen den Vorschriften der Nummern 1, 3 bis 6 ein bevorzugter Be-

werber aus zwingenden Gründen nicht berücksichtigt, so sind die Gründe aktenkundig zu machen.

§ 7
Blindenwerkstätten

Soweit für anerkannte Blindenwerkstätten hinsichtlich der Blindenwaren weitergehende Vergünstigungen bestehen, bleiben diese unberührt.

§ 8
Sonderregelung bei Arbeitsgemeinschaften

Falls das Angebot von einer Arbeitsgemeinschaft abgegeben wird, ist der Ermittlung der als geringfügig anzusehenden Überschreitung (§ 6 Nr. 4) nur derjenige Anteil zugrunde zu legen, den nach § 1 dieser Richtlinien oder nach anderen Bestimmungen bevorzugte Bewerber an dem Gesamtangebot der Arbeitsgemeinschaft haben.

Die Vergabestellen sollen durch geeignete Maßnahmen darauf hinwirken, daß bei der Angebotsabgabe wahrheitsgemäße Aufgaben über den Anteil des bevorzugten Bewerbers gemacht werden.

§ 9
Berichterstattung

Die Vergabestellen berichten an den Bundesminister für Wirtschaft in regelmäßigen Abständen über Art und Ausmaß der an bevorzugte Bewerber vergebenen Aufträge; Form und Termine der Berichterstattung werden von dem Bundesminister für Wirtschaft mit den beteiligten Verwaltungen vereinbart.

§ 10
Schlußbestimmungen

1. Diese Richtlinien sind nach ihrer Bekanntgabe im Bundesanzeiger anzuwenden. Gleichzeitig treten, soweit nicht bereits durch gesetzliche Regelung geschehen, außer Kraft: Die Richtlinien für die Berücksichtigung bevorzugter Bewerber bei der Vergabe öffentlicher Aufträge (Vertriebene, Sowjetzonenflüchtlinge, Verfolgte, Evakuierte, Schwerbeschädigte) vom 24. Februar 1969 (Bundesanzeiger Nr. 42 vom 1. März 1969).

2. Diese Richtlinien ergehen im Einvernehmen mit dem Bundesminister des Innern und dem Bundesminister für Arbeit und Sozialordnung.

Anlage

Verzeichnis der Landesauftragsstellen
(Auftragsberatungsstellen)

Stand: Mai 1978

Auftragsberatungsstelle Baden-Württemberg
Geschäftsführer: Dipl.-Ing. Karl-Heinz Möbus
Heustr. 2 B
7000 Stuttgart 1
Postfach 846
Tel.: Fernverkehr (Durchwahl) 29 69 41/2
Fernschreiber: 0 723 226

Vertretung Bonn
Leiter: Werner Reich
Raiffeisenstraße 3
5300 Bonn 1
Tel.: 21 36 14
Fernschreiber: über 0 886 874
Landesvertretung Baden-Württemberg

Landesauftragsstelle Bayern e. V.
– Beratungsstelle für das öffentliche Auftragswesen –
Geschäftsführer: RA Armin Oehrlein
Widenmayerstr. 6/II
8000 München 22
Tel.: 29 39 45 / 6
Fernschreiber: 0 522 234

BAO
Berliner Absatzorganisation GmbH
Leiter: Dr. Günter Wilitzki
Hardenbergstr. 16–18
1000 Berlin 12
Tel.: 31 07 21
Fernschreiber: 0 183 663

Auftragsberatungsstelle Bremen
Senator für Wirtschaft und Außenhandel
Leiter: Frau Brinkmann
Stellvertreter: H. Wilte
Bahnhofsplatz 29/Tivoli-Hochhaus
2800 Bremen
Tel.: 36 11/Direktwahl: 3 61 23 66
Fernschreiber: 0 244 804 (Senat Bremen)

Auftragsstelle Hamburg
– Beratungsstelle für Auftragswesen Auftragsstelle Hamburg e. V. –
Leiter: Dr Hans Bielfeldt
Börse
2000 Hamburg 11
Tel.: 36 13 81
Fernschreiber: 0 211 250

Vertretung Bonn
Leiter: Dipl.-Volkswirt Gerhard Rebentisch
Adenauerallee 148
5300 Bonn 1
Tel.: 10 41
Direktwahl: 10 42 60
Fernschreiber: über 0 886 805 (handeltag bonn)

Landesauftragsstelle Hessen e. V.
Geschäftsführer: Gerhard Buß
Adelheidstr. 23/III
6200 Wiesbaden
Tel.: 37 20 88 / 89 (0 61 21)
Fernschreiber: 04 186 613 (lash d)

Auftragsstelle Niedersachsen
– Beratungsstelle für öffentliches Auftragswesen Niedersachsen e. V. –
Geschäftsführer: Dipl.-Kfm. R. Witte
Kurt-Schumacher-Str. 14
3000 Hannover
Postfach 425
Tel.: 32 61 44 / 45
Fernschreiber: 0 922 146 (last d)

Beratungsstelle für öffentliches Auftragswesen im Land Nordrhein-Westfalen
Geschäftsführer: Ass. Kreplin
Referent: Ernst Häring
Goltsteinstr. 31
4000 Düsseldorf
Postfach 16 25
Tel.: 35 24 64
Fernschreiber: über 08 582 363 (verein ihk dssd)

Landesauftragsstelle Rheinland-Pfalz
Geschäftsführer: Dipl.-Volkswirt Seul
Schloßstr. 7/II
5400 Koblenz
Tel.: 3 35 24
Fernschreiber: über 0 882 843 (ihakakblz)

Landesauftragsstelle des Saarlandes
– Beratungsstelle für das öffentliche Auftragswesen –
Geschäftsführer: Dr. Schneider
Sachbearbeiter: Frau Bosche
Hindenburgstr. 9
6600 Saarbrücken 1
Postfach 136
Tel.: 50 81, Durchwahl: 50 82 69
Fernschreiber: 04 421 298

Auftragsberatungsstelle Schleswig-Holstein e. V.
Leiter: Jürgen Radischewski
Lorentzendamm 24
2300 Kiel
Tel.: 55 13 21
Fernschreiber: über 0 299 864 (ihk kiel)

11.3 Übersicht über die wichtigsten Darlehns- und Bürgschaftsprogramme der Lastenausgleichsbank

(Maßgebend sind die „Allgemeine Bedingungen für die Vergabe von ERP-Mitteln" bzw. Richtlinien/Grundsätze für die einzelnen Programme in der jeweils gültigen Fassung)

1. Allgemeines

1.1 Darlehen und Bürgschaften werden ausschließlich zur Förderung gewerblicher bzw. (bei 8 und 9) freiberuflicher Existenzen gewährt. Für den Wohnungsbau oder persönliche Zwecke stehen keine Mittel zur Verfügung.

1.2 Anträge auf Gewährung einer Finanzierungshilfe sind nicht bei der Lastenausgleichsbank, sondern bei einem dem Antragsteller genehmen Kreditinstitut (der sog. Hausbank) einzureichen.

1.3 Finanziert werden grundsätzlich nur Vorhaben, mit denen bei Antragstellung noch nicht begonnen worden ist.

Ein Vorhaben kann nur aus einem ERP-Programm finanziert werden, auch wenn die Voraussetzungen mehrerer Programme für die Darlehnsgewährung gegeben sind.

1.5 Der Antragsteller hat zur Finanzierung seines Vorhabens entsprechend seiner Vermögenslage und Ertragskraft in angemessenem Umfang Eigenmittel und anderweitig beschaffte Fremdmittel einzusetzen.

1.6 Die Entscheidung darüber, ob und ggf. in welcher Höhe ein Darlehen bzw. eine Bürgschaft gewährt werden kann, ist erst nach Vorliegen und Prüfung vollständiger Antragsunterlagen möglich.

1.7 **Konditionen für ERP-Darlehen:**
(gemäß Ziffer 2, 3, 6 und 7)
Zinssatz: 5,5 % p. a. bzw. 4,5 % p. a. für Vorhaben im Zonenrandgebiet[1])

Laufzeit: bis 10 Jahre, für Bauvorhaben bis 15 Jahre, davon tilgungsfrei höchstens 2 Jahre.

Auszahlung: 100 %.

1.8 **Besicherung:**
Die ERP-Mittel werden grundsätzlich von Kreditinstituten vergeben, die für die Darlehen die volle Haftung übernehmen. Die Darlehen sind bankmäßig abzusichern. Bei den Programmen zu Tz. 5 sowie Tz. 7 kann die Hausbank teilweise von der Haftung freigestellt werden. Desgleichen im Programm zu Tz. 4, soweit es sich dabei um Darlehen an Vertriebene und Flüchtlinge handelt.

2. ERP-Darlehen zur Förderung der Existenzgründung

2.1 **Darlehenszweck:**
Investitionen zur Errichtung und Einrichtung von Betrieben, sowie hiermit in Zusammenhang stehende Investitionen innerhalb von 3 Jahren nach Betriebseröffnung; ferner Übernahme von Betrieben oder tätigen Beteiligungen, Beschaffung eines ersten Warenlagers oder einer ersten Büroausstattung. Die Antragsteller sollen mindestens 21 Jahre alt und nicht älter als 50 Jahre sein. Für Spätaussiedler gelten erleichterte Bedingungen.

2.2 **Höchstbetrag:** 200 000 DM

---

[1]) derzeit 6,5 % bzw. 5,5 % (April 1979)

3. ERP-Darlehen
zur Förderung standortbedingter Investitionen
. . .

4. Ergänzungsprogramm I
der Lastenausgleichsbank für die Existenzgründung und Existenzsicherung kleiner und mittlerer gewerblicher Unternehmen.

4.1 Darlehenszweck:
Investitionen zur Existenzgründung von Nachwuchskräften im Bereich der gewerblichen Wirtschaft. Als Maßnahme zur Existenzgründung im Sinne dieser Richtlinien gelten auch Investitionen, die in der Anlaufphase des Betriebes durchgeführt werden und mit der Gründung in Zusammenhang stehen und die geeignet sind, die Leistungs- und Wettbewerbsfähigkeit des Unternehmens nachhaltig zu sichern.

Ferner können Unternehmen, die sich nicht mehr im Gründungsstadium befinden, Investitionsdarlehen zur Standortsicherung (Erwerb der bisher genutzten Betriebsräume, Erwerb eines Nachbargrundstücks und dergleichen) und Standortverlegung gewährt werden, wenn sie durch von ihnen nicht zu vertretende standortbedingte Umstände in ihrer Existenz bedroht sind. Sanierungsfälle werden nicht gefördert.

Investitionen in Verbindung mit der Gründung von Filialen, sofern das bisher betriebene Geschäft wegen seines ungünstigen Standorts allein keine ausreichende Existenzgrundlage darstellt.

Investitionen, die der Sortimenterweiterung bzw. der Erweiterung der Produkt- und Dienstleistungspalette dienen, sofern sie geeignet sind, die Leistungs- und Wettbewerbsfähigkeit des Unternehmens nachhaltig zu sichern

Ferner können Ergänzungsfinanzierungen zu den unter Ziffer 2, 3, 6 und 7 dieser Übersicht genannten Programmen gewährt werden. Auch können Antragsteller, die nicht unter die Härteregelung des Programms zu Ziffer 7 fallen, wenn eine Finanzierungshilfe noch geboten erscheint, berücksichtigt werden.

In Ausnahmefällen ist eine Nachfinanzierung möglich, wenn und soweit die finanziellen Verhältnisse des Unternehmens den Einsatz langfristiger Mittel geboten erscheinen lassen und mit dem Vorhaben nicht früher als ein Jahr vor Antragstellung begonnen worden ist.

4.2 Darlehenshöhe:
In der Regel bis zu 200 000 DM

4.3 Zinssatz: 7,0 %[1])

4.4 Auszahlung: 100 %

4.5 Laufzeit: in der Regel bis zu 10 Jahre, davon bis zu 2 Freijahre.

5. Ergänzungsprogramm II
der Lastenausgleichsbank für die Existenzgründung von Spätaussiedlern und anderen Spätberechtigten.

---

[1]) Stand: 1. April 1979

5.1 Darlehenszweck:
Investitionen zur Gründung und in der Anlaufphase auch zur Festigung einer selbständigen Existenz im Bereich der gewerblichen Wirtschaft. Die Darlehen werden als Ergänzungsfinanzierung zu ERP-Existenzgründungsdarlehen gewährt; sie können zusammen mit dem ERP-Darlehen bis zu 100% der Investitionskosten betragen.

5.2 Antragsberechtigt sind:
Spätaussiedler und andere Spätberechtigte, die nach dem 31. 12. 1970 in das Gebiet der Bundesrepublik Deutschland oder von Berlin (West) gekommen sind.

5.3 Darlehenshöhe: bis zu 100000 DM

5.4 Zinssatz: 6,0 %[1])

5.5 Auszahlung: 100 %

5.6 Laufzeit: in der Regel bis zu 12 Jahre, davon bis zu 2 Freijahre.

6. ERP-Darlehen

zur Förderung von betrieblichen Ausbildungsplätzen sowie von richtungsweisenden Kooperationsvorhaben

. . .

7. ERP-Darlehen

zur Förderung von Unternehmen der Vertriebenen.

7.1 Darlehenszweck:
Errichtung, Erweiterung, Rationalisierung und Umstellung kleiner und mittlerer Unternehmen von Vertriebenen, insbesondere von Aussiedlern sowie von Zuwanderern aus der DDR und Berlin (Ost) und von nichtdeutschen Flüchtlingen, die nach dem 31. 12. 1960 erstmals ihren Wohnsitz im Bundesgebiet einschließlich Berlin (West) genommen haben und hier noch nicht länger als 12 Jahre eine selbständige Tätigkeit ausüben. Ausnahmen von dieser zeitlichen Begrenzung sind möglich, wenn die Nichtgewährung eines Darlehens eine besondere Härte bedeuten würde.

7.2 Höchstbetrag: 200000 DM

8. Bürgschaften

für Kredite von Kreditinstituten an Angehörige freier Berufe.

8.1 Bürgschaftszweck:
Gefördert werden können Angehörige freier Berufe mit überwiegenden Einkünften aus selbständiger freiberuflicher Tätigkeit, z. B. Ärzte, Apotheker, Architekten, Ingenieure, Rechtsanwälte, Steuerberater, Steuerbevollmächtigte, Wirtschaftsprüfer. Die zu verbürgenden Kredite müssen der Begründung oder Festigung einer selbständigen Erwerbstätigkeit dienen und sollen hauptsächlich zur Finanzierung von Investitionen, wie z. B. Anschaffung von Geräten und Apparaten, Beschaffung und Einrichtung von Praxisräumen verwendet werden. Es können nur solche Kredite verbürgt werden, bei denen keine für einen langfristigen Kredit ausreichenden Sicherheiten zur Verfügung stehen. Die nachträgliche Verbürgung bereits gewährter Bankkredite ist ausgeschlossen.

---

[1]) Stand: 1. April 1979

8.2 Kredithöhe:
Der zu verbürgende Kredit soll in der Regel den Betrag von 100 000 DM nicht überschreiten

8.3 Diskontsatz:
Die gesamten effektiven Kreditkosten dürfen jährlich den Satz von 4% über dem Diskontsatz nicht überschreiten.

8.4 Laufzeit:
Laufzeit und Tilgungsplan des Kredits müssen dem Verwendungszweck entsprechen. Die Laufzeit kann bis zu 12 Jahre betragen, wovon bis zu 2 – ausnahmsweise bis zu 3 – Jahre tilgungsfrei sein können.

8.5 Sicherheiten:
Vorhandene Sicherheiten, insbesondere die mit dem Kredit zu finanzierenden Gegenstände, sind zur Absicherung des Kredits heranzuziehen.

9. Bürgschaften für Betriebsmittelkredite an Vertriebene, Flüchtlinge und Kriegssachgeschädigte

9.1 Bürgschaftszweck:
Verstärkung der Umlaufmittel von Unternehmen der Vertriebenen, Flüchtlinge und Kriegssachgeschädigten sowie freiberuflicher Existenzen, deren Kapitalausstattung oder Finanzstruktur unzureichend ist, deren Gesamtlage und Entwicklungsmöglichkeiten aber eine Kreditgewährung rechtfertigen. Bereits gewährte Kredite können nicht verbürgt werden.

9.2 Kredithöhe:
Der zu verbürgende Einzelkredit soll 100 000 DM nicht übersteigen.

9.3 Zinssatz:
Sofern der Hausbank von der Lastenausgleichsbank Liquiditätsmittel zur Verfügung gestellt werden:
$2^1/_4$% über Diskont, mindestens
$5^1/_4$%, höchstens
$6^1/_4$% einschließlich aller Provisionen und Gebühren.

9.4 Laufzeit:
Längstens bis zum 31. Dezember 1983.

9.5 Sicherheiten:
Der verbürgte Kredit ist, sofern möglich, unter Berücksichtigung der wirtschaftlichen Lage des Kreditnehmers bankmäßig abzusichern.

11.4 Richtlinie des Bundesministers für Wirtschaft ERP-Darlehen zur Förderung der Existenzgründung[1])

(ERP-Existenzgründungsprogramm)

1. Verwendungszweck

Aus Mitteln des ERP-Sondervermögens können Darlehen für die Existenzgründung von Nachwuchskräften der gewerblichen Wirtschaft zur Finanzierung folgender Vorhaben gewährt werden:

---

[1]) Quelle: Bekanntmachungen des BMWi im Bundesanzeiger Nr. 243 vom 29. 12. 1977.

Investitionen zur Errichtung und Einrichtung von Betrieben, sowie hiermit in Zusammenhang stehende Investitionen innerhalb von 3 Jahren nach Betriebseröffnung,

Übernahme von Betrieben oder tätigen Beteiligungen,

Beschaffung eines ersten Warenlagers oder einer ersten Büroausstattung.

2. Antragsberechtigte

Nachwuchskräfte der gewerblichen Wirtschaft, insbesondere des produzierenden Gewerbes, des Handels, des Handwerks, des Kleingewerbes sowie des Gaststätten- und Beherbungsgewerbes.

Die Antragsteller sollen mindestens 21 Jahre alt und nicht älter als 50 Jahre sein. Antragsteller, die bei einem Kreditinstitut über mehrere Jahre eigene Mittel angespart haben, werden – bei sonst gleichen Voraussetzungen – bevorzugt berücksichtigt.

Für Spätaussiedler gelten erleichterte Bedingungen; u. a. wird von der Altersgrenze abgesehen. Die besonderen Darlehenskonditionen werden von der Lastenausgleichsbank, Bonn-Bad Godesberg, in einem Merkblatt bekanntgegeben.

3. Darlehenskonditionen

a) Zinssatz:

5,5 % p. a.[1])

4,5 % p. a. für Vorhaben im Zonenrandgebiet[2])

b) Laufzeit:

Bis 10 Jahre, bis 15 Jahre für Bauvorhaben, davon tilgungsfrei höchstens 2 Jahre.

c) Auszahlung:

100%

d) Höchstbetrag:

200 000 DM.

4. Antragsverfahren

Anträge können bei jedem Kreditinstitut gestellt werden. Die ERP-Darlehen werden von der Lastenausgleichsbank, Bonn-Bad Godesberg, zur Verfügung gestellt.

5. Weitere Vergabebedingungen

Die Allgemeinen Bedingungen für die Vergabe von ERP-Mitteln sind Bestandteil dieser Richtlinie.

Bonn-Bad Godesberg, im Dezember 1977

11.5 Allgemeine Bedingungen für die Vergabe von ERP-Mitteln ERP-Vergabebedingungen[3])

1. Förderungswürdigkeit

Die ERP-Mittel dienen der Förderung der deutschen Wirtschaft. Es werden nur Vorhaben berücksichtigt, die volkswirtschaftlich förderungswürdig sind, die Wettbewerbs- und Leistungsfähigkeit der geförderten Unternehmen steigern und einen nachhaltigen wirtschaftlichen Erfolg erwarten lassen. ERP-Mittel sollen

---

[1]) derzeit 6,5 % (April 1979)
[2]) derzeit 5,5 % (April 1979)
[3]) Quelle: Bekanntmachung des BMWi im Bundesanzeiger Nr. 139 vom 28. 7. 1976 und Nr. 18 vom 27. 1. 1977

nur gewährt werden, wenn die Durchführung des Vorhabens ohne diese Förderung wesentlich erschwert würde. Dabei sind auch die wirtschaftlichen Gesamtverhältnisse der Eigentümer zu berücksichtigen. Sanierungsfälle sind ausgeschlossen.

2. Investitionsfinanzierung

Die ERP-Mittel werden für die Finanzierung von Investitionen mit langfristigem Finanzierungsbedarf zur Verfügung gestellt. Die Laufzeit von ERP-Darlehen soll die betriebsgewöhnliche Nutzungsdauer nicht überschreiten; bei Bauten darf sie höchstens 15 Jahre betragen. Im Interesse einer baldigen Wiederverwendung der ERP-Mittel für neue Vorhaben soll die nach Lage des Falles kürzestmögliche Laufzeit vereinbart werden. Verschiedene Laufzeiten können zu einer Durchschnittslaufzeit zusammengefaßt werden.

3. Anteilsfinanzierung

Die ERP-Mittel dienen nur der anteiligen Finanzierung des Vorhabens. Der Empfänger hat sich entsprechend seiner Vermögenslage und Ertragskraft in angemessenem Umfange mit Eigenmitteln und anderen Fremdmitteln an der Gesamtfinanzierung zu beteiligen. Ermäßigen sich die Kosten des Vorhabens oder erhöhen sich andere öffentliche Finanzierungsmittel, werden die ERP-Mittel anteilig gekürzt.

4. Nachfinanzierung

Die ERP-Mittel dürfen nicht für Vorhaben gewährt werden, mit deren Durchführung im Zeitpunkt der Antragstellung bereits begonnen worden ist.

5. Doppelförderung

Die ERP-Mittel dürfen für ein Vorhaben nicht aus verschiedenen Ansätzen im ERP-Wirtschaftsplan gewährt werden. Sie sollen auch nicht neben Zuwendungen aus dem Bundeshaushalt zur Verfügung gestellt werden.

6. Kooperation

Vorhaben kleiner und mittlerer Unternehmen, die diese unter Wahrung ihrer rechtlichen und wirtschaftlichen Selbständigkeit zum Zwecke der zwischenbetrieblichen Zusammenarbeit (Kooperation) durchführen, sollen bevorzugt berücksichtigt werden.

7. Besicherung

Die ERP-Mittel werden grundsätzlich von Kreditinstituten vergeben, die für die Darlehen die volle Haftung übernehmen. Die ERP-Darlehen sind banküblich abzusichern, u. U. durch Bürgschaften der Kreditgarantiegemeinschaften oder der Länder.

8. Rückzahlung

Die ERP-Darlehen sollen in gleichen Halbjahresraten getilgt werden. Sie können jederzeit ohne vorherige Kündigung ganz oder teilweise zurückgezahlt werden.

9. Zweckbindung

Die ERP-Mittel sind für den nach den Richtlinien festgelegten Zweck zu verwenden. Sie sind zurückzuzahlen, wenn sie bestimmungswidrig verwendet werden oder die Voraussetzungen für ihre Gewährung sich nachträglich ändern oder entfallen.

10. Vergütung für Kreditinstitute

Die Vergütung für Kreditinstitute ist in dem Zinssatz für ERP-Darlehen enthalten. Sofern ERP-Darlehen an öffentliche Stellen oder deren Unternehmen gewährt werden, sind sie unmittelbar von dem Hauptleihinstitut (Kreditanstalt für Wiederaufbau, Frankfurt a. M.; Lastenausgleichsbank, Bonn-Bad Godesberg; Berliner Industriebank AG, Berlin) auszuzahlen.

11. Antragsunterlagen

Der Antrag auf Gewährung von ERP-Mitteln muß eine Beurteilung des Vorhabens ermöglichen und deshalb u. a. folgende Angaben enthalten:

Beschreibung des Unternehmens,
einschließlich der in den jeweiligen Einzelrichtlinien vorgesehenen Antragsberechtigung,
letzte Jahresabschlüsse oder vergleichbare Unterlagen,
Beschreibung des Vorhabens unter Berücksichtigung des in den jeweiligen Einzelrichtlinien vorgesehenen Verwendungszwecks,
Kosten- und Finanzierungsplan,
künftige Erfolgserwartungen,
Besicherungsvorschlag,
ggf. Nachweis der fachlichen Eignung.

Erforderlichenfalls kann ein Fachgutachten verlangt werden. Zur Vereinfachung stehen in verschiedenen Fällen Vordrucke zur Verfügung.

Der Antrag muß die Versicherung enthalten, daß die Angaben der Wahrheit entsprechen. Die Angaben über die Antragsberechtigung und über den Verwendungszweck sind subventionserheblich im Sinne von § 264 StGB in Verbindung mit § 2 Subventionsgesetz.

12. Rechtsanspruch

Ein Rechtsanspruch auf ERP-Mittel besteht nicht. Die Gewährung und Bemessung der einzelnen Darlehen richtet sich nach dem Umfang der vorhandenen Mittel.

13. Auskunftpflicht, Prüfung

Den Beauftragten des ERP-Sondervermögens sind auf Verlangen erforderliche Auskünfte zu erteilen, Einsicht in Bücher und Unterlagen sowie Prüfungen zu gestatten.

11.6 Merkblatt der Lastenausgleichsbank zum ERP-Existenzgründungsprogramm für Spätaussiedler und andere Spätberechtigte

Im ERP-Existenzgründungsprogramm kann normalerweise nur die Existenzgründung mitfinanziert werden. Das gilt nicht für Spätaussiedler oder andere Spätberechtigte, z. B. Zuwanderer aus der DDR.

Finanziert werden können alle zur Gründung einer selbständigen Existenz im gewerblichen Bereich erforderlichen Investitionen. Mit ihrer Durchführung darf jedoch bei Antragstellung noch nicht begonnen sein. Unter Investitionen zur Existenzgründung sind auch solche zu verstehen, für die der Auftrag nach Betriebseröffnung erteilt wird, die aber noch in die Gründungsphase fallen. Darunter wird ein Zeitraum bis zu einem Jahr angenommen werden können. Es muß jedoch sichergestellt sein, daß der Antrag auf ERP-Mittel vor Auftragserteilung gestellt wird und vorherige mit der Betriebsgründung in Zusammenhang stehende Handlungen des Antragstellers einerseits und die Investitionsdurchführung andererseits zeitlich nur kurzfristig auseinanderfallen. Die Entscheidung, ob ein unmittelbarer Zusammenhang zwischen Betriebseröffnung und Investitionen noch gegeben ist, trifft die Lastenausgleichsbank.

Beteiligungen können nur gefördert werden, wenn durch tätige Beteiligung eine tragfähige selbständige Existenz erreicht wird. Das setzt u. a. voraus, daß der Antragsteller an der Geschäftsführung und der Vertretung der Gesellschaft beteiligt wird. Bei Beteiligung oder Betriebsübernahme ist dem Darlehensantrag der Übernahme- bzw. Gesellschaftsvertrag – ggf. im Entwurf – beizufügen.

Für Spätaussiedler und andere Spätberechtigte gelten im ERP-Existenzgründungsprogramm folgende erleichterte Bedingungen:

1. Die richtlinienmäßige Altersgrenze von 45 Jahren kann überschritten werden.

2. Der ERP-Finanzierungsanteil an den Investitionskosten kann bis zu $2/3$ betragen. Als Ersatz für fehlendes Eigenkapital können erforderlichenfalls Darlehen aus dem LAB-Ergänzungsprogramm eingesetzt werden, so daß eine 100%ige Fremdfinanzierung möglich ist.

3. Sollten sich bei der Absicherung des Darlehens Schwierigkeiten ergeben, kann die Bank des Spätaussiedlers bei der Lastenausgleichsbank eine 50%ige Entlastungszusage beantragen (Gebühr 0,5% p. a. auf den von der Lastenausgleichsbank entlasteten Betrag).

11.7 Ergänzungsprogramm I der Lastenausgleichsbank für die Existenzgründung und Existenzsicherung kleiner und mittlerer gewerblicher Unternehmen

1. Förderungsberechtigte

Gefördert werden können kleine und mittlere Unternehmen der gewerblichen Wirtschaft. Unternehmen, bei denen die mit dem Darlehen verbundene Förderung nicht nennenswert ins Gewicht fallen würde, sowie Sanierungsfälle werden nicht berücksichtigt.

2. Verwendungszweck

2.1 Investitionen zur Existenzgründung von Nachwuchskräften im Bereich der gewerblichen Wirtschaft.

2.2 Investitionen, die in der Anlaufphase eines Betriebes durchgeführt werden und mit der Gründung in Zusammenhang stehen, sofern sie geeignet sind, die Leistungs- und Wettbewerbsfähigkeit des Unternehmens nachhaltig zu sichern.

2.3 Investitionen zur Standortsicherung (Erwerb der bisher genutzten Betriebsräume. Erwerb eines Nachbargrundstückes und dergleichen) und Standortverlegung, wenn ein Unternehmen durch von ihm nicht zu vertretende standortbedingte Umstände in seiner Existenz bedroht ist.

2.4 Investitionen in Verbindung mit der Gründung von Filialen, sofern das bisher betriebene Geschäft wegen seines ungünstigen Standorts allein keine ausreichende Existenzgrundlage darstellt.

2.5 Investitionen, die der Sortimentserweiterung bzw. der Erweiterung der Produkt- und Dienstleistungspalette dienen, sofern sie geeignet sind, die Leistungs- und Wettbewerbsfähigkeit des Unternehmens nachhaltig zu sichern.

2.6 Investitionen von Vertriebenen und Flüchtlingen, die nach den ERP-Richtlinien nicht gefördert werden können, weil sie die Stichtagsvoraussetzungen nicht erfüllen oder bereits mehr als 12 Jahre selbständig gewerblich tätig sind, bei denen eine Finanzierungshilfe nach Lage der Dinge aber noch geboten erscheint.

2.7 Ergänzungsfinanzierungen zu den von der Lastenausgleichsbank für den unter 1 genannten Personenkreis durchgeführten ERP-Darlehnsprogrammen.

3. Konditionen

Der Finanzierungsanteil soll in der Regel 50% nicht überschreiten. Der Antragsteller soll sich mit eigenen und sonstigen Mitteln in angemessenem Umfang an dem Vorhaben beteiligen.

Mit dem zu finanzierenden Vorhaben soll bei Antragstellung noch nicht begonnen worden sein. In Ausnahmefällen kann von dieser Bestimmung abgesehen werden; eine Nachfinanzierung ist möglich, wenn und soweit die finanziellen Verhältnisse des Unternehmens den Einsatz langfristiger Mittel geboten erscheinen lassen und mit dem Vorhaben nicht früher als ein Jahr vor Antragstellung begonnen worden ist.

Darlehnshöhe: in der Regel bis zu 200 000 DM

Laufzeit: in der Regel bis zu 10 Jahre, davon bis zu 2 Freijahre

Auszahlung: 100 %

Zinssatz für den Darlehensnehmer: 7,0 %[1])

Risiko: Volles Hausbankrisiko. Bei Darlehen an Unternehmen von Vertriebenen und Flüchtlingen kann die Lastenausgleichsbank der Hausbank auf Antrag eine bis zu 50%ige Entlastungszusage erteilen.

(Provision: 0,5% auf den von der Hausbankhaftung freigestellten Teilbetrag)

Verfahren: Anträge sind auf den dafür vorgesehenen Vordrucken bei den örtlichen Kreditinstituten (Hausbanken) einzureichen.

Die Lastenausgleichsbank behält sich vor, gutachtliche Äußerungen fachlich zuständiger Institutionen einzuholen.

11.8 Ergänzungsprogramm II der Lastenausgleichsbank für die Existenzgründung von Spätaussiedlern und anderen Spätberechtigten

1. Förderungsberechtigte

Gefördert werden Spätaussiedler und andere Spätberechtigte, die nach dem 31. 12. 1970 in das Gebiet der Bundesrepublik Deutschland oder von Berlin (West) gekommen sind.

2. Verwendungszweck

Finanziert werden Investitionen zur Gründung einer selbständigen Existenz im Bereich der gewerblichen Wirtschaft. Die Darlehen werden als Ergänzungsfinanzierung zu ERP-Existenzgründungsdarlehen gewährt; sie können zusammen mit dem ERP-Darlehen bis zu 100% der Investitionskosten betragen. Finanziert werden können auch Investitionen, die in der Anlaufphase eines Betriebes durchgeführt werden, sofern sie noch mit der Gründung in Zusammenhang stehen und geeignet sind, die Leistungs- und Wettbewerbsfähigkeit des Unternehmens nachhaltig zu sichern.

---

[1]) Stand: 1. April 1979

3. Konditionen

Darlehnshöhe: bis zu 100 000 DM

Laufzeit: in der Regel bis zu 12 Jahre, davon bis zu 2 Freijahre

Auszahlung: 100 %

Zinssatz für den Darlehensnehmer: 6,0 %[1])

Risiko: Volles Hausbankrisiko. Auf den Antrag kann die Lastenausgleichsbank der Hausbank eine 50%ige Entlastungszusage erteilen.

(Provision: 0,5% auf den von der Hausbankhaftung freigestellten Teilbetrag).

Verfahren: Anträge sind auf den dafür vorgesehenen Vordrucken bei den örtlichen Kreditinstituten (Hausbanken) einzureichen.

11.9 Richtlinie des Bundesministers für Wirtschaft für ERP-Darlehen zur Förderung von Unternehmen der Vertriebenen (ERP-Vertriebenenprogramm)[2])

1. Verwendungszweck

Aus Mitteln des ERP-Sondervermögens können Darlehen zur Errichtung, Erweiterung, Rationalisierung und Umstellung von Unternehmen der Vertriebenen, insbesondere der Aussiedler sowie der Zuwanderer aus der DDR und Berlin (Ost), gewährt werden.

2. Antragsberechtigte

Kleine und mittlere gewerbliche Unternehmen von Vertriebenen, insbesondere Aussiedlern, i. S. des § 1 Abs. 2 Nr. 3 BVFG sowie Zuwanderern aus der DDR und Berlin (Ost) und nichtdeutschen Flüchtlingen[3]), die nach dem 31. Dezember 1960 erstmals ihren Wohnsitz im Bundesgebiet einschließlich Berlin (West) genommen und hier nicht länger als 12 Jahre eine selbständige gewerbliche Tätigkeit ausgeübt haben. Von diesen zeitlichen Begrenzungen kann abgewichen werden, wenn die Nichtgewährung eines Darlehens eine besondere Härte bedeuten würde.

Die Antragsteller haben in geeigneter Weise den Nachweis zu erbringen, daß sie dem begünstigten Personenkreis angehören oder ihm gleichgestellt sind.

Eine Förderung ist nur zulässig, wenn sie aufgrund anderer ERP-Richtlinien nicht möglich ist.

3. Darlehenskonditionen

a) Zinssatz: 5,5 % p. a.

4,5 % p. a. für Vorhaben im Zonenrandgebiet[4])

b) Laufzeit:

Bis 10 Jahre, bis 15 Jahre für Bauvorhaben, davon tilgungsfrei höchstens 2 Jahre.

c) Auszahlung: 100%

d) Höchstbetrag: 200 000 DM

---

[1]) Stand: 1. April 1979

[2]) Quelle: Bekanntmachung des BMWi im Bundesanzeiger Nr. 139 vom 28. 7. 1976, Nr. 16 vom 27. 1. 1977 und Nr. 198 vom 20. 10. 1977.

[3]) Heimatlose Ausländer nach dem Gesetz über die Rechtsstellung heimatloser Ausländer im Bundesgebiet, Asylberechtigte nach § 28 des Ausländergesetzes und im Ausland als ausländische Flüchtlinge nach dem Abkommen über die Rechtsstellung der Flüchtlinge anerkannte Personen, denen von deutschen Behörden ein Reiseausweis nach diesem Abkommen ausgestellt wurde.

[4]) derzeit 6,5 % bzw. 5 % (April 1979)

4. Antragsverfahren

Anträge können bei jedem Kreditinstitut gestellt werden. Die ERP-Darlehen werden von der Lastenausgleichsbank, Bonn-Bad Godesberg, zur Verfügung gestellt.

5. Weitere Vergabebedingungen

Die Allgemeinen Bedingungen für die Vergabe von ERP-Mitteln sind Bestandteil dieser Richtlinie.

In Abweichung von Nummer 7 der Allgemeinen Bedingungen kann die Lastenausgleichsbank das Kreditinstitut teilweise von der Haftung entlasten.

Erläuterungen

1. Nachweis der Antragsberechtigung

Die Antragsberechtigung ist nachzuweisen durch Vorlage einer Fotokopie der im § 15 des Bundesvertriebenengesetzes genannten Ausweise, durch Vorlage des Notaufnahmebescheides oder einer entsprechenden Bestätigung.

Nichtdeutsche Flüchtlinge haben ihre Antragsberechtigung durch Unterlagen nachzuweisen, die eine Prüfung der richtliniengemäßen Voraussetzungen ermöglichen.

Personen- und Kapitalgesellschaften sind antragsberechtigt, wenn an ihnen Geschädigte mindestens mit in der Regel der Hälfte des Kapitals beteiligt und die Beteiligung sowie eine Mitwirkung an der Geschäftsführung für mindestens 6 Jahre sichergestellt sind.

2. Allgemeines

2.1 An dem Kreditrisiko hat sich die Hausbank mit mindestens 10% zu beteiligen. Für das über den eigenen Haftungsanteil hinausgehende Kreditrisiko erfährt die Hausbank dadurch eine Entlastung, daß das Land für $^2/_3$ dieses Risikos eine modifizierte Ausfallbürgschaft gegenüber der Hausbank übernimmt und die Lastenausgleichsbank ihrerseits der Hausbank bei Eintritt des Bürgschaftsfalles eine zusätzliche Entlastung bis zur Höhe von $^1/_3$ des um den Haftungsanteil der Hausbank gekürzten Ausfalles gewährt.

2.2 Beteiligt sich die Hausbank an dem Kreditrisiko mit mindestens 50%, bedarf es keiner Landesbürgschaft, weil in diesem Falle die Lastenausgleichsbank der Hausbank eine Entlastung bis zu 50% eines etwaigen Ausfalles gewährt.

3. Verfahren

3.1 Kreditantrag

Der Kreditantrag ist vom Kreditbewerber auf dem dafür vorgesehenen Vordruck[1]) an seine Hausbank zu richten, und zwar

3.1.1 in fünffacher Ausfertigung, falls eine Landesbürgschaft erforderlich ist,

3.1.2 in dreifacher Ausfertigung, falls die Hausbank bereit ist, einen eigenen Risikoanteil von mindestens 50% zu übernehmen.

3.2 Stellungnahme der Hausbank

Die Hausbank leitet den Kreditantrag mit Angabe der Höhe ihres Haftungsanteils und der beabsichtigten Besicherung des Kredits sowie einer persönlichen

---

[1]) Antragsvordrucke können bei den örtlichen Kreditinstituten, bei den Landesstellen sowie bei der Lastenausgleichsbank angefordert werden.

Beurteilung des Antragstellers – bei Anträgen aus dem Sparkassen- und Genossenschaftsbereich über das zuständige Zentralkreditinstitut –

3.2.1 in dreifacher Ausfertigung, falls sie weniger als 50% Eigenhaftung übernimmt und daher eine Landesbürgschaft erforderlich ist,

3.2.2 in einer Ausfertigung, sofern sie einen Risikoanteil von mindestens 50% des Kreditbetrages übernimmt und eine Landesbürgschaft somit nicht erforderlich ist,

der zuständigen Landesstelle zu. Diese gibt in den Fällen zu Tz. 3.2.2 den Antrag nach Kenntnisnahme – ggf. mit einer Stellungnahme – unverzüglich an die Lastenausgleichsbank weiter.

3.3 Entscheidung des Landeskreditausschusses

In den Fällen zu Tz. 3.2.1, in denen die Landesstelle eine Ausfertigung des Antrages – ggf. mit einer Stellungnahme – ebenfalls unverzüglich an die Lastenausgleichsbank weiterleitet, entscheidet zunächst der Landeskreditausschuß unter Hinzuziehung von Vertretern der Geschädigtenverbände über die Übernahme der erforderlichen Landesbürgschaft.

Der Hausbank steht das Recht zu, in den Verhandlungen des Landeskreditausschusses zu den von ihr eingereichten Kreditanträgen gehört zu werden.

Der Zustimmungsbeschluß des Landeskreditausschusses ist mit einer Erklärung zu verbinden, welche die Zusage der erforderlichen Landesbürgschaft enthält. Der Zustimmungsbeschluß ist unter entsprechender Benachrichtigung der Hausbank der Lastenausgleichsbank zur endgültigen Entscheidung über den Antrag einzureichen.

Lehnt der Landeskreditauschuß die Übernahme der Landesbürgschaft ab, sind die Hausbank unter Rückgabe des Antrages nebst Unterlagen sowie die Lastenausgleichsbank entsprechend zu unterrichten.

3.4 Kreditbewilligung durch die Lastenausgleichsbank

Die Lastenausgleichsbank entscheidet über die ihr zugehenden Kreditanträge – soweit eine Landesbürgschaft erforderlich ist, nach deren Bewilligung – endgültig und teilt ihre Entscheidung den beteiligten Stellen mit.

Verzeichnis der für die Antragseinreichung zuständigen Landesstellen

Baden-Württemberg
Landeskreditbank Baden-Württemberg   7500 Karlsruhe 1
Schloßplatz 12
Telefon (07 21) 15 01

7000 Stuttgart 1
Schellingstraße 15
Telefon (07 11) 2 05 71

Bayern
Bayerisches Staatsministerium   8000 München 22
für Arbeit und Sozialordnung   Wagmüllerstraße 20
Telefon (0 89) 22 88 31

Bremen
Senator für Wirtschaft   2800 Bremen 1
und Außenhandel   Bahnhofsplatz 29
Tivoli-Hochhaus
Telefon (04 21) 3 61 61 02

Hamburg
Behörde für Wirtschaft und Verkehr   2000 Hamburg 11
– Amt für Wirtschaft –   Alter Steinweg 4
Telefon (0 40) 34 91 21

Hessen
Der Hessische Sozialminister   6200 Wiesbaden
– Abteilung IV –   Adolfsallee 53 und 59
Dienstsitz:
Luisenstraße 9 – 11
Telefon (06 121) 3 21

Niedersachsen
Niedersächsischer Minister   3000 Hannover
für Bundesangelegenheiten   Calenberger Straße 2
Telefon (05 11) 1 90-66 27 und 1 90-66 22

Nordrhein-Westfalen
Treuarbeit Aktiengesellschaft   4000 Düsseldorf 1
Wirtschaftsprüfungsgesellschaft   Auf'm Hennekamp 47
Steuerberatungsgesellschaft   Telefon (02 11) 3 39 41

Rheinland-Pfalz
Ministerium für   6500 Mainz
Wirtschaft und Verkehr   Bauhofstraße 4
Telefon (06 131) 1 61

Saarland
Minister für Wirtschaft, Verkehr und 6600 Saarbrücken 1
Landwirtschaft   Hardenbergstraße 8
Telefon (06 81) 60 11

Schleswig-Holstein
Wirtschaftsaufbaukasse   2300 Kiel 1
Schleswig-Holstein AG   Lorentzdamm 21
Telefon (04 31) 4 73 95 und 4 76 67

12. LASTENAUSGLEICH

12.1 Merkblatt des Bundesausgleichsamtes zum Lastenausgleich für Aussiedler (aus dem vom Bundesminister des Innern herausgegebenen „Wegweiser für Aussiedler", November 1978)

Aussiedler können Leistungen aus dem Lastenausgleich erhalten.
Was bedeutet „Lastenausgleich"?

Im Lastenausgleich werden von der Bundesrepublik Deutschland Schäden und Verluste abgegolten, die infolge Vertreibung, Wegnahme und Zerstörung während der Kriegs- und Nachkriegszeit eingetreten sind. Hierzu gehören auch Schäden, die mit ihrer Aussiedlung zusammenhängen. Für Vermögensschäden und Existenzverluste können verschiedenartige Geldleistungen gewährt werden, die der Eingliederung oder der Entschädigung dienen.

Mit der Anmeldung der Schäden und der Entgegennahme von Leistungen ist kein Verzicht auf zurückgelassenes Eigentum oder auf die Geltendmachung von Ansprüchen auf Rückgabe verlorenen Vermögens verbunden. Scheuen Sie sich also nicht, Ihre Schäden im Lastenausgleich zur Feststellung anzumelden und Leistungen zu beantragen.

Das Merkblatt dient einer ersten Information

Mit diesem kurzen Merkblatt wollen wir nur das Allerwichtigste über die Feststellungs- und Leistungsmöglickeiten im Lastenausgleich mitteilen. Die zahlreichen Einzelheiten aus den verschiedenen Gesetzen zum Lastenausgleich, insbesondere zu den geforderten persönlichen und sachlichen Voraussetzungen und zum Verfahren, können wir nicht darstellen. Über Einzelheiten, die für Sie bedeutungsvoll sind, werden Sie vom örtlich zuständigen Ausgleichsamt unterrichtet. Bei diesem Amt sollten Sie die erforderlichen Anträge so früh wie möglich stellen, zumal für Sie die frühzeitige Sicherung von Nachweisen für Ihre Schäden (vor allem durch Vorlage von Urkunden und durch Zeugenaussagen) sehr wichtig sein kann.

Welche persönliche Voraussetzungen sind zu erfüllen?

Voraussetzung ist die Anerkennung als Aussiedler. Diese Voraussetzung erfüllen Sie, wenn Sie

deutscher Staatsangehöriger oder deutscher Volkszugehöriger (Deutscher) sind und bei Kriegsende Ihren Wohnsitz in den Ostgebieten des Deutschen Reiches oder im Ausland in den heute zum Ostblock gehörenden Staaten hatten und diese Gebiete jetzt als Deutscher verlassen haben.

Berechtigt sind in den meisten Fällen auch die nach Kriegsende im Aussiedlungsgebiet geborenen Kinder, deren Eltern deutsche Staatsangehörige oder deutsche Volkszugehörige sind. Berechtigt sind auch Ehegatten anderer Volkszugehörigkeit und Staatsangehörigkeit, sofern sie mit ihrem deutschen Ehegatten zusammen ausgesiedelt sind. Die Aussiedlereigenschaft kann vor allem durch den Vertriebenenausweis nachgewiesen werden, der von der Flüchtlingsverwaltung ausgestellt wird. Nähere Einzelheiten über dessen Erteilung enthält Abschnitt 6 dieses „Wegweisers". Für Ihre Lastenausgleichsanträge braucht aber der Vertriebenenausweis nicht abgewartet zu werden. Wenn Sie ihn noch nicht in Händen haben, sollten Sie Ihre Anträge zur Vermeidung von Nachteilen trotzdem möglichst umgehend stellen und den Ausweis später nachreichen.

Welche Schäden können berücksichtigt werden?

Als Schäden, die zu Ausgleichsleistungen führen können, kommen insbesondere in Betracht

Hausratschäden
Vermögensschäden an
    land- und forstwirtschaftlichem Vermögen,
    Grundvermögen (z. B. Einfamilienhäuser, Miethäuser),
    Betriebsvermögen (z. B. Handwerksbetrieb, Tansportunternehmen, Fabrik),
    Sparguthaben,
    sonstigen privatrechtlichen geldwerten Ansprüchen
    (z. B. Altenteilansprüche, Hypotheken, Wertpapiere),
Verlust von Wohnraum,
Verlust der Existenzgrundlage.

Die Schäden müssen im Vertreibungs- bzw. Aussiedlungsgebiet entstanden sein, und zwar

während des Krieges als Kriegssachschäden,
als Frühschäden im Zusammenhang mit den Vertreibungsmaßnahmen und der allgemeinen Wegnahme deutschen Vermögens bei Kriegsende,
als spätere Schäden insbesondere durch Sozialisierung (Verstaatlichung) bestimmter Vermögenswerte oder
als Spätschäden anläßlich Ihrer Aussiedlung.

Das Zurücklassen von Hausrat hindert im allgemeinen eine Entschädigung auch dann nicht, wenn er nicht beschlagnahmt oder sonstwie von staatlichen Stellen in Anspruch genommen worden sein sollte. Vermögenswerte (außer Hausrat), die Sie erbberechtigten Personen zurückgelassen haben, werden nicht berücksichtigt; doch kann dieses Zurücklassen zur Feststellung von Schäden an Ansprüchen führen. Sofern im Aussiedlungsgebiet Sperrkonten entstanden sind, können hieran im allgemeinen keine Schäden anerkannt werden. Zu Grenzfällen und über Zweifelsfragen, insbesondere bei einem Verzicht auf Ihr Eigentum sowie bei einer Veräußerung oder Hergabe von Wirtschaftsgütern in zeitlichem und sachlichem Zusammenhang mit der Aussiedlung, unterrichtet Sie Ihr Ausgleichsamt.

Außer eigenen Schäden können unter bestimmten Voraussetzungen auch Schäden geltend gemacht werden, die Ihren Erblassern entstanden sind.

Welche Leistungen aus dem Lastenausgleich kommen in Betracht?

Hausratentschädigung kann ein Aussiedler erhalten, wenn er und ggf. sein Ehegatte Eigentümer von Möbeln für mindestens einen Wohnraum gewesen sind und mehr als 50 % des gesamten Hausrats verlorenging.

Für die festgestellten Vermögensschäden wird Hauptentschädigung gewährt, deren Höhe sich nach dem Ausmaß der Schäden und hinsichtlich der Zinszuschläge nach den Zeitpunkten der Schädigung richtet.

Wird Ihre Altersversorgung nicht anderweitig sichergestellt, kann unter bestimmten Voraussetzungen Kriegsschadensrente (Unterhalthilfe, Entschädigungsrente) gewährt werden. Dazu muß der Antragsteller ein bestimmtes Alter erreicht haben (Männer 65 Jahre – Frauen 60 Jahre) oder auf Dauer erwerbsunfähig sein.

Zur Eingliederung der Aussiedler kommen Aufbaudarlehen in Betracht, und zwar zur Begründung oder Festigung eines gewerblichen Betriebes oder einer freiberuflichen Existenz,

zur Begründung oder Festigung eines landwirtschaftlichen Vorhabens, vor allem zum Erwerb einer landwirtschaftlichen Nebenerwerbstelle,

zum Bau von Wohngebäuden, insbesondere von Familienheimen, oder zur Beschaffung einer Mietwohnung.

Für die schulische Ausbildung Ihrer Kinder können Sie in gewissen Fällen Ausbildungshilfe erhalten. In erster Linie kommen hierfür aber Leistungen auf Grund anderer Vorschriften, insbesondere nach dem Bundesausbildungsförderungsgesetz und für die berufliche Ausbildung auf Grund des Arbeitsförderungsgesetzes in Betracht.

Welche Anträge sind zu stellen und welche Antragsfristen müssen Sie beachten?

Für die Antragstellung bestehen unterschiedliche Antragsfristen, die Sie unbedingt einhalten müssen. Deshalb ist es wichtig, daß Sie ungeachtet der Beweislage sogleich alle Schäden anmelden. Auch sollten Sie beachten, daß Entschädigungsleistungen in der Regel nur gewährt werden, wenn zuvor die Ihnen oder Ihrem Erblasser entstandenen Vermögensschäden festgestellt worden sind, also mit zweifacher Antragstellung zwei aufeinander aufbauende Verfahren durchgeführt werden. Für eigene Schäden und Schäden als Erbe nach einem anderen unmittelbar Geschädigten (z. B. als Erbe nach Ihren Eltern) müssen jeweils getrennte Anträge eingereicht werden.

Für den Antrag auf Schadensfeststellung wegen Hausratschäden und Vermögen haben Sie von der Einreise ab gerechnet drei Jahre Zeit.

Daran schließt in der Regel eine zweijährige Frist für die Anträge auf Hausratentschädigung und Hauptentschädigung an. Die Frist für die Zuerkennungsanträge kann sich in bestimmten Fällen weiter herausschieben. Um jedoch sicherzugehen, daß Sie nichts versäumen, wird Ihnen dringend empfohlen, auch diese Zuerkennungsanträge entsprechend den Empfehlungen Ihres Ausgleichsamtes frühzeitig einzureichen.

Auch Anträge auf Entschädigung von Sparguthaben Vertriebener müssen innerhalb von drei Jahren ab Einreise eingereicht werden.

Für den Antrag auf Kriegsschadenrente beträgt die Frist zwei Jahre ab Einreise. Sie sollten jedoch diesen Antrag möglichst früh einreichen, weil der Beginn dieser Rentenzahlung vom Eingang des förmlichen Antrags beim Ausgleichsamt abhängen kann.

Aufbaudarlehen und Ausbildungshilfe können nur innerhalb von fünf[1]) Jahren ab Einreise beantragt werden.

Was Sie zu beachten haben, wenn Sie auch Schäden in der DDR und Berlin (Ost) oder Reparationsschäden (insbesondere im westlichen Ausland) geltend machen können, sagt Ihnen das Ausgleichsamt.

Wo sind die Anträge einzureichen?

Die Anträge müssen bei den Ausgleichsämtern eingereicht werden, bei denen Sie auch die erforderlichen amtlichen Antragsvordrucke erhalten.

Wenden Sie sich bitte alsbald nach Ihrem Eintreffen in den Durchgangsunterkünften der Bundesländer (Durchgangslager, Übergangswohnheim u. a.) oder nach dem Eintreffen an Ihrem künftigen Wohnort an das nächstgelegene Aus-

---

[1]) Die Frist für die Beantragung von Aufbaudarlehen beträgt jetzt zehn Jahre (Gesetz vom 16. Februar 1979, BGBl. I, S. 181)

gleichsamt. Wo sich das Ausgleichsamt befindet, erfahren Sie von der Verwaltung der für Sie zuständigen Durchgangsunterkünfte, bei der Gemeindeverwaltung oder der Kreisverwaltung.

Bereitet Ihnen die Ausfüllung der Antragsformulare Schwierigkeiten, setzen Sie sich bitte mit dem Ausgleichsamt oder mit Ihrem örtlichen Vertriebenenverband in Verbindung.

Ausgleichsämter erteilen auch Rat und Auskunft

Ihr Ausgleichsamt wird Sie auf Wunsch über das Verfahren und die Rechtslage insbesondere über die näheren Einzelheiten der Antragstellung und die für Sie in Betracht kommenden Leistungen aus dem Lastenausgleich unterrichten. Betrachten Sie bitte das Ausgleichsamt als eine Sie betreuende Dienststelle, die Ihnen im Rahmen ihrer Möglichkeiten helfen will. Haben Sie andere Fragen, werden Sie dort zumindest erfahren, an wen Sie sich wenden können. Außerhalb des Lastenausgleichs bestehen für Aussiedler zahlreiche Möglichkeiten der Hilfe, Förderung oder Leistungsgewährung (z. B. zinsgünstige Darlehen für Existenzgründung oder Einrichtung der Wohnung), über die Sie dieser „Wegweiser für Aussiedler" informiert. Hier kann Ihnen das Ausgleichsamt mitteilen, welche Behörden, Banken oder sonstigen Einrichtungen in Ihrem Falle zuständig sind.

Stellen Sie sich aber bitte darauf ein, daß die Prüfung Ihrer Anträge, insbesondere soweit es die Schadensfeststellung und die Hauptentschädigung angeht, wegen der notwendigen Beweiserhebung und Schadensberechnung längere Zeit in Anspruch nehmen kann. Die Ausgleichsämter werden sich trotz der Vielzahl der zu bearbeitenden Anträge bemühen, vor allem über Anträge auf Hausratentschädigung und Kriegsschadenrente schnell zu entscheiden. Auf jeden Fall können Sie sicher sein, daß der schnellen Gewährung von Lastenausgleichsleistungen keine finanziellen Hindernisse entgegenstehen.

12.2 Rundschreiben des Präsidenten des Bundesausgleichsamtes betr. Hausratentschädigung für Spätaussiedler, vom 29. November 1971 (MtBl. BAA S. 376)

Die Vorschrift des Feststellungsgesetzes, wonach eine Schadensfeststellung – und damit auch eine Entschädigung – bei Hausratschäden nicht möglich ist, wenn nicht mehr als 50 v. H. des Hausrats verlorengegangen sind, gilt auch für Spätaussiedler. Doch sollte von den Spätaussiedlern eine Einzelaufzählung der von der Schädigung betroffenen und der mitgebrachten Hausratsgegenstände nur verlangt werden, soweit dies für die Beurteilung nach § 8 Abs. 2 Nr. 1 FG unerläßlich ist.

In Rücksicht auf die vorliegenden Erfahrungen habe ich keine Bedenken, daß von einer Einzelprüfung, ob mehr als 50 v. H. des Hausrats verlorengegangen sind, dann abgesehen wird, wenn der Spätaussiedler Möbel nicht oder nur in einem nicht ins Gewicht fallenden Umfang mitgebracht hat. In Grenzfällen ist eine großzügige Beurteilung vertretbar. Es ist zu beachten, daß für Mehrfachschäden beim Vergleich mit dem vor der Schädigung vorhandenen Hausrat auch Hausratschäden in zurückliegender Zeit – vor allem im Zeitpunkt der allgemeinen Vertreibungsmaßnahmen – in Betracht zu ziehen sind.

Bad Homburg v. d. H., den 29. November 1971

III A/3 – LA 3301 – 2/71

13. STEUERLICHE VERGÜNSTIGUNGEN

13.3 Auszug aus dem Einkommensteuergesetz (Neufassung vom 5. Dezember 1977, BGBl. I, S. 2365), zuletzt geändert durch Gesetz vom 30. November 1978 (BGBl. I, S. 1849)

§ 7 e

Bewertungsfreiheit für Fabrikgebäude, Lagerhäuser und landwirtschaftliche Betriebsgebäude

(1) Steuerpflichtige, die

1. auf Grund des Bundesvertriebenengesetzes zur Inanspruchnahme von Rechten und Vergünstigungen berechtigt sind oder

2. aus Gründen der Rasse, Religion, Nationalität, Weltanschauung oder politischer Gegnerschaft gegen den Nationalsozialismus verfolgt worden sind,

ihre frühere Erwerbsgrundlage verloren haben und den Gewinn nach § 5 ermitteln, können bei Gebäuden, die im eigenen gewerblichen Betrieb unmittelbar

a) der Fertigung oder

b) der Bearbeitung von zum Absatz bestimmten Wirtschaftsgütern oder

c) der Wiederherstellung von Wirtschaftsgütern oder

d) ausschließlich der Lagerung von Ware, die zum Absatz an Wiederverkäufer bestimmt sind oder für fremde Rechnung gelagert werden,

dienen und nach dem 31. Dezember 1951 hergestellt worden sind, neben den nach § 7 Abs. 4 von den Herstellungskosten zu bemessenden Absetzungen für Abnutzung im Wirtschaftsjahr der Herstellung und in dem darauffolgenden Wirtschaftsjahr bis zu je 10 vom Hundert der Herstellungskosten abschreiben. In den folgenden Wirtschaftsjahren bemessen sich die Absetzung für Abnutzung nach dem Restwert und dem nach § 7 Abs. 4 unter Berücksichtigung der Restnutzungsdauer des Gebäudes maßgebenden Hundertsatz. Den Herstellungskosten eines Gebäudes werden die Aufwendungen gleichgestellt, die nach dem 31. Dezember 1951 zum Wiederaufbau eines durch Kriegseinwirkung ganz oder teilweise zerstörten Gebäudes gemacht werden, wenn dieses Gebäude ohne den Wiederaufbau nicht oder nicht mehr voll zu einem der in Satz 1 bezeichneten Zwecke verwendet werden kann.

(2) Absatz 1 ist entsprechend anwendbar auf die Herstellungskosten von land- und forstwirtschaftlichen Betriebsgebäuden und auf die Aufwendungen zum Wiederaufbau von durch Kriegseinwirkung ganz oder teilweise zerstörten land- und forstwirtschaftlichen Betriebsgebäuden, wenn der Gewinn aus Land- und Forstwirtschaft nach § 4 Abs. 1 ermittelt wird.

(3) Bei nach dem 31. Dezember 1966 hergestellten Gebäuden können die Abschreibungen nach Absatz 1 oder Absatz 2 nur in Anspruch genommen werden, wenn die Gebäude vom Steuerpflichtigen vor Ablauf des zehnten Kalenderjahrs seit der erstmaligen Aufnahme einer gewerblichen oder land- und forstwirtschaftlichen Tätigkeit im Geltungsbereich dieses Gesetzes hergestellt worden sind. Für Gebäude, die vom Steuerpflichtigen nach Ablauf des 20. Kalenderjahrs seit der erstmaligen Begründung eines Wohnsitzes oder gewöhnlichen Aufenthalts im Geltungsbereich dieses Gesetzes, frühestens jedoch seit dem 1. Januar 1950, hergestellt werden, sind Abschreibungen nach Absatz 1 oder Absatz 2 nicht zulässig.

§ 10 a

Steuerbegünstigung des nicht entnommenen Gewinns

(1) Steuerpflichtige, die

1. auf Grund des Bundesvertriebenengesetzes zur Inanspruchnahme von Rechten und Vergünstigungen berechtigt sind oder

2. aus Gründen der Rasse, Religion, Nationalität, Weltanschauung oder politischer Gegnerschaft gegen den Nationalsozialismus verfolgt worden sind,

ihre frühere Erwerbsgrundlage verloren haben und ihre Gewinne aus Land- und Forstwirtschaft und aus Gewerbebetrieb nach § 4 Abs. 1 oder nach § 5 ermitteln, können auf Antrag bis zu 50 vom Hundert der Summe der nicht entnommenen Gewinne, höchstens aber 20 000 Deutsche Mark als Sonderausgaben vom Gesamtbetrag der Einkünfte abziehen. Als nicht entnommen gilt auch der Teil der Summe der Gewinne, der zur Zahlung der auf die Betriebsvermögen entfallenden Abgaben nach dem Lastenausgleichsgesetz verwendet wird. Der als steuerbegünstigt in Anspruch genommene Teil der Summe der Gewinne ist bei der Veranlagung besonders festzustellen.

(2) Übersteigen in einem der auf die Inanspruchnahme der Steuerbegünstigung (Absatz 1) folgenden drei Jahre bei dem Steuerpflichtigen oder seinem Gesamtrechtsnachfolger die Entnahmen aus dem Betrieb die Summe der bei der Veranlagung zu berücksichtigenden Gewinne aus Land- und Forstwirtschaft und aus Gewerbebetrieb, so ist der übersteigende Betrag (Mehrentnahme) bis zur Höhe des besonders festgestellten Betrags (Absatz 1 letzter Satz) dem Einkommen im Jahr der Mehrentnahme zum Zweck der Nachversteuerung hinzuzurechnen. Beträge, die zur Zahlung der auf die Betriebsvermögen entfallenden Abgaben nach dem Lastenausgleichsgesetz verwendet werden, rechnen auch in diesem Fall nicht zu den Entnahmen. Soweit Entnahmen zur Zahlung von Erbschaftsteuer auf den Erwerb des Betriebsvermögens von Todes wegen oder auf den Übergang des Betriebsvermögens an Personen der Steuerklasse I des § 9 des Erbschaftsteuergesetzes verwendet werden oder soweit sich Entnahmen durch Veräußerung des Betriebs (§§ 14 und 16) ergeben, unterliegen sie einer Nachversteuerung mit den Sätzen des § 34 Abs. 1; das gilt nicht für die Veräußerung eines Teilbetriebs und im Fall der Umwandlung in eine Kapitalgesellschaft. Auf Antrag des Steuerpflichtigen ist eine Nachversteuerung auch dann vorzunehmen, wenn in dem in Betracht kommenden Jahr eine Mehrentnahme nicht vorliegt.

(3) Die Vorschriften der Absätze 1 und 2 gelten entsprechend für den Gewinn aus selbständiger Arbeit mit der Maßgabe, daß dieser Gewinn hinsichtlich der Steuerbegünstigung (Absatz 1) und der Nachversteuerung (Absatz 2) für sich zu behandeln ist.

(4) Die Steuerbegünstigung nach den Absätzen 1 bis 3 kann nur für den Veranlagungszeitraum, in dem der Steuerpflichtige im Geltungsbereich dieses Gesetzes erstmals Einkünfte aus Land- und Forstwirtschaft, Gewerbebetrieb oder selbständiger Arbeit erzielt hat, und für die folgenden sieben Veranlagungszeiträume in Anspruch genommen werden. Nach Ablauf von 20 Veranlagungszeiträumen seit der erstmaligen Begründung eines Wohnsitzes oder gewöhnlichen Aufenthalts im Geltungsbereich dieses Gesetzes, frühestens jedoch seit dem 1. Januar 1950, ist die Inanspruchnahme der Steuerbegünstigung nach den Absätzen 1 bis 3 nicht zulässig.

. . .

§ 33
Außergewöhnliche Belastungen

(1) Erwachsen einem Steuerpflichtigen zwangsläufig größere Aufwendungen als der überwiegenden Mehrzahl der Steuerpflichtigen gleicher Einkommensverhältnisse, gleicher Vermögensverhältnisse und gleichen Familienstands (außergewöhnliche Belastung), so wird auf Antrag die Einkommensteuer dadurch ermäßigt, daß der Teil der Aufwendungen, der die dem Steuerpflichtigen zumutbare Belastung (Absatz 3) übersteigt, vom Gesamtbetrag der Einkünfte abgezogen wird.

(2) Aufwendungen erwachsen dem Steuerpflichtigen zwangsläufig, wenn er sich ihnen aus rechtlichen, tatsächlichen oder sittlichen Gründen nicht entziehen kann und soweit die Aufwendungen den Umständen nach notwendig sind und einen angemessenen Betrag nicht übersteigen. Aufwendungen, die zu den Betriebsausgaben, Werbungskosten oder Sonderausgaben gehören, bleiben dabei außer Betracht; das gilt für Aufwendungen im Sinne des § 10 Abs. 1 Nr. 7 nur insoweit, als sie als Sonderausgaben abgezogen werden können. Aufwendungen, die durch Diätverpflegung entstehen, können nicht als außergewöhnliche Belastung berücksichtigt werden.

(3) Die zumutbare Belastung beträgt

bei einem um die Sonderausgaben im Sinne des § 10 Abs. 1 Nr. 1, 1 a, 4 bis 7 und des § 10 b verminderten Gesamtbetrag der Einkünfte	bis 24 000 DM	über 24 000 DM bis 50 000 DM	über 50 000 DM bis 100 000 DM	über 100 000 DM
1. bei Steuerpflichtigen, die keine Kinder haben und bei denen die Einkommensteuer				
a) nach § 32 a Abs. 1,	7	7	8	8
b) nach § 32 a Abs. 5 oder 6 (Splitting-Verfahren)	5	6	7	8
zu berechnen ist;				
2. bei Steuerpflichtigen mit				
a) einem Kind oder zwei Kindern	3	4	6	7
b) drei oder mehr Kindern	1	2	4	7

vom Hundert des um die Sonderausgaben im Sinne des § 10 Abs. 1 Nr. 1, 4 bis 7 und des § 10 b verminderten Gesamtbetrags der Einkünfte.

Als Kinder des Steuerpflichtigen zählen
1. Kinder im Sinne des § 32 Abs. 4 bis 7 und
2. Kinder im Sinne des § 32 Abs. 4 Satz 1, Abs. 5 bis 7, die nach § 32 Abs. 4 Satz 2 und 3 dem anderen Elternteil zugeordnet werden und denen gegenüber der Steuerpflichtige seiner Unterhaltsverpflichtung für den Veranlagungszeitraum nachkommt.

§52
Schlußvorschriften

(23) §33a Abs. 1 und §41 Abs. 1 Nr. 5 sowie Abs. 2 Satz 1 des Einkommensteuergesetzes 1953 (BGBl. I, S. 1355) gelten auch weiterhin mit der Maßgabe, daß

1. die Vorschriften bei einem Steuerpflichtigen jeweils nur für das Kalenderjahr, in dem bei ihm die Voraussetzungen für die Gewährung eines Freibetrags eingetreten sind, und für die beiden folgenden Kalenderjahre anzuwenden sind und

2. der Freibetrag

a) bei Steuerpflichtigen, bei denen § 32a Abs. 5 oder 6 anzuwenden ist oder denen der Freibetrag nach § 32 Abs. 3 Nr. 1 zusteht,

720 Deutsche Mark,

b) bei Steuerpflichtigen, die Kinder haben,

840 Deutsche Mark zuzüglich je 60 Deutsche Mark für das dritte und jedes weitere Kind und

c) bei anderen Steuerpflichtigen

540 Deutsche Mark

beträgt.

Für ein Kalenderjahr, für das der Steuerpflichtige nach §§ 33 für Aufwendungen zur Wiederbeschaffung von Hausrat und Kleidung beantragt, wird ein Freibetrag nicht gewährt.

13.2 §33a Abs. 1 des Einkommensteuergesetzes 1953 i.d.F. vom 15. September 1953 (BGBl. I, S. 1355)

§33a
Freibeträge für besondere Fälle

(1) Bei Vertriebenen, Heimatvertriebenen, Sowjetzonenflüchtlingen und diesen gleichgestellten Personen (§§ 1 bis 4 des Bundesvertriebenengesetzes vom 19. Mai 1953 – Bundesgesetzblatt I S. 201 –) sowie bei politisch Verfolgten, Personen, die nach dem 30. September 1948 aus Kriegsgefangenschaft heimgekehrt sind (Spätheimkehrer), und bei Personen, die den Hausrat und die Kleidung infolge Kriegseinwirkung verloren haben (Totalschaden) und dafür höchstens eine Entschädigung von 50 vom Hundert dieses Kriegsschadens erhalten haben, wird auf Antrag ein Freibetrag in der folgenden Höhe vom Einkommen abgezogen:

540 Deutsche Mark bei Personen der Steuerklasse I,

720 Deutsche Mark bei Personen der Steuerklasse II,

840 Deutsche Mark bei Personen der Steuerklasse III;

der Betrag von 840 Deutsche Mark erhöht sich für das dritte und jedes weitere Kind, für das dem Steuerpflichtigen Kinderermäßigung zusteht oder gewährt wird, um je 60 Deutsche Mark.

Satz 1 gilt auch, wenn die bezeichneten Voraussetzungen nicht bei dem Steuerpflichtigen selbst, sondern bei der mit ihm zusammen zu veranlagenden Ehefrau vorliegen.

13.3 Abschnitt 193 der Einkommensteuerrichtlinien 1975 i.d.F. vom 27. Februar 1979 (EStER 1978)

193. Freibeträge für besondere Fälle

(1) Bei Vertriebenen, Heimatvertriebenen, Sowjetzonenflüchtlingen und diesen gleichgestellten Personen (§§ 1 bis 4 des Bundesvertriebenengesetzes in der Fassung der Bekanntmachung vom 3. 9. 1971 – Bundesgesetzblatt I S. 1565) sowie bei politisch Verfolgten, bei Heimkehrern und diesen gleichgestellten Personen (§§ 1 oder 1a des Heimkehrergesetzes vom 19. 6. 1950 – Bundesgesetzblatt S. 221, . . .), die nach dem 30. 9. 1948 aus der Kriegsgefangenschaft zurückgekehrt sind, und bei Steuerpflichtigen, die den Hausrat und die Kleidung infolge Kriegseinwirkung verloren haben (Totalschaden) und dafür höchstens eine Entschädigung von 50 v. H. dieses Kriegsschadens erhalten haben, wird auf Antrag ein jährlicher Freibetrag gewährt. Steuerpflichtige, die nach der Vertreibung oder der Flucht ihrer Eltern geboren wurden und demzufolge die Vertriebenen- oder Sowjetzonenflüchtlingseigenschaft nach § 7 des Bundesvertriebenengesetzes erlangt haben, gehören aber nicht zu dem anspruchsberechtigten Personenkreis (BFH-Urteil vom 25. 6. 1976 – BStBl. II, S. 619). Statt des Freibetrags nach §33a Abs. 1 EStG 1953 kann der Steuerpflichtige die Gewährung einer Steuerermäßigung nach § 33 EStG für Aufwendung zur Beschaffung von Hausrat und (oder) Kleidung beantragen (§ 52 Abs. 26 letzter Satz EStG [1]), Hinweis auf Abschnitt 189)

(2) Der vom Gesamtbetrag der Einkünfte abzuziehende Freibetrag beträgt nach § 33a EStG 1953 bei Steuerpflichtigen, bei denen im Kalenderjahr

1. keine Kinder zu berücksichtigen sind und die Einkommensteuer nach dem Splitting-Verfahren ermittelt wird (§ 32a Abs. 5 oder 6 EStG) oder der Haushaltsfreibetrag nach § 32 Abs. 3 Ziff. 1 EStG zu gewähren ist,	720 DM
2. ein oder zwei Kinder zu berücksichtigen sind,	840 DM
3. drei Kinder zu berücksichtigen sind, zuzüglich je 60 DM für jedes weitere zu berücksichtigende Kind,	900 DM
4. die Voraussetzungen der Ziffern 1 bis 3 nicht gegeben sind,	540 DM

Den Freibetrag nach Ziffer 1 erhalten auch Steuerpflichtige, bei denen die Einkommensteuer aus Billigkeitsgründen nach dem Splitting-Verfahren ermittelt wird (vgl. Abschnitt 184 Abs. 2) und kein Kind zu berücksichtigen ist.

(3) Der Freibetrag wird jeweils nur für das Kalenderjahr, in dem bei dem Steuerpflichtigen oder seinem nicht dauernd getrennt lebenden Ehegatten die Voraussetzungen für die Gewährung eingetreten sind, und für die beiden folgenden Kalenderjahre gewährt. Die Voraussetzungen für die Gewährung des Freibetrags sind bei einem Steuerpflichtigen in dem Kalenderjahr eingetreten, in dem er als unbeschränkt Steuerpflichtiger erstmalig zu den in Absatz 1 bezeichneten Personengruppen gehört hat. Wegen der Frage, welches Kalenderjahr als Erstjahr für die Bewilligung der Freibeträge in den Fällen anzusetzen ist, in denen sich die Ausstellung des amtlichen Ausweises ohne Verschulden des Steuerpflichtigen verzögert, vgl. BFH-Urteil vom 13. 4. 1962 (BStBl. III, S. 257); wegen der Fälle, in denen der Antrag des Steuerpflichtigen auf Ausstellung des amtlichen Ausweises schuldhaft verzögert wurde, vgl. BFH-Urteil vom 3. 5. 1974 (BStBl II S. 543). Bei Personen, die im Zeitpunkt der Vertreibung noch Kinder ohne eigene Einkünfte waren, ist als Erstjahr das Jahr anzusehen, in dem sie als unbeschränkt ein-

---

[1]) muß jetzt heißen: § 52 Abs. 23 letzter Satz EStG.

kommensteuerpflichtige Personen erstmals Einkünfte erzielen, sofern es zu diesem Zeitpunkt ihre Zugehörigkeit zu der Personengruppe der Vertriebenen nachweisen. (BFH-Urteile vom 6. 5. 1969 – BStBl. II, S. 621, und vom 23. 7. 1976 – BStBl. 1977 II, S. 3). Gehört ein Steuerpflichtiger mehreren der nach Absatz 1 begünstigten Personengruppen an, z. B. ein Spätheimkehrer ist auch Totalgeschädigter, so steht ihm ein Freibetrag auf Grund dieser Vorschrift nur einmal zu.

(4) Der Nachweis der Zugehörigkeit zu dem begünstigten Personenkreis ist durch eine amtliche Bescheinigung zu führen. Die Eigenschaft als Vertriebener oder Heimatvertriebener (§§ 1 und 2 des Bundesvertriebenengesetzes) ist durch die auf Grund des § 15 des Bundesvertriebenengesetzes ausgegebenen Ausweise A oder B, die Eigenschaft als Sowjetzonenflüchtling oder diesem gleichgestellte Person (§§ 3 und 4 des Bundesvertriebenengesetzes) ist durch die auf Grund des § 15 des Bundesvertriebenengesetzes ausgegebenen Ausweise C nachzuweisen. Der Nachweis der Eigenschaft als politisch Verfolgter ist durch Vorlage eines Bescheids oder einer sonstigen Mitteilung der zuständigen Entschädigungsbehörde zu erbringen.

(5) Bei Ehegatten, die nach §§ 26, 26a EStG getrennt oder nach §§ 26, 26b EStG zusammen veranlagt werden, kann der Freibetrag nach § 33a Abs. 1 EStG 1953 nur einmal gewährt werden; es genügt, wenn einer der Ehegatten die Voraussetzungen dafür erfüllt (BFH-Urteil vom 9. 5. 1958 – BStBl III S. 302). Wegen der Behandlung des Freibetrags im Fall der getrennten Veranlagung gilt Abschnitt 174a Abs. 9, Sätze 1, 5 und 6 entsprechend.

14. EINGLIEDERUNG IN DIE LANDWIRTSCHAFT

14.1 Richtlinien des Bundesministers für Ernährung, Landwirtschaft und Forsten für die Gewährung von Darlehen und Beihilfen aus Bundeshaushaltsmitteln für die ländliche Siedlung nach dem Bundesvertriebenengesetz – Finanzierungsrichtlinien zum BVFG – vom 31. März 1954 (mehrfach geändert)

Aus den vom Bund für die Eingliederung von Vertriebenen und Flüchtlingen in die Landwirtschaft nach dem Gesetz über die Angelegenheiten der Vertriebenen und Flüchtlinge vom 19. Mai 1953 (BGBl. I S. 201) bereitgestellten Haushaltsmitteln werden Darlehen und Beihilfen nach folgenden, im Einvernehmen mit dem Bundesminister der Finanzen und dem Bundesminister für Vertriebene, Flüchtlinge und Kriegsgeschädigte erlassenen Richtlinien gewährt.

I. Allgemeine Bestimmungen

1. Zweckbestimmung

Die Mittel sind nur für Vertriebene und Sowjetzonenflüchtlinge zu verwenden, die aus der Landwirtschaft stammen oder nach der Vertreibung überwiegend in der Landwirtschaft tätig waren und nach dem BVFG berechtigt sind.

2. Eingliederungsmaßnahmen

Die Eingliederung der Vertriebenen und Sowjetzonenflüchtlinge erfolgt entweder durch Ansetzung als Siedler in einem Siedlungsverfahren nach dem Reichssiedlungsgesetz bzw. den Siedlungs- und Bodenreformgesetzen der Länder oder durch Kauf und Pacht eines bestehenden land- oder forstwirt-

schaftlichen Betriebes oder durch Ansetzung in einem anderen zweckdienlichen Nutzungsverhältnis. In allen Fällen ist die Mitwirkung der Siedlungsbehörde erforderlich.

II. Darlehen in Neusiedlungsverfahren

3. Arten der Darlehen

Im Neusiedlungsverfahren nach dem Reichssiedlungsgesetz und den Siedlungs-
und Bodenreformgesetzen der Länder können Darlehen für den Ankauf und die
Besiedlung gewährt werden sowie für die Einrichtung der Stellen.

Die Bundeshaushaltsmittel werden zusätzlich zu den Siedlungsmitteln der
Länder gewährt, für die möglichst die gleichen Bedingungen vorzusehen sind
wie für die Bundeshaushaltsmittel.

Für den Ankauf kann Kredit bis zur Höhe von 90 v. H. des von der Siedlungsbehörde festgesetzten oder genehmigten Schätzungswertes, jedoch nicht über
den Kaufpreis hinaus, gewährt werden. Bei selbstsiedelnden Eigentümern wird
die Grenze, innerhalb der der Ankaufskredit liegen muß, auf 75 v. H., bei Familien-
siedlungen auf 50 v. H. des genehmigten Schätzungswertes festgesetzt.

Der Kredit für die Besiedlung muß innerhalb von 90 v. H. der notwendigen Auf-
wendungen liegen. Sind die erforderlichen Ausgaben höher als die damit erzielte
Werterhöhung, so muß der Kredit innerhalb 90 v. H. der Werterhöhung liegen.
Wegen des Kredits für die Einrichtung der Stellen vgl. Ziffer 11.

4. Darlehensschuldner

Der Kredit wird in der Regel den von der Siedlungsbehörde zugelassenen Siedlungsunternehmen zunächst als Zwischenkredit gewährt. Die Kredite sind im
Siedlungsverfahren auf die einzelnen mit Vertriebenen oder Sowjetzonenflüchtlingen besetzten Siedlerstellen unterzuverteilen. Mit dem Beginn des Kalendervierteljahres, das auf die Genehmigung der Unterverteilung des Kredites durch die
Siedlungsbehörde folgt, ist der Siedlungsunternehmer aus der persönlichen
Haftung für den Zwischenkredit zu entlassen.

5. Verzinsung des Zwischenkredits

Der Zwischenkredit ist für den Siedlungträger bis zur Unterverteilung auf die
Siedlerstellen, längstens für die Dauer von drei Jahren, gerechnet von dem auf die
erste Auszahlung folgenden Vierteljahrersten ab, zinslos. Nach Ablauf der drei
Jahre ist er mit jährlich 4 v. H. zu verzinsen. Die Zinsen sind halbjährlich nachträglich am 1. April und 1. Oktober an die Deutsche Siedlungs- und Landesrentenbank in Bonn zu entrichten. Bleibt der Zwischenkreditnehmer mit der Zahlung der
Zinsen länger als zehn Tage im Verzug, so können Verzugszinsen in Höhe von
0,5 v. H. je Monat, und zwar für jeden angefangenen Monat voll, erhoben werden.

Von der Unterteilung ab gelten für die Verzinsung und Tilgung die Bestimmungen
zu Ziffer 8.

6. Dingliche Sicherung

Der Zwischenkredit ist nach Möglichkeit an 1. Rangstelle, zumindest im gleichen
Rang mit den übrigen öffentlichen Finanzierungsmitteln durch eine brieflose
Grundschuld für die Deutsche Siedlungs- und Landesrentenbank in Bonn zu
sichern. Wird nach Sicherung dieses Zwischenkredites und eines zur Errichtung
der Stelle gewährten Aufbaudarlehens für die Landwirtschaft ein weiteres Darlehen aus Bundeshaushaltsmitteln (Zusatzdarlehen) gewährt und ist die gleich-

rangige Sicherung des Zusatzdarlehens mit dem Aufbaudarlehen für die Land-wirtschaft nicht möglich, so ist es an bereitester Stelle zu sichern. Die gleich-rangige Sicherung mit einem gleichzeitig gewährten zusätzlichen Aufbaudarlehen für die Landwirtschaft ist anzustreben. Soweit die Sicherung nach Satz 1 nicht beigebracht ist und eine Ersatzsicherung nicht gestellt wird, kann der Zwischen-kredit ausgezahlt werden, wenn die Siedlungsbehörde die ehestmögliche richt-liniengemäße Sicherung gewährleistet.

7. Zurückzahlung

Der Zwischenkredit ist unverzüglich zurückzuzahlen, wenn sich ergibt, daß das Verfahren, für das er beantragt worden ist, nicht durchgeführt wird. Für richt-linienwidrig verwendete oder unrechtmäßig zurückgehaltene Kredite sind von ihrem Eingang bis zu ihrer Rückzahlung Zinsen mit 2 v. H. über Bundesbank-diskont, mindestens jedoch 6,5 v. H. jährlich zu zahlen.

Bei eingetretenen Wertminderungen ist der für das Verfahren gewährte Zwischen-kredit entsprechend zu ermäßigen.

8. Bedingungen des unterverteilten Zwischenkredits

Für den unterverteilten Zwischenkredit gelten folgende Bedingungen:

a) Siedlerleistung

Er ist an erster Rangstelle, zumindest im gleichen Rang mit den übrigen öffent-lichen Finanzierungsmitteln durch eine brieflose Grundschuld für die Deutsche Siedlungs- und Landesrentenbank in Bonn zu sichern; Nr. 6 Sätze 2 und 3 gelten entsprechend. Vom Beginn des Kalendervierteljahres ab, das auf die von der Sied-lungsbehörde genehmigte Unterverteilung folgt, soll tunlichst eine Tilgung in Höhe von 4 v. H. angestrebt werden. Soweit der Siedler zu einer Tilgung in dieser Höhe nicht imstande ist, kann der Tilgungssatz bis auf 2 v. H. ermäßigt werden. Die Siedlungsbehörde kann dem Siedler bis zu zwei Freijahren, bei Moor-, Öd-land- und Rodelandsiedlungen bis zu fünf Freijahren, bewilligen. Bei Eigensied-lern gelten die vorstehenden Tilgungs-Bedingungen für den unterverteilten Zwi-schenkredit von dem Beginn des Kalendervierteljahres ab, das auf die Bezugs-fertigkeit der Siedlerstelle folgt.

Die Tilgungsbeträge sind nachträglich zum 1. April und 1. Oktober an die Deutsche Siedlungs- und Landesrentenbank in Bonn zu entrichten. Für Verzugszinsen gilt das zu Ziffer 5 Gesagte.

b) Beleihungshöchstsatz

Der unterverteilte Zwischenkredit muß bei einer 2prozentigen Leistung innerhalb des 50fachen Betrages der von der Siedlungsbehörde festgesetzten tragbaren Rente liegen. Bei Heraufsetzung der Tilgungsleistung ermäßigt sich der Kapitali-sierungsfaktor entsprechend.

c) Ablösung
(gestrichen)

9. Begriff der tragbaren Rente bzw. der tragbaren Belastung

Die tragbare Rente ist derjenige von der Siedlungsbehörde festgestellte Jahres-betrag, der aus der Siedlerstelle bei ordnungsmäßiger Bewirtschaftung nach-haltig zur Verzinsung und Tilgung der für das Siedlungsverfahren gewährten oder übernommenen Kredite aufgebracht werden kann.

Bei Nebenerwerbsstellen ist der Nutzwert der Gebäude entsprechend seiner Be-deutung für die Stelle zu berücksichtigen.

10. Weitere Sicherungsbestimmungen

Der Zwischenkredit kann unbeschadet der sonstigen in diesen Richtlinien festgelegten Rückzahlungsgründe zurückgefordert werden.

a) wenn das Siedlungsverfahren nicht binnen angemessener Frist durchgeführt wird oder die Durchführung gefährdet ist, insbesondere wenn die von der zuständigen Siedlungsbehörde für die Durchführung festzusetzende angemessene Frist nicht eingehalten wird;

b) wenn das Siedlungsgrundstück ohne Genehmigung der Siedlungsbehörde ganz oder zu einem nach Wert oder Größe nicht unerheblichen Teil veräußert, aufgegeben, mit einem Nießbrauch belastet oder verpachtet wird. Dies gilt jedoch nicht für die Übertragung vom Siedlungsunternehmer auf den Siedler;

c) wenn bei einem Wechsel in der Person des Darlehensnehmers der Rechtsnachfolger des Darlehensnehmers oder der Übernehmer dieser Schuld sich nicht auf Verlangen des Darlehensgebers unverzüglich in einer Zusatzurkunde der sofortigen Zwangsvollstreckung in sein persönliches Vermögen unterwirft;

d) wenn die vereinbarte Sicherstellung des Darlehens aus irgendeinem Grunde unwirksam oder anfechtbar ist oder sie gegenüber Rechten Dritter nicht den vereinbarten Rang erhält oder behält;

e) wenn das Siedlungsgrundstück oder sonstige für den Kredit mithaftende Grundstücke nicht ordnungsgemäß bewirtschaftet, insbesondere nicht dauernd mit dem erforderlichen Inventar ausgestattet werden, oder die Grundstücke oder ihr Zubehör durch sonstige Umstände wesentlich verschlechtert werden.

f) wenn die Gebäude auf den Grundstücken zu e) nicht dauernd zum vollen Wert gegen Brandschäden versichert werden, oder der Darlehensnehmer die von der zuständigen Siedlungsbehörde oder dem Darlehensgeber sonst als erforderlich bezeichneten Versicherungen nicht abschließt und aufrechterhält,

g) wenn der Darlehensnehmer sich weigert, die Überprüfung seiner wirtschaftlichen Verhältnisse und seiner Wirtschaftsführung gemäß den Richtlinien zu gestatten;

h) wenn der Darlehensnehmer mit einer ihm obliegenden Leistung länger als einen Monat ganz oder teilweise im Rückstand bleibt;

i) wenn der Darlehensnehmer in Konkurs gerät oder seine Zahlungen einstellt oder mit Zwangsvollstreckungsmaßnahmen verfolgt oder das Vergleichsverfahren zur Abwendung des Konkurses über sein Vermögen eingeleitet wird;

k) wenn eine Sicherstellung des Darlehens im Range vorgehende oder gleichstehende Kapitalbelastung wegen eines vom Darlehensnehmer zu vertretenden Umstandes von dem Gläubiger vorzeitig fällig gemacht wird, oder der Darlehensnehmer eine solche Kapitalbelastung aufkündigt, ohne ihre Ablösung durch eigene Mittel oder Kredite von gleicher Laufzeit herbeizuführen;

l) wenn der Darlehensnehmer über Kapitalbelastungen der zu k) bezeichneten Art, soweit sie sich mit dem Eigentum in einer Person vereinigen, anders als durch Löschung verfügt;

m) wenn der Darlehensnehmer nicht neue Bedingungen anerkennt, die infolge von Änderungen der für Siedlerkredite der öffentlichen Hand aufgestellten allgemeinen Richtlinien notwendig werden;

n) soweit der Zwischenkredit durch einen unter Mitwirkung des Darlehensgebers beschafften Dauerkredit abgelöst werden kann, auf den eine Jahresleistung zu zahlen ist, die die regelmäßige Jahresleistung für den Zwischenkredit nicht übersteigt;

o) soweit der Zwischenkredit weder durch Dauerkredit abgelöst noch unterverteilt wird, insbesondere auf den einzelnen Siedlerstellen die nach den Richtlinien festgesetzte Beleihungsgrenze übersteigt;

p) wenn das Darlehen entgegen den Bedingungen dieser Richtlinien verwendet wird.

11. Einrichtungsdarlehen

a) Zweckbestimmung

Das Einrichtungsdarlehen dient dazu, dem Siedler die Einrichtung seiner Siedlerstelle zu erleichtern, insbesondere das fehlende Inventar zu beschaffen und die Auszahlung zu ergänzen. Es darf nur in der Höhe gewährt werden, wie die Eigenmittel des Siedlers nach Ausschöpfung der sonst bestehenden Finanzierungshilfen nicht ausreichen.

b) Verzinsung und Tilgung

Das Einrichtungsdarlehen ist zinsfrei. Es ist mit jährlich 2 v. H. außerhalb der tragbaren Rente zu tilgen. Die Tilgung beginnt drei Jahre, in besonderen Fällen nach Bestimmung der Siedlungsbehörde spätestens fünf Jahre, nach dem auf die erste Auszahlung folgenden Vierteljahresersten.

Die Tilgungsbeträge sind nachträglich zum 1. April und 1. Oktober an die Deutsche Siedlungs- und Landesrentenbank in Bonn zu entrichten. Für Verzugszinsen gilt das zu Ziffer 5 Gesagte.

c) Dingliche Sicherung

Für das Einrichtungsdarlehen ist eine brieflose Darlehenshypothek für die Deutsche Siedlungs- und Landesrentenbank in Bonn an bereitester Stelle zu mindest gleichrangig mit den Einrichtungsdarlehen aus anderen Mitteln einzutragen.

d) Zurückzahlung

Die Bestimmungen unter Ziffer 7 und 10 gelten entsprechend für das Einrichtungsdarlehen.

III. Darlehen für die Anliegersiedlung

12. Bemessung des Darlehens

Vertriebene und Sowjetzonenflüchtlinge, die Land zur Hebung ihrer Kleinbetriebe bis zur Größe einer selbständigen Ackernahrung erwerben, können Darlehen zur Bezahlung des Landankaufpreises erhalten. Das Darlehen darf 90 v. H. des von der Siedlungsbehörde festgesetzten oder genehmigten Schätzungswertes des Zukauflandes nicht übersteigen.

Zu einer durch den Zukauf notwendig gewordenen Vergrößerung der Wirtschaftsgebäude kann dem Vertriebenen oder Sowjetzonenflüchtling als Anliegersiedler ein Baukredit gewährt werden.

Der Gesamtkredit für Land und Gebäude soll in der Regel nicht mehr als 90 v. H. des von der Siedlungsbehörde festgesetzten oder genehmigten Schätzungswertes der Stammstelle und der Zukaufsfläche betragen.

13. Verzinsung und Tilgung des Anliegersiedlungskredites

Die im Anliegersiedlungsverfahren gewährten Darlehen sind zinsfrei.

Die Darlehen sind von dem auf die erste Auszahlung folgenden Vierteljahresersten ab mit jährlich 4 v. H. zu tilgen.

Frei- oder Schonjahre werden in der Regel nicht gewährt. Bei Zukauf von Moor-, Ödland oder Rodungsflächen im Anliegersiedlungsverfahren kann die Siedlungsbehörde bis zu drei Freijahren bewilligen.

Werden Kleinbetrieben größere Flächen zugeteilt, so können der Tilgungssatz äußerstenfalls bis auf 2 v. H. herabgesetzt und Freijahre wie bei Neusiedlungen (vgl. Ziffer 8) bewilligt werden.

Die Tilgungsbeträge sind nachträglich zum 1. April und 1. Oktober an die Deutsche Siedlungs- und Landesrentenbank in Bonn zu entrichten. Für Verzugszinsen gilt das zu Ziffer 5 Gesagte.

14. Dingliche Sicherung

Für den im Anliegersiedlungsverfahren gewährten Kredit ist eine brieflose Grundschuld für die Deutsche Siedlungs- und Landesrentenbank in Bonn gleichrangig mit den übrigen im Anliegersiedlungsverfahren gewährten öffentlichen Finanzierungsmitteln einzutragen.

Die Sicherung soll in der Weise erfolgen, daß die Zukaufsfläche an erster Stelle und die Stammstelle an bereitester Stelle belastet wird.

15. Zurückzahlung

Die Bestimmungen unter Ziffer 7 und 10 gelten entsprechend für den im Anliegersiedlungsverfahren gewährten Kredit.

16. Ablösung

(gestrichen)

IV. Beihilfen in Neusiedlungsverfahren

17. Zweckbestimmung

Beihilfen können gewährt werden in Ergänzung der Kredite aus Bundeshaushaltsmitteln zu den Aufwendungen für die Besiedlung, insbesondere auch zu den Kosten

a) für die Regelung der öffentlich-rechtlichen Verhältnisse,

b) für die Durchführung von Bodenverbesserungen,

c) für die Anlegung und den Ausbau von Wegen, Gräben und sonstigen Folgeeinrichtungen,

d) für genossenschaftliche und gemeinschaftliche Anlagen,

e) für die Elektrifizierung, die Wasserversorgung und Abwässerbeseitigung.

Die Beihilfen aus Bundeshaushaltmitteln werden zusätzlich zu den entsprechenden Ländermitteln gewährt.

18. Bemessung der Beihilfen

Die Beihilfen dürfen 50 v. H. der durch Kredite nicht gedeckten Kosten und sollen ein Viertel des für das Verfahren aus Bundeshaushaltmitteln gewährten Kredites nicht überschreiten.

19. Zurückzahlung

Bei richtlinienwidriger Verwendung sind die Beihilfen zuzüglich Zinsen zurückzuzahlen. Für die Bemessung der Zinsen gilt Ziffer 7 Abs. 1.

V. Kauf eines bestehenden Betriebes

20. Allgemeine Bestimmungen über den Kauf eines bestehenden Betriebes

(1) Vertriebenen und Sowjetzonenflüchtlingen, die einen Betrieb, Betriebsteil oder ein Grundstück gemäß §§ 42 oder 44 BVFG erwerben, kann zusätzlich zu einem Darlehen aus Landesmitteln ein Darlehen aus Bundesmitteln

a) zur Zahlung des Erwerbspreises,
b) zur Beschaffung des Inventars,
c) für bauliche Aufwendungen,
d) zur Beschaffung der erforderlichen Betriebsmittel,
e) für die Beschaffung von Ersatzwohnraum bei der Übernahme einer Vollerwerbsstelle

gewährt werden.

(2) Das Darlehen wird dem Vertriebenen oder Sowjetzonenflüchtling gewährt. Das Darlehen für die Beschaffung von Ersatzwohnraum kann demjenigen gewährt werden, für den der Ersatzwohnraum beschafft wird.

(3) Das Darlehen für die Beschaffung von Ersatzwohnraum kann bis zu einem Betrage von 10 000,– DM und nur dann gewährt werden, wenn die Beschaffung von Ersatzwohnraum Voraussetzung für die ordnungsgemäße Bewirtschaftung der Stelle ist.

(4) Das Darlehen nach Absatz 1 Buchstabe a) bis c) und Buchstabe e) ist unverzinslich und mit mindestens 2 v. H. jährlich zu tilgen. Die Siedlungsbehörde kann bis zu 2 Freijahren, bei Kaufstellen aus Moor- und Ödland oder diesen nach § 40 Absatz 2 BVFG gleichgestellten Flächen bis zu 5 Freijahren festsetzen. Das Darlehen nach Absatz 1 Buchstabe d) ist nach 2 Freijahren in 10 gleichen Jahresraten zurückzuzahlen.

(5) Das Darlehen nach Absatz 1 ist, soweit keine Freijahre festgesetzt worden sind, von dem auf die Auszahlung von mindestens 75 v. H. des Darlehens folgenden Vierteljahrersten an zu tilgen. Im übrigen sind die Nr. 8 Buchstabe a) Absatz 2, Nr. 8 Buchstabe b), Nr. 9 und Nr. 10 entsprechend anzuwenden.

(6) Zur Sicherung des Darlehens nach Absatz 1 Buchstabe a) bis d) ist auf dem erworbenen Grundbesitz eine brieflose Grundschuld zu den Bedingungen dieser Richtlinien für die Deutsche Siedlungs- und Landesrentenbank in Bonn im Range nach den Vorlasten aber mindestens im gleichen Range mit den übrigen öffentlichen Finanzierungsmitteln und innerhalb des nach Nr. 8 Buchstabe b) zulässigen Beleihungshöchstsatzes einzutragen. Nr. 6 Satz 2 und 3 gilt entsprechend. Das Darlehen nach Absatz 1 Buchstabe e) ist auf dem Grundstück, auf dem der Ersatzwohnraum geschaffen wird, durch Eintragung einer brieflosen Grundschuld für die Deutsche Siedlungs- und Landesrentenbank in Bonn an bereitester Stelle innerhalb von 90 v. H. des Schätzwertes zu den Bedingungen dieser Richtlinien zu sichern.

21. Beihilfen

Wenn mit Darlehen allein eine neue gesicherte Lebensgrundlage nicht geschaffen werden kann, so kann für die in Nr. 20 Buchstabe a) bis d) genannten Zwecke zusätzlich zu einer vom Land in gleicher Höhe gewährten Beihilfe eine Beihilfe aus Bundesmitteln bis zur Höhe eines Fünftels der für die Übernahme des Betriebes insgesamt gegebenen Darlehen gewährt werden.

VI. Übernahme landwirtschaftlicher Betriebe auf Grund eines langfristigen Pachtvertrages

22. Darlehen für den Pächter

(1) Vertriebenen oder Sowjetzonenflüchtlingen, die einen Betrieb, Betriebsteil oder ein Grundstück gemäß § 42 BVFG pachten, kann zusätzlich zu einem Darlehen aus Landesmitteln ein Darlehen aus Bundesmitteln zur Beschaffung des für die Bewirtschaftung des Pachtbetriebes erforderlichen
a) lebenden und toten Inventars,
b) des Feldinventars,
c) der Vorräte und Betriebsmittel
gewährt werden.

(2) Die Höhe des Darlehens ist so zu bemessen, daß die Aufbringung der Darlehensleistungen unter Berücksichtigung der Verpflichtungen aus dem Pachtvertrag gewährleistet ist.

(3) Einem Pachtvertrag im Sinne von Absatz 1 stehen die in § 45 BVFG genannten Maßnahmen und ein nach §§ 62 und 63 BVFG abgeschlossener oder rechtskräftig festgesetzter Pachtvertrag gleich.

23. Darlehen für den Verpächter

(1) Neben dem Darlehen nach Nr. 22 kann für bauliche Maßnahmen auf dem Pachtbetrieb ein Betrag von höchstens 20000,- DM und bei Vollerwerbstellen für die Beschaffung von Ersatzwohnraum ein Betrag von höchstens 10000,- DM gewährt werden. Diese Darlehen sollen dem Verpächter oder demjenigen, für den der Ersatzwohnraum beschafft wird, gewährt werden.

(2) Wird der Pachtvertrag auf mindestens 18 Jahre abgeschlossen, und räumt der Verpächter dem Pächter und seinem mittelbaren oder unmittelbaren Rechtsnachfolger ein Vorpachtrecht, ein Vorkaufsrecht für alle Fälle (§ 1097 BGB) oder eine Kaufanwartschaft ein, kann das dem Verpächter zur Beschaffung von Ersatzwohnraum zu gewährende Darlehen aus Bundesmitteln bis auf 20000,- DM erhöht werden.

24. Bedingungen der Darlehen

(1) Die Darlehen nach Nr. 22 Absatz 1 und Nr. 23 sind unverzinslich und mit mindestens 5 v. H. jährlich zu tilgen. Die Gewährung von Freijahren ist ausgeschlossen. Nr. 8 Buchstabe a) Absatz 2 und Nr. 20 Absatz 5 Satz 1 gelten entsprechend.

(2) Der nach Ablauf der Pachtzeit verbleibende Darlehensrest ist sofort zurückzuzahlen, wenn nicht das Pachtverhältnis verlängert wird, der Pächter den Pachtbetrieb käuflich erwirbt oder der Darlehensrest auf einem anderen landwirtschaftlichen Betrieb abgesichert werden kann.

(3) Der Rest des dem Pächter gewährten Darlehens wird erlassen, wenn das Darlehen durch außerplanmäßige Tilgung beim Ablauf einer vertraglichen Pachtzeit von 18 Jahren mindestens zu 95 v. H. oder beim Ablauf einer vertraglichen Pachtzeit von weniger als 18 Jahren mindestens zu 90 v. H. getilgt ist.

25. Rückzahlung der Darlehen

(1) Die Darlehen nach Nr. 23 Absatz 1 und 2 sind, wenn sie dem Verpächter oder dem Pächter gewährt worden sind, sofort zurückzuzahlen, wenn vor Ablauf der vertraglich vereinbarten Zeit
a) der Pachtvertrag von den Vertragsparteien aufgehoben wird,

b) der Verpächter ohne wichtigen Grund oder entgegen den Vorschriften der §§ 569, 596 BGB kündigt oder

c) der Pächter aus einem wichtigen, in der Person des Verpächters liegenden Grund kündigt.

(2) Die in Nr. 23 Abs. 1 und 2 genannten Darlehen sind nicht sofort zurückzuzahlen, wenn der Betrieb unverzüglich wieder an einen Vertriebenen oder Sowjetzonenflüchtling nach § 42 BVFG verpachtet wird. Ist dem Verpächter ein Darlehen nach Nr. 23 Absatz 2 gewährt worden, entfällt die Rückzahlungsverpflichtung nur dann, wenn auch der mit dem neuen Pächter abgeschlossene Pachtvertrag von 18 Jahren und die Einräumung eines Vorpachtrechts, eines Vorkaufsrechts für alle Fälle oder eine Kaufanwartschaft für den Pächter sowie seinen unmittelbaren und mittelbaren Rechtsnachfolger vorsieht.

(3) Das dem Verpächter gewährte Darlehen kann ihm abweichend von Absatz 1 in Härtefällen belassen werden, wenn es mit 5 v. H. verzinst und zuzüglich ersparter Zinsen mit 5 v. H. getilgt wird.

26. Absicherung der Darlehen

(1) Das Darlehen nach Nr. 22 Absatz 1 ist durch Verpfändung des Inventars nach dem Pachtkreditgesetz vom 5. August 1951 (BGBl. I S. 494) zu sichern. Ist die Bestellung eines Inventarpfandrechts nicht möglich, so ist das Darlehen durch Sicherungsübereignung der Inventargegenstände oder in anderer geeigneter Weise zu sichern.

(2) Das Darlehen für bauliche Maßnahmen auf dem Pachtbetrieb und das Darlehen für die Beschaffung von Ersatzwohnraum sind – mit Ausnahme im Falle des Absatzes 3 – durch eine Grundschuld an bereitester Stelle innerhalb von 90 v.H. des Schätzwertes zu sichern.

(3) Ist das in Absatz 2 genannte Darlehen für bauliche Maßnahmen auf dem Pachtbetrieb nicht dem Verpächter gewährt worden und hat der Verpächter auch keine Sicherheit für das Darlehen bestellt, so ist vorzusehen, daß der Verpächter dem Pächter einen Anspruch auf Ersatz der Aufwendungen zugesteht. Dieser Anspruch ist zur Sicherung des Darlehens an den Darlehensgläubiger abzutreten.

27. Beihilfen

(1) Wenn mit Darlehen allein eine neue gesicherte Lebensgrundlage nicht geschaffen werden kann, so kann für die in Nr. 22 genannten Zwecke zusätzlich zu einer vom Land in gleicher Höhe gewährten Beihilfe eine Beihilfe aus Bundesmitteln bis zur Höhe eines Fünftel der für die Übernahme des Pachtbetriebes nach Nr. 22 gegebenen Darlehen gewährt werden (Verfahrensbeihilfe).

(2) Dem Pächter kann neben der Verfahrensbeihilfe eine weitere Beihilfe aus Bundesmitteln bis zur Höhe des zweifachen Jahrespachtzinses (Pachtzinsbeihilfe) gewährt werden, wenn dies zur Sicherung einer selbständigen Existenz, insbesondere zur Überwindung von Anlaufschwierigkeiten erforderlich und der Pachtzins angemessen ist. Die Pachtzinsbeihilfe ist von der Siedlungsbehörde festzusetzen und zur Zahlung des Pachtzinses der ersten beiden Pachtjahre zu verwenden. Sie kann dem Verpächter nach Übergabe des Betriebes an den Pächter in einer Summe gezahlt werden.

(3) Wird der Pachtvertrag auf mindestens 18 Jahre abgeschlossen, so kann die Pachtzinsbeihilfe bis zur Höhe des dreifachen Jahrespachtzinses (bei einer Pachtzeit von mindestens 24 Jahren bis zur Höhe des vierfachen Jahrespachtzinses)

gewährt und dem Verpächter nach Übergabe des Betriebes an den Pächter in einer Summe gezahlt werden. Satz 1 gilt sinngemäß, wenn ein auf weniger als 18 bzw. 24 Jahre abgeschlossener Pachtvertrag um mindestens 4 Jahre auf insgesamt mindestens 18 bzw. 24 Jahre verlängert wird; früher gezahlte Pachtzinsbeihilfen sind anzurechnen.

(4) Die Pachtzinsbeihilfe nach Absatz 2 und Absatz 3 darf nur vorausgezahlt werden, wenn im Pachtvertrag oder in einem Zusatzvertrag vereinbart ist, daß der Pachtzins für 2 bzw. 3 bzw. 4 Jahre im voraus in einer Summe zu entrichten ist.

28. Rückzahlung der Beihilfen

(1) Bei Auflösung des Pachtvertrages vor Ablauf der vereinbarten Pachtdauer ist die Pachtzinsbeihilfe zurückzuzahlen, es sei denn, daß der Pächter den Betrieb erwirbt. Sie kann, wenn die Rückzahlung eine unbillige Härte darstellen würde, höchstens insoweit belassen werden, wie sich die tatsächliche zur vereinbarten Pachtdauer verhält. Die Rückzahlungspflicht nach Satz 1 ist in der Schuldurkunde ausdrücklich zu vereinbaren. Pachtzinsbeihilfen dürfen vor Vollzug der Schuldurkunde nicht ausgezahlt werden.

(2) Absatz 1 Satz 1 und 3 gilt für die Verfahrensbeihilfe entsprechend, wenn der Pächter die Auflösung des Pachtvertrages zu vertreten hat.

VII. Nachfinanzierung bei Neusiedlungen und Kauf- und Pachtstellen

29. Sonderrichtlinien für die Nachfinanzierung

Für die Bewilligung von zusätzlichen Darlehen und Beihilfen aus Bundesmitteln zur Erhaltung und Sicherung einer vollbäuerlichen Existenz und zur Anpassung an die Erfordernisse der Europäischen Wirtschaftsgemeinschaft ergehen besondere Richtlinien.

VIII. Beihilfen bei Ansetzung auf Moor-, Ödland- oder Rodungsflächen

30. Zweckbestimmung

Ist nach dem 1. Oktober 1952 die Kultivierung von Moor-, Ödland- oder Rodungsflächen in Angriff genommen worden, so können für die Kultivierung Beihilfen nach § 43 BVFG gewährt werden, sofern die Ansetzung von Vertriebenen oder Sowjetzonenflüchtlingen gewährleistet ist. In Anlehnung an § 40 BVFG werden dem Moor- und Ödland gleichgestellt landwirtschaftlich nutzbare Ländereien, die nicht planmäßig bewirtschaftet werden sowie nicht sachgemäß bewirtschaftete Holzbodenflächen (Rodungsflächen), soweit sie zur Besiedlung geeignet sind.

31. Bemessung der Beihilfen

Die Beihilfen können bis zur Höhe von 2 500 DM je ha der zu kultivierenden oder zu rodenden Fläche bewilligt werden. Für Kultivierungskosten, die über den Betrag von 2 500 DM je ha hinausgehen, sind Landesmittel oder andere Mittel zu verwenden.

32. Beihilfenempfänger

Die Beihilfen können einem Siedlungsunternehmer oder einem Siedler, der Vertriebener oder Sowjetzonenflüchtling ist, gewährt werden. Die Siedlungsbehörde hat in allen Fällen mitzuwirken.

33. Zurückzahlung

Für die Zurückzahlung der Beihilfen gelten Nr. 28 und die Richtlinien für die Rückforderung gewährter Beihilfen in der ländlichen Siedlung und der Eingliederung von Vertriebenen und Sowjetzonenflüchtlingen vom 20. März 1963 (Min. Bl. BML S. 173).

IX. Beihilfen für die Vorbereitung, Durchführung und Sicherung der Eingliederung

34. Die Bewilligung von Beihilfen zu den Aufwendungen für die Vorbereitung, Sicherung und Durchführung der Eingliederung erfolgt nach besonderen Richtlinien.

X. Verfahren

35. Allgemeines

a) Die Darlehen und Beihilfen nach I – IV werden durch die obersten Siedlungsbehörden der Länder unter Vorbehalt der Zustimmung der Deutschen Siedlungs- und Landesrentenbank in Bonn festgesetzt. Für die Deutsche Siedlungs- und Landesrentenbank sind die von der Siedlungsbehörde festgesetzten oder genehmigten Beleihungswerte maßgebend.

Der Deutschen Siedlungs- und Landesrentenbank sind für ihre Zustimmung die Unterlagen vorzulegen, die der Entscheidung der obersten Siedlungsbehörde des Landes zugrunde gelegen haben (Finanzierungsplan, Nachweisung der Siedlerstellen u. ä.).

b) Die Beihilfen nach VIII werden von der Deutschen Siedlungs- und Landesrentenbank bewilligt.

Dem Antrage der obersten Siedlungsbehörde sind beizufügen:

a) ein Meßtischblatt, in das die dem Antrage zugrunde liegenden Flächen eingezeichnet sind,

b) eine kurze Erläuterung des Vorhabens,

c) eine Finanzierungsübersicht nach Baujahren gegliedert, mit Deckungsvorschlägen,

d) eine Verwertungsübersicht mit der Bestätigung der Siedlungsbehörde, daß die Ansetzung von Vertriebenen oder Sowjetzonenflüchtlingen auf diesen Flächen gewährleistet ist.

36. Abruf der Mittel

Die Träger der Maßnahmen dürfen Bundesmittel nur soweit und nicht eher anfordern, als diese zur Bewirkung fälliger Zahlungen im Rahmen des Zuwendungszwecks benötigt werden. Stellt sich ein Mittelabruf nachträglich als überholt heraus, so sind die Mittel insoweit unverzüglich an die auszahlende Stelle zurückzuzahlen. Geschieht dies nicht bis zum Schluß des auf den Eingang der Mittel folgenden zweiten Kalendermonats, so sind die verfrüht abgerufenen Mittel vom Beginn dieses Monats an bis zu ihrer endgültigen Verwendung bzw. bis zur Rückzahlung mit 2 v. H. über Bundesbankdiskont, mindestens jedoch mit 6,5 v. H., zu verzinsen. Bis zum Beginn dieser Verzinsung aufgelaufene Habenzinsen sind ebenfalls abzuführen.

37. Überwachung der Verwendung

Die bestimmungsmäßige und zeitgerechte Verwendung der Bundeshaushaltsmittel ist von den Landwirtschaftsministerien der Länder (Oberste Siedlungsbehörden) zu überwachen.

38. Prüfungsrecht

Der Bundesminister für Ernährung, Landwirtschaft und Forsten und der Bundesrechnungshof behalten sich vor:

a) die Verwendung der Mittel durch Besichtigung an Ort und Stelle und durch Einsichtnahme in die Bücher, Belege und sonstigen Unterlagen entweder selbst zu prüfen oder durch Beauftragte prüfen zu lassen,

b) Auskünfte einzuholen.

Das Prüfungs-, Auskunfts- und Rückforderungsrecht gegenüber allen weiteren Empfängern bis zu den Letztempfängern hin vorzubehalten. Das gilt insbesondere gegenüber den Siedlungsunternehmern. Die Buch- und Kassenführung der Mittelempfänger ist so zu gestalten, daß die Verwendung der Mittel jederzeit an Hand der Bücher und Belege nachgeprüft werden kann.

Die für die Vorprüfung der Siedlungsmittel des Landes zuständigen Vorprüfungsstellen sind anzuweisen, auch die Vorprüfung bezüglich der nach diesen Richtlinien bereitgestellten Bundeshaushaltsmittel vorzunehmen.

39. Verwendungsnachweis

Für die nach diesen Richtlinien gewährten Darlehen und Beihilfen sind Verwendungsnachweise für jedes Rechnungsjahr aufzustellen, für die noch weitere Anordnungen mit Muster übersandt werden. Es bleibt vorbehalten, weitere Unterlagen insbesondere über die Abrechnung einzelner Siedlungsverfahren anzufordern.

14.2 Prioritätenregelung gemäß § 46 Abs. 4 und § 67 des Bundesvertriebenengesetzes (BVFG) in der Fassung vom 23. Oktober 1961 (BGBl. I, S. 1883) (Richtlinien für die Rangfolge bei der Bewilligung von Finanzierungshilfen des Bundes)

Antragsberechtigte nach §§ 35 und 36 BVFG können Darlehen und Beihilfen des Bundes für die Eingliederung auf Nebenerwerbsstellen nur in nachstehender Rangfolge und unter der Voraussetzung erhalten, daß ihr Jahreseinkommen die nach § 88 in Verbindung mit § 25 des Zweiten Wohnungsbeigesetzes zu berechnende Einkommensgrenze nicht überschreitet.

Kategorie I:

1. Vertriebene und Sowjetzonenflüchtlinge, gegebenenfalls deren Ehegatten, die eine durch Eigentum, Pacht oder ein ähnliches Nutzungsverhältnis in der Landwirtschaft begründete Existenz verloren haben.

2. Vertriebene und Sowjetzonenflüchtlinge, gegebenenfalls deren Ehegatten, die nach den FlüSG-, LAG- und BVFG-Förderungsbestimmungen einen landwirtschaftlichen Betrieb im Wege der Pacht übernommen haben und nach vertragsgemäßem Ablauf der Pacht oder bei vorzeitiger unverschuldeter Pachtauflösung eine Ansetzung auf einer Nebenerwerbsstelle begehren.

Kategorie II:

1. Hof- oder Betriebserben von unter Kategorie I Nr. 1 genannten und bisher noch nicht geförderten Personen.

2. Vertriebene und Sowjetzonenflüchtlinge, gegebenenfalls deren Ehegatten, die früher in der Landwirtschaft unselbständig tätig waren (z. B. Gutsverwalter, Heuerlinge, Landarbeiter) und heute noch vollberuflich in der Landwirtschaft tätig sind.

Kategorie III:

1. Vertriebene und Sowjetzonenflüchtlinge, gegebenenfalls deren Ehegatten, die früher unselbständig waren (z. B. Gutsverwalter, Heuerlinge, Landarbeiter) und nicht unter Kategorie II Nr. 2 fallen.

2. Vertriebene und Sowjetzonenflüchtlinge, gegebenenfalls deren Ehegatten, die erst nach der Vertreibung oder Flucht in der Landwirtschaft tätig geworden sind.

3. Kinder der unter Kategorie I Nr. 1 und Kategorie II Nr. 1 genannten Personen sowie mithelfende Familienangehörige, soweit sie nicht schon nach Kategorie I oder II gefördert werden.

4. Sonstige Antragsberechtigte.

Über Ausnahmen in Härtefällen entscheiden von den Ländern zu bestimmende Stellen.

14.3 Rundschreiben des Bundesministers für Ernährung, Landwirtschaft und Forsten zur Auslegung des Begriffs „aus der Landwirtschaft stammend" in § 35 BVFG vom 6. November 1978 – 523 – 6160 – 52/73 –

Anläßlich der Siedlungsreferentenbesprechung am 21. September 1978 in Wiesmoor sind einige Fragen behandelt worden, die bei der Auslegung des Begriffs „aus der Landwirtschaft stammend" in § 35 BVFG aufgetreten sind.

Auf der Grundlage des Ergebnisses der Siedlungsreferentenbesprechung am 21. September 1978 bemerke ich im Einvernehmen mit dem Bundesminister des Innern und dem Bundesminister der Finanzen in diesem Zusammenhang:

Hinsichtlich der Spätaussiedler bitte ich bei der Prüfung der Frage, ob sie im Sinne des § 35 BVFG aus der Landwirtschaft stammen, nach folgenden Grundsätzen zu verfahren:

1. Der Begriff „aus der Landwirtschaft stammend" im Sinne des § 35 BVFG ist keinesfalls gleichzusetzen mit dem Begriff „bäuerlicher Abstammung sein" im Sinne des allgemeinen Sprachgebrauchs. Bäuerlicher Abstammung ist jeder, dessen Eltern zur Zeit seiner Geburt Bauern waren. Hierbei spielt es keine Rolle, ob der Betroffene selbst in seinem späteren Leben noch Beziehungen zur Landwirtschaft hatte oder ob seine Eltern später ihren bäuerlichen Beruf aufgegeben haben. Im allgemeinen Sprachgebrauch wird der Begriff sogar dann verwendet, wenn nur die Großeltern oder sonstigen Vorfahren Bauern waren.

Diese Begriffsdefinition ist für die Abgrenzung der Antragsvoraussetzung nach § 35 BVFG nicht verwertbar. Der Begriff „aus der Landwirtschaft stammend" muß daher nach dem gesetzespolitischen Sinn und Zweck des § 35 BVFG ausgelegt werden, wobei der Entstehungsgeschichte dieser Vorschrift und deren Zusammenhang mit anderen Eingliederungsvorschriften des Gesetzes besondere Bedeutung zukommt.

Unter Berücksichtigung dieser Umstände können dem Kreise der aus der Landwirtschaft stammenden Spätaussiedler nur diejenigen zugerechnet werden, die bis zur Aussiedlung ihre Existenzgrundlage in einem landwirtschaftlichen Betrieb hatten. Diese Lebensgrundlage in der heimatlichen Landwirtschaft muß bis zur Aussiedlung bestanden haben und erst durch sie verloren gegangen sein. Das bedeutet, daß nur solche Personen als aus der Landwirtschaft stammend angesehen werden können, die ihren Lebensunterhalt bis zur Aussiedlung ganz oder zumindest überwiegend aus einem landwirtschaftlichen Betrieb bezogen haben. Hierzu gehören naturgemäß nicht nur alle selbständigen Landwirte und alle Arbeitnehmer in landwirtschaftlichen Betrieben, sondern auch diejenigen Personen, die sich wegen ihres Alters, ihres Gesundheitszustandes oder infolge anderer Umstände zwar nicht mehr oder noch nicht selbst landwirtschaftlich betätigt haben, die jedoch ihre materielle Lebensgrundlage in einem landwirtschaftlichen Betrieb hatten, wie das vor allem bei Altenteilern und bei Kindern bis zum Ende ihrer Berufsausbildung der Fall ist.

Das Abstellen darauf, daß der Spätaussiedler seine Lebensgrundlage in der Landwirtschaft gehabt haben muß, ergibt sich auch zwingend aus dem im Zusammenhang mit den sonstigen Eingliederungsvorschriften des BVFG deutlich erkennbaren Gesetzeszweck. Durch besondere Förderungsmaßnahmen soll erreicht werden, daß Spätaussiedler als Ersatz für ihre in der Heimat verlorene Lebensgrundlage hier eine gleichwertige oder zumindest annähernd gleichwertige Lebensgrundlage finden. Es muß also ein Kausalzusammenhang zwischen der Aussiedlung und dem Verlust der Lebensgrundlage in der Landwirtschaft bestehen, weil die nach den §§ 35 ff. BVFG zu gewährenden Hilfen nur den Ausgleich von vertreibungsbedingten Nachteilen bezwecken. Wer seine in der Landwirtschaft beruhende Lebensgrundlage schon vor der Aussiedlung aufgegeben und seither einen anderen Beruf ausgeübt hatte, gehört daher nach § 35 BVFG nicht mehr zu den aus der Landwirtschaft stammenden Personen; er kann folglich auch nicht beanspruchen, daß ihm nach der Aussiedlung aufgrund der Eingliederungsbestimmungen der §§ 35 ff. BVFG erneut zu einer Lebensgrundlage in der Landwirtschaft verholfen wird.

Diese Auslegung, die den Vorzug hat, klar und praktikabel zu sein, wird durch die Entstehungsgeschichte des § 35 BVFG gestützt. Ursprünglich war die Eingliederung nach § 35 BVFG nur für Vertriebene und Sowjetzonenflüchtlinge vorgesehen „die in der Landwirtschaft **tätig** waren". Man bezog sich damit auf die berufsmäßige Verbundenheit mit der heimatlichen Landwirtschaft. Der Personenkreis wurde dann durch die heute geltende Fassung ausgedehnt, um damit insbesondere die zur Zeit der Vertreibung noch nicht arbeitsfähigen Personen, die gleichwohl ihre Lebensgrundlage in der Landwirtschaft hatten, einzubeziehen.

1.1 Hinsichtlich der Spätaussiedler, die vor ihrer Ankunft im Bundesgebiet oder Berlin-West in den Aussiedlungsgebieten in einer Sowchose, Kolchose oder einem ähnlichen landwirtschaftlichen Betrieb beschäftigt waren, gilt:

Namentlich in der Sowjetunion haben die Sowchosen, Kolchosen und ähnliche landwirtschaftliche Betriebe eine erhebliche Größe. Die in diesen Betrieben Beschäftigten üben dementsprechend häufig sehr spezialisierte Tätigkeiten aus.

Bei der Beurteilung der von diesem Personenkreis konkret ausgeübten Tätigkeit ist im Hinblick auf die Frage, ob sie ihre Lebensgrundlage überwiegend in der Landwirtschaft hatten, auf die Nähe zur landwirtschaftlichen Produktion abzustellen. Danach werden in der Regel auch Beschäftigte, die mit der Wartung und Reparatur von landwirtschaftlichen Maschinen, landwirtschaftlichen Geräten und landwirtschaftlichen Gebäuden beschäftigt waren, wegen der Nähe dieser Tätigkeiten zur landwirtschaftlichen Produktion als aus der Landwirtschaft stammend anzuerkennen sei. Beschäftigte, die, wie z. B. Ärzte, Zahnärzte und Pädagogen, eine Tätigkeit ausgeübt haben, die der landwirtschaftlichen Produktion relativ fern steht, werden dagegen nicht als aus der Landwirtschaft stammend anerkannt werden können.

1.2 Im Hinblick auf die gegenwärtigen tatsächlichen Bedingungen in den Aussiedlungsgebieten bitte ich zusätzlich folgende Grundsätze zu beachten:

Aufgrund der Besonderheiten der Versorgungs- und Preisverhältnisse in den Aussiedlungsgebieten kann bei den Spätaussiedlern in der Regel davon ausgegangen werden, daß ihre Einnahmen aus der Erzeugung landwirtschaftlicher Produkte die Einnahmen aus einer außerlandwirtschaftlichen Tätigkeit überwiegen, wenn die als Eigentum, pachtweise oder in einem ähnlichen Nutzungsverhältnis bewirtschaftete Fläche mindestens ca. 2 ha groß war. Bei Sonderkulturen oder anderer besonders intensiver Nutzung der Fläche dürfen ca. 0,5 ha nicht unterschritten werden.

Namentlich in der Sowjetunion schließt die Berechtigung zur Führung einer sogenannten persönlichen Nebenwirtschaft das Recht zum Bezug von Futtermitteln direkt von der Sowchose, Kolchose oder dem ähnlichen landwirtschaftlichen Betrieb und zur teilweisen Nutzung der Gemeinschaftsweiden dieser Betriebe ein. Sofern Spätaussiedler glaubhaft machen, daß sie zugleich mit der persönlichen Nebenwirtschaft solche oder ähnliche Vergünstigungen tatsächlich in Anspruch genommen haben, kann in der Regel davon ausgegangen werden, daß eine besonders intensive Nutzung im Sinne Ziffer 1.2 Abs. 2 letzter Satz dieses Rundschreibens vorlag. Dies gilt nicht für den in Ziffer 1.1 letzter Satz dieses Rundschreibens genannten Personenkreis.

1.3 Insbesondere auch hinsichtlich der Spätaussiedler aus der Sowjetunion ist darüber hinaus folgendes zu berücksichtigen:

Bei Spätaussiedlern aus der Sowjetunion ist die Frage, ob sie aus der Landwirtschaft stammen, nach den gleichen Grundsätzen wie bei allen anderen Spätaussiedlern zu prüfen; abzustellen ist dabei auf den Zeitpunkt der Aussiedlung. Ergibt sich, daß der Antragsteller zu diesem Zeitpunkt seine Lebensgrundlage überwiegend in Bereichen außerhalb der Landwirtschaft hatte, ist auch zu prüfen, ob er durch administrative Akte oder andere, seiner freien Willensbildung entzogene Umstände gehindert war, eine Tätigkeit auszuüben, die es rechtfertigt, ihn als aus der Landwirtschaft stammend anzusehen. Umstände dieser Art sind von dem Antragsteller glaubhaft zu machen. Hierbei können jedoch nur Umstände berücksichtigt werden, die sich im Zusammenhang mit den Ereignissen des zweiten Weltkrieges ergeben haben.

14.4 Fragebogen zur Erfassung der aus der Landwirtschaft stammenden Aussiedler

Anläßlich der Ermittlung der Berufsgruppenzugehörigkeit der in dem Grenzdurchgangslager Friedland und in der Durchgangsstelle für Aussiedler in Nürnberg ankommenden Spätaussiedler sollten für eine zutreffende Erfassung der Spätaussiedler, die im Sinne §§ 35 ff. BVFG aus der Landwirtschaft stammen, zusätzlich folgende Fragen gestellt werden:

Name: _____ Vorname: _____

Anzahl der Familienangehörigen: _____

Herkunftsland: _____

Nummer des Reg.Scheins: _____

Von dem Spätaussiedler unmittelbar vor der Aussiedlung ausgeübte Tätigkeit:

1. Selbständiger Landwirt (auch Pächter) oder Familienangehöriger eines solchen

(1) Ja ☐*   Nein ☐*

2. Unselbständiger Arbeitnehmer in einem landwirtschaftlichen Betrieb (auch Arbeitnehmer in Sowchosen, Kolchosen oder ähnlichen landwirtschaftlichen Betrieben) – Z. B. Landarbeiter, Landhandwerker, Melker, Verwalter –

(2) Ja ☐*   Nein ☐*

3. Falls zu Ziffern 1 – 2 die Antwort Nein lautet:

Ausgeübte Tätigkeit: _____

Wurde eine persönliche Nebenwirtschaft betrieben
(Eigennutzung einer bestimmten Fläche)?

       Ja ☐*   Nein ☐*

Größe der intensiv genutzten Nebenwirtschaft _____ m²
Mindestens 5 000 m²?

(3) Ja ☐*   Nein ☐*

---

* Zutreffendes ankreuzen

4. Sofern unmittelbar vor der Aussiedlung eine Tätigkeit außerhalb der Landwirtschaft ausgeübt wurde:
Waren Spätaussiedler oder seine Eltern vorher selbständige Landwirte, Arbeitnehmer in einem landwirtschaftlichen Betrieb oder in einer Sowchose, Kolchose oder in einem ähnlichen landwirtschaftlichen Betrieb?

Ja □*   Nein □*

Falls Ja:
Wurden Spätaussiedler oder seine Eltern innerhalb des Aussiedlungsgebietes im Zusammenhang mit dem 2. Weltkrieg durch die dortigen Behörden zwangsweise umgesiedelt, verschleppt, interniert, oder mußten sie die überwiegend landwirtschaftliche Tätigkeit gegen ihren Willen sonst aufgeben?

Ja □*   Nein □*

Falls Ja:
Sind Spätaussiedler oder seine Eltern **dadurch faktisch** gezwungen worden, im Zeitpunkt vor der Aussiedlung eine Tätigkeit außerhalb der Landwirtschaft auszuüben?

(4) Ja □*   Nein □*

Falls eine der Antworten „Ja", die durch eine davon in Klammern gesetzte Zahl (1 – 4) besonders gekennzeichnet ist, angekreuzt wird, kommt der Spätaussiedler **möglicherweise** für eine Förderung, z. B. mit einer landwirtschaftlichen Nebenerwerbsstelle oder landwirtschaftlichen Vollerwerbsstelle in Betracht.

Der jeweilige Sachbearbeiter teilt dieses **vorläufige Ergebnis** dem Spätaussiedler unmittelbar mit. Zugleich überreicht er dem Spätaussiedler das einschlägige Merkblatt.

15. RENTEN- UND UNFALLVERSICHERUNG

Fremdrentengesetz (FRG)
Vom 25. Februar 1960 (BGBl., S. 93)
Geändert durch Gesetz vom 9. Juni 1965 (BGBl. I, S. 476)
und Gesetz vom 22. Dezember 1970 (BGBl. I, S. 1846)

I. Gemeinsame Vorschriften

§ 1

Dieses Gesetz findet unbeschadet des § 5 Abs. 4 und des § 17 Anwendung auf
a) Vertriebene im Sinne des § 1 des Bundesvertriebenengesetzes, die als solche im Geltungsbereich dieses Gesetzes anerkannt sind,

---

* Zutreffendes ankreuzen

b) Deutsche im Sinne des Artikels 116 Abs. 1 des Grundgesetzes und frühere deutsche Staatsangehörige im Sinne des Artikels 116 Abs. 2 Satz 1 des Grundgesetzes, wenn sie unabhängig von den Kriegsauswirkungen ihren gewöhnlichen Aufenthalt im Geltungsbereich dieses Gesetzes genommen haben, jedoch infolge der Kriegsauswirkungen den früher für sie zuständigen Versicherungsträger eines auswärtigen Staates nicht mehr in Anspruch nehmen können.

c) Deutsche im Sinne des Artikels 116 Abs. 1 des Grundgesetzes und frühere deutsche Staatsangehörige im Sinne des Artikels 116 Abs. 2 Satz 1 des Grundgesetzes, die nach dem 8. Mai 1945 in ein ausländisches Staatsgebiet zur Arbeitsleistung verbracht wurden,

d) heimatlose Ausländer im Sinne des Gesetzes über die Rechtsstellung heimatloser Ausländer im Bundesgebiet vom 25. April 1951 (Bundesgesetzblatt I S. 269), auch wenn sie die deutsche Staatsangehörigkeit erworben haben oder erwerben,

e) Hinterbliebene der in Buchstaben a bis d genannten Personen bezüglich der Gewährung von Leistungen an Hinterbliebene.

§ 2

Dieses Gesetz gilt nicht für

a) Arbeitsunfälle und Berufskrankheiten, wenn

nach einer von einer europäischen Gemeinschaft erlassenen Rechtsvorschrift, die in der Bundesrepublik Deutschland verbindlich ist und unmittelbar gilt,

nach einem für die Bundesrepublik Deutschland wirksamen zwischenstaatlichen Abkommen über Sozialversicherung oder

nach innerstaatlichen Rechtsvorschriften eines Staates, für den ein auch für die Bundesrepublik Deutschland verbindliches allgemeines Abkommen über Sozialversicherung wirksam ist,

für die Entscheidung über die Entschädigung eine Stelle außerhalb des Geltungsbereichs dieses Gesetzes zuständig ist,

b) Versicherungszeiten und Beschäftigungszeiten, die

nach einer von einer europäischen Gemeinschaft erlassenen Rechtsvorschrift, die in der Bundesrepublik Deutschland verbindlich ist und unmittelbar gilt,

nach einem für die Bundesrepublik Deutschland wirksamen zwischenstaatlichen Abkommen über Sozialversicherung oder

nach innerstaatlichen Rechtsvorschriften eines Staates, für den auch ein für die Bundesrepublik Deutschland verbindliches allgemeines Abkommen über Sozialversicherung wirksam ist,

in einer Rentenversicherung des anderen Staates, ohne Rücksicht darauf, ob sie im Einzelfall der Berechnung der Leistungen zugrunde gelegt werden, anrechnungsfähig sind oder nur deshalb nicht anrechnungsfähig sind, weil es Beschäftigungszeiten sind.

§ 3

Als deutsche Versicherungsträger im Sinne dieses Gesetzes sind alle Versicherungsträger anzusehen, die ihren Sitz innerhalb des Deutschen Reichs nach dem Stand vom 31. Dezember 1937 haben oder hatten oder außerhalb dieses Gebiets die Sozialversicherung nach den Vorschriften der Reichsversicherungsgesetze durchgeführt haben, jedoch mit Ausnahme der Versicherungsträger, die in den unter fremder Verwaltung stehenden deutschen Ostgebieten nach Beginn dieser Verwaltung errichtet worden sind.

§ 4

(1) Für die Feststellung der nach diesem Gesetz erheblichen Tatsachen genügt es, wenn sie glaubhaft gemacht sind. Eine Tatsache ist glaubhaft gemacht, wenn ihr Vorliegen nach dem Ergebnis der Ermittlungen, die sich auf sämtliche erreichbaren Beweismittel erstrecken sollen, überwiegend wahrscheinlich ist.

(2) Absatz 1 gilt auch für außerhalb des Geltungsbereichs dieses Gesetzes eingetretene Tatsachen, die nach den allgemeinen Vorschriften erheblich sind.

(3) Als Mittel der Glaubhaftmachung können auch eidesstattliche Versicherungen zugelassen werden. Der mit der Durchführung des Verfahrens befaßte Versicherungsträger ist für die Abnahme eidesstattlicher Versicherungen zuständig; er gilt als Behörde im Sinne des § 156 des Strafgesetzbuchs.

II. Gesetzliche Unfallversicherung

§ 5

(1) Nach den für die gesetzliche Unfallversicherung maßgebenden bundesrechtlichen Vorschriften wird auch entschädigt

1. ein außerhalb des Geltungsbereichs dieses Gesetzes eingetretener Arbeitsunfall, wenn der Verletzte im Zeitpunkt des Unfalls bei einem deutschen Träger der gesetzlichen Unfallversicherung versichert war;

2. ein Arbeitsunfall, wenn

a) der Verletzte im Zeitpunkt des Unfalls bei einem nichtdeutschen Träger der gesetzlichen Unfallversicherung versichert war oder

b) sich der Unfall nach dem 30. Juni 1944 in einem Gebiet ereignet hat, aus dem der Berechtigte vertrieben ist, und der Verletzte, weil eine ordnungsmäßig geregelte Unfallversicherung nicht durchgeführt worden ist, nicht versichert war.

(2) Unfälle, gegen die der Verletzte an dem für das anzuwendende Recht maßgeblichen Ort (§ 7) nicht versichert gewesen wäre, gelten nicht als Arbeitsunfälle im Sinne des Absatzes 1, es sei denn, der Verletzte hätte sich an diesem Ort gegen Unfälle dieser Art freiwillig versichern können.

(3) Auf Berufskrankheiten sind Absätze 1 und 2 entsprechend anzuwenden. Als Zeitpunkt des Unfalls gilt der letzte Tag, an dem der Versicherte in einem Unternehmen Arbeiten verrichtet hat, die ihrer Art nach geeignet sind, die Berufskrankheit zu verursachen.

(4) Die Leistungen für Arbeitsunfälle und Berufskrankheiten, auf die Absatz 1 Nr. 1 anzuwenden ist, sind auch Personen zu gewähren, die nicht zu dem Personenkreis des § 1 Buchstaben a bis d gehören. Dies gilt auch für Arbeitsunfälle und Berufskrankheiten, auf die Absatz 1 Nr. 2 Buchstabe a anzuwenden ist, wenn die durch den Arbeitsunfall oder die Berufskrankheit entstandenen Verpflichtungen nach den Vorschriften der Reichsversicherungsgesetze auf einen deutschen Träger der gesetzlichen Unfallversicherung übergegangen sind.

§ 6

Als gesetzliche Unfallversicherung gelten auf Gesetz beruhende Versicherungen gegen Arbeitsunfälle und Berufskrankheiten oder eines dieser Wagnisse.

§ 7

Für Voraussetzungen, Art, Höhe und Dauer der Leistungen gelten im übrigen die Vorschriften der gesetzlichen Unfallversicherung, die anzuwenden wären, wenn sich der Unfall dort, wo sich der Berechtigte im Geltungsbereich dieses Gesetzes zur Zeit der Anmeldung des Anspruchs gewöhnlich aufhält, ereignet hätte. Sind mehrere Hinterbliebene vorhanden, so bestimmt sich das anzuwendende Recht nach dem gewöhnlichen Aufenthaltsort des hinterbliebenen Ehegatten. Ist ein solcher nicht vorhanden, so ist der gewöhnliche Aufenthaltsort der jüngsten Waise maßgebend. Im übrigen bestimmt sich das anzuwendende Recht nach dem gewöhnlichen Aufenthaltsort des Hinterbliebenen, der zuerst einen Anspruch anmeldet.

§ 8

Ist der Jahresarbeitsverdienst in einer fremden Währung ausgedrückt oder nicht nachgewiesen, so gilt als Jahresarbeitsverdienst der Betrag, der für einen vergleichbaren Beschäftigten im Zeitpunkt des Unfalls an dem für das anzuwendende Recht maßgeblichen Ort (§ 7) festzusetzen gewesen wäre.

§ 9

(1) Zuständig für die Feststellung und Gewährung der Leistungen ist der Träger der Unfallversicherung, der nach der Art des Unternehmens, in dem sich der Arbeitsunfall ereignet hat, zuständig wäre, wenn sich der Arbeitsunfall an dem für das anzuwendende Recht maßgeblichen Ort (§ 7) ereignet hätte.

(2) Ergibt sich nach Absatz 1 die Zuständigkeit einer landwirtschaftlichen Berufsgenossenschaft, der Gartenbau-Berufsgenossenschaft, einer Gemeinde, eines Gemeindeunfallversicherungsverbandes, der Feuerwehr-Unfallversicherung, eines Landes oder des Bundes, so ist die Bundesausführungsbehörde für Unfallversicherung zuständig.

(3) Die Bundesausführungsbehörde für Unfallversicherung ist zuständig für die Feststellung und Gewährung von Leistungen an Umsiedler im Sinne des § 1 Abs. 2 Nr. 2 des Bundesvertriebenengesetzes, die einen Anspruch auf Zahlung einer Rente aus der gesetzlichen Unfallversicherung ihres Herkunftslandes haben.

§ 10

Die Fristen der §§ 1546 und 1548 der Reichsversicherungsordnung beginnen mit dem Ersten des Monats, der dem Monat folgt, in dem der Berechtigte im Geltungsbereich dieses Gesetzes Aufenthalt genommen hat.

§ 11

(1) Wird dem Berechtigten von einem Träger der Sozialversicherung oder einer anderen Stelle außerhalb des Geltungsbereichs dieses Gesetzes für denselben Versicherungsfall eine Rente aus der gesetzlichen Unfallversicherung oder an Stelle einer solchen eine andere Leistung gewährt, so ruht die Rente in Höhe des in Deutsche Mark umgerechneten Betrages, der als Leistung des Trägers der Sozialversicherung oder der anderen Stelle außerhalb des Geltungsbereichs dieses Gesetzes ausgezahlt wird.

(2) Der Berechtigte hat dem zuständigen Träger der gesetzlichen Unfallversicherung unverzüglich anzuzeigen, wenn ihm eine der in Absatz 1 genannten Stellen eine Rente oder eine andere Leistung gewährt. Erhält der Berechtigte die

Leistung für eine zurückliegende Zeit ausgezahlt, so hat er die Leistung nach diesem Gesetz bis zur Höhe der anderen Leistung zurückzuerstatten.

(3) Hat der Berechtigte schuldhaft versäumt, die Anzeige unverzüglich zu erstatten, so hat der Träger der gesetzlichen Unfallversicherung alle Leistungen zurückzuerstatten, die er bis zur Einstellung der Zahlung zu Unrecht erhalten hat.

§ 12

(1) Die Rente, die für einen Arbeitsunfall oder eine Berufskrankheit nach § 5 zu gewähren ist, ruht, solange sich der Berechtigte außerhalb des Geltungsbereichs dieses Gesetzes gewöhnlich aufhält. Die Gewährung von Sachleistungen in Gebiete außerhalb des Geltungsbereichs dieses Gesetzes ist ausgeschlossen.

(2) Wird der Antrag auf Rente während des gewöhnlichen Aufenthalts des Berechtigten außerhalb des Geltungsbereichs dieses Gesetzes gestellt, so ist für die Feststellung der Rente und die Entscheidung über das Ruhen der ursprünglich verpflichtete Versicherungsträger zuständig. Ist dieser nicht mehr vorhanden, so richtet sich die Zuständigkeit nach der Art des Unternehmens, in dem sich der Arbeitsunfall ereignet hat; § 9 Abs. 2 und 3 gilt entsprechend. Mehrere sachlich zuständige Versicherungsträger bestimmen durch Vereinbarung, welcher von ihnen örtlich zuständig ist.

§ 13

(1) Ist der Arbeitsunfall oder die Berufskrankheit vor dem 9. Mai 1945 außerhalb des Geltungsbereichs dieses Gesetzes eingetreten und war der Berechtigte hierfür von einem deutschen Träger der gesetzlichen Unfallversicherung zu entschädigen, so kann die Rente einem Deutschen im Sinne des Artikels 116 Abs. 1 des Grundgesetzes oder einem früheren deutschen Staatsangehörigen im Sinne des Artikels 116 Abs. 2 Satz 1 des Grundgesetzes, der sich im Gebiet eines auswärtigen Staates aufhält, in dem die Bundesrepublik Deutschland eine amtliche Vertretung hat, gezahlt werden. Eine solche Rente gilt nicht als Leistung der sozialen Sicherheit.

(2) Geht der Rentenzahlung nach Absatz 1 keine Leistung für Zeiten des Aufenthalts im Geltungsbereich dieses Gesetzes voraus, so ist für die Feststellung und Zahlung der Rente der ursprünglich verpflichtete Versicherungsträger zuständig. § 12 Abs. 2 Satz 2 und 3 gilt entsprechend.

(3) Früheren deutschen Staatsangehörigen im Sinne des Artikels 116 Abs. 2 Satz 1 des Grundgesetzes stehen Personen gleich, die zwischen dem 30. Januar 1933 und dem 8. Mai 1945 das Gebiet des Deutschen Reiches oder das Gebiet der Freien Stadt Danzig verlassen haben, um sich einer von ihnen nicht zu vertretenden und durch die politischen Verhältnisse bedingten besonderen Zwangslage zu entziehen, oder aus den gleichen Gründen nicht in das Gebiet des Deutschen Reiches oder das Gebiet der Freien Stadt Danzig zurückkehren konnten.

(4) Die Bundesregierung kann durch die Rechtsverordnung mit Zustimmung des Bundesrates bestimmen, daß der gewöhnliche Aufenthalt in einem sonstigen Gebiet außerhalb des Geltungsbereichs dieses Gesetzes dem gewöhnlichen Aufenthalt im Gebiet eines auswärtigen Staates gleichsteht, in dem die Bundesrepublik Deutschland eine amtliche Vertretung hat.

III. Gesetzliche Rentenversicherungen

§ 14

Soweit sich aus den nachfolgenden Vorschriften nichts anderes ergibt, richten sich die Rechte und Pflichten der nach diesem Abschnitt Berechtigten nach den im Geltungsbereich dieses Gesetzes geltenden allgemeinen Vorschriften.

§ 15

(1) Beitragszeiten, die bei einem nichtdeutschen oder nach dem 30. Juni 1945 bei einem außerhalb des Geltungsbereichs dieses Gesetzes befindlichen deutschen Träger der gesetzlichen Rentenversicherung zurückgelegt sind, stehen den nach Bundesrecht zurückgelegten Beitragszeiten gleich. Sind die Beiträge auf Grund einer abhängigen Beschäftigung oder einer selbständigen Tätigkeit entrichtet, so steht die ihnen zugrunde liegende Beschäftigung oder Tätigkeit einer rentenversicherungspflichtigen Beschäftigung oder Tätigkeit im Geltungsbereich dieses Gesetzes gleich.

(2) Als gesetzliche Rentenversicherung im Sinne des Absatzes 1 ist jedes System der sozialen Sicherheit anzusehen, in das in abhängiger Beschäftigung stehende Personen durch öffentlich-rechtlichen Zwang einbezogen sind, um sie und ihre Hinterbliebenen für den Fall der Minderung der Erwerbsfähigkeit, des Alters und des Todes oder für einen oder mehrere dieser Fälle durch die Gewährung regelmäßig wiederkehrender Geldleistungen (Renten) zu sichern. Wird durch die Zugehörigkeit zu einer Einrichtung dem Erfordernis, einem der in Satz 1 genannten Systeme anzugehören, Genüge geleistet, so ist auch die betreffende Einrichtung als gesetzliche Rentenversicherung anzusehen, und zwar auch für Zeiten bis zum 31. Dezember 1890 zurück, in denen es ein System der in Satz 1 genannten Art noch nicht gegeben hat. Als gesetzliche Rentenversicherung gelten nicht Systeme, die vorwiegend zur Sicherung der Beschäftigten im öffentlichen Dienst geschaffen sind.

(3) Die Bundesregierung kann durch Rechtsverordnung mit Zustimmung des Bundesrates auch Systeme oder Einrichtungen, die für andere Personenkreise als den in Absatz 2 genannten geschaffen sind, insoweit als gesetzliche Rentenversicherung anerkennen, als die Zugehörigkeit zu diesen Systemen oder Einrichtungen auf öffentlich-rechtlichem Zwang oder auf einer den Grundsätzen des Bundesrechts ganz oder zum Teil entsprechenden freiwilligen Versicherung beruht und der Gegenstand der Sicherung dem in Absatz 2 genannten entspricht.

§ 16

Eine nach vollendetem 16. Lebensjahr vor der Vertreibung in den in § 1 Abs. 2 Nr. 3 des Bundesvertriebenengesetzes genannten ausländischen Gebieten oder nach dem 8. Mai 1945 in den unter fremder Verwaltung stehenden deutschen Ostgebieten verrichtete Beschäftigung steht einer rentenversicherungspflichtigen Beschäftigung im Geltungsbereich dieses Gesetzes, für die Beiträge entrichtet sind, soweit sie nicht mit einer Beitragszeit zusammenfällt. Dies gilt nur, wenn die Beschäftigung nach dem am 1. März 1957 geltenden Bundesrecht Versicherungspflicht in den gesetzlichen Rentenversicherungen begründet hätte, wenn sie im Bundesgebiet verrichtet worden wäre; dabei sind Vorschriften über die Beschränkung der Versicherungspflicht nach der Stellung des Beschäftigten im knappschaftlichen Betrieb, nach der Höhe des Arbeitsverdienstes, wegen der Gewährleistung von Versorgungsanwartschaften oder wegen der Eigenschaft als Beamter oder Soldat nicht anzuwenden.

§ 17

(1) § 15 findet auch auf Personen Anwendung, die nicht zu dem Personenkreis des § 1 Buchstaben a bis d gehören, wenn die Beiträge entrichtet sind

a) an einen außerhalb des Geltungsbereichs dieses Gesetzes befindlichen deutschen Träger der gesetzlichen Rentenversicherung oder

b) an einen nichtdeutschen Träger der gesetzlichen Rentenversicherung und ein deutscher Träger der gesetzlichen Rentenversicherungen sie bei Eintritt des Versicherungsfalles wie nach den Vorschriften der Reichsversicherungsgesetze entrichtete Beiträge zu behandeln hatte.

(2) § 16 gilt auch für die vor dem 9. Mai 1945 im Gebiet der sowjetischen Besatzungszone oder im sowjetischen Sektor von Berlin oder in den unter fremder Verwaltung stehenden deutschen Ostgebieten verrichtete Beschäftigung eines Deutschen im Sinne des Artikels 116 Abs. 1 des Grundgesetzes oder eines früheren deutschen Staatsangehörigen im Sinne des Artikels 116 Abs. 1 des Grundgesetzes, jedoch nur für eine Beschäftigung außerhalb des öffentlichen Dienstes, die nach den reichsgesetzlichen Vorschriften wegen der Gewährleistung von Versorgungsanwartschaften versicherungsfrei gewesen ist. Auf die in § 1 Buchstaben b und d genannten Personen und deren Hinterbliebene findet § 16 keine Anwendung.

§ 18

(1) § 15 findet keine Anwendung, wenn die Beiträge als einmalige Einlage oder als laufende Beiträge zur Versicherung anderer als der Pflichtleistungen (Zusatzversicherung) entrichtet sind.

(2) § 16 findet keine Anwendung auf Beschäftigungen vor dem 1. Januar 1891. Das gleiche gilt für Beschäftigungen während der in den Anlagen 2 und 3 angeführten Jahre, wenn der Beschäftigte nach Maßgabe der Anlage 1 in eine der in den Anlagen 2 und 3 genannten Leistungsgruppen fällt.

(3) § 16 findet keine Anwendung auf eine Zeit, die im Geltungsbereich dieses Gesetzes bei der Gewährung einer Versorgung nach beamtenrechtlichen Vorschriften oder Grundsätzen als ruhegehaltfähig berücksichtigt ist oder bei Eintritt des Versorgungsfalles als ruhegehaltfähig berücksichtigt wird oder für die die Nachversicherung als durchgeführt gilt. Wird bei einer Versorgung nach beamtenrechtlichen Vorschriften oder Grundsätzen von einem Zeitraum nur ein Teil als ruhegehaltfähig berücksichtigt, so ist der nicht berücksichtigte Teil bei der Anwendung des § 16 so zu behandeln, als ob er vom Beginn dieses Zeitraumes an zurückgelegt wäre. Sonstige Beschäftigungs- oder Beitragszeiten gelten für die Anwendung des § 32 Abs. 3 des Gesetzes zu Artikel 131 des Grundgesetzes als solche, für die die Prämienreserven an den Dienstherrn im Herkunftsland abgeführt sind.

(4) Der Bundesminister für Arbeit und Sozialordnung, der Bundesminister des Innern und der Bundesminister der Finanzen regeln mit Zustimmung des Bundesrates durch allgemeine Verwaltungsvorschriften, wie in den Fällen des Absatzes 3 zu verfahren ist.

§ 19

(1) Die Beitragszeit wird in ihrem ursprünglichen Umfang angerechnet, wenn sie sich bei einem Wechsel des Versicherungsträgers verringert hat.

(2) Für das einzelne Jahr nicht nachgewiesener Zeiten werden fünf Sechstel als Beitrags- oder Beschäftigungszeit angerechnet; die Zeit eines ununterbrochenen Beschäftigungsverhältnisses von mindestens zehnjähriger Dauer bei demselben Arbeitgeber wird in vollem Umfang angerechnet. Für Zeiten bis zum 28. Juni 1942, die der Rentenversicherung der Arbeiter zuzuordnen sind, sind die gekürzten Zeiten auf volle Wochen aufzurunden; im übrigen wird auf volle Monate aufgerundet.

(3) Beitragszeiten, die während des Bezuges einer dem Altersruhegeld entsprechenden Leistung zurückgelegt sind, werden für die Hinterbliebenenrenten zusätzlich angerechnet.

(4) Sind Tagesbeiträge entrichtet, so wird für je sieben Tagesbeiträge eine Woche als Beitragszeit angerechnet; ein verbleibender Rest gilt als volle Beitragswoche.

§ 20

(1) Die in § 15 genannten Beitragszeiten werden, sofern sie auf Grund einer Pflichtversicherung in einer der knappschaftlichen Rentenversicherung entsprechenden Berufsversicherung zurückgelegt sind, der knappschaftlichen Rentenversicherung zugeordnet. Im übrigen werden Beitrags- und Beschäftigungszeiten nach der Art der Beschäftigung der Rentenversicherung der Arbeiter oder der Rentenversicherung der Angestellten zugeordnet.

(2) Die auf Grund einer freiwilligen Versicherung zurückgelegten Beitragszeiten werden dem Versicherungszweig zugeordnet, in dem sie zurückgelegt sind. Zeiten, für die Beiträge zur freiwilligen Fortsetzung einer Pflichtversicherung entrichtet sind, werden dem Versicherungszweig zugeordnet, dem die Zeiten der Pflichtversicherung, deren Fortsetzung sie dienen, zuzuordnen sind. Im übrigen werden Zeiten einer freiwilligen Versicherung, die von nicht pflichtversicherten Personen während einer Beschäftigung oder Tätigkeit überwiegend körperlicher Art begonnen ist, der Rentenversicherung der Arbeiter, Zeiten einer freiwilligen Versicherung, die von nicht pflichtversicherten Personen während einer Beschäftigung oder Tätigkeit überwiegend geistiger Art begonnen ist, der Rentenversicherung der Angestellten zugeordnet.

(3) Für Beitragszeiten, die pflichtversicherte Selbständige zurückgelegt haben, gilt Absatz 2 Satz 3. Beitragszeiten pflichtversicherter Handwerker werden der Handwerkerversorgung zugeordnet.

(4) Sind Beitrags- oder Beschäftigungszeiten in einem knappschaftlichen Betrieb im Sinne des § 2 Abs. 1 und 2 des Reichsknappschaftsgesetzes zurückgelegt, ohne daß Beiträge zu einer der knappschaftlichen Rentenversicherung entsprechenden Berufsversicherung entrichtet sind, so werden sie der knappschaftlichen Rentenversicherung vom 1. Januar 1924 an zugeordnet, wenn die Beschäftigung, wäre sie im Bundesgebiet verrichtet worden, nach den jeweils geltenden reichs- oder bundesrechtlichen Vorschriften der Versicherungspflicht in der knappschaftlichen Rentenversicherung unterlegen hätte. § 16 Satz 2 zweiter Halbsatz findet Anwendung.

(5) Ist nach dem Ergebnis der Ermittlungen zweifelhaft, welchem Versicherungszweig Beitrags- oder Beschäftigungszeiten zuzuordnen sind, so werden sie der Rentenversicherung der Arbeiter zugeordnet.

§ 21

(1) Ersatzzeiten werden dem Versicherungszweig zugeordnet, dem nach § 20 die Beitrags- oder Beschäftigungszeit zuzuordnen ist, die der Ersatzzeit vorangeht.

(2) Geht der Ersatzzeit keine Beitrags- oder Beschäftigungszeit voran, so ist sie dem Versicherungszweig zuzuordnen, dem nach § 20 die Beitrags- oder Beschäftigungszeit zuzuordnen ist, die der Ersatzzeit nachfolgt.

§ 22

(1) Werden Zeiten der in §§ 15 und 16 genannten Art angerechnet, so sind zur Ermittlung der für den Versicherten maßgebenden Rentenbemessungsgrundlage nach Maßgabe der Anlage 1[1]).

a) für Zeiten bis zum 28. Juni 1942 für jede Woche die Lohn- oder Beitragsklassen der Tabellen der Anlage 4 oder 6[1]) und für Zeiten vom 29. Juni 1942 an die Bruttojahresarbeitsentgelte der Tabellen der Anlage 5 oder 7[1]), wenn die Zeiten der Rentenversicherung der Arbeiter zuzuordnen sind,

b) für Zeiten bis zum 30. Juni 1942 für jeden Monat die Gehalts- oder Beitragsklassen der Tabellen der Anlage 8 oder 10 und für Zeiten vom 1. Juli 1942 an die Bruttojahresarbeitsentgelte der Tabellen der Anlage 9 oder 11[1]), wenn die Zeiten der Rentenversicherung der Angestellten zuzuordnen sind,

c) für Zeiten bis zum 31. Dezember 1942 für jeden Monat die Beitrags- oder Gehaltsklassen der Tabellen der Anlage 12 oder 14[1]) und für Zeiten vom 1. Januar 1943 an die Bruttojahresarbeitsentgelte der Tabellen der Anlage 9 oder 14[1]), wenn die Zeiten der knappschaftlichen Rentenversicherung zuzuordnen sind,

zugrunde zu legen. Für Zeiten der Ausbildung als Lehrling oder Anlernling werden weder Beitragsklassen noch Bruttojahresarbeitsentgelte zugeordnet. Das gilt für die knappschaftliche Rentenversicherung nur, wenn der Versicherte vor Vollendung des 55. Lebensjahres berufsunfähig oder erwerbsunfähig geworden ist. Für Zeiten vor dem 1. Januar 1913, die der Rentenversicherung der Angestellten zuzuordnen sind, wird die Zahl der Beitrags- und Beschäftigungsmonate mit den Werten vervielfätigt, die für die einzelnen Klassen und die einzelnen Zeiträume in der Tabelle der Anlage 16[1]) angegeben sind. Artikel 2 § 55 Abs. 2 des Arbeiterrentenversicherungs-Neuregelungsgesetzes und Artikel 2 § 54 Abs. 2 des Angestelltenversicherungs-Neuregelungsgesetzes gelten entsprechend.

(2) Sind Beitrags- oder Beschäftigungszeiten der Rentenversicherung der Arbeiter nach § 20 Abs. 5 zuzuordnen, so sind bei Anwendung des Absatzes 1 die für die Leistungsgruppe 3 der Tabellen der Anlagen 4 bis 7[1]) maßgebenden Werte oder Bruttojahresarbeitsentgelte zugrunde zu legen.

(3) Bei Seeleuten sind die für die verschiedenen Dienststellungen jeweils amtlich festgesetzten Beitragsklassen und Durchschnittsheuern zugrunde zu legen. Dies gilt auch für Arbeitnehmer in Kleinbetrieben der Seefischerei für Zeiten nach dem 31. Dezember 1939.

(4) Für das Kalenderjahr, in dem der Versicherungsfall eintritt, und für das voraufgegangene Kalenderjahr sind die für den letzten Zeitraum in den Tabellen der Anlagen 5, 7, 9, 11, 13 und 15[1]) und den Rechtsverordnungen der Bundesregierung nach § 27 Abs. 1 festgesetzten Werte zugrunde zu legen.

---

[1]) nicht abgedruckt

§ 23

(1) Bei pflichtversicherten Selbständigen und bei Versicherten, für die freiwillige Beiträge entrichtet sind, ist bei der Zuordnung der Tabellenwerte § 22 unter Berücksichtigung der Beitragsleistung entsprechend anzuwenden.

(2) Ist die Höhe der Beitragsleistung nicht nachgewiesen, so sind bei pflichtversicherten Selbständigen an Stelle der Beitragsleistung die Berufstätigkeit und die Einkommensverhältnisse zu berücksichtigen. Bei freiwillig Versicherten richtet sich in diesen Fällen die Ermittlung der für den Versicherten maßgebenden Rentenbemessungsgrundlage für eine der Rentenversicherung der Arbeiter zuzuordnende Beitragszeit nach der Beitragsklasse II, für eine der Rentenversicherung der Angestellten zuzuordnende Beitragszeit nach der Beitragsklasse B (II) und für eine der knappschaftlichen Rentenversicherung zuzuordnende Beitragszeit eines Angestellten nach der Gehaltsklasse B; sind die Beiträge für Zeiten nach dem 31. Dezember 1956 entrichtet, so tritt an die Stelle der Beitragsklassen II und B (II) die Beitragsklasse A und an die Stelle der Gehaltsklasse B ein Entgelt von 100 Deutsche Mark.

§ 24

(1) Für Beitragszeiten, die nach tschechoslowakischem Recht oder dem Recht des ehemaligen Protektorats Böhmen und Mähren bei einem Ersatzinstitut (§ 15 Abs. 2 Satz 2) oder nach entsprechenden Grundsätzen bei einer anderen Einrichtung zurückgelegt sind, richtet sich die Zuordnung der Tabellenwerte nach der höchsten Leistungsgruppe, in die der Versicherte nach der Anlage 1[1]) einzuordnen ist. Dies gilt für Zeiten einer freiwilligen Versicherung nur, wenn die freiwilligen Beiträge in der zuletzt für die Pflichtbeiträge maßgebenden Höhe entrichtet sind.

(2) Absatz 1 findet keine Anwendung.

a) wenn der nach Maßgabe der Satzung zur Anrechnung der Vorversicherungszeit zu entrichtende Ergänzungsbetrag zum Überweisungsbetrag nicht entrichtet ist,

b) in den Fällen, für welche die Satzung der in Absatz 1 genannten Einrichtungen die Berechnung der Leistungen nach den für die gesetzlichen Rentenversicherung maßgebenden Grundsätzen vorsah,

c) auf Zeiten, die beim Pensionsverein der deutschen Sparkassen in Prag zurückgelegt sind,

d) für die der knappschaftlichen Rentenversicherung zuzuordnenden Zeiten.

§ 25

Für eingekaufte Beitragszeiten nach tschechoslowakischem Recht ist zur Ermittlung der für den Versicherten maßgebenden Rentenbemessungsgrundlage einheitlich der Tabellenwert zugrunde zu legen, der nach Maßgabe der Anlage 1[1]) für das Jahr der Durchführung des Einkaufs zuzuordnen ist.

§ 26

Werden Beitrags- oder Beschäftigungszeiten nur für einen Teil eines Kalenderjahres angerechnet, so werden bei Anwendung der Tabellen der Anlagen 5, 7, 9, 11, 13 und 15[1]) die Bruttojahresarbeitsentgelte nur anteilmäßig berücksichtigt.

---

[1]) nicht abgedruckt

§ 27

(1) Die Bundesregierung ergänzt nach Anhören des Statistischen Bundesamtes durch Rechtsverordnung mit Zustimmung des Bundesrates die Tabellen der Anlagen 2, 3, 5, 7, 9, 11, 13 und 15[1]). Dabei sind als Bruttojahresarbeitsentgelte die den einzelnen Leistungsgruppen entsprechenden durchschnittlichen Bruttojahresarbeitsentgelte der Versicherten im Geltungsbereich dieses Gesetzes für den entsprechenden Zeitraum einzusetzen.

(2) Der Bundesminister für Arbeit und Sozialordnung kann nach Anhören des Statistischen Bundesamtes durch Rechtsverordnung mit Zustimmung des Bundesrates den Katalog der Berufsbezeichnungen der Anlage 1[1]) nach Maßgabe der Lohn- und Gehaltserhebungen des Statistischen Bundesamtes ändern und ergänzen.

§ 28

Treffen Versicherungszeiten, von denen mindestens eine nach diesem Gesetz anzurechnen ist, zusammen, so ist bei der Berechnung der Rente nur eine, und zwar die für den Berechtigten günstigere, zu berücksichtigen.

§ 29

(1) Zeiten nach dem 30. September 1927, in denen eine der in § 15 Abs. 1 Satz 2 oder § 16 Satz 1 genannten Beschäftigungen oder Tatigkeiten durch eine mindestens einen Kalendermonat andauernde Arbeitslosigkeit unterbrochen worden ist, sind Ausfallzeiten. *§ 75 des Gesetzes über Arbeitsvermittlung und Arbeitslosenversicherung*[1]) gilt entsprechend.

(2) Für die Zuordnung von Ausfallzeiten und einer Zurechnungszeit gilt § 21 entsprechend.

§ 30

§ 1290 Abs. 2 der Reichsversicherungsordnung, § 67 Abs. 2 des Angestelltenversicherungsgesetzes und § 82 Abs. 2 des Reichsknappschaftsgesetzes finden keine Anwendung, wenn der Berechtigte bis zur Aufenthaltsnahme im Geltungsbereich dieses Gesetzes von einem Träger der Sozialversicherung oder einer anderen Stelle außerhalb des Geltungsbereichs dieses Gesetzes für die nach §§ 15 und 16 anzurechnenden Zeiten auf Grund desselben Sachverhalts eine Rente aus der gesetzlichen Rentenversicherung oder an Stelle einer solchen eine andere Leistung erhalten hat.

§ 31

(1) Wird dem Berechtigten von einem Träger der Sozialversicherung oder einer anderen Stelle außerhalb des Geltungsbereichs dieses Gesetzes für die nach Bundesrecht anzurechnenden Zeiten eine Rente aus der gesetzlichen Rentenversicherung oder an Stelle einer solchen eine andere Leistung gewährt, so ruht die Rente in Höhe des in Deutsche Mark umgerechneten Betrages, der als Leistung des Trägers der Sozialversicherung oder der anderen Stelle außerhalb des Geltungsbereichs dieses Gesetzes ausgezahlt wird. Auf Steigerungsbeträge aus Beiträgen der Höherversicherung findet Satz 1 keine Anwendung.

(2) Der Berechtigte hat dem zuständigen Träger der gesetzlichen Rentenversicherungen unverzüglich anzuzeigen, wenn ihm eine der in Absatz 1 genannten Stellen

---

[1]) nicht abgedruckt

[1]) jetzt 101 Arbeitsförderungsgesetz vom 25. 6. 1969, BGBl. I, S. 582.

eine Rente oder eine andere Leistung gewährt. Erhält der Berechtigte die Leistung für eine zurückliegende Zeit ausgezahlt, so hat er die Leistung nach diesem Gesetz bis zur Höhe der anderen Leistung zurückzuerstatten.

(3) Hat der Berechtigte schuldhaft versäumt, die Anzeige unverzüglich zu erstatten, so hat er dem Versicherungsträger alle Leistungen zurückzuerstatten, die er bis zur Einstellung der Zahlung zu Unrecht erhalten hat.

16. RECHT DER HEIMKEHRER, HÄFTLINGE UND KRIEGSGEFANGENEN

16.1 Richtlinien der Heimkehrerstiftung
– Stiftung für ehemalige Kriegsgefangene –
für die Gewährung von Darlehen und Unterstützungen

Gemäß § 48 Abs. 4 des Kriegsgefangenenentschädigungsgesetzes (KgfEG) hat der Stiftungsrat der Heimkehrerstiftung – Stiftung für ehemalige Kriegsgefangene – die nachstehenden Richtlinien für die Gewährung von Darlehen und Unterstützungen beschlossen.

I. Allgemeine Bestimmungen

1. Von der Stiftung werden gefördert:

a) Personen, die wegen militärischen oder militärähnlichen Dienstes im ursächlichen Zusammenhang mit dem zweiten Weltkrieg gefangengenommen und von einer ausländischen Macht festgehalten wurden;

b) Personen, die nach § 2 Abs. 2 und 3 KgfEG als Kriegsgefangene gelten;

c) Witwen heimgekehrter Kriegsgefangener, sofern sie keine neue Ehe eingegangen sind und die häusliche Gemeinschaft mit dem Verstorbenen bis zu dessen Tod bestanden hat.

Was als militärischer oder militärähnlicher Dienst anzusehen ist, ergibt sich aus §§ 2 – 4 des Bundesversorgungsgesetzes (BVG) und den hierzu ergangenen Verwaltungsvorschriften; § 6 BVG und die Verwaltungsvorschriften hierzu sind entsprechend anzuwenden.

2. Leistungen aus Mitteln der Stiftung können auch Personen erhalten, die nicht Berechtigte im Sinne des § 1 KgfEG sind, weil sie vor dem 1. Januar 1947 aus dem Gewahrsam entlassen wurden oder die Stichtagvoraussetzungen nicht erfüllen.

3. Bei den in Nr. 1 Buchstabe b) genannten Personen muß zum Zeitpunkt der Antragstellung die Rechtsstellung eines Deutschen im Sinne des Artikels 116 GG gegeben sein. Danach ist Deutscher, wer die deutsche Staatsangehörigkeit besitzt oder als Flüchtling oder Vertriebener deutscher Volkszugehörigkeit oder als sein Ehegatte oder Abkömmling in dem Gebiet des Deutschen Reiches nach dem Stand vom 31. Dezember 1937 Aufnahme gefunden hat.

4. Die in Nr. 1 Buchstabe a) – c) genannten Personen müssen zum Zeitpunkt der Antragstellung ihren Wohnsitz oder ständigen Aufenthalt im Geltungsbereich des Kriegsgefangenenentschädigungsgesetzes haben.

5. Aus der Stiftung können nach Maßgabe der verfügbaren Mittel gemäß § 46 Abs. 2 KgfEG Darlehen und Unterstützungen gewährt werden. Auf sie besteht kein Rechtsanspruch. Die Ausschließungsgründe des § 8 KgfEG gelten entsprechend.

6. Stirbt ein Antragsteller nach der Beantragung einer Leistung, so kann die beantragte Leistung in Härtefällen dem Ehegatten oder einem unterhaltsberechtigten Angehörigen, der nach geltendem Recht als Kriegshinterbliebener Anspruch auf Versorgung hätte, oder einer Person, die zur Sicherung seines Lebensbedarfs wesentlich beigetragen hat, gewährt werden, wenn und soweit hierfür noch ein Bedarf vorhanden ist, die Voraussetzungen für die Gewährung beim Antragsteller erfüllt waren und die häusliche Gemeinschaft mit dem Antragsteller bis zu dessen Tod bestanden hat.

7. Die Reihenfolge der Gewährung von Leistungen wird durch die aus den vorliegenden Anträgen erkennbare soziale Dringlichkeit – bei Darlehen auch durch die volkswirtschaftliche Förderungswürdigkeit der Vorhaben – bestimmt. Im Rahmen der sozialen Dringlichkeit ist vorrangig zu berücksichtigen, in welchem Ausmaß der Antragsteller durch die Kriegsgefangenschaft und ihre Folgen gehindert war, eine seinen Fähigkeiten entsprechende Tätigkeit auszuüben.

8. Die Förderungsmaßnahmen können an ehemalige Kriegsgefangene gewährt werden, wenn sie Leistungen in gleicher Art und Höhe nach anderen Vorschriften nicht erhalten können.

9. Unrichtige oder unvollständige Angaben bei der Antragstellung können zum Ausschluß oder zur Rückforderung von Leistungen führen.

II. Besondere Bestimmungen

A. Darlehen

10. Darlehen können gewährt werden

a) zum Aufbau oder zur Sicherung der wirtschaftlichen Existenz;

b) zur Beschaffung von Wohnraum;

c) für sonstige förderungswürdige Vorhaben.

Darlehen können nur gewährt werden, wenn und soweit der Antragsteller nicht in der Lage ist, das Vorhaben aus eigenen Mitteln oder durch zumutbare Inanspruchnahme anderer Finanzierungsmöglichkeiten durchzuführen.

11. Das Darlehen wird aufgrund eines Bescheides des Bewilligungsausschusses gewährt. Es wird dem Darlehensnehmer in der Regel über ein von ihm zu benennendes Kreditinstitut (Hausbank) zur Verfügung gestellt. Das Darlehen darf nur für das genehmigte Vorhaben verwendet werden. Die Verwendung ist entsprechend zu belegen. Auszahlung, Verwaltung und Überwachung des Darlehens werden vom Kreditinstitut vorgenommen, sofern die Stiftung nicht unmittelbar als Kreditgeber auftritt. Dem Bundesrechnungshof und der Stiftung steht insoweit bei den benannten Kreditinstituten ein jederzeitiges Prüfungsrecht zu.

a) Darlehen zum Aufbau oder zur Sicherung der wirtschaftlichen Existenz

12. Darlehen zum Aufbau oder zur Sicherung der wirtschaftlichen Existenz können gewährt werden, wenn die Lebensgrundlage des Antragstellers begründet oder bei einer Gefährdung gefestigt werden soll und der Antragsteller die erforderlichen persönlichen und fachlichen Voraussetzungen erfüllt. Die Bewilligung eines Darlehens ist auch zulässig zur Ablösung eines Zwischenkredits, sofern mit dem abzulösenden Kredit das Vorhaben vorfinanziert worden ist, und zur Umschuldung eines Darlehens, ausgenommen aus öffentlichen Mitteln, dessen Zins- und Tilgungsdienst die Existenz gefährdet.

13. Die Höhe eines Darlehens richtet sich nach dem Umfang der zur Durchführung des beantragten Vorhabens erforderlichen Mittel; der Höchstbetrag ist DM 40 000,–

14. Die Darlehen zum Aufbau oder zur Sicherung der wirtschaftlichen Existenz sind mit 3 vom Hundert jährlich, beginnend am 3. Geschäftstag nach Abgang der Überweisung an das Kreditinstitut, zu verzinsen und nach 3 Freijahren in längstens 20 gleichen Halbjahresraten zu tilgen; das erste Freijahr beginnt mit dem auf die Auszahlung – auch nur eines Teilbetrages – folgenden Halbjahrersten. Bei Darlehen zum Zwecke der Umschuldung können die 3 Freijahre entfallen. Die Zins- und Tilgungsleistungen sind am 31. 5. und 30. 11. jedes Jahres fällig. Bei Stundung und Verzug erhöht sich der Zinssatz auf 4 vom Hundert jährlich.

b) Darlehen zur Beschaffung von Wohnraum

15. Darlehen zur Beschaffung von Wohnraum können für Neubau, Ankauf bestehender Wohngebäude oder Eigentumswohnungen, Instandsetzungen, Instandhaltungen, Modernisierungen oder Erweiterungen sowie zur Beschaffung einer Mietwohnung oder zur Begründung eines Dauerwohnrechts (Mieterdarlehen) gewährt werden. Die geplante Maßnahme muß der Behebung eines gegenwärtigen dringenden Wohnraumbedarfs des Antragstellers und seiner zum Haushalt gehörenden Familienmitglieder dienen.

Die Bewilligung eines Darlehens ist auch zulässig zur Ablösung eines Zwischenkredits, sofern mit dem abzulösenden Kredit das Vorhaben vorfinanziert worden ist, sowie zur Umschuldung von Darlehen, ausgenommen aus öffentlichen Mitteln, wenn die Zins- und Tilgungsbelastung aus dem Familieneinkommen nicht getragen werden kann und die Erhaltung des Familienwohnraumes deshalb gefährdet ist. Nicht gefördert werden Vorhaben, die hinsichtlich Größe, Umfang, Ausstattung oder Kosten über einen angemessenen Bedarf hinausgehen, sowie Wohnraum im Ausland oder der nachträgliche Bau von Garagen und Außenanlagen.

16. Die Darlehen sind keine öffentlichen Mittel im Sinne des § 6 Zweites Wohnungsbaugesetz; sie dienen dem Ersatz oder der Ergänzung der Eigenleistungen. Die Finanzierung des Bauvorhabens muß gesichert sein.

17. Bei Mieterdarlehen soll eine langfristige Wohnberechtigung des Darlehensnehmers, mindestens 5 Jahre, sowie die Berechtigung zur Rückforderung des noch nicht abgewohnten Darlehensanteils im Falle seines Auszuges gesichert sein.

18. Die Höhe des Darlehens wird bestimmt nach Umfang, Art, Rechtsform und Nutzung des Vorhabens sowie nach dem Finanzierungsbedarf; bei Mieterdarlehen nach der Größe der Wohnung und der geforderten Mietvorauszahlung. Der Höchstbetrag ist DM 30 000,–, bei Mieterdarlehen DM 10 000,–. Die Darlehen sind unverzinslich und mit 5 vom Hundert jährlich in gleichen Halbjahresraten zu tilgen. Darlehen für Instandsetzungen, Instandhaltungen, Modernisierungen oder Erweiterungen sind mit 10 vom Hundert jährlich in gleichen Halbjahresraten zu tilgen. Bei der Festsetzung der Tilgungsbedingungen des Mieterdarlehens ist die Dauer des Mietvertrages angemessen zu berücksichtigen.

Die erste Rate ist an dem 28. 2. oder an dem 31. 8. fällig, der auf den Ablauf einer Frist von 11 Monaten nach dem Tage der ersten Auszahlung folgt.

Bei Stundung und Verzug sind Stundungs- und Verzugszinsen in Höhe von 4 vom Hundert jährlich zu berechnen.

c) Darlehen für sonstige förderungswürdige Vorhaben

19. Sonstige förderungswürdige Vorhaben sind solche, die nicht unter Nr. 12 oder Nr. 13 fallen und bei denen die Darlehensgewährung beruflichen, sozialen und ähnlichen Zwecken dient und der Antragsteller die zur Verwirklichung des Vorhabens erforderlichen Voraussetzungen erfüllt.

20. Die Bestimmungen für Darlehen zum Aufbau oder zur Sicherung der wirtschaftlichen Existenz gelten entsprechend mit der Maßgabe, daß der Höchstbetrag DM 20 000,– beträgt.

B) Einmalige Unterstützungen

21. Unterstützungen können gewährt werden, wenn sie zur Beseitigung oder Linderung einer gegenwärtigen Notlage geboten sind. Eine Notlage ist gegeben, wenn der Antragsteller nicht in der Lage oder es ihm nicht zuzumuten ist, bestimmte dringende Lebensbedürfnisse für sich oder die von ihm zu unterhaltenden Angehörigen mit eigenen Mitteln oder sonstiger Hilfe zu befriedigen.

22. Unterstützungen können unter den Voraussetzungen der Nr. 21 auch gewährt werden

a) für Maßnahmen der Gesundheitsfürsorge, wenn diese geboten sind;

b) für die Entrichtung von Beiträgen an die gesetzliche Rentenversicherung, wenn sonst keine ausreichende Altersversorgung sichergestellt ist;

c) zur vorübergehenden Abdeckung von Zins- und Tilgungsleistungen für Schuldverpflichtungen, wenn das Eingehen der Verpflichtung bei Abwägung der Lebensumstände des Antragstellers vertretbar war.

23. Die Höhe der Unterstützung richtet sich nach Art und Ausmaß der Notlage. Die Unterstützung soll DM 8 000,– nicht übersteigen. Sie kann auch in Teilbeträgen gezahlt werden.

24. Unterstützungen können wiederholt gewährt werden, wenn dies ohne Zurückstellung anderer dringlicher Anträge möglich ist.

25. Unterstützungen dürfen nicht gewährt werden, wenn die Notlage durch Inanspruchnahme anderer Leistungen oder durch besondere Hilfen aus öffentlichen Mitteln behoben oder nachhaltig gemildert werden kann.

III. Verfahren

a) Darlehen

26. Darlehen werden auf Antrag gewährt. Der Antrag ist unter Verwendung des vorgeschriebenen Vordrucks und unter Beifügung der zum Nachweis der Antragsberechtigung und des Vorhabens erforderlichen Unterlagen bei der Stiftung einzureichen.

27. Zur Vorbereitung der Entscheidung, insbesondere zur Klärung des Sachverhalts, zur Feststellung der Antragsvoraussetzungen und zur Ergänzung der Angaben im Antragsvordruck, können von der Stiftung Behörden im Wege der Amtshilfe oder andere Stellen (Verband der Heimkehrer, Kriegsgefangenen und Vermißtenangehörigen Deutschlands e. V., Deutsches Rotes Kreuz, WASt und dgl.) in Anspruch genommen werden.

28. Über den Antrag entscheidet der Bewilligungsausschuß durch Bescheid.

29. Ist ein Darlehen bewilligt worden, wird zwischen der Stiftung oder in ihrem Auftrag einem Kreditinstitut und dem Antragsteller nach Rechtskraft des Bewilligungsbescheides ein Darlehensvertrag/Schuldurkunde nach vorgeschriebenem Muster abgeschlossen.

30. Die Darlehen sind unter Berücksichtigung der wirtschaftlichen Lage des Darlehensnehmers, z. B. unter Heranziehung der aus den Darlehen errichteten oder angeschafften Werte, nach Möglichkeit abzusichern.

31. Bei Einschaltung eines Kreditinstitutes gewährt dieses das Darlehen im eigenen Namen für Rechnung der Stiftung.

b) Einmalige Unterstützungen

32. Die Unterstützungen werden auf Antrag gewährt. Die Anträge sind unter Verwendung eines Vordrucks und Beifügung der zum Nachweis der Antragsberechtigung erforderlichen Unterlagen bei der Stiftung einzureichen.

33. Zur Vorbereitung der Entscheidung, insbesondere zur Klärung des Sachverhalts, zur Feststellung der Antragsvoraussetzungen und zur Ergänzung der Angaben im Antragsvordruck können Behörden im Wege der Amtshilfe oder andere Stellen (Verband der Heimkehrer, Kriegsgefangenen und Vermißtenangehörigen Deutschlands e. V., Deutsches Rotes Kreuz , WASt und dgl.) in Anspruch genommen werden.

34. Über den Antrag entscheidet der Bewilligungsausschuß durch Bescheid.

16.2 Merkblatt der Heimkehrerstiftung für die Gewährung von Darlehen aus Mitteln der Heimkehrerstiftung

A. Personenkreis

Nach den Richtlinien der Heimkehrerstiftung werden gefördert:

a) Personen, die wegen militärischen oder militärähnlichen Dienstes im ursächlichen Zusammenhang mit dem zweiten Weltkrieg gefangengenommen und von einer ausländischen Macht festgehalten wurden;

b) Personen, die nach § 2 Abs. 2 und 3 des Kriegsgefangenenentschädigungsgesetzes (KgfEG) als Kriegsgefangene gelten;

c) Witwen heimgekehrter Kriegsgefangener, sofern sie keine neue Ehe eingegangen sind und die häusliche Gemeinschaft mit dem Verstorbenen bis zu dessen Tod bestanden hat.

Voraussetzung ist, daß der Antragsteller zum Zeitpunkt der Antragstellung seinen Wohnsitz oder ständigen Aufenthalt im Bundesgebiet oder in West-Berlin hat.

Darlehen aus Mitteln der Stiftung können auch Personen erhalten, die Nichtberechtigte im Sinne des § 1 KgfEG sind, weil sie vor dem 1. Januar 1947 aus dem Gewahrsam entlassen wurden oder die Stichtagsvoraussetzungen nicht erfüllen.

B. Leistungen

Darlehen können auf Antrag gewährt werden:

a) zum Aufbau oder zur Sicherung der wirtschaftlichen Existenz;

b) zur Beschaffung von Wohnraum;

c) für sonstige förderungswürdige Vorhaben.

Darlehen können nur gewährt werden, wenn und soweit der Antragsteller nicht in der Lage ist, das Vorhaben aus eigenen Mitteln oder durch zumutbare Inanspruchnahme anderer Finanzierungsmöglichkeiten durchzuführen. Die Finanzierung des Vorhabens und die Rückzahlung des beantragten Darlehens müssen gesichert sein.

Auf die Gewährung eines Darlehens besteht kein Rechtsanspruch. Das Darlehen wird aufgrund eines Bescheides des Bewilligungsausschusses bzw. des Widerspruchsausschusses der Stiftung gewährt und in der Regel durch ein von dem Antragsteller zu benennendes Kreditinstitut (Hausbank) ausgezahlt, verwaltet und überwacht. Das Darlehen darf nur für das genehmigte Vorhaben verwendet werden. Die Verwendung ist entsprechend zu belegen.

a) Darlehen zum Aufbau oder zur Sicherung der wirtschaftlichen Existenz

Darlehen zum Aufbau oder zur Sicherung der wirtschaftlichen Existenz können gewährt werden, wenn hierdurch die Lebensgrundlage des Antragstellers begründet oder bei einer Gefährdung gefestigt werden soll und der Antragsteller die hierzu erforderlichen persönlichen und fachlichen Voraussetzungen erfüllt. Als wirtschaftliche Existenz in diesem Sinne wird nur eine selbständige gewerbliche, freiberufliche oder landwirtschaftliche Betätigung angesehen. Die Gewährung eines Darlehens zur kapitalistischen Nutzung ohne eigene berufliche Tätigkeit im Zusammenhang mit dem zu finanzierenden Vorhaben ist daher ausgeschlossen. In der Regel wird auch ein Darlehen zum Aufbau oder zur Sicherung eines Nebenerwerbs nicht gewährt. Die Bewilligung eines Darlehens ist auch zulässig zur Ablösung eines Zwischenkredits, sofern mit dem abzulösenden Kredit das Vorhaben vorfinanziert worden ist, und zur Umschuldung eines Darlehens, ausgenommen aus öffentlichen Mitteln, dessen Zins- und Tilgungsdienst die wirtschaftliche Existenz gefährdet.

Die Höhe des Darlehens richtet sich nach dem Umfang der zur Durchführung des beantragten Vorhabens erforderlichen Mittel; der Höchstbetrag ist DM 40000,–. Die Darlehen sind mit 3 v. H. jährlich, beginnend am 3. Geschäftstag nach Abgang der Überweisung an das Kreditinstitut, zu verzinsen und nach drei Freijahren – bei Umschuldung können die drei Freijahre entfallen – in längstens zwanzig gleichen Halbjahresraten zu tilgen; das erste Freijahr beginnt mit dem auf die Auszahlung – auch nur eines Teilbetrages – folgenden Halbjahresersten. Die Zins- und Tilgungsleistungen sind am 31. 5. und 30. 11. jedes Jahres fällig. Bei Stundung und Verzug erhöht sich der Zinssatz auf 4 v. H. jährlich.

b) Darlehen zur Beschaffung von Wohnraum

Darlehen zur Beschaffung von Wohnraum können für Eigentumsmaßnahmen (Neubau, Ankauf bestehender Wohngebäude oder Eigentumswohnungen, Instandsetzungen, Instandhaltungen, Modernisierungen oder Erweiterungen) sowie zur Beschaffung einer Mietwohnung oder zur Begründung eines Dauerwohnrechts (Mieterdarlehen) gewährt werden. Die geplante Maßnahme muß zur Deckung des gegenwärtigen dringenden Wohnraumbedarfs des Antragstellers und seiner zum Haushalt gehörenden Familienmitglieder bzw. der Instandsetzung oder Instandhaltung des diesem Zweck dienenden Hauses bestimmt sein.

Ebenso ist die Bewilligung eines Darlehens zulässig zur Ablösung eines Zwischenkredits, sofern mit dem abzulösenden Kredit das Vorhaben vorfinanziert worden ist, sowie zur Umschuldung eines Darlehens, ausgenommen aus öffentlichen Mitteln, wenn die Zins- und Tilgungsbelastung aus dem Familieneinkommen nicht getragen werden kann und die Erhaltung des Familienwohnraumes deshalb gefährdet ist. Nicht gefördert werden Vorhaben, die hinsichtlich Größe, Umfang, Ausstattung oder Kosten über einen angemessenen Bedarf hinausgehen, sowie Wohnraum im Ausland oder der nachträgliche Bau von Garagen und Außenanlagen.

Die Darlehen sind keine öffentlichen Mittel im Sinne des § 6 II. WobauG. Sie dienen in der Regel dem Ersatz oder der Ergänzung der Eigenleistung.

Bei Mieterdarlehen soll eine langfristige Wohnberechtigung des Antragstellers, mindestens 5 Jahre, sowie die Berechtigung zur Rückforderung des noch nicht abgewohnten Darlehensteiles im Falle seines Auszuges gesichert sein.

Die Höhe des Darlehens wird bestimmt nach Umfang, Art, Rechtsform, und Nutzung des Vorhabens, sowie nach dem Finanzierungsbedarf; bei Mieterdarlehen nach der Größe der Wohnung und der geforderten Mietvorauszahlung. Der Höchstbetrag ist bei Eigentumsmaßnahmen DM 30 000,–, bei Mieterdarlehen DM 10 000,–.

Die Darlehen sind unverzinslich und mit 5 v.H. jährlich in gleichen Halbjahresraten zu tilgen. Darlehen für Instandsetzungen, Instandhaltungen, Modernisierungen oder Erweiterungen sind mit 10 v. H. jährlich in gleichen Halbjahresraten zu tilgen. Bei der Festsetzung der Tilgungsbedingungen des Mieterdarlehens ist die Dauer des Mietvertrages angemessen zu berücksichtigen.

Die erste Rate ist an dem 28. 2. oder an dem 31. 8. fällig, der auf den Ablauf einer Frist von 11 Monaten nach dem Tage der ersten Auszahlung folgt. Bei Stundung und Verzug sind Stundungs- bzw. Verzugszinsen in Höhe von 4 v.H. jährlich zu berechnen.

c) Darlehen für sonstige förderungswürdige Vorhaben

Sonstige förderungswürdige Vorhaben sind solche, die nicht unter a) oder b) fallen und bei denen die Darlehensgewährung beruflichen, sozialen oder ähnlichen Zwecken dient und der Antragsteller die zur Verwirklichung des Vorhabens erforderlichen Voraussetzungen erfüllt.

Die Bestimmungen für Darlehen zum Aufbau oder zur Sicherung der wirtschaftlichen Existenz gelten entsprechend mit der Maßgabe, daß der Höchstbetrag DM 20 000,– beträgt.

C. Verfahren

Die Reihenfolge der Bearbeitung der auf vorgeschriebenem Vordruck zu stellenden Anträge und damit der Gewährung von Leistungen wird durch die aus den vorliegenden Anträgen erkennbare soziale Dringlichkeit und volkswirtschaftliche Förderungswürdigkeit des Vorhabens bestimmt. Im Rahmen der sozialen Dringlichkeit ist vorrangig zu berücksichtigen, in welchem Ausmaß der Antragsteller durch die Kriegsgefangenschaft und ihre Folgen gehindert war, eine seinen Fähigkeiten entsprechende Tätigkeit auszuüben. Voraussetzung für die soziale Dringlichkeit ist darüber hinaus bei Darlehen zum Aufbau oder zur Sicherung der wirtschaftlichen Existenz das Fehlen oder die Gefährdung dieser Existenz, bei Darlehen zur Beschaffung von Wohnraum ein gegenwärtiger dringender Wohnraumbedarf, bei Darlehen für Instandsetzungen oder Modernisierungen die Unaufschiebbarkeit der Baumaßnahmen sowie bei Umschuldungsdarlehen eine die wirtschaftliche Existenz oder die Erhaltung des Wohnraums gefährdende finanzielle Belastung.

Dem Antrag sind, unabhängig vom jeweiligen Darlehenszweck, stets als Unterlagen in Urschrift, beglaubigter Abschrift oder beglaubigter Fotokopie beizufügen:

1. Nachweis der Kriegsgefangenschaft durch Entlassungsschein oder Heimkehrerbescheinigung oder Bescheid über die Gewährung einer Kriegsgefangenenentschädigung.

2. (entfällt)

3. Bereitwilligkeitserklärung des Kreditinstituts, das die Darlehensverwaltung übernehmen will.

4. Nachweis über die Gesamteinkünfte des Antragstellers (insbesondere auch Kindergeld, Ausbildungsbeihilfe, Wohngeld, Mieteinnahme) sowie die seines Ehegatten und aller im Haushalt lebenden Familienmitglieder monatlich brutto nach dem neuesten Stand; hierzu gehören insbesondere vollständige Verdienstbescheinigungen, neueste Bilanzen, Gewinn- und Verlustrechnungen, Einkommensteuerbescheide, Aufschlüsselung der Entnahmen, Ertragsberechnung für Grundbesitz.

5. Nachweis über alle Darlehens- oder sonstige Zahlungsverbindlichkeiten (Geldgeber, ursprüngliche und heutige Höhe, Zins- und Tilgungsverpflichtungen monatlich) sowie über die Verwendung der Darlehen.

6. Unterlagen, die zum Nachweis der sozialen Dringlichkeit für die Reihenfolge der Bearbeitung dienen.

Ferner sind die in dem jeweils in Betracht kommenden Ergänzungsblatt geforderten Unterlagen beizufügen.

Ist ein Darlehen bewilligt worden, wird zwischen der Stiftung oder in ihrem Auftrag einem Kreditinstitut und dem Antragsteller nach Rechtskraft des Bewilligungsbescheides ein Darlehensvertrag nach vorgeschriebenem Muster abgeschlossen.

Die Darlehen sind unter Berücksichtigung der wirtschaftlichen Lage des Antragstellers nach Möglichkeit abzusichern, z. B. unter Heranziehung der aus den Darlehen errichteten oder angeschafften Werte.

Der Antragsteller trägt alle Kosten, die aus dem Schuldverhältnis, aus der Bestellung, Verwaltung oder aus der Verwertung der Sicherheiten oder aus einer notwendig werdenden Rechtsverfolgung erwachsen, soweit sie nicht die banküblichen Vorarbeiten, Auszahlung, Verbuchung, statistische Angaben und laufende Beobachtung der Betriebsführung sowie die Überwachung des Leistungseingangs betreffen.

16.3 Merkblatt der Heimkehrerstiftung für die Gewährung von Unterstützungen aus Mitteln der Heimkehrerstiftung

A. Personenkreis

Nach den Richtlinien der Heimkehrerstiftung werden gefördert:

a) Personen, die wegen militärischen oder militärähnlichen Dienstes im ursächlichen Zusammenhang mit dem zweiten Weltkrieg gefangengenommen und von einer ausländischen Macht festgehalten wurden;

b) Personen, die nach § 2 Abs. 2 und 3 des Kriegsgefangenenentschädigungsgesetzes (KgfEG) als Kriegsgefangene gelten;

c) Witwen heimgekehrter Kriegsgefangener, sofern sie keine neue Ehe eingegangen sind und die häusliche Gemeinschaft mit dem Verstorbenen bis zu dessen Tod bestanden hat.

Voraussetzung ist, daß der Antragsteller zum Zeitpunkt der Antragstellung seinen Wohnsitz oder ständigen Aufenthalt im Bundesgebiet oder West-Berlin hat.

Unterstützungen aus Mitteln der Stiftung können auch Personen erhalten, die Nichtberechtigte im Sinne des § 1 KgfEG sind, weil sie vor dem 1. Januar 1947 aus dem Gewahrsam entlassen wurden oder die Stichtagsvoraussetzungen nicht erfüllen.

B. Leistungen

Eine Unterstützung kann nicht als **Entschädigung für die Kriegsgefangenschaft** und auch nicht als Beihilfe zum laufenden Lebensbedarf, sondern nur zur Behebung einer gegenwärtigen Notlage gewährt werden. Diese liegt vor, wenn der Antragsteller ohne Gewährung einer Unterstützung nicht in der Lage oder es ihm nicht zuzumuten ist, bestimmte, im einzelnen anzugebende dringende Lebensbedürfnisse für sich oder die von ihm zu unterhaltenden Angehörigen mit eigenen Mitteln oder sonstiger Hilfe zu befriedigen. Eine Unterstützung kann unter diesen Voraussetzungen auch gewährt werden für Maßnahmen der Gesundheitsfürsorge, für die Entrichtung von Beiträgen an die gesetzliche Rentenversicherung, wenn sonst keine ausreichende Altersversorgung sichergestellt ist, und zur vorübergehenden Abdeckung von Zins- und Tilgungsleistungen für Schuldverpflichtungen, wenn das Eingehen der Verpflichtung bei Abwägung der Lebensumstände des Antragstellers vertretbar war.

Auf die Gewährung einer Unterstützung besteht kein Rechtsanspruch.

Die Höhe der Unterstützung richtet sich nach Art und Ausmaß der Notlage und soll DM 8000,– nicht übersteigen. Sie kann auch in Teilbeträgen gewährt werden, darf aber nicht gewährt werden, wenn die Notlage durch Inanspruchnahme anderer Leistungen oder durch besondere Hilfe aus öffentlichen Mitteln alsbald behoben oder nachhaltig gemildert werden kann.

C. Verfahren

Mit dem Antrag sind als Unterlagen in Urschrift, beglaubigter Abschrift oder Fotokopie vorzulegen:

1. Nachweis der Kriegsgefangenschaft durch Entlassungsschein oder Heimkehrerbescheinigung oder Bescheid über die Gewährung von Kriegsgefangenenentschädigung.

2. Darstellung und Nachweis der gegenwärtigen Notlage . . .

3. Nachweis über die Gesamteinkünfte des Antragstellers (z. B. auch Kindergeld, Ausbildungsbeihilfe, Wohngeld, Mieteinnahmen) sowie die seines Ehegatten und aller im Haushalt lebenden Personen monatlich brutto und netto nach dem neuesten Stand. Hierzu gehören insbesondere Bescheide über die Bewilligung und der Nachweis über die gegenwärtige Höhe der Rente, der Versorgungsbezüge, des Krankengeldes, des Arbeitslosengeldes oder der Sozialhilfe.

4. Nachweis über die derzeitige monatliche Miethöhe (z. B. auch durch Wohngeldbescheid) und etwaige Nebenleistungen.

5. Letzter Einheitswertbescheid über etwaiges Grundeigentum und Angabe, ob es sich um eine Eigentumswohnung, ein Einfamilienhaus oder ein Mehrfamilienhaus handelt.

6. Genaue Aufstellung über beabsichtigte bevorstehende Aufwendungen, welche zur Deckung dringender Lebensbedürfnisse erforderlich sind, jedoch infolge der Notlage zurückgestellt werden mußten (mit Kostenvoranschlägen).

7. Nachweis über sämtliche Schulden oder sonstige Zahlungsverbindlichkeiten – auch Grundstücksbelastungen – (Geldgeber, gegenwärtige Höhe, Zins- und Tilgungsbelastungen monatlich) sowie über die Verwendung des Kredits (bei privaten Geldgebern mit amtlich beglaubigter Unterschrift) und über die Gründe für das Eingehen der Schuldverpflichtung.

8. Ärztliche Bescheinigung über die Notwendigkeit der beabsichtigten gesundheitlichen Maßnahme.

9. Bescheinigung der Krankenkasse oder des Rentenversicherungsträgers bzw. der Beihilfestelle über die Höhe der Kostenbeteiligung bei den vorgesehenen Kur- oder Erholungsmaßnahmen und Kostennachweis über die bevorstehenden Gesamtkosten (z. B. Angebot des Kurhauses).

10. Bei Zahnersatz Heil- und Kostenplan oder ärztliche Bestätigung über den Bedarf an Zahnersatz nebst einer Bescheinigung der Krankenkasse über die Höhe ihrer Beteiligung an den Kosten.

11. Bei medizinischen Hilfsmitteln (z. B. Krankenfahrstuhl, Hörgerät) Bescheinigung des Arztes über die Notwendigkeit des Hilfsmittels und Bescheinigung der Krankenkasse über die Höhe ihrer Beteiligung an den Kosten.

12. Bei Entrichtung von Beiträgen an die gesetzliche Rentenversicherung Nachweis über die Höhe der Beiträge sowie über die jetzt und die nach der Zahlung zu erwartende Rente.

Es empfiehlt sich im Interesse einer beschleunigten Bearbeitung, nicht durch Urkunden belegte Tatsachen, insbesondere, soweit sie die Notlage begründen, von einer amtlichen Stelle, z. B. Stadtverwaltung, Gemeinde, bestätigen zu lassen. Zur Klärung des Sachverhalts, Prüfung der Antragsvoraussetzungen, Ergänzung und Beratung bei der Antragstellung kann auch der örtliche Heimkehrerverband in Anspruch genommen werden.

Wir verweisen darauf, daß die zur Begründung geltend gemachten Umstände bei der Bearbeitung nur dann berücksichtigt werden können, wenn die vorbezeichneten Unterlagen der Stiftung vorgelegt worden sind. Kosten für die Beschaffung der Unterlagen können von der Stiftung nicht übernommen werden.

16.4 Richtlinien der Stiftung für ehemalige politische Häftlinge

Gemäß § 20 Abs. 4 des Häftlingshilfegesetzes – HHG – hat der Stiftungsrat der Stiftung für ehemalige politische Häftlinge die nachstehenden Richtlinien für die Gewährung von Unterstützungen aus Mitteln der Stiftung beschlossen:

I.

1. Von der Stiftung können deûsche Staatsangehörige und deutsche Volkszugehörige gefördert werden, die nach der Besetzung ihres Aufenthaltsortes oder nach dem 8. Mai 1945 in den in § 3 Abs. 1 oder § 1 Abs. 2 Nr. 3 BVFG genannten Gebieten aus politischen und nach freiheitlich-demokratischer Auffassung von ihnen nicht

zu vertretenden Gründen in Gewahrsam genommen wurden. Der Nachweis über die Zugehörigkeit zu diesem Personenkreis ist durch Vorlage einer Bescheinigung gemäß § 10 Abs. 4 Satz 1 HHG zu führen.

Ist der ehemalige politische Häftling verstorben, so können auch

a) sein Ehegatte,

b) seine Kinder, sofern sie das 18. oder, falls sie sich noch in einer Schul- oder Berufsausbildung befinden, das 27. Lebensjahr noch nicht vollendet haben,

gefördert werden.

2. Aus der Stiftung können nach Maßgabe der verfügbaren Mittel (§ 18 Abs. 2 HHG) Unterstützungen gewährt werden. Auf diese Leistungen besteht kein Rechtsanspruch.

3. Stirbt ein Antragsteller vor Auszahlung einer bereits bewilligten Leistung, so kann sie an Angehörige, die mit ihm in Haushaltsgemeinschaft gelebt haben und von seiner wirtschaftlichen Notlage betroffen waren, gezahlt werden.

4. Die Gewährung der Unterstützung wird durch die aus den vorliegenden Anträgen erkennbare soziale Dringlichkeit bestimmt.

II.

5. Unterstützungen können gewährt werden, wenn der Antragsteller nicht in der Lage oder ihm nicht zumutbar ist, eine haftbedingte besondere Beeinträchtigung seiner wirtschaftlichen Lage (§ 18 Abs. 1 HHG) aus eigenen Kräften und Mitteln abzuwenden. Zwischen der Haft, ihren Folgen und der wirtschaftlichen Beeinträchtigung muß ein ursächlicher Zusammenhang bestehen. Zu den Haftfolgen gehören insbesondere Gesundheitsschäden, Einschränkung der Erwerbsmöglichkeit und erhebliche berufliche Nachteile.

An Antragsteller nach Abschnitt I Nr. 1 Abs. 2 können im Einvernehmen mit dem Bundesminister des Innern Unterstützungen gewährt werden, wenn

a) der ehemalige politische Häftling die Voraussetzungen für die Gewährung einer Unterstützung erfüllt hätte und die haftbedingte Beeinträchtigung der wirtschaftlichen Lage nach seinem Tode bei den Antragstellern fortbesteht,

b) die Beeinträchtigung der wirtschaftlichen Lage der Antragsteller dadurch entstanden ist, daß der ehemalige politische Häftling an den Folgen der Haft verstorben ist.

6. Unterstützungen sollen in der Regel nicht gewährt werden, wenn der Antragsteller

a) gleichartige Leistungen nach anderen Vorschriften alsbald erhalten kann,

b) über regelmäßige monatliche Netto-Durchschnittseinkünfte von mehr als DM 2000,– verfügt,

c) verwertbares Vermögen hat, dessen Einsatz ihm zuzumuten ist.

7. Die Höhe der Unterstützungen richtet sich nach Art und Ausmaß der wirtschaftlichen Beeinträchtigung. Die Unterstützung darf DM 5000,– nicht übersteigen. Sie kann auch in Teilbeträgen gezahlt werden.

8. Dauert die besondere wirtschaftliche Beeinträchtigung an, so können Unterstützungen wiederholt gewährt werden, wenn dies ohne Zurückstellung anderer dringlicher Anträge möglich ist.

III.

9. Die Unterstützung wird auf Antrag gewährt. Der Antrag ist unter Verwendung eines Vordrucks und Beifügung der zum Nachweis der Antragsberechtigung erforderlichen Unterlagen bei der Stiftung einzureichen.

10. Zur Vorbereitung der Entscheidung, insbesondere zur Klärung des Sachverhalts und zur Feststellung der Antragsvoraussetzungen, können Behörden des Bundes und der Länder um Amtshilfe gebeten sowie von diesen Behörden oder anderen Stellen Auskünfte eingeholt werden. Hierfür sollen auch Unterlagen und Erkenntnisse des Bundesministeriums des Innern verwertet werden.

17. ANHANG

17.1 Artikel 119–120 a des Grundgesetzes vom 23. Mai 1949 (BGBl. I, S. 1), mehrfach geändert

Art. 119

In Angelegenheiten der Flüchtlinge und Vertriebenen, insbesondere zu ihrer Verteilung auf die Länder, kann bis zu einer bundesgesetzlichen Regelung die Bundesregierung mit Zustimmung des Bundesrates Verordnungen mit Gesetzeskraft erlassen. Für besondere Fälle kann dabei die Bundesregierung ermächtigt werden, Einzelweisungen zu erteilen. Die Weisungen sind außer bei Gefahr im Verzuge an die obersten Landesbehörden zu richten.

Art. 120

(1) Der Bund trägt die Aufwendungen für Besatzungskosten und die sonstigen inneren und äußeren Kriegsfolgelasten nach näherer Bestimmung von Bundesgesetzen. Soweit diese Kriegsfolgelasten bis zum 1. Oktober 1969 durch Bundesgesetze geregelt worden sind, tragen Bund und Länder im Verhältnis zueinander die Aufwendungen nach Maßgabe dieser Bundesgesetze. Soweit Aufwendungen für Kriegsfolgelasten, die in Bundesgesetzen weder geregelt worden sind noch geregelt werden, bis zum 1. Oktober 1965 von den Ländern, Gemeinden (Gemeindeverbänden) oder sonstigen Aufgabenträgern, die Aufgaben von Ländern oder Gemeinden erfüllen, erbracht worden sind, ist der Bund zur Übernahme von Aufwendungen dieser Art auch nach diesem Zeitpunkt nicht verpflichtet. Der Bund trägt die Zuschüsse zu den Lasten der Sozialversicherung mit Einschluß der Arbeitslosenversicherung und der Arbeitslosenhilfe. Die durch diesen Absatz geregelte Verteilung der Kriegsfolgelasten auf Bund und Länder läßt die gesetzliche Regelung von Entschädigungsansprüchen für Kriegsfolgen unberührt.

(2) Die Einnahmen gehen auf den Bund zu demselben Zeitpunkt über, an dem der Bund die Ausgaben übernimmt.

Art. 120 a

(1) Die Gesetze, die der Durchführung des Lastenausgleichs dienen, können mit Zustimmung des Bundesrates bestimmen, daß sie auf dem Gebiete der Ausgleichsleistungen, teils durch den Bund, teils im Auftrage des Bundes durch die Länder ausgeführt werden und daß der Bundesregierung und den zuständigen obersten Bundesbehörden auf Grund des Artikels 85 insoweit zustehenden Befugnisse ganz oder teilweise dem Bundesausgleichsamt übertragen werden. Das Bundesausgleichsamt bedarf bei Ausübung dieser Befugnisse nicht der Zustimmung des Bundesrates; seine Weisungen sind, abgesehen von den Fällen

der Dringlichkeit, an die obersten Landesbehörden (Landesausgleichsämter) zu richten.

(2) Artikel 87 Abs. 3 Satz 2 bleibt unberührt.

17.2 Erstes Gesetz zur Überleitung von Lasten und Deckungsmitteln auf den Bund (Erstes Überleitungsgesetz) in der Fassung der Bekanntmachung vom 28. April 1955 (BGBl. I, S. 193), zuletzt geändert durch Gesetz vom 8. Juni 1977 (BGBl. I, S. 801)

I. Allgemeiner Teil

§ 1

(1) Der Bund trägt nach Maßgabe der §§ 21, 21 a und 21 b

1. die Aufwendungen für Besatzungskosten und Auftragsausgaben (§ 5),

2. die in § 6 bezeichneten Aufwendungen,

3. die Aufwendungen für die Kriegsfolgenhilfe (§§ 7 bis 13); für die in § 7 Abs. 2 Ziff. 3 genannten Personen trägt der Bund nur 80 vom Hundert der Fürsorgekosten (§§ 8 bis 10),

4. die Aufwendungen für die Umsiedlung Heimatvertriebener und für die Auswanderung von Kriegsfolgenhilfe-Empfängern (§§ 14 und 14 a),

5. die Aufwendungen für die Rückführung von Deutschen (§ 15),

6. die Aufwendungen für Grenzdurchgangslager (§ 16),

6 a. die Zuschüsse zur Kriegsgräberfürsorge, zum Suchdienst für Kriegsgefangene, Heimatvertriebene und heimatlose Ausländer und die Aufwendungen für den Rechtsschutz von Deutschen, die von ausländischen Behörden oder Gerichten im Zusammenhang mit den Kriegsereignissen verfolgt werden oder verurteilt worden sind,

7. die Aufwendungen für verdrängte Angehörige des öffentlichen Dienstes und für ehemalige berufsmäßige Wehrmachtsangehörige,

8. die Aufwendungen für Kriegsbeschädigte, Kriegshinterbliebene, ihnen gleichgestellte Personen und für Angehörige von Kriegsgefangenen, jedoch die Aufwendungen für die Kriegsopferfürsorge nach den §§ 25 bis 27 e des Bundesversorgungsgesetzes nur zu 80 vom Hundert, soweit nicht die Leistungen der Kriegsopferfürsorge an Empfänger außerhalb des Geltungsbereichs dieses Gesetzes gewährt werden; die Aufwendungen umfassen auch die Kosten der Heilbehandlung in Versorgungskuranstalten, Versorgungsheilstätten für Tuberkulöse und in Versorgungskrankenhäusern innerhalb des Geltungsbereichs des Gesetzes nach näherer Bestimmung einer Rechtsverordnung der Bundesregierung, die der Zustimmung des Bundesrates bedarf,

9. die Aufwendungen der Arbeitslosenfürsorge,

10. die Zuschüsse zur Arbeitslosenversicherung,

11. die Zuschüsse zu den Lasten der Sozialversicherung (§ 17).

(2) Aufwendungen sind die Beträge, um die die nachgewiesenen Ausgaben die mit ihnen zusammenhängenden Einnahmen übersteigen.

Die bei den Behörden der Gebietskörperschaften einschließlich der selbständigen landesunmittelbaren Verwaltungsträger entstehenden Verwaltungsausgaben werden nicht übernommen. Der Bund trägt jedoch

1. bei den in Absatz 1 Ziffer 3 bis 6 genannten Aufwendungen diejenigen persönlichen und sächlichen Verwaltungskosten, die im Zusammenhang mit der Unterbringung, Verpflegung und Heilbehandlung in Einrichtungen der geschlossenen Fürsorge oder in Durchgangs- oder Wohnlagern stehen,

2. bei den in Absatz 1 Ziffer 8 bezeichneten Aufwendungen die Kosten für Bauvorhaben, die vor dem 1. April 1955 für Rechnung des Bundes begonnen, aber noch nicht beendet worden sind.

§ 2

(durch Zeitablauf überholt)

§ 3

(1) Mit Wirkung ab 1. April 1950 gehen auf den Bund über:

1. die Umsatzsteuer,

2. die der konkurrierenden Gesetzgebung unterworfenen Verbrauchsteuern mit Ausnahme der Biersteuer,

3. die Beförderungsteuer,

4. die einmaligen Zwecken dienenden Vermögensabgaben,

5. der Ertrag der Monopole.

(2) Mit Wirkung vom 21. September 1949 gehen von den Ländern Baden, Rheinland-Pfalz und Württemberg-Hohenzollern und vom bayerischen Kreis Lindau auf den Bund über:

1. die Zölle,

2. die Umsatzausgleichsteuer,

3. die Kaffeesteuer,

4. die Teesteuer,

(3) Die besondere Regelung für die Soforthilfeabgabe bleibt hiervon unberührt.

§ 4

(1) Die am 31. März 1950 in Geltung gewesenen bundes- und landesrechtlichen Bestimmungen über die in § 1 Abs. 1 aufgeführten Sachgebiete sind weiter anzuwenden, soweit in diesem Gesetz nichts anderes bestimmt ist oder nicht bundesgesetzliche Regelungen seit dem 1. April 1950 getroffen worden sind oder noch getroffen werden.

(2) Soweit die Länder oder Gemeinden (Gemeindeverbände) Ausgaben für die in § 1 Abs. 1 aufgeführten Sachgebiete nach § 21 für Rechnung des Bundes leisten, gilt folgendes:

1. Auf die für Rechnung des Bundes geleisteten Ausgaben und die mit ihnen zusammenhängenden Einnahmen sind die Vorschriften über das Haushaltsrecht des Bundes anzuwenden. Zur Vereinfachung des Verwaltungsverfahrens kann die Bundesregierung durch Rechtsverordnung, die der Zustimmung des Bundesrates bedarf, für bestimmte Sachgebiete Ausnahmen zulassen.

Die für die Ausführung des Haushalts verantwortlichen Bundesbehörden können ihre Befugnisse auf die zuständigen obersten Landesbehörden übertragen und zulassen, daß auf die für Rechnung des Bundes zu leistenden Ausgaben und die mit ihnen zusammenhängenden Einnahmen die landesrechtlichen Vorschriften über die Kassen- und Buchführung der zuständigen Landes- und Gemeindebehörden angewendet werden.

2. In Angelegenheiten von grundsätzlicher oder erheblicher finanzieller Bedeutung sind die obersten Landesbehörden hinsichtlich der wirtschaftlichen Verwaltung der Bundesmittel an die Weisungen der obersten Bundesbehörden gebunden. Der Vollzug der Weisungen ist durch die obersten Landesbehörden sicherzustellen.

II. Besonderer Teil

1. Besatzungslasten

. . .

2. Kriegsfolgehilfe

§ 7

(1) Aufwendungen der Kriegsfolgehilfe sind die auf Grund gesetzlicher Anordnung von den Bezirksfürsorgeverbänden, den Landesfürsorgeverbänden oder den Ländern geleisteten Fürsorgekosten für Kriegsfolgenhilfe-Empfänger.

(2) Kriegsfolgenhilfe-Empfänger sind

1. Heimatvertriebene,

2. Evakuierte,

3. Zugewanderte aus der sowjetischen Besatzungszone und der Stadt Berlin,

4. Ausländer und Staatenlose,

5. Angehörige von Kriegsgefangenen und Vermißten sowie Heimkehrer.

§ 8

Fürsorgekosten sind die Pflichtleistungen, die im Rahmen der Verordnung über die Fürsorgepflicht in der Fassung vom 20. August 1953 (Bundesgesetzblatt I S. 967), der Reichsgrundsätze über Voraussetzung, Art und Maß der öffentlichen Fürsorge in der Fassung vom 20. August 1953 (Bundesgesetzblatt I S. 976) und der hierzu ergangenen Ausführungsvorschriften in Verbindung mit den durch die Fürsorgerechtsprechung entwickelten Grundsätzen nach den örtlich maßgebenden über Anordnung des Landes nicht hinausgehenden Richtsätzen und Richtlinien der öffentlichen Fürsorge gewährt werden.

§ 9

Fürsorgekosten sind sowohl Geldleistungen (laufende und einmalige Unterstützungen) als auch Sachleistungen der offenen und geschlossenen Fürsorge.

§ 10

Fürsorgekosten sind auch

1. (durch Artikel 4 des Gesetzes über die Änderung und Ergänzung fürsorgerechtlicher Bestimmungen vom 20. August 1953 – Bundesgesetzblatt I S. 967 – überholt);

2. die Kosten der Erholungsfürsorge für Mütter, Kinder und Jugendliche aus dem Kreise der Kriegsfolgenhilfe-Empfänger, wenn die Erholungsfürsorge nach Bescheinigung des Gesundheitsamtes zur Wiederherstellung der Gesundheit oder zur Verhütung einer erkennbar drohenden Gesundheitsschädigung notwendig ist;

3. die auf Grund der folgenden Sonderbestimmungen auf dem Gebiet des Fürsorge- und Gesundheitswesens an die Personengruppen der Kriegsfolgenhilfe

geleisteten Zahlungen, auch soweit diese über den örtlich maßgebenden Sätzen der allgemeinen öffentlichen Fürsorge liegen:

a) Verordnung über Tuberkulosehilfe vom 8. September 1942 (Reichsgesetzblatt I S. 549),

b) Verordnung über die Fürsorge für Kriegsblinde und hirnverletzte Kriegsbeschädigte vom 28. Juni 1940 (Reichsgesetzblatt I S. 937),

c) Gesetz zur Bekämpfung der Geschlechtskrankheiten vom 23. Juli 1953 (Bundesgesetzblatt I S. 700)

mit ihren Ausführungsbestimmungen.

§ 11

(1) Zur Kriegsfolgenhilfe gehören auch – soweit nicht die Bestimmung des § 15 oder des § 16 in Betracht kommt – die Kosten allgemeiner Fürsorgemaßnahmen für den Transport und für die lagermäßige Unterbringung und Versorgung von Heimatvertriebenen, Evakuierten, Zugewanderten aus der sowjetischen Besatzungszone und der Stadt Berlin, von Ausländern und Staatenlosen und von Heimkehrern bis zur wohnungsgemäßen Unterbringung am Übernahmeort. Diese Kosten gelten als Kriegsfolgenhilfe ohne Rücksicht darauf, ob sie für unterstützte oder nichtunterstützte Personen aufgewendet worden sind.

(2) Zur Kriegsfolgenhilfe gehören auch die gemäß §§ 2 und 3 des Gesetzes über Hilfsmaßnahmen für Heimkehrer (Heimkehrergesetz) vom 19. Juni 1950 (Bundesgesetzblatt S. 221) in der Fassung der Änderungsgesetze vom 20. Oktober 1951 (Bundesgesetzblatt I S. 875, 994) und vom 17. August 1953 (Bundesgesetzblatt I S. 931) gewährten Entlassungsgelder und Übergangsbeihilfen.

§ 12

Werden auf Grund landesrechtlicher Bestimmungen, die nach dem 8. Mai 1945 erlassen sind, an Stelle von Fürsorgeleistungen Leistungen gewährt, die nach anderen Grundsätzen als denen der Verordnung über die Fürsorgepflicht in der Fassung vom 20. August 1953 (Bundesgesetzblatt I S. 967) bemessen, insbesondere nicht von der im Einzelfall nachgewiesenen Hilfsbedürftigkeit abhängig gemacht worden sind, so übernimmt der Bund nur die Kosten, die bei Anwendung der Vorschriften der Fürsorgepflichtverordnung aufzuwenden gewesen wären. Das gleiche gilt für Fürsorgeleistungen, die Kriegsfolgenhilfe-Empfängern nach anderen Richtsätzen oder Richtlinien (§ 8) gewährt werden als den übrigen Empfängern der öffentlichen Fürsorge.

§ 13

Die Bundesregierung wird ermächtigt, mit Zustimmung des Bundesrates

1. die in § 7 genannten Personengruppen,

2. die in den §§ 8 bis 12 aufgeführten Fürsorgekosten näher zu bestimmen.

3. Umsiedlung und Auswanderung

§ 14

(1) Der Bund trägt die Kosten der Umsiedlung Heimatvertriebener im Sinne des § 2 der Verordnung über die Umsiedlung von Heimatvertriebenen aus den Ländern Bayern, Niedersachsen und Schleswig-Holstein vom 29. November 1949 (Bundesgesetzblatt 1950 S. 4) und der Personen, die durch Gesetz oder durch

Rechtsverordnung auf Grund des Artikels 119 des Grundgesetzes in die Umsiedlung einbezogen werden.

(2) Als Umsiedlung gilt die Umsiedlung von Land zu Land, die Umsiedlung zum Zwecke der Familienzusammenführung und die Umsiedlung innerhalb des Landes, sowohl im Wege des Sammeltransportes wie des Einzeltransportes Entsprechendes gilt für etwaige Umsiedlungen aus Gebieten außerhalb des Bundes in das Bundesgebiet.

(3) Kosten der Umsiedlung sind die Kosten des Transportes vom bisherigen Aufenthaltsort zum neuen Aufenthaltsort, der Verpflegung während der Reise, des Begleitpersonals und ein Überbrückungsgeld zur Deckung der ersten Bedürfnisse am Aufnahmeort, soweit diese Kosten nicht von anderer Seite, insbesondere von der Arbeitslosenversicherung zu tragen ist.

§ 14 a

(1) Der Bund trägt die Kosten der Auswanderung von Kriegsfolgenhilfe-Empfängern. Als Kriegsfolgenhilfe-Empfänger gelten die in § 7 Abs. 2 genannten Personen auch dann, wenn sie nicht von den Fürsorgeverbänden unterstützt werden, aber andere Sozialleistungen erhalten, oder wenn sie hilfsbedürftig im Sinne der Fürsorgepflichtverordnung (§ 8) sind.

(2) Kosten der Auswanderung sind die Kosten des Transportes vom bisherigen Aufenthaltsort bis zum Grenzübertritt oder bis zur Einschiffung, der Verpflegung während der Reise, des Begleitpersonals, der vorgeschriebenen amtlichen Überprüfung und ärztlichen Untersuchung sowie der lagermäßigen Unterbringung und Versorgung.

4. Rückführung

§ 15

(1) Der Bund trägt die Kosten der Rückführung von Deutschen aus dem Ausland und aus den unter fremder Verwaltung stehenden deutschen Gebietsteilen und die Kosten der Durchführung der Verordnung über die Bereitstellung von Lagern und über die Verteilung der in das Bundesgebiet aufgenommenen Deutschen aus den unter fremder Verwaltung stehenden deutschen Gebietsteilen, aus Polen und der Tschechoslowakei auf die Länder des Bundesgebietes.

(2) Die Bundesregierung wird ermächtigt, mit Zustimmung des Bundesrates die Kosten der Rückführung im Sinne des Absatzes 1 näher zu bestimmen.

5. Grenzdurchgangslager

§ 16

Der Bund trägt die Kosten für die von der Bundesregierung als Grenzdurchgangslager von übergebietlicher Bedeutung anerkannten Einrichtungen.

5 a. Aufwendungen der Arbeitslosenfürsorge

§ 16 a bis § 16 c

(Durch Zeitablauf überholt)

6. Zuschüsse zu den Lasten der Sozialversicherung

§ 17

Zuschüsse zu den Lasten der Sozialversicherung (§ 1 Abs. 1 Ziff. 11) sind die auf Grund der folgenden Bestimmungen und der Verordnung über die Erstreckung von Sozialversicherungsrecht der Verwaltung des Vereinigten Wirtschaftsgebietes auf die Länder Baden, Rheinland-Pfalz, Württemberg-Hohenzollern und den bayerischen Kreis Lindau vom 12. Mai 1950 (Bundesgesetzblatt S. 179) zu leistenden Ausgaben:

a) Grundbeträge der Rentenversicherung der Arbeiter (§ 1 Abs. 2 des Sozialversicherungs-Anpassungsgesetzes vom 17. Juni 1949 – WiGBl. S. 99 –);

b) Beiträge in Höhe der Grundbeträge der Rentenversicherung der Arbeiter von jeder Knappschaftsvollrente, Witwenvollrente und Waisenrente der knappschaftlichen Rentenversicherung (§ 1 Abs. 2 und § 5 Abs. 2 des Knappschaftsversicherungs-Anpassungsgesetzes vom 30. Juni 1949 – WiGBl. S. 202 –);

c) Beträge, die zur dauernden Aufrechterhaltung der Leistungen der knappschaftlichen Rentenversicherung erforderlich sind (§ 18 des Sozialversicherungs-Anpassungsgesetzes und § 5 Abs. 4 des Knappschaftsversicherungs-Anpassungsgesetzes);

d) Gemeinschaftshilfe des früheren Reichsstocks für Arbeitseinsatz an die knappschaftliche Krankenversicherung (§ 15 des Sozialversicherungs-Anpassungsgesetzes und § 5 Abs. 3 des Knappschaftsversicherungs-Anpassungsgesetzes);

e) Mehraufwendungen der Sozialversicherungsträger aus den Vorschriften des Gesetzes über die Behandlung der Verfolgten des Nationalsozialismus in der Sozialversicherung (§ 7 des Gesetzes über die Behandlung der Verfolgten des Nationalsozialismus in der Sozialversicherung vom 22. August 1949 – WiGBl. S. 263 –);

f) (entfällt);

g) Kosten der Unfallversicherung für ehemalige Reichsbetriebe und für Betriebe der britischen Zone (Sozialversicherungsordnung Nr. 9 vom 9. Juni 1947 – Arbeitsblatt für die britische Zone S. 233 –);

h) Aufwendungen der Sozialversicherungsträger für Ausgleichsbeträge an die im Bundesgebiet wohnenden Berechtigten saarländischer Sozialversicherungsträger;

i) Rentenauslagen für im Land Rheinland-Pfalz wohnende Berechtigte der früheren Lothringer Knappschaft.

III. Übergangs- und Schlußbestimmungen

§ 18

(1) Für den Übergang der in § 1 Abs. 1 dieses Gesetzes genannten Ausgaben und der in § 3 dieses Gesetzes genannten Einnahmen ist Stichtag der 1. April 1950. Alle bis zum 31. März 1950 eingegangenen Einnahmen und geleisteten Ausgaben werden in den Haushaltsrechnungen der Länder nachgewiesen. Alle ab 1. April 1950 eingehenden Einnahmen und alle ab 1. April 1950 geleisteten Ausgaben werden in der Haushaltsrechnung des Bundes nachgewiesen. Ausgleichsverbindlichkeiten zwischen den Ländern sowie solche, die zwischen dem Bund und den Ländern vor dem 1. April 1950 entstanden sind, werden hiervon nicht betroffen.

(2) Wenn ein Land vor dem 1. April 1950 Mittel aufgewendet hat, um die fristgerechte Leistung von Zahlungen für den Monat April 1950 sicherzustellen, hat der Bund diese Mittel dem Land zu erstatten. Das gleiche gilt für Vorschüsse

und Abschlagszahlungen der Länder an die auszahlenden Stellen, soweit die Vorschüsse und Abschlagszahlungen nicht für die Zeit bis zum 31. März 1950 verwendet worden sind.

(3) Außer den in den §§ 5 und 6 bezeichneten Aufwendungen für Besatzungskosten und Auftragsausgaben trägt der Bund auch die sonstigen Ausgaben, die von den Besatzungsmächten als Besatzungskosten und als Auftragsausgaben vorgeschrieben und in der Zeit nach dem 31. März 1950 zu leisten sind (Auslaufkosten). § 2 Ziff. 1 und Ziff. 2 finden entsprechende Anwendung.

(4) Soweit die von einem Land im Monat März 1950 gemachten Aufwendungen für Besatzungslasten hinter dem Durchschnittsbetrag der monatlichen Aufwendungen in der Zeit vom 1. Oktober 1949 bis 28. Februar 1950 zurückbleiben, hat das Land den Unterschiedsbetrag an den Bund abzuführen. Die Abführung unterbleibt, wenn und soweit das Land nachweist, daß der Rückgang der Ausgaben überwiegend auf Tatbeständen beruht, die von dem Land nicht beeinflußt werden können.

(5) Wenn in einem Lande bis zum 31. März 1950 fällige Zahlungen für Besatzungsleistungen durch ausdrückliche Erklärung oder durch Stillhalten der Besatzungsmacht über den 31. März 1950 hinaus gestundet sind oder nach Ablauf der Stundung vor dem 1. April 1950 im März 1950 nicht erfüllt sind, so fallen diese Verpflichtungen dem Land zur Last.

(6) Soweit die von einem Land bis zum 31. März 1950 geleisteten Ausgaben für sonstige Kriegsfolge- und SozialLasten

1. den seitherigen Landesanteil an den für die Zeit bis zum 31. März 1950 aufgewendeten Leistungen der Kriegsfolgenhilfe und Umsiedlung,

2. die für die Zeit bis zum 31. März 1950 aufzuwendenden Leistungen (einschließlich Verwaltungskosten) für Kriegsbeschädigte, Kriegshinterbliebene und ihnen gleichgestellte Personen und für die Arbeitslosenfürsorge,

3. die für die Zeit bis zum 31. März 1950 bestimmten Zuschüsse an die Träger der Sozialversicherung und an die Arbeitslosenversicherung

nicht decken, bleibt das Land mit dem Unterschiedsbetrag belastet.

§ 19

Für den Ertrag der Monopole gilt folgendes:

1. Der für das laufende Geschäftsjahr durch Zwischenbilanz nach kaufmännischen Grundsätzen zum 31. März 1950 festzustellende Reingewinn steht den Ländern zu. Er ist nach Abschluß des Geschäftsjahres an die Länder abzuführen.

2. Beträge, die vor dem 1. April 1950 von den Ländern entnommen sind, sind auf den zum 31. März 1950 festzustellenden Reingewinn anzurechnen. Soweit sie den Reingewinn übersteigen, sind sie unmittelbar nach Abschluß der Zwischenbilanz durch die Länder dem Bund zu erstatten.

§ 20

(1) Auf Ersuchen des Bundesministers der Finanzen hat der Bundesrechnungshof eine Überprüfung vorzunehmen, ob in einem Lande das finanzielle Ergebnis der Überleitung

a) den Grundsätzen der §§ 18 und 19 dieses Gesetzes entspricht,

b) durch Maßnahmen beeinflußt worden ist, die bei billiger Berücksichtigung der Interessen des Bundes und des Landes mit dem Sinn der Überleitungsregelung nicht vereinbar sind.

Solche Prüfungen sind gemeinsam mit der obersten Rechnungsprüfungsbehörde des Landes vorzunehmen. Die hierbei getroffenen Entscheidungen sind für die Beteiligten verbindlich.

(2) Zur Entscheidung von grundsätzlichen Fragen, die bei diesen Prüfungen auftreten, kann bei Meinungsverschiedenheiten jede der beteiligten obersten Rechnungsprüfungsbehörden den Vereinigten Senat (§ 10 des Gesetzes über Errichtung und Aufgaben des Bundesrechnungshofes vom 27. November 1950 – Bundesgesetzblatt S. 765 –) anrufen.

§ 21

(1) Ausgaben für die in § 1 Abs. 1 Ziff. 1, 2, 7 bis 10 aufgeführten Sachgebiete sind für Rechnung des Bundes zu leisten. Die damit zusammenhängenden Einnahmen (§ 1 Abs. 2) sind an den Bund abzuführen.

(2) Die Vorschrift des Absatzes 1 gilt auch für die in § 1 Abs. 1 Ziff. 3 zweiter Halbsatz bezeichneten Aufwendungen.

§ 21 a

(1) Die im Geltungsbereich des Gesetzes entstehenden Aufwendungen für die in § 1 Abs. 1 Ziff. 3 bis 6 aufgeführten Sachgebiete werden vom Bund durch Leistung von Pauschalbeträgen an die Länder abgegolten. Die Abgeltung erfolgt in den Fällen des § 1 Abs. 1 Ziff. 3 zweiter Halbsatz gemäß § 21 b, im übrigen gemäß den nachfolgenden Absätzen.

(2) Der einem Land nach Absatz 1 zustehende Pauschbetrag wird nach einem Grundbetrag errechnet. Der Grundbetrag eines Landes ist die Summe der in den Monaten Juli 1953 bis Juni 1954 (Bezugszeitraum) in seinem Gebiet entstandenen Aufwendungen (Absatz 1). Hierbei werden die Aufwendungen für die in § 10 Ziff. 1, 2, 3a und 3c bezeichneten Sachgebiete mit 110 vom Hundert angesetzt; zu den Aufwendungen in diesem Sinne gehören auch die Aufwendungen für die in § 7 Abs. 2 Ziff. 3 genannten Personen.

(3) Maßgebend für die Errechnung der Grundbeträge sind

1. die nach den Vorschriften dieses Gesetzes für den Bezugszeitraum verrechneten und von den Landesabrechnungsstellen als sachlich richtig bestätigten Aufwendungen und

2. die in dem Bezugszeitraum von den Trägern der gesetzlichen Rentenversicherung nach dem Erlaß des Reichsarbeitsministers vom 3. Juni 1944 (Amtliche Nachrichten des Reichsversicherungsamtes 1044 S. 150) geleisteten Aufwendungen der Tuberkulosehilfe für die in § 7 Abs. 2 genannten Personen, soweit diese Aufwendungen auf die Landesfürsorgeverbände übergegangen sind.

Erhebt der Bundesrechnungshof auf Grund seiner Prüfung Erinnerungen, gilt § 20 Abs. 1 Sätze 2 und 3 und Abs. 2 entsprechend.

(4) Der Pauschalbetrag beträgt in vom Hundert des Grundbetrages:

im Rechnungsjahr 1955:	100
im Rechnungsjahr 1956:	95
im Rechnungsjahr 1957:	90
im Rechnungsjahr 1958:	85

im Rechnungsjahr 1959:   80
im Rechnungsjahr 1960:   75
im Rechnungsjahr 1961:   70
im Rechnungsjahr 1962:   65
im Rechnungsjahr 1963:   60
im Rechnungsjahr 1964:   55
im Rechnungsjahr 1965:   45
im Rechnungsjahr 1966:   35
im Rechnungsjahr 1967:   25
im Rechnungsjahr 1968:   15

Ab 1. April 1969 fällt die Leistung von Pauschbeträgen weg.

(5) Die vorstehenden Bestimmungen gelten für die ab 1. April 1955 geleisteten Ausgaben und eingegangenen Einnahmen im Sinne des Absatzes 1. Die Pauschbeträge sind den Ländern in monatlichen Teilbeträgen zu überweisen; die Länder überweisen die Pauschbeträge den Landes- und Bezirksfürsorgeverbänden und den gegebenenfalls sonst beteiligten Aufgabenträgern zur Deckung der von ihnen zu gewährenden Leistungen der Kriegsfolgenhilfe.

(6) Die Bundesregierung setzt die Höhe der den einzelnen Ländern nach den vorstehenden Bestimmungen zustehenden Pauschbeträge durch Rechtsverordnung fest, die der Zustimmung des Bundesrates bedarf. Wird die Rechtsverordnung nicht vor dem 1. April 1955 verkündet, leistet der Bund monatlich Abschlagszahlungen in Höhe eines Zwölftels der in dem Bezugszeitraum zu Lasten des Bundeshaushalts verrechneten Aufwendungen.

(7) Führt die politische oder wirtschaftliche Entwicklung im Geltungsbereich des Gesetzes zu einer erheblichen Steigerung oder Minderung der im Absatz 1 bezeichneten Aufwendungen, sind die Pauschbeträge durch Rechtsverordnung der Bundesregierung, die der Zustimmung des Bundesrates bedarf, dieser Änderung anzupassen.

§ 21 b

(1) Für die in § 1 Abs. 1 Ziff. 3 zweiter Halbsatz bezeichneten Fürsorgekosten stehen den Ländern jährliche Pauschbeträge in Höhe der in ihrem Gebiet im Haushaltsjahr 1975 entstandenen Aufwendungen zu. Als Aufwendungen gelten auch Leistungen nach § 12 dieses Gesetzes und 75 vom Hundert der Leistungen nach den §§ 276 und 276a des Lastenausgleichsgesetzes in der Fassung der Bekanntmachung vom 1. Oktober 1969 (BGBl. I, S. 1909), zuletzt geändert durch Artikel 35 des Einführungsgesetzes zur Abgabenordnung vom 14. Dezember 1976 (BGBl. I, S. 3341), für die in § 7 Abs. 2 Ziff. 3 genannten Personen.

(2) Die Pauschbeträge sind in den Haushaltsjahren 1976 bis einschließlich 1981 in vierteljährlich im voraus fälligen Teilbeträgen an die Länder zu überweisen. Soweit die Länder nicht selbst Aufgabenträger sind, überweisen sie die Zahlungen an die beteiligten Aufgabenträger zur pauschalen Abgeltung der von ihnen zu gewährenden Leistungen. Ab 1. Januar 1982 fällt die Leistung von Pauschbeträgen weg.

(3) Für die Feststellung der Pauschbeträge gilt § 21a Abs. 3, Abs. 6 Satz 1 und Abs. 7 entsprechend; danach entfällt eine nachträgliche Verrechnung von Einnahmen und Ausgaben der pauschalierten Leistungsbereiche aus der Zeit vor dem 1. Januar 1976.

§ 22

Die Ansprüche des Bundes auf den Ausgleich von Vorteilen, die den Ländern aus den Aufwendungen des Bundes auf Grund dieses Gesetzes zuwachsen, werden durch dieses Gesetz nicht berührt.

§ 23

(1) Mit Wirkung vom 1. April 1950 ab übernimmt der Bund die Anteile der Länder Baden, Rheinland-Pfalz, Württemberg-Hohenzollern und des bayerischen Kreises Lindau an den Ausgleichsforderungen der Bank deutscher Länder und der Postsparkassen unter sinngemäßer Anwendung der §§ 18 und 20. Die Vorschriften des § 5 Abs. 3 des Gesetzes über die Aufstellung und Ausführung des Bundeshaushaltsplans für das Rechnungsjahr 1949 sowie über die Haushaltsführung und über die vorläufige Rechnungsprüfung im Bereich der Bundesverwaltung (Haushaltsgesetz 1949 und vorläufige Haushaltsordnung) vom 7. Juni 1950 (Bundesgesetzblatt S. 199) werden hierdurch nicht berührt.

(2) Der Bund stellt statt der Länder Baden, Rheinland-Pfalz, Württemberg-Hohenzollern und des bayerischen Kreises Lindau die Schuldverschreibungen aus, die auf Grund von Artikel II der Gesetze Nr. 67 und der Verordnung Nr. 223 der MIlitärregierungen der Bank deutscher Länder zu übergeben sind. Der Bund erhält die nach Artikel IV der Gesetze Nr. 67 und der Verordnung Nr. 223 der Militärregierungen von der Gebietskörperschaft Groß-Berlin auszustellenden Schuldverschreibungen in voller Höhe.

17.3 § 41 des Wehrpflichtgesetzes

Wehrpflicht bei Zuzug

(1) Wer seinen ständigen Aufenthalt aus den in § 1 Abs. 2 Nr. 3 oder § 3 Abs. 1 Satz 1 des Bundesvertriebenengesetzes genannten Gebieten in den Geltungsbereich dieses Gesetzes verlegt hat oder verlegt, wird erst zwei Jahre danach wehrpflichtig.

(2) Mit der Einberufung gilt die Erlaubnis zum ständigen Aufenthalt im Geltungsbereich des Grundgesetzes nach dem Gesetz über die Notaufnahme von Deutschen in das Bundesgebiet als erteilt.

18. ANSCHRIFTEN DER FÜR DIE EINGLIEDERUNG DER AUSSIEDLER UND ZUWANDERER ZUSTÄNDIGEN OBERSTEN LANDESBEHÖRDEN

Innenministerium Baden-Württemberg	Dorotheenstraße 6, 7000 Stuttgart 1
Bayerisches Staatsministerium für Arbeit und Sozialordnung	Wagmüllerstraße 20 8000 München 22
Senator für Arbeit und Soziales des Landes Berlin	An der Urania 2 1000 Berlin 30
Senator für Soziales, Jugend und Sport der Freien Hansestadt Bremen	Bahnhofsplatz 29 2800 Bremen 1
Arbeits- und Sozialbehörde der Freien und Hansestadt Hamburg	Hamburger Straße 47 Postfach 58 67 2000 Hamburg 76
Hessischer Sozialminister	Adolfsallee 53 6200 Wiesbaden
Niedersächsischer Minister für Bundesangelegenheiten	Calenberger Straße 2 3000 Hannover
Minister für Arbeit, Gesundheit und Soziales des Landes Nordrhein-Westfalen	Horionplatz 1 Postfach 1134 4000 Düsseldorf
Ministerium für Soziales, Gesundheit und Sport des Landes Rheinland-Pfalz	Bauhofstraße 4 6500 Mainz
Minister für Arbeit, Gesundheit und Sozialordnung des Saarlandes	Hindenburgstraße 23 6600 Saarbrücken 1
Sozialminister des Landes Schleswig-Holstein	Brunswiker Straße 16 – 22 2300 Kiel

SACHVERZEICHNIS

WEITERE WICHTIGE FACHBÜCHER

Pluralismustheorie in Deutschland
Entstehung, Kritik, Perspektiven.
Von Dr. Hans Kremendahl. 1. Auflage 1977, 494 Seiten, DM 38,–.

Parteiprogramme
Grundsatzprogrammatik und aktuelle politische Ziele von SPD, CDU, CSU, FDP, DKP, NPD.
Herausgegeben von Siegfried Hergt. Einführung von Dr. Hans Kremendahl.
12. Auflage 1977, 490 Seiten, DM 14,–.

Politische Jugendorganisationen
Programmatik, Beschlüsse, Forderungen und Thesen von Jungsozialisten, Junger Union, Jungdemokraten.
Herausgegeben von Peter Pulte. 3. Auflage 1976, 372 Seiten, DM 14,–.

Mitbestimmung
35 Modelle und Meinungen zu einem gesellschaftspolitischen Problem.
Herausgegeben von Siegfried Hergt. 2. Auflage 1974, 230 Seiten, DM 12,–.
39 Modelle, Meinungen und Entwürfe zu einem Reformvorhaben.

Berufliche Bildung
Herausgegeben von Peter Pulte und Karl-Heinz Vorbrücken. 1. Auflage 1974, 344 Seiten, DM 14,–.

Menschenrechte
Texte internationaler Abkommen, Pakte und Konventionen.
Herausgegeben von Peter Pulte. 3. Auflage 1978, 348 Seiten, DM 14,–.

Nahost-Konflikt
Dokumente, Materialien und Abkommen zur Entstehung und zum Verlauf des Konflikts zwischen Israelis, Arabern und Palästinensern.
Herausgegeben von Ingomar Reinartz. 1. Auflage 1975, 230 Seiten, DM 12,–.
Neuauflage in Vorbereitung.

Kleine Wahlrechtsfibel
Wahlrecht und Wahlverfahren in der Bundesrepublik Deutschland und im Lande Nordrhein-Westfalen unter Berücksichtigung der Wahlen zum Europäischen Parlament.
Von Ministerialdirigent Dr. Walter Gensior und Ministerialrat Volker Krieg.
3. Auflage 1977, 180 Seiten, DM 10,–.

Extremistenbeschluß
Zur Frage der Beschäftigung von Extremisten im öffentlichen Dienst mit grundsätzlichen Erläuterungen, Argumentationskatalog, Darstellung extremistischer Gruppen und einer Sammlung einschlägiger Vorschriften, Urteile und Stellungnahmen.
Von Ministerialrat Dr. Peter Frisch. 4. Auflage 1977, 312 Seiten, DM 14,–.

Nationale Minderheiten in Europa
Eine Darstellung der Problematik mit Dokumenten und Materialien zur Situation der europäischen Volksgruppen und Sprachminderheiten.
Herausgegeben und eingeleitet von Rudolf Grulich und Peter Pulte. Vorwort von Prof. Dr. Johannes Hampel.
1. Auflage 1975, 216 Seiten, DM 12,–.

Bürgerbeteiligung in der Kommunal- und Regionalplanung
Eine kritische Problem- und Literaturanalyse.
Von Dipl.-Pol. Hermann Borghorst. 1. Auflage 1976, 180 Seiten, DM 12,–.

Multinationale Unternehmen
Eine Bestandsaufnahme mit Einführung und Dokumentation der Meinungen, Forderungen und Vereinbarungen.
Herausgegeben von Friedhelm Froemer. 1. Auflage 1977, 264 Seiten, DM 16,–.

Jugendwohlfahrtsgesetz
Kommentar mit Länderausführungsbestimmungen.
Von Regierungsdirektor Dr. Fritz Hill. 1. Auflage 1975 (mit Nachtrag November 1976),
408 Seiten, Kunststoffeinband, DM 42,–.

Zivildienstgesetz
Kommentar mit Einführung, ergänzenden Vorschriften und Sachverzeichnis.
Von Ministerialrat Manfred Harrer, Regierungsdirektor Jürgen Haberland und Oberamtsrat Horst Lüdtke.
2. Auflage 1975, 484 Seiten, Kunststoffeinband, DM 48,–.

Mitbestimmungsgesetz
Mit Einführung, ausführlichen Erläuterungen, den Wahlordnungen, ergänzenden Vorschriften und Sachverzeichnis.
Von Regierungsdirektor Jürgen Haberland und Regierungsdirektor Dr. Dietmar Seiler.
2. Auflage 1977, 312 Seiten, DM 28,–.

Zu beziehen durch jede Buchhandlung   **HEGGEN-VERLAG, LEVERKUSEN**